分卷主编　臧运祜

中华民国时期外交文献汇编

1911—1949

第六卷

下

中华书局

四、中苏关系的调整与改善

　　说明:1931年日本发动"九一八"事变,进而侵占中国广大东北地区,并扶植建立了伪满洲国。中国东北成为远东战争的策源地,对苏联远东和西伯利亚地区的安全带来极大威胁。苏联曾建议签订苏日互不侵犯条约,但没有得到日方回应。现实迫使苏联不得不重新审视其对华政策。蒋介石在"九一八"事变之初,实行"攘外必先安内"政策,对日不抵抗,期待在国联和西方大国的干预下,中日问题和平解决。可面对日本的步步紧逼以及国联与西方的冷淡漠视,蒋介石把目光投向苏联。在上述政策背景之下,中苏两国首先于1932年12月12日迅速实现了复交。随后,两国开始了缔结旨在共同防日的互不侵犯条约的谈判和发展两国经济关系的商约谈判。但由于苏联对华政策服从于对德日的政策,国民政府又总把改善中日关系放在首位,双方互不信任和原则的分歧都很明显。再加上,其间中苏两国围绕新疆问题、中东路问题以及外蒙古问题,在涉及中国主权的问题上都出现了一些重大分歧,因此,尽管蒋廷黻出任驻苏大使,但中苏关系的改善举步维艰。直到"七七"事变以后,中苏互不侵犯条约才得以签订,而中苏商约的签订则更晚些。

　　本章主要资料来源:

　　中国第二历史档案馆编:《中华民国史档案资料汇编》第五辑第一编《外交》(二),江苏古籍出版社,1994年

　　中国第二历史档案馆:《驻苏大使蒋廷黻与苏联外交官员会谈记录》,《民国档案》1989年第4期

　　卞岩选辑:《1932年中苏复交档案史料》,《民国档案》2006年第2期

卞岩选辑:《中苏复交后关于订定中苏商约的史料一组》,《民国档案》2006 年第 3 期

陈春华译,李嘉谷编:《中苏国家关系史资料汇编》(1933—1945),社会科学文献出版社,1997 年

李玉贞译:《中苏外交文件》选译(上、下),《近代史资料》总第 79 号、总第 80 号,中国社会科学出版社,1991、1992 年

中国国民党中央委员会党史委员会编,秦孝仪主编:《中华民国重要史料初编——对日抗战时期》绪编(二)、第三编《战时外交》(二),台北"中央"文物供应社,1981 年

田鹏编著:《中俄邦交之研究》,上海正中书局,1937 年

苏联《真理报》1933 年 5 月 12 日,转录自《满铁史资料》第二卷《路权篇》第四册,中华书局,1979 年

《国际条约集》(1934—1944),世界知识出版社,1961 年。

(一)中苏复交

说明:"九一八"事变后,面对日本侵华的共同威胁,中苏两国迅速调整各自的政策,通过外交渠道互传愿意恢复外交关系的信息。1932 年 6 月,中国国民党中央政治会议做出"先与苏联订立互不侵犯条约,再与苏联恢复外交关系"的决定。同月,国民政府授命颜惠庆与苏方进行复交的秘密谈判。苏方表示愿意无条件复交,再着手讨论缔约问题。日本得知中苏谈判的消息,企图拉拢苏联以破坏复交。国民政府遂放弃先缔约、后复交的原议,决定与苏联无条件复交。12 月,中苏在日内瓦进行闪电式谈判,12 月 12 日宣布中苏复交。

1. 国民政府对中苏复交的筹备

中国国民党中央执行委员会政治会议致国民政府函
1932 年 6 月 10 日

径密启者。前据行政院函称：据外交部呈，据中苏专门委员代理处务王曾思二次电呈，苏俄近来对我国代表礼仪歧视，意在促我复交。窃念中苏邦交迟早终须恢复，倘令早日实现，可使我国国际地位焕然一新，究应如何办法，迅请电示遵行。查该委员所陈对俄政策，至为重大，似应通盘筹划，以资应付，理合呈请鉴核示遵一案，经提出本院第二十九次会议讨论，佥以为宜准备对俄复交。当经决议，附具意见，提请中央政治会议决定等情到会。经交外交组审查，兹据外交组提出中苏复交问题方案，复经本会议第三一三次会议决议，原方案所拟第一、第二、第四及第三之乙项办法均照通过，交外交部办理。第三之甲项办法，并由外交部审度情势，再行提出决定，相应录案并检同行政院原函及中苏复交问题方案函达，即希查照转饬遵照办理。此致

国民政府

　　附抄行政院原函一件、油印中苏复交问题方案一件

中央执行委员会政治会议

二十一年六月十日

抄行政院原函

函

第一〇六号

径启者。案据外交部密呈称：呈为呈请事。据中苏专门委员代理处务王曾思二日电称：五月一日苏联阅兵大典，外宾咸在，代表团去岁被邀参观，今年竟置不理。又，土耳其国务总理及外交总长二十八日来俄，苏联连日招待，外交团举行宴会，代表团亦未被邀礼貌云云，意似逐

客。伏祈速即决定对苏办法,电示遵行等语。查本部前以驻黑河总领事发电纠纷一事,曾电驻俄会议代表处,向俄外部疏通,已被其拒不接洽,此次苏联于国际酬酢又不邀请我国代表团,揣其用意,无非故作使人难堪之举,促我复交之一种用意。现因俄边驻领问题,苏联颇有事实上承认傀儡政府之势,履霜坚冰,深恐其对我歧视之处尚不止于礼仪一端。况迩来俄日关系愈见紧张,俄美又有接近之倾向,综观情势,我之对俄办法似不能不先事筹维,以资应付。惟兹事体大,究应如何措施之处,本部未敢擅专,理合备文呈请鉴核示遵。正核办间,又据该部密呈称:呈为密呈事。案查苏联对我国代表团礼仪歧视,意在促我复交,请定对俄办法一事,经于本月四日呈请钧院核示在案。兹复据代表团代理处务王委员曾思四日电称:苏联对于代表团刻已视同赘疣,若不速决办法,恐遭被逐厄运。苏联此项态度,似以畏惧日本为主因,同时亦似含有盼我复交之意。窃念中苏邦交迟早终须恢复,倘令早日实现,使我国际地位焕然一新,内可抚慰国民睦邻之心,外备树远东掎角之势,揆诸现情,似尚得计。国际联合会本无实力援我,为世所知,当不至仅因中苏复交助纣为虐。防共工作,更属内政问题,尤与复交无涉等语。查该委员所陈各节,有关我国对俄政策至为重大,似应通盘筹划,以资应付。合再备文呈请签核,并案决定示遵各等情。据此。经并案提出本院第二十九次会议讨论,佥以为宜准备对俄复交,当经决议,附具意见提请中央政治会议决定,相应函请贵处查照转陈提会决定。此致

中央政治会议秘书处

院长　汪兆铭

二十一年五月十一日

国民政府密令

1932 年 6 月 18 日

密令

　　　　　　　　　令行政院

　　为密令事。案准中央政治会议函,为据行政院函,据外交部呈请核示恢复中苏邦交办法,经院议讨论,佥以为宜准备对俄复交,附具意见,提请决定等情到会。经交外交组审查,提出方案,复经本会议决议,原方案所拟第一、第二、第四及第三之乙项办法,均交外交部办理,第三之甲项办法,并由外交部审度情势,再行提出决定,录案并检同原件函达查照转饬遵照办理等由,并附原方案到府。准此,除函复外,合行抄发原方案并将办理情形具报为要。照令。

　　计抄发中苏复交问题方案一件

　　　　　　　　　中华民国廿一年六月十八日

关于中苏复交问题方案

　　本年五月十九日,中央政治会议外交组决议:"积极准备对俄复交,其准备方法及其他手续,交外交部拟具方案,由蒋作宾、罗文幹请示常务委员定夺"等语。查中苏复交原则,既经外交组决定,兹应讨论者,我方究应采取如何步骤,以实践此项原则。中苏复交其本身原无问题,可虑者即:(一)英美法义等国或则与苏联邦交尚未恢复,或则虽与苏联互易使领,而感情未臻融洽,对于我国此时与苏联复交,将认为东亚形势骤变,难保不谓我方已与苏联携手,致对我渐失其同情。(二)日本究竟有无侵略野心,现尚不可知,惟其欲攘夺中东路以巩固北满地位,证之近日形势,益见明显,而苏联海、陆、空军在西比利亚及东海滨省,频传有大规模调动之说。日本而逼苏联太甚,苏联之必出自卫可以断言,彼时战区恐在中国领土,中国宁有袖手旁观之理?中苏果于此时先行恢复邦交,则一方固可为互助之张本,而一方或将引起日本绝大之疑虑,甚至宣传苏联有供给我方军火之事,藉以促进日苏之冲突,而令欧美各国信日方之扩大东亚战局为防止中苏之联合挑战,届时我国事实上能否为有力之交战团体,是在今日之充分准备。基于上述原因,故与苏联复交一事不得不妥慎进行。兹拟具下列具体办法,以供采择:

(一)先与英、美、法、义等国同时接洽,告以中苏会议原有东路、通商、复交三大问题,兹拟先行复交后,续议其余问题。中国政府并无与苏联为任何军事或政治上结合之意思。

(二)一面为适当之宣传。宣传要点为防共与复交系属绝对二事,而复交与联俄亦属不相关联之问题,俾对内对外不致发生误解。

(三)与苏联进行复交,有下列二途:

(甲)与苏联政府互换照会,即时恢复使领关系,不附任何条件。照会稿见附件一。

(乙)不用复交形式,而迳与苏联缔结互不侵犯条约。该约一经签订,两国邦交当然恢复。查与苏联已经签订是项条约者,计有德意志、阿富汗、利苏尼亚、波斯、土耳其、芬兰、拉脱维亚、埃苏尼亚等八国。此外,法国与波兰亦已签订草约,而未正式签字。是项条约均以互不侵犯领土之完整与政治之独立为宗旨,不独与非战公约之精神如同一辙,而与国联盟约之保证尤为符合。故中国苟与苏联缔结此项条约,正可藉以宣告各国:中国领土之完整与行政之独立最近已受日本若是之蹂躏,为防止苏联为同样之侵略,故与该国缔结此项条约;中国并愿与欧美各国均订是项条约,又愿欧美各国间互订是项条约,藉维国际和平,而弭世界战祸。且前传芳泽自欧归日,途次莫斯科,李维诺夫提议签订互不侵犯条约,日本固以侵略为政策,对此提议未予接受,而据闻前日本驻俄大使田中颇主张与俄签订此约,故中苏缔结是约,日本似无可藉口为中伤之计(约稿见附件二)。所拟条款与苏联已经签订者大致相同,惟我方拟加入"两缔约国之一方,用任何方法宣传某种主义或为某种行为,其目的在扰乱对方之国家安宁或社会秩序者,亦认为侵略行为之一种"一节,其用意自为防止赤化之传播,倘苏联可以承允,则在我方签订此约之理由益为充分。

(四)为进行复交起见,我政府应即令莫代表赶速回莫斯科,或派遣专使即日启程往俄京准备与苏联政府进行商议。顾代表维钧瞬将偕调查团由东省回平,对于日俄情形闻见较切,拟将上开办法先行告知顾代表,请其酌示意见,以备参考。是否有当,敬候公决。

附件一:中国与苏联复交照会稿

中华民国国民政府为增进中苏两国友好关系起见,即日正式恢复中苏两国使领关系。关于两国间各项悬案,应请苏联政府代表与国民政府代表赓续商议,俾早日圆满解决。现在两国间政治、经济及其他一切关系,仍照一九二四年签订之协定办理。相应照请查照为荷。

附件二:中苏互不侵犯及和平解决争端条约大纲

第一条　两缔约国对于各该国法律所规定之领土,相互保证其不可侵犯,并担负不为彼此侵略行为之义务(注一)。

第二条　两缔约国之一方,用任何暴力或暴力之表现,以侵犯对方领土之完整与不可侵犯或其政治之独立者,即为侵略行为。

两缔约国之一方用任何方法宣传某种主义或为某种行为,其目的在扰乱对方之国家安宁或社会秩序者,亦认为侵略行为之一种(注二)。

本条所述行为,不问是否缔约国之一方单独为之,抑系会同他国为之及是否宣战,抑不宣而战,均在本约禁止之列。

第三条　两缔约国之一方担任不加入任何条约、协定或专约,其用意在侵略对方而在名义上或事实上违背本约之规定者(注三)(注四)。

第四条　两缔约国既担承本约各义务,声明彼此间一切争议,不问其性质与来源若何,如发生于本约生效之后,未能在相当期间依普通外交手续解决时,均须提交共同调解委员会依调解手续解决之。该委员会之组织及职权等,另订专约规定之。两缔约国声明于最短期内订此专约,与本约同时生效。

第五条　本约须经批准,批准文件在□□互换,自互换批准文件日起,本约发生效力。

第六条　本约有效时间为三年。两缔约国之一方于期满前六个月得通知对方废止,如不为此项通知,本约期满后,继续有效二年,但如两缔约国之一方违背本约规定时,对方得随时声明废止。

（注一）苏联与边境各国大都订有疆界条约,故其互不侵犯条约内所称领土,均指疆界条约内所规定之领土。前清与旧俄所订条约,已经民国十三年中俄协定明白废止,中国与苏联尚未签订疆界条约,故不如以各本国法律规定之领土范围为准,如是则我方对于外蒙古可得一层保障（参阅中华民国训政时期约法第一条。查苏俄宪法并无领土规定,不知其有无他项法律规定领土之范围,如苏俄以彼方无此法律,主张删去法律定样,我方再行考量）。

（注二）此节系防止苏联在我领土内为共产宣传或阴谋,与民国十三年中俄协定第四条用意相同,亦可作为与苏联复交之条件。

（注三）此条可杜绝俄国与他国缔结如一九〇五年朴资茅斯条约之事。

（注四）苏联与他国签订之互不侵犯条约内,有规定在本约签订前所担承之义务不得认为已经本约变更,并不得视为侵略行为者。此节俟苏联提出时,可酌量容纳,但可不必由我方提出。

《民国档案》2006年第2期

行政院致国民政府呈

1932年6月28日

呈为呈复事。窃奉钧府洛字第一二四号密令内开:案准中央政治会议函,为据行政院函,据外交部呈请核示恢复中苏邦交办法,经院议讨论,佥以为宜准备对俄复交,附具意见,提请决定等情到会。经交外交组审查,提出方案,复经本会议决议,原方案所拟第一、第二、第四及第三之乙项办法均交外交部办理,第三之甲项办法并由外交部审度情势,再行提出决定,录案并检同原件函达查照,转饬遵照办理等由,并附原方案到府。准此,除函复外,合行抄发原方案令仰该院即便转饬遵照办理,并将办理情形具报为要。此令。等因。奉此,查此案前奉中央政治会议公函,经令行外交部遵照办理在案。奉令前因,理合备文呈复钧

府鉴核。谨呈

国民政府主席

行政院院长　汪兆铭

中华民国二十一年六月二十八日

《民国档案》2006 年第 2 期

2. 苏联政府的态度与回应

加拉罕①致李维诺夫的电报

1932 年 6 月 29 日特急电报,发往日内瓦

现转达主管部门指示:"告诉颜②,根据您的意见,苏联政府不反对立即无条件地复交,此举之后,互不侵犯条约将是复交的自然结果。"

加拉罕

《苏联对外政策文件集》第 15 卷,莫斯科,1969 年,第 392—393 页

《中苏外交文件》选译(上),《近代史资料》总第 79 号,第 198 页

王增禧与科兹洛夫斯基的谈话

1932 年 7 月 1 日

6 月 29 日,中国代表团成员王增禧与苏联外交人民委员部东方司司长科兹洛夫斯基进行晤谈。会晤期间,双方就王增禧先生所说中国政府愿与苏联签署互不侵犯条约和恢复中苏关系一事交换了意见③。

《苏联对外政策文件集》第 15 卷,第 394 页

《中苏外交文件》选译(上),《近代史资料》总第 79 号,第 198 页

---

①　时任苏联外交副人民委员。

②　1932 年 6 月 23 日,李维诺夫自日内瓦发来电报称 6 月 22 日颜惠庆来访,并谨慎试探中苏回复外交关系的问题。同时颜认为中苏可能缔结互不侵犯条约,条约一经签署,也就意味着恢复外交关系,或为此创造条件。

③　本件译自《消息报》1932 年 7 月 1 日,第 180 号(总 4747)。

李维诺夫致颜惠庆的信
日内瓦,1932 年 7 月 6 日

6 月 29 日尊函收悉,知君作为政府的全权代表同我讨论有关缔结苏维埃社会主义共和国联盟和中华民国互不侵犯条约事,甚感荣幸。

我政府多次重申,愿意无例外地同所有怀抱这种愿望并把这种条约视为巩固世界和平手段之一的国家缔结互不侵犯条约。根据这一声明我可以向您宣布,我政府同意同中华民国缔结互不侵犯条约。

但是我应当提请您注意,我们两国之间,非常遗憾,至今还没有建立外交关系。我认为实现两国外交关系的正常化同时也是世界和平极为重要的部分,若没有这样的关系,将会大大降低两国间协议的重要作用。基于这种考虑,我荣幸地通知您,一旦中华民国同苏联之间的外交关系得以恢复,我国政府将就准备着手讨论同中华民国缔结互不侵犯条约的问题,我本人认为,是为了共同的和平事业,我政府愿无条件地恢复这种关系。

李维诺夫

《苏联对外政策文件集》第 15 卷,第 400—401 页

《中苏外交文件》选译(上),《近代史资料》总第 79 号,第 198—199 页

3. 中苏恢复邦交

外交部关于中苏复交问题的报告
1932 年 12 月　日

本年十月五日,中央政治会议议决与苏俄无条件复交,本部当即遵照,电令颜代表通知李维诺夫,我方准备与苏俄复交。十二月十二日据颜代表电称:曾晤李维诺夫,今日午刻即将换文,我方换文内容如次:

依据在日内瓦历次愉快会商中所举行之最近谈话。本代表兹奉令通知阁下,本国政府为愿增进两国间为和平利益之友好关系起见,兹决定认为自即日起与苏联政府之通常使领关系已经正式恢复,即请查照

为荷等语。

换文措词双方相同。

颜代表在日内瓦所发之声明如下：

中苏邦交之恢复，余恭负接洽之责，卒底于成，无胜欣幸。余承乏军缩会议代表于抵日内瓦之时，即深感为和平利益计，必须恢复太平洋沿岸两大国通常之邦交。苏联外交委员长李维诺夫亦同此旨。他一方面，中国政府及人民近时亦深悉复交之举不容再缓，适逢余及苏联外交委员长李维诺夫均于役瑞京，实为办理此事最好之机会。李顿报告书之公表内中含有涉及苏联之各节，而此间最近又有邀请美国及苏联加入十九国委员会会商之提议，益使恢复邦交之得计，显而易见，中国政府及人民之决意与西北大国树友谊之关系，一本至诚，谅苏联亦必能以同样之情感相答报也。

中俄外交当局互相电贺

罗部长致苏俄外交委员长李维诺夫电文如下：

兹乘两国邦交恢复常态之际，谨向贵委员长表示诚意的庆贺，确信此种事实足在两国历史上开相互谅解及友谊之新纪元。

苏联外交人民委员长李维诺夫接到罗部长贺电后，于十二月十四日自日内瓦来电如下：

两国友谊关系之恢复将于中俄两国人民及世界和平俱有莫大利益，敢贡所信，谨答贺忱。

部长关于中俄复交之宣言如下：

中国与任何各国尤其比邻之国，均愿维持友好和平之关系，中俄边境相连为世界最长之一，现在彼此正式恢复使领关系，自为深可满意之事。

苏俄现在从事建设事业，足证其以谋以伟大之经济计划，而不采用侵略方式促进其人民之幸福。

现代中国当前之事业，具有同样观感，中国政治家所急务者，厥为计划伟大之物质与经济建设，其利益所在希望全世界终受其惠。然中国之施行此项计划,因其最沃腴之大片土地突受侵略而被占领,遂至现下发生种种困难与障碍,夫以外国武力破坏中国以和平为目的之工作,诚属一严重威吓,或将发生重大之结果。是故任何努力足以促进相互信赖及国际合作者,均属可贵而应予以鼓励。现在新关系为中俄两国互欲在远东创设和平繁荣新时代之结果,中俄邦交之恢复,惟在此种观察之下,方有特别之意义。

《中华民国史档案资料汇编》第五辑第一编《外交》(二),第 1414—1415 页

中俄邦交之恢复

1932 年 10 月—12 月

观察近十年来之中俄关系者,要必以民十六为一最大关键。十六年以前,既以民八民九两年苏俄之对华宣言,而获有民十三中俄协定奉俄协定之缔结,且复以民十二孙中山与越飞之宣言,而有民十三国共之联合,政与党两方面,关系盖均甚圆满。迨至十六年,则北方既发生搜查俄大使馆之事,南方亦复以清党运动,而招致国共之分裂。是年十二月,南京国民政府,复下令撤销苏俄领事之承认,停闭苏俄国营之商业机关,政与党两方面,遂俱限于极杭阻之状态。北平搜查俄大使馆后,馆员全数他去,俄馆无形停闭,中国在俄之使馆则如故,两方互驻之领馆亦如故,此畸形状态也。国民政府撤消俄领承认,苏俄则谓彼时南京政府,未为苏俄所承认,苏俄在华之领馆,乃系以北京之中俄协定为根据,是我与断交而彼事否认。其时南京国民政府所辖之范围内,虽无俄领踪迹,而其他华北中国各地之俄领馆,及我国在俄之使领馆,亦仍如故,则又畸形之畸形也。十八年七月十日,东路事件发生。十八日,苏俄正式通告与我断绝国交,双方使领关系,至是始完全断绝,前此数年来似断似续暧昧不明之状态,至是亦始明白确定。是年十二月,我方代表蔡运升,与俄方代表西门诺夫斯基,签订伯力协定十条,恢复中东路七月十日以前之原状,并先行恢复苏俄在东三省之领馆,及中国在苏俄远东各省之领馆,同时复规定中俄会议,应于一九三〇年一月二十五日

举行。十九年五月,我方代表莫德惠,遄赴俄京。十月十一日,中俄会议在莫斯科正式开会。顾又以俄方之缺乏诚意,荏苒经年,直至九一八事变发生,迄未有若何显著之成就。

九一八事变既起,日方囊括全满,咄咄逼人,中俄双方,遂不期而同有一种觉悟,以为此亚洲大陆之两大国,终宜相亲而不相仇。迨至本年(二十一年)六月六日我国中央政治会议,具体决定对俄复交之原则,并决定第一步先订不侵犯条约,第二步实行复交。乃以事机微泄,阻力横生,俄方既谓复交不能具有条件,日本又复极力破坏,进行谈判,极感困难。十月五日中政会复议决与苏俄无条件复交,因即由我方出席国联及军缩会议之代表颜惠庆,与俄方出席军缩会议之代表俄外交委员长李维诺夫,在日内瓦就近谈判,而于十二月十二日,实行换文,声明两国邦交,自是日起正式恢复。同日(十二),中俄两代表,次日(十三),外交罗部长,先后发表宣言,以分别阐明中俄复交之意义。所有关系各件,兹均逐一录载如左。

(1)恢复邦交之换文

依照在日内瓦历次愉快会商中所举行最近之谈话,本代表兹奉令通知阁下,本国政府,为愿增进两国间为和平利益之友好关系起见,兹决定认为自即日起,与苏俄(俄方来文,此地易“中华民国”数字)政府之通常使馆关系,已经正式恢复。即请查照为何。

(二)我国颜代表十二月十二日之宣言

余此次得为中俄复交之媒介,不胜欣幸之至。余前次代表中国来日内瓦,参加军缩会议时,即深觉为和平起见,太平洋岸之二大国,实应恢复通常邦交,李维诺夫对余意亦表同情。而在他一方面,中国政府及人民,亦深悉复交之举,不容再缓。李维诺夫与余既均在日内瓦,实觉为办理此事之绝好机会。

李顿调查团报告书中,屡次提及苏俄与东三省问题关系,而此间最近又有邀请美国与苏俄参加十九国委员会会议之提议,可见中俄亟应复交,为一显而易见之事。

中国政府与人民极有诚意,欲与彼西北之伟大邻邦,造成友好关系,并深信苏俄亦有同样诚意。

（三）俄代表李维诺夫十二月十二日之宣言

颜惠庆博士今日与余交换照会,恢复中俄邦交,此种常态之举动,无须解释。目前所应说明者,乃昔日两国邦交之破裂,邦交中断,违背国际常态。有时竟危及国际和平,引起中俄两国绝交之事件,此时不必重提。但此种不幸事件,非由苏俄主动,余信今日中国境内未有一人认此事件系由苏俄主动,或认此事件与中国有利。此时远东困难之开始,与沿太平洋各国之未有邦交,关系非浅,自无疑问。苏联人民,对于中国人民,及其保存独立主权与争平等地位之努力,极端同情。苏俄政府,对于中国之好感,屡次加以证明,苏俄单独放弃在华之不平等条约,领事裁判权,以及俄帝国在华攫取之其他利权,此外苏俄且将中东铁路改为中俄合资之商营企业。一九二四年苏俄与中国复交,即受此种友谊精神之驱使,此种精神,当无时间性质,今日两国之复交,亦为是项精神所指使。苏俄不受任何政治联合,或政治协定之束缚,故对一国改善邦交,对于他国邦交,并无不良影响。唯有此种政策,足以巩固世界和平,吾人欲图国际合作,促进和平,或图共同遵守国际约章,设立公同承认有效之国际组织,必须世界一切国家维持国交。余深信渴望和平与国际合作者,对于中俄两伟大国家之恢复邦交,当认为满意云。

（四）外交罗部长十二月十三日之宣言

中国与任何各国,尤其比邻之国,均愿维持友好和平之关系。中俄边境相连为世界最长之一,现在彼此正式恢复使领关系,自为深可满意之事。

苏俄现正从事建设事业,足证其谋以伟大之经济计划,而不采用侵略方式促进其人民之幸福。

现代中国当前之事业,具有同样观感。中国政治家所急务者,厥为计划伟大之物质与经济建设。其利益所被,希望全世界终受其惠。然中国之施行此项计划,因其最沃腴之大片土地突受侵略而被占领,遂致现下发生种种困难与障碍。夫以外国武力破坏中国以和平为目的之工作,诚属一严重威吓,或将发生重大之结果。是故任何努力足以促进相互信赖及国际合作者,均属可贵而应予鼓励。现在新关系,为中俄两国互欲在远东创设和平繁荣新时代之结果。

中俄邦交之恢复,惟在此种观察之下,方有特别之意义。

《外交部公报》第 5 卷第 4 号,"附录"三月来外交大事记

(二)中苏就签订新约的相关磋商

说明:中苏复交后,两国开始订立互不侵犯条约的谈判。由于双方草案原则分歧明显,两国的立场还有很大距离。就在中方向苏联提交条约草案前后,北平当局与日本开始进行"停战"谈判。这种情况当然会使苏方心存疑虑。而此时苏联主动向日本扶植的伪满洲国出售中东铁路,也令中苏缔约谈判难以进行。1935 年面对日本侵华规模的扩大,蒋介石决定重启中苏缔约谈判,并希望与苏订立互助同盟条约。但由于蒋对日态度不明朗,对中共的行动也没有实质性进展,苏联从签订互助条约的立场上后退。尤其在中苏关于苏蒙《互助议定书》交涉过后,苏方再也没有回到这一立场。

1. 中苏互不侵犯条约的开启与停滞

鲍格莫洛夫①抵达南京对记者发表谈话
1933 年 4 月 26 日

鲍格莫洛夫说:"此次来京,纯为拜访贵国外交部罗部长,并接洽呈递国书日期。在呈递国书之前,对一切政治问题,如有所询问,恕未

---

① 时任苏联驻华全权代表。

便奉答……余来贵国,尚系第一次,且在沪勾留之期极短,来京又甫卸
行装,尚不能谈有何感想。惟余深知贵国人民,均极为勤劳;余对贵国,
颇感兴趣。今后对贵国情形,当用心研究,并将尽力促进中俄两国邦交
之敦睦。至中俄互不侵犯条约等问题,须候呈递国书后,始能表示意
见。大使馆地址,则可肯定答复,决设于南京。余候明日拜会罗部长
后,即将视察馆址,余今后将常川驻京。”

《中俄邦交之研究》,第 151—152 页

鲍格莫洛夫致苏联外交人民委员部电

1933 年 6 月 22 日

　　蒋介石主动邀请我赴早宴。出席早宴的只有他、我和孔(祥熙)三
人,孔当翻译。蒋介石想知道我们参加国联的可能性,我回答说,我尚
无准确的消息。我以个人的名义说,我们对待这一问题,同对待所有对
外政策问题一样,如能有助于世界之安定,我们就赞同。问题之解决实
取决于国联,倘国联将证明它能促进世界之安定,这可能对我们的决定产
生影响。蒋介石对我说,中国将欢迎我们参加国联。国联作为争取和平之
机构对中国至关重要。苏联加入国联以后,中苏两国将更便于合作。

　　我继而谈及欧洲的整个局势,英国的政策等。我请蒋介石谈谈对
苏中关系的看法,他认为现在存在什么困难,做哪些具体的事才能改善
苏中关系? 蒋介石对第一个问题回答得不清楚,他说以前存在种种困
难,其中包括个别的困难。现在,自设苏联驻中国全权代表以后,情况
大有改观。中国人民相信苏联人民,并且可以期望今后的状况将进一
步改善。关于第二个问题,他很难说清楚具体做些什么才能改善苏中
关系。从军事观点看,中国是弱国,不能单独采取什么行动。他只想向
我保证说,中苏两国是近邻,中国对苏联,就像对友邻一样。倘发生不
测,中国将永远支持苏联,并竭尽一切可能证实这种友谊。我回答说,
我赞同他关于苏中关系可以改善的看法。苏中两国无论在经济方面或
政治方面均无矛盾。我国对外政策的基础是和平,我认为中国也首先

渴望和平,并希望别国不要去打扰中国。蒋介石说,他完全赞同我的看法。他认为,由于我们的要求是一致的,这将便于工作。陪同我的孔(祥熙)说,他对谈话感到很满意,并认为,今后将很容易谈具体问题。

　　同蒋介石的这次谈话,基本上证实了我们关于蒋介石的立场已有某些改变的情报。关于此事我在历次报告中已作详细叙述。尽管如此,应当考虑到,正如互不侵犯条约谈判所表明的,中国政府不准备采取任何具体步骤。至于商务条约,我认为谈判会遇到巨大困难,因此,我认为在该问题上最好持观望态度。

全权代表

《苏联对外政策文件集》第 17 卷,莫斯科,1971 年,第 406—407 页

《中苏国家关系史资料汇编》(1933—1945),第 43—44 页

苏联副外交人民委员致鲍格莫洛夫电

1933 年 7 月 31 日急电

　　请向中国政府说明,我们表示基本同意就互不侵犯条约进行谈判。不过,我们认为把中国外交部提出的草案作为基础是不能接受的,我们只同意把它当作谈判的备用材料。我们这方面也将提供一个草案,供中国外交部参考。如蒙中国外交部同意这样安排,我们就立即着手拟写草案。

副外交人民委员

《苏联对外政策文件集》第 16 卷,莫斯科,1970 年,第 474 页

《中苏外交文件》选译(上),《近代史资料》总第 79 号,第 206 页

鲍格莫洛夫致苏联外交人民委员部电

1933 年 10 月 13 日

　　今天我把我们的互不侵犯条约草案面交外交部。对中方条约草案中有关谈判和批准地点的第十款和第十一款是否有异议,请告知。

全权代表

附件

苏维埃社会主义共和国联盟同中华民国中立与不侵犯条约草案

苏维埃社会主义共和国联盟中央执行委员会和中华民国国民政府主席,欲促进世界和平之加强,坚信两国关系之改善与发展有利于缔约双方,又欲重申和更加明确1928年8月27日非战公约中两国之相互关系,因此决定签订本条约,两方各派代表如下:

苏维埃社会主义共和国联盟中央执行委员会主席……;中华民国国民政府主席……;两全权代表业经相互校阅全权证书,认为妥善,约定条约如下:

第一条　倘两缔约国之一方受一个或数个第三国侵略时,则两缔约国之另一方须保持中立。

第二条　两缔约国之任何一方不得对另一方进行任何形式之侵略,不得与一个或数个第三国缔结针对另一方之任何政治性同盟和协定,不得与一个或数个第三国缔结威胁另一方陆军或海军安全之任何同盟或协定,或者目的在于在经济或金融方面抵制另一方,或对禁止另一方买卖商品将造成实际影响之协定。不得采取可能对从外贸股份中排除另一方有影响之任何措施。

第三条　两缔约国之任何一方不得建立、不得资助,不容许在本国领土上存在目的在于武装反对另一方或蓄意侵犯另一方主权之组织。

第四条　两缔约国可能发生的所有争端和冲突,不论其性质、起因如何,两缔约国在竭力只以和平手段调解、解决时,约定在可能短的期限内签署和批准调解程序,以便和睦协商解决以外交途径不能解决之所有上述争端和冲突。

第五条　本条约有效期为五年。两缔约国之任何一方在期满前六个月得向彼方通知废止本条约之意,倘双方均未如期通知,本条约被认为自动延长二年。如于二年期间届满前三个月,双方不向对方通知废止本条约之意,本条约再延长二年,以后按此进行。

第六条和第七条(包括指明条约签订地点,互换批准书,条约文本所用语言将在谈判过程中确定)①。

电报及条约草案均按档案刊印。

《苏联对外政策文件集》第 16 卷,第 570—572 页

《中苏国家关系史资料汇编》(1933—1945),第 39—41 页

鲍格莫洛夫致苏联外交人民委员部的电报

1933 年 11 月 12 日

我国的互不侵犯条约草案已于 10 月 13 日交中国政府。我想,中国政府由于以下原因不急于回答:1. 我们的草案不能使他们满意。宋②说,关于中立的条款使苏联有所得,而中国则一无所获,因为从中国观点来看,苏联不存在什么反华集团,可是,苏联恪守中立,中国照样还是无力抗战。2. 自然,在目前中国的局势下,能够引起南京政府关注的乃是伦敦关于不侵略宣言的相应条款。3. 除了这两个论据之外,我认为拖延回答的基本原因在于,南京和东京之间眼下正就中国政府今后的整个政策进行着重要谈判。我随上一班外交信使寄出的报告中已详细写过此事。我们有根据认为,关于我们谈判的情报是从日本人那里泄出而披露于报端的,目的是引出官方驳斥。中国国内政局在宋辞职后更加恶化,南京政府受到财政全面崩溃的威胁。此外,据最近消息,军阀间必定又一次兵戎相见,其原因并不是什么政治上的考虑,甚至不是争权夺利,而纯粹是因为国家财力穷尽,无法养活军阀,所以军阀的生存只能是你死我活。在这种情况下,应该看到,只要能保住政权,政府绝对会答应日本的一切条件。其他帝国主义国家对中国政府

---

① 1933 年 5 月 11 日,面交苏联驻中国全权代表鲍格莫洛夫的苏中互不侵犯条约中方草案包括十一条,草案并规定须缔结调解程序的协定。草案包含互不侵犯,不得参加敌对行动,不得协助进行侵略的第三国,不得参加侵犯另一方领土完整或政治独立的协定和互不干涉内政的义务。草案还表明:"倘两缔约国之一方受一个或数个第三国侵略,约定另一方不得在法律上和事实上承认此种侵略所造成的既成状况。"

② 宋子文,原行政院副院长、财政部长,1933 年 10 月 29 日辞职,改任国民政府委员、全国经济委员会主席。

的影响,首先是美英两国的影响,在宋辞职后已急剧减弱。

全权代表

《苏联对外政策文件集》第 16 卷,第 629 页

《中苏外交文件》选译(上),《近代史资料》总第 79 号,第 207—208 页

鲍格莫洛夫致苏联外交人民委员部的信
1933 年 11 月 13 日

Ⅰ.关于中国政府谈判签约一事的态度,本代表已将拙见用电报告知在案。早在 10 月 25 日最近这封信中我已指出,与是年夏对条约的立场相反,中国政府目前对条约表现出十分冷淡的态度。自上信后,我们又有一新事实可证明这些结论。继中国《大陆报》刊出简讯介绍苏中条约初拟的条款之后,外交部立即反驳,称这篇报道"毫无根据"。非常自然我要打听消息的来源。契尔诺夫①同志找中国《大陆报》的主笔董某谈过话,关于谈判的报道就是在该报揭载的。董避开了正面回答,不说他的消息来自何处。在谈话过程中,契尔诺夫同志得出的印象是,董的消息来自日本资料。次日各报就收到了南京政府的正式反驳和不许再刊登有关该问题任何消息的指示。南京各报也得到指示,如我们所知,精神是相同的。

我们递交我国草案已逾月余,可中国政府未做任何反应。我认为拖延的原因是:1.我们提出的草案不能使南京政府满意;2.最主要的是,南京政府目前正与日本就下一步政策进行极为重要的谈判,而且可能尽量利用似乎正在进行中的同我们的谈判与日本讨价还价。

宋对条约的看法您已知晓。在他和许多中国人看来,同苏联的友好关系只有在成为抗日可靠保证的情况下才有价值。宋认为,我国对中日冲突所持的"中立"对中国毫无好处,因为由于国力薄弱,中国无力抗日。此外,在可能讨论对苏关系时,中国政府人士中会出现关于中国

---

① Чернов,塔斯社记者。

苏区的问题,所以很清楚,他们的注意力并不在决定对第三国政府可能持何种态度的那些条款上,而在那些在一定程度上,可说明和适用于国内局势的条款上。但是如前述,我的看法是,拖延的基本原因在于有日中谈判。

　　近两周来,由于宋辞职,国内政局激化。新的财政部长是在千方百计把钱弄到手、继续围剿苏区的口号下上台的,他根本不许诺要稳定财政,而是相反,因为即使在资产级领导人士中也普遍认为,就算蒋介石对苏区的围剿能够顺利进行,围剿也还要持续很长时间,并耗资甚巨,一无好处。美国借款①进展极为缓慢。数量不大的美国棉花只卖给某些日本和英国纱厂主,可是最近有消息说,由于价格猛(选)〔跌〕,中国政府已要求暂停继续运棉。南京政府每月的赤字约相当 1200 万墨西哥元。宋离任后发生的货币贬值,说明南京政府已不能对取得金融资产阶级支持寄以特别希望了。

　　近二三天内开始出现蒋介石与胡汉民似乎正在谈判以吸收胡汉民和整个南方派系参加南京政府的传闻。鉴于英国奉行支持南京的方针,鉴于英国在广州的势力举足轻重,有目共睹,我认为这些说法是可靠的,虽然因时间短,我还未能充分证实这些传闻。

　　Ⅱ.新疆情况,特别是南京政府对新疆的政策,我还不十分清楚。一方面,在尝到满洲和华北的情况之后,南京似乎不可能再允许日本向新疆渗透;另一方面事实也说明这个情况,据我们所知,有几个日本军官试图乘飞机进疆,但被盛督办②截住了,这几个军官不仅得到中国当局的许可,而且与一位国防部副部长同机而去。上封信中我给您写过,我们有材料说明日本人正就租让从华北至新疆汽车运输进行谈判。南京政府就公布新疆苏联贸易协定和原新疆省政府主席金树人被捕事在报界掀起的风波,说明南京政府试图把新疆混乱的罪责推诿到苏联

---

①　指 1931 年 7 月和 1933 年 6 月美国向中国提供的棉麦借款——译者。

②　即盛世才。

头上。

Ⅲ. 我们终于算是在南京安居下来了。我国使馆在南京的房子约与在伦敦戈尔德斯金区每周四基尼房费租到的房子相同,但是多亏房间的位置相当好,还有一个不大的花园。我们在 11 月 7 日多少顺利地举行了招待会,客人相当多,约有 150 人,以汪精卫和新财政部长孔为首的中国政府高级官员及在南京的各部部长都莅临宴会。

致同志式的问候

苏联驻华全权代表

鲍格莫洛夫

《苏联对外政策文件集》第 16 卷,第 630—632 页

《中苏外交文件》选译(上),《近代史资料》总第 79 号,第 208—210 页

蒋介石为指派蒋廷黻与苏洽谈事致孔祥熙密电
1934 年 10 月 1 日

南京。孔部长庸之兄:融密。顷接蒋廷黻敬日自莫斯科电告在俄考察各情,并谓中俄目前虽不必订特殊条约或作形式友好表示,然利害既相同,友谊亟宜培养,互信亟宜树立,如此则我外交可添一路线,世界对等阵线可望维持,新疆问题可免复杂化。如密告驻俄华使,黻为中正所信任,则在此可与当局接谈,以立互信基础等语。除复所见甚是,并嘱其准备与彼方当局接谈外,希兄密告苏驻华鲍使,示以蒋廷黻与中有深密关系,极为信赖,嘱其转达俄当局,可与蒋开诚洽谈。并盼电复。中正。东。秘。牯。印。

《中华民国史档案资料汇编》第五辑第一编《外交》(二),第 1425 页

蒋介石为蒋廷黻赴苏事致孔祥熙密电
1934 年 10 月 8 日

孔部长庸之兄勋鉴:冬三电悉。融密。蒋系北大、清华教授,与达铨、季鸾诸兄皆素交,常于《独立评论》及《大众报》著论,极能主持正

义。此次游俄原属私人资格，然事前因得弟之同意也。中正。齐辰。
秘。汉。十月八日。

《中华民国史档案资料汇编》第五辑第一编《外交》(二)，第 1425 页

孔祥熙为蒋廷黻赴苏事复蒋介石电
1934 年 10 月 9 日

汉口。蒋委员长钧鉴：齐辰电奉悉。承示蒋君赴俄关系，已转告苏
大使矣。特复。弟○叩。青。

《中华民国史档案资料汇编》第五辑第一编《外交》(二)，第 1425—1426 页

斯托莫尼亚科夫①与蒋廷黻的谈话记录
1934 年 10 月 16 日

（以蒋介石非正式代表的身份前来的蒋廷黻教授，通过中国代办
要求接见。）

蒋：阁下是否已获悉鲍格莫洛夫先生关于我担任蒋介石的代表，并
受他委托求见的通知。

斯：我们已得知蒋教授的情况②。

蒋：7 月 27 日我动身出国前，曾应蒋介石之召至南昌。蒋嘱转达：
蒋介石认为中苏两国由许多共同的利益联系在一起。他认为，如果苏
联利益和地位受到什么打击或损害，中国也必将被殃及。他想探问苏
联政府是否同意他关于两国关系的这些想法。

斯：我们过去和现在一直对中国怀有最真挚，最友好的感情，因苏
中两国不仅有共同的边界，而且还因苏联深切同情中国人民为得到平
等权利，为摆脱帝国主义压迫而进行的斗争。在这个问题上我们没有

---

①　时任苏联副外交人民委员。

②　1934 年 10 月 8 日鲍电外交人民委员部云："中国财政部长孔祥熙同鲍谈话时说：蒋
介石恳请给予蒋教授通力协助。"

任何怀疑,我们大家都一致愿意发展同中国的最真挚、最友好的关系。

蒋:中苏两国的政治、经济制度迥异,这是否会影响苏联政府对中国的政策?

斯:有许多证据可说明,苏联政府在对外政策中,从来不以什么社会经济的差异或好恶为准绳。我们从国家利益和苏联政府绝对服从世界利益的角度出发,力求同各国,哪怕是与我国政治制度不同的国家维持最和睦的关系。我们同一系列国家包括某些个人专权地区保持关系,后者与我国制度的差异远远超过苏中制度的差异。尽管我们同这些国家之间,并没有我说过的类似我国对中国人民的那种友情,但我们同他们的关系仍在发展。为了说明问题,我可以援举我国同意大利和德国的关系为例子:这些国家实行的是地道的法西斯统治制度,与我国制度是根本对立的,但十年来我们仍一直与意大利保持着关系,因为意大利政府也愿意这样做,并且没有任何违背与苏联维持和平关系的计划。然而,我们同德国的关系就完全是另一种情况,如果说目前的关系并不好,那仅仅是因为德国对和平,特别是对苏联的和平构成了真正的威胁。

蒋:我们知道苏联和许多非共产党执政的邻国保持着十分密切的关系,譬如和土耳其、意大利和近来同法国的关系。在长期密切合作之后,非常遗憾,中苏关系破裂了,这会不会影响今后的关系呢? 此外,大家知道,在中国当政的正是蒋介石,这个事实对苏联政府产生了什么相应的影响呢? 蒋介石本人是不是恢复中苏友好关系的障碍呢?

斯:我不想回顾过去的苏中关系,大家都很清楚,在一段时期的合作之后,是中国政府肇使合作关系破裂的。过去的事就让它过去吧,我们制定政策也不要感情用事,不要追究往事。在我们确定今天同中国的政治关系,特别是同现今蒋介石领导的中国关系时,我们当然绝不能从往事和感情出发,而应从我们两国的共同利益出发,我们真诚希望发展、巩固两国关系。我们把他当成与我们友好国家的领导人,也象尊敬其它国家的领导人一样尊敬他。任何个人因素和偏见都不可能对我们的立场产生不好的影响。这一点我倒可以拿我们对法国的态度为例:

大家知道,不久之前法国在组织反苏活动,企图建立各资本主义国家反苏统一战线的运动中,起了领导作用,这些事件的发生还在苏中关系发生的那些事件之后,虽然如此,目前我们仍和法国保持着最好的深厚友情。

蒋:我非常感谢您对我作的解释,请相信,蒋介石并不了解苏联政府的观点,我将马上把我们的谈话报告给他。我坚信,这对未来的中苏关系将有重大的意义。

斯:我希望避免因我们今天的谈话而出现误会,请您了解,我们今天的谈话是非正式的、秘密的,事先我不知道您会向我提这些问题,所以,我自然没有得到苏联政府授与的任何全权向您作正式说明,况且您本人也是蒋介石的非正式代表。

蒋:我明白谈话是秘密的、非正式的,但我能否认为您说的想法和原则反映了苏联的立场?

斯:我对您说的是个人看法,但我认为它反映的也是苏联政府对中国政府和蒋介石的态度,您当然可以如实地向蒋介石报告谈话内容。

蒋:这对于我来说已经足够了。如果蒙您允许,我想再补充几点意见。现阶段中国的对外政策,不能代表也不能反映中国的民族感情,不过,我们应该跨过这一阶段,并且我们大家都坚信它将不会持续太久。在最近两三年里,很多中国活动家向南京政府和蒋介石提出与苏联合作和接近苏联的政策,由于多方面的原因,这些建议没有被我们的政府采纳。但是,至于说蒋介石,只要有合适的时机,他会努力开始同苏联接近。请问:据您看这种接近在什么基础上才有可能实现,还要做些什么方可使之更有成效?

斯:这是一个很重要和繁难的问题,我应该认真考虑考虑才能回答,因此我暂不答复。

蒋:我完全同意您的看法,也并不坚持要您立即回答。我想补充几点,或许会有利于您的回答。南京政府收到的关于中苏接近政策的建议,比如:关于缔结互不侵犯条约,或者以任何形式表明,我们两国友谊的建议带有表面的性质。蒋介石谋求的接近苏联,不是通过形式上的结盟或别的什么公开表示,他希望通过培养相互间的理解与信任来达到这个目的。他向苏联政府保证:在任何时候,任何情况下,中国绝不会站在日本一方与苏联作对,在一定的条件下,中国会同苏联肩并肩地抵御来犯的敌人。为做到这一点,要按步就班地认真做好准备,比如:可以通过外交合作的途径。毫无疑义,这无论对中国还是苏联都将是有益的。

斯:我赞同您的意见,不要追求形式上的接近和形式上的表态。至于具体的建议,那应该认真地考虑。在讨论这类问题时,我还应该再一次提请您注意我们各自不同之处,您的谈话是以私人身份;我谈话时虽然也是以私人身份,可我并没有放弃充当我国政府的代表。

蒋:要进行这样的谈话,蒋介石不可能选择另外一种方式,只能选择非官方的方式。中国驻莫斯科大使馆属外交部管辖,所有的问题都要与它联系,而我们的外交部有自己的政策,它收到的有悖该部现行政策的报告,往往不转给蒋介石。况且官方途径是不允许涉及象我们今天谈话中这样提及个人问题的。我个人衷心地希望促进我们两国的接近,如果我能帮助做些有益的事情,我乐于效力。我相信,假如中苏间能重新开始认真的接触,我们今天会谈在这当中必将起决定性的作用。

《苏联对外政策文件集》第 17 卷,第 640—644 页

《中苏外交文件》选译(上),《近代史资料》总第 79 号,第 210—214 页

2. 中苏互助条约的提出与继续交涉

马伊斯基①与郭泰祺②谈话记录
1935 年 2 月 8 日

郭泰祺来访,坐二小时许。他看起来心绪极不好,并且一反常态,

---

① И. Майский,时任苏联驻英全权代表。

② 时任中国驻英公使。

这次不是平和乐观，而是满面沮丧悲观。谈话中他顺便说，近几日与南京方面联系频繁。可以看出，他的来访是因收到中央政府若干指令。

谈话伊始，郭就说中国时局危急，他的悲观情绪系由此而来。实际上，三年多来中国是在孤军抗击日本。在沙场上抗击，也在政治和经济领域对付日本，这很不容易。但是，中国特别是南京政府已经尽了最大努力。在此期间，中国一直寻求支持并希望西方合作，这里指的是国际联盟以及美国。中国对英、美希望尤深，因这两国较之他国更加关心远东事务，也比其他国家更有能力帮助中国人民维持独立。然而遗憾的是不得不承认，西方实际上对中国毫无作为，国际联盟只是发表了一些笃信宗教的宣言，这些宣言没有挡住日本占领中国东北。美国对中国总体上说是很友好的，可是过去三年中，这种友好态度并未落到实处，美国人写了一些抗议照会，日本人则将其束之高阁，收在外务省的档案里。美国人做的事仅此而已。近来，美国在经济领域对中国的打击非常严重。由于一年以前实行了白银政策，美国开始加紧收购白银。结果是中国白银涌入美国，数字惊人。

实际上，中国现银在一年内已从 600 万两减少到 270 万两。现在中国银两严重短缺，百姓过这个新年时手中几乎无钱。政府收不到税，也没有能力发行公债。不久前中国海关总署总税务局梅乐和爵士在伦敦进行的贷款谈判未有任何结果，英国至多会同意提供 1000 万英镑。这些钱只够偿还旧债的利息，到头来南京政府手中仍然是毫无分文，为应付眼下面临的任务（特别是进行币制改革），南京政府需要 5000 万—1 亿英镑的贷款。可是偌大的数额，英国是根本不会理睬的。况且连那 1000 万英镑，英国银行也不愿撇开国际银行团而提供。那样就意味着日本参与这一全部金融活动。此事对南京政府来说前景不妙。因为"美国的混蛋政策"（郭的原话），中国目前在财政方面经受严重危机，尤其是 1933 年在阿瑟·索尔特先生（与国联有关的英国著名经济学家）指导下制定的经济措施方案也因缺乏的款而成为悬案。英国政府并不比美政府稍好，也是用花言巧语，靠做一些决议来安慰中国，但当要认真办事时,就让中国听凭日本支配。三个月前,塞蒙同郭谈话时声称,英国特别关心让中国保持领土完整和独立,但是塞蒙只字未提帮助中国克服困难,总的说,中国现在普遍的情绪是最好不再理睬西方。日本人则正利用这种情绪向南京政府施加最大的压力,而且双管齐下:广田和"民间"政府向中国伸出橄榄枝,与此同时,日本军人则侵占中国领土。南京政府处境特别困难,所以他郭某实在不知道政府能否长期坚持抗战。况且日本提出给南京政府贷款,数目确实不大,但不管怎样总足以应急。

我问郭,东京和南京之间是否正就解决有争议的问题在进行实质性谈判,英国报纸已透露了一些情况。

郭回答说,关于中日谈判的消息为时过早,且有夸大之处,这些消息乃源出于日本并有一定政治目的。实质性谈判还没有进行,但蒋介石和日本公使有过一次会晤,一般地交换了对时局的看法。蒋介石在会晤期间非常谨慎,未对日本有任何表示。不过他(郭)应重申,他不知道蒋介石能否长久保持这种立场。

我接着问,郭是否同英国人谈过中国时局,特别是同外交部门。郭说他还没有直接去谈,但是通过一些英国朋友开始对外交部门施加压力。下一个星期他打算会见赛蒙并直截了当地向他提出问题。

然后他谈起苏联和我国对日关系。他对苏联在远东的工事状况表示关心。我根据最近一次苏维埃代表大会报告的精神向他做了介绍。此后,郭有点突如其来地说,中国驻苏大使颜(惠庆)博士将回莫斯科,应将此事看作中国对苏政策的重要转折。颜博士将假道莫斯科前往伦敦,郭希望颜在此停留时能与我晤谈,我回答说,我当然很荣幸接待颜博士。

接着郭开始询问我关于刚刚结束的英、法谈判情况。我尽可能向他作了介绍,同时指出,东方公约是真正使欧洲平静的基本条件。郭完全同意这一点,并且补充说,从中国观点看来,如果东方公约不能成立,那将是最大的不幸,这将意味着德国怂恿对东方和东南欧的侵略行径。

可是这样一来就意味着消弱苏联在远东的地位,相应地增强日本的地位。所以他作为中国人,希望欧洲真正平静,也就是说务必签署东方公约。

苏联驻英全权代表　马伊斯基

《苏联对外政策文件集》第 18 卷,莫斯科,1972 年,第 69—72 页
《中苏外交文件》选译(上),《近代史资料》总第 79 号,第 214—216 页

鲍格莫洛夫致苏联外交人民委员部的电报

1935 年 7 月 4 日

急电。

孔①事先未经约定便来访,他现已代汪任职。孔说想向我介绍察哈尔局势,日军已在那里安营扎寨,并要求往宋哲元的军队派遣日本顾问。日本的下一个目标就是渗透至绥远,然后开始进攻蒙古人民共和国。

我回答说,日本蓄意反苏对我们已不是秘密,并问道,关于日本正准备在华北建立以阎锡山为首的伪自治政府的情报是否准确。孔回答说,虽然阎锡山还没有答复日本,但是已经谈判过了。我问,日本要求中国承认满洲国和签定军事联盟一事确否? 他回答说,日本认真坚持的只是签定军事同盟。

我问,尽管所有领导人都多次向我声明改善对苏关系的愿望,而中国政府如此拖延关于贸易条约问题的回答应做何解释。孔回答说很清楚,外交部担心来自日本的压力,特别是当前时期,但是中国政府对贸易条约持积极态度。

我指出,苏联政府的政策旨在改善对华关系。孔针对这番话问,苏联政府是否打算同中国签订互助条约? 我回答说,他的问题令我惊奇,中国政府慑于日本压力,而拒绝互不侵犯条约,担心有人评说而拖延对

---

① 指孔祥熙,行政院副院长、财政部长。

于贸易条约的回答,可是忽然间谈起互助条约来了。互助条约的签定应以良好关系为先决条件,即在贸易条约、互不侵犯条约都早已成为定局的情况下才能谈及。我指出中国政府总的说是在拖延对所有问题的回答,例如,关于庚款数额一事,我至今尚未收到外交部的任何建议,孔回答说,关键在财政部,他不知道官方应对我说什么,就个人而言,他可以说账上的钱已全部用尽。我回答说,中国政府应该给我一张准确的账单,并提出一些建议,只有在收到账单后我们才能开始讨论。孔说最好我们能先讨论这个问题。

临走时孔说,蒋介石很想看他的儿子,但后者现在不能获准回国探亲。我回答说,关于探亲的问题完全取决于他的儿子,我们对他的归国没有制造任何障碍。不过据我所知,他并不想去任何地方。

全权代表

《苏联对外政策文件集》第 18 卷,第 437—438 页

《中苏外交文件》选译(上),《近代史资料》总第 79 号,第 218—219 页

鲍格莫洛夫致苏联外交人民委员部的电报

1935 年 10 月 19 日

急电。

昨日孔来访,孔说,晚间蒋介石到他处,可与蒋会晤。谈话时只有孔在场,担任翻译。

我据已收到的指令做了如下声明:

1. 关于苏联政府根本改善苏中关系的希望。

2. 关于我国在新疆的政策,我顺便补充说,我相信这段时间内他已收到中国政府确认我的声明的消息。

3. 关于签定贸易协定和不侵犯条约的意向。关于贸易协定事,经过五个月的等待,我刚刚收到中国方面的草案,现正在拜读。

蒋介石回答说,他完全同意我的意见,定将改善中苏关系,因为如果两国都受到威胁,那么来源都是一个。关于新疆,他说他收到了本国

代表的报告,可以肯定,不仅他本人,而且在其他政府委员的头脑中,昔日的怀疑已经消散,他相信苏联没有任何侵占新疆的打算。他毫无疑问赞成缔结贸易协定和互不侵犯公约,但他认为这些条约都只是表面举动,他希望有实质性的真正促进中苏亲密关系并能保障远东和平的协定。

我问,他指的究竟是什么协定。他回答说,我国与苏联之间应该有一个"非表面性"的协定。实际上他想就下列两个问题得到苏联政府的回答:

1.苏联政府是否愿意同中国签订一个多少能保证远东和平的协定。谈话间他强调,他不是以中国政府代表的身份而是以中国军队总司令的身份提出这个建议的,以此暗示他指的是秘密军事协定。

2.如果苏联政府给予肯定回答,那么他很想知道苏联政府对这个协定有何想法。

我不想回答他的问题,遂反问道:日本政府要求中国政府承认满洲国和缔结反苏军事同盟一事是否属实。他回答说,日本政府没有正式提出这些要求,日本政府非正式地提出了第一个要求,至于第二个要求,问题是笼统地提出,而没有指明苏联只作为反布尔什维主义的军事同盟。我说,在这种情况下,我感兴趣的不是泛指的布尔什维主义,而是苏联。孔说,应该认为从日本的观点看,这样提出问题是包括苏联在内的。我又问蒋介石,那么,如果日本政府一味要求中国政府缔结反苏军事同盟,中国政府将持什么立场。他回答说,中国政府绝不会同意这样的建议。

孔说,他要求对此番谈话严格保密。我表示同意。

我问蒋介石,日本正在察哈尔和绥远修建一系列机场,是否属实。他说,这一切全都违背中国政府的意愿,但是如果中国政府得悉具体情况,他将告知于我。

在会见蒋介石之前,我同孔谈话时,孔看起来心绪极为不宁,他说他能秘密告知我一个情况:日本人提出了新的要求,坚持签定反苏军事协定。日本人说,不稳住中国战场,他们就不能对苏开战,所以日本必须在华北有一个可以信赖的政府,他们不相信蒋介石。如果蒋介石同意缔结军事同盟,那么日本人就不会反对南京对华北诸省的主权,否则他们扬言要"捣毁"南京政府。他问我是否已向苏联政府报告了我们上次的谈话。我回答他说,为了保守特殊的机密,我没有打电报,而是写了信让信使带走。接着,当谈到战争危险总的增长情况时,孔说:"中国人对日本人恨之入骨,乃至不管中国政府向日本做出什么允诺,一旦日本与第三国开战,不管同哪国——苏联还是美国,中国人民定将迫使那个政府抗日。"

因为复文中没有急事,我关于所有谈话的总结将随近期邮件送出。

全权代表

《苏联对外政策文件集》第18卷,第537—539页
《中苏外交文件》选译(上),《近代史资料》总第79号,第219—221页

斯托莫尼亚科夫致鲍格莫洛夫电
1935年12月14日

现回答10月19日电,通知以下情况:苏联政府不反对协议并准备同中国方面具体讨论这个问题。详情待函告。

请将上述内容告知蒋介石。

斯托莫尼亚科夫

《苏联对外政策文件集》第18卷,第590页
《中苏外交文件》选译(上),《近代史资料》总第79号,第224页

斯托莫尼亚科夫致鲍格莫洛夫函
1935年12月28日

尊敬的同志:为回答蒋介石向您提出的问题,我们已电告您,我们同意蒋介石关于合作互助反对日本侵略的建议。对此事我们的出发点是,应该支持在中国日益强大的主战派,如果中国确实要投入抗日解放

战争,我们则准备给予力所能及的支援。但是,我们想,尽管主战派在中国无疑已深入人心,也许现在时机不到,尚不宜自我束缚,同蒋介石就互助问题签一个协定,以应付一旦发生的日本武装侵略。

尽管程度比前较小,蒋介石仍在对日本帝国主义者的要求节节退让,虽然很有可能他目前的这些让步,只是为赢得时间而采取的灵活的手段,希望双方的力量对比变得对中国有利,尤其是在意大利——阿比西尼亚战争结束之后。但是并不排除他还可能同日本谈判,并试图为此目的也利用同我们的谈判。有鉴于此,我们认为在着手办理互助条约之前,弄清蒋介石的真实意图是适宜的。

为了这个目的,您应该再会晤蒋介石,向他肯定苏联政府同意就他提出的以互助抗日条约的形式签署一个条约,并向他提出一些问题,以确切地了解他的立场。在这方面需要向蒋介石指出,我们不清楚他对实施自己的建议有何具体想法,我们及中国政府各自应承担的是什么义务,这些义务何时生效,他自己大约拥有多少军队等等。

应当指出,既然同意承担这么重要的义务,就要对他抗日救国的计划以及中国帮助苏联反对日本的计划有一明确的了解。由于各方面的人都向我们保证说,南京政府的打算在指望其他大国与日本作战,并且自认无力抗日,所以这一点就更加必要。

应特别注意蒋介石与中国红军的互相关系。需要指出,我们之所以关心这个问题,是因为我们不明白,如果蒋介石的主要武装力量用于对付中国红军,那么他想怎么安排抗日。我们坚信,蒋介石的军队和中国红军若不实行军事统一战线,就不能真正有效地进行抗击日本侵略的斗争。

如果蒋介石就此同您谈起他希望我们在他与中国共产党之间调停,以建立抗日统一战线,请您告诉他,我们不能扮演这种角色。但是,他完全可以同中国共产党直接谈定,比如,请您告诉他,您愿意随时给蒋介石或国民党中央委员会的任何代表去莫斯科的签证,不管他前去的目的如何。

您收到蒋介石答复后请声明,您要经最快的外交信使把它带到莫斯科,并强调我们认为就这样的问题拍电报是不合适的,坚决建议他不就这些谈判的事给任何人、任何地方发电报。

致同志式的敬礼!

斯托莫尼亚科夫

《苏联对外政策文件集》第 18 卷,第 601—603 页

《中苏外交文件》选译(上),《近代史资料》总第 79 号,第 225—227 页

鲍格莫洛夫致斯托莫尼亚科夫电

1936 年 1 月 22 日

我根据指令的精神会见了蒋介石,向他逐条转告了尊函的内容。我以个人名义补充说,我国政府对日本报刊关于中国政府似乎已同意联日制苏的广田三原则的报道感到惊奇。

蒋介石说,他认为向他提出的问题中最重要的是最后一个,即关于红军的问题。如果我们能就这个问题达成协议,其他问题也就迎刃而解了。他十分明白,共产党可以公开存在,但是任何一个国家都不允许一个政党拥有自己的军队。苏联必须利用自己的威望劝说红军承认事实上的政府,那时中国政府就能抗日了。我回答说,苏联政府对中国红军没有任何影响。我又一次专门从军事技术的角度很谨慎地提及这个问题,鉴于我们就可能成立的互助条约进行的谈判,我援引我过去同他的谈话说,我们定会欢迎中国政治统一的确立,但是这应由中国人自己完成。蒋介石又开始阐述他关于一国之内不允许其他个别政党拥有军队的观点。谈话有陷入僵局之虞,为打破僵局,我指出,不久前陈立夫同我谈话时说到希望派国民党中央委员会的代表到莫斯科去进行各种会晤,我问这是否符合蒋介石的愿望。蒋介石对我的话没有反应,继续热情地论证苏联与中国政府和国民党建立友好关系的必要性,说如果苏联政府就中国红军承认中央政府权威一事向红军施加压力,那么苏联政府就可以此表示对南京的真诚态度,并赢得南京政府这个忠实的

同盟者。我看到谈话继续朝僵局发展,便斩钉截铁地声明,我们绝不能扮演他讲话中说的任何居中调解人的角色,这是中国内政。蒋介石同孔(祥熙)商量后说,他认为可以据下述原则同中国共产党达成协议:红军承认中央政府和总指挥的权威,同时保留其现有人员参加抗日。我重申,按自己的意向同红军谈判这是他的内政。蒋介石说,尽管如此,他要求向苏联政府转达这个想法。我回答说,我当然会把他的话报告我政府。历时2小时的会谈有80分钟用来谈这个内容。

我建议转到其他内容上。蒋介石说,苏联对华援助的规模应由苏联确定,中国将很感激地接受苏联认为可能给予的军事装备和军用物品,关于自己的抗日计划和利用拟议中的中苏条约的具体想法,尽管我问了两次,蒋介石只字未提。我重提这个问题时,他笼统地回答要携力对付"共同的敌人——日本"。直到谈及条约可能生效的期限时,谈话才有了生气。我说,如果在可能缔结的条约中,中国对苏联义务很清楚——一旦日本武装侵入我国领土,中国帮助苏联,那么苏联可能对中国承担的义务则不能是同等的。日本正一省接一省地占领中国土地,中国政府又曾何时希望在签约的情况下得到我国的援助。蒋介石回答说,中国政府并不强求苏联帮助中国保卫那些已被日本占领的地区,例如察哈尔的六个县。但是他想可以签署一个条约,一旦日本企图侵占蒙古、绥远或山西,苏中两国政府根据条约承担互助的义务。他问我对这件事的想法如何。

我回答说,我应向莫斯科报告,并问他,我能否说中国政府主张大致如此确定双方义务。蒋介石首肯。

蒋介石又问起英国对苏、中条约的态度,并流露出他对英国保守派非常同情日本一事的担心。我回答说,实际的确如此,不过即使在保守派中间,人们也日益清楚地看到,日本侵华严重伤害英国利益,如果苏、中、日发生冲突,英国政府未必会同情日本。蒋介石表示担心,怕我们可能签署的条约会引起英国强烈不满,遂说他希望在英美条件尚未成熟之前,把条约之事严格保密。孔说,英国对中国很少关心。不久前他指责贾德干①,问他为何置诸多公务于一旁而去休假半年时,贾德干回答说,他在英国比在这里更有用处。

蒋介石最不愿意明确回答我关于日、中就广田三原则谈判的问题,他两次向我重复下面这样一个支支吾吾的回答:"日本要求谈判,我们应该同意,因为日本强大。可是,如果我们与贵国签约,我们同日本的一切谈判就毫无意义了。"

谈话快结束时,孔说,我们的谈判拖延太久,实际我们10月对蒋介石的询问直到今年1月才得到回答。我指出并确认,我们的交往必须避开日本,通过信使。我回答他的问题说,2月10日②前后我的报告可到莫斯科。孔请我催促,尽快就我们的谈话作出回答。我解释说,我将请莫斯科就我们的谈话作出简要的原则性的回答,用电报告诉我们。谈话时只有孔在场,他在我们回来时表示对谈话很满意。

全权代表

《苏联对外政策文件集》第19卷,莫斯科,1974年,第35—38页

《中苏外交文件》选译(上),《近代史资料》总第79号,第227—229页

斯托莫尼亚科夫致鲍格莫洛夫电
1936年5月22日

请告孔,我们之所以没有回答他和蒋介石提出的问题,是因为我们近两个月感到中国政府对谈判的态度发生了极为剧烈的变化,实际上因受日本压力就蒙古条约而发出的照会、某些中国报纸的文章、把我们签订的这个条约与(日本)占领东北和华北相提并论的做法,并离间中国人民和其他国家同我们的关系,又节要公布了国民党中央委员会那个著名的宣言——所有这一切都给人们造成中国政府全面改变对苏立场的印象。

① A. M. G. Cadogao,英驻华公使,1939年使馆升格,为首任英国驻华大使——译者。
② 电报由外交信使发出,1936年2月13日苏联外交人民委员部收到。

我们满意地看到了孔的报告,知蒋介石认为应继续我们之间的谈判。鉴于最近发生的事件,特别是因为我们不了解中国政府对蒙古条约所持的态度,我们仍务必在继续谈判之前摸清中国政府的态度。我们希望能得到关于日中两国就蒙古条约谈判的全面情报以及日中谈判及其前途的总情况,中国政府和蒋介石的打算。我们特别关心中国政府对日本同宋哲元的谈判持何态度,尤其是对日本出兵华北的态度。

不了解现状和南京政府的打算,我们很难继续谈判。

《苏联对外政策文件集》第 19 卷,第 276 页

《中苏外交文件》选译(上),《近代史资料》总第 79 号,第 229—230 页

鲍格莫洛夫致斯托莫尼亚科夫电

1936 年 5 月 27 日

按照您的指示,今天同孔(祥熙)进行了交谈,据他说,在我向蒋介石通报情况之后,日本人就蒙古条约一事向中国政府提出了交涉。在南京和东京都提出了交涉,日木人声明:他们认为在蒙古条约的背后有中苏秘密协议,并要对蒙古条约采取坚决措施。孔(祥熙)并不否认,抗议某种程度上是在日本人压力下提出的。在互换照会和中国再次提出抗议之后,孔(祥熙)同徐谟在上海进行了交谈。徐谟向他报告说:日本对中国人第二次同我谈话不满,并要采取“坚决”措施。但中国政府决定宣布该问题已告结束,除就日本人提出的联合反共条约进行过大致谈判外,孔(祥熙)否认就蒙古条约进行过什么谈判。

关于一般的谈判问题,孔(祥熙)告知说,日本人不久前询问中国政府,中国政府做军事准备是针对谁的? 中国政府答称:做军事准备是为保卫中国领土。中国政府再次重申愿与日本和平共处,并且似乎告知说,倘若试图侵犯中国独立,中国政府不得不进行军事反击。为了同日本进行全面谈判。徐谟日内将前往日本。

孔(祥熙)说:中国政府就再次向北方派兵向日本提出了抗议,谈到宋哲元并未向南京详细报告谈判情况,并且要求南京赋予他更大的

权力。我问,宋哲元是否已同日本人签订了联合反共的协定,孔(祥熙)回答说,他已得到这方面的情报,不过,宋哲元对南京的询问作了否定的回答,虽然他说,他本人对这一协定基本上是赞成的。

孔(祥熙)赞同我的意见:宋哲元已有很大变化,他准备向日本人作更大让步。在随后的交谈中孔(祥熙)表示赞成苏中互助条约,并指出:无论中国,还是苏联,均需要这样的条约,该条约可以阻止日本的侵略。我说,以前蒋介石和他一直在谈论秘密协定一事,看来现在他在考虑公开协定。孔(祥熙)想了想说,他坚信,其他国家会欢迎苏中条约的,该条约可阻止日本侵略,因为日本没有能力同时对中苏两国开战。

我最后说:我认为徐谟之行具有重大意义,并且表明中国人还将努力同日本人达成谅解。张群也在讲话中谈及此事。但我依然认为协定缺乏基础,因为日本人将要求承认满洲国,并在不久的将来,无论如何要在政治上分离华北,从孔(祥熙)的通报中可以看出,关于蒙古协定,虽然我直截了当地问他,日本人具体提出了哪些要求。但他依然喜欢作笼统的回答,避免作清楚、精确的表述。在今天的交谈中,新的重要的一点是,中国同意在条约签订之后立即予以公布。"秘密"协定的存在使蒋介石随时可能改变方针,蒋介石得到日本的某种补偿,就可能放弃协定,公开协定要求蒋介石本人执行一定的政治路线。我认为这种协定将得到全中国的赞同,并使蒋介石在对日关系方面不可能再随机应变。

全权代表

《苏联对外政策文件集》第 19 卷,第 282—283 页
《中苏国家关系史资料汇编》(1933—1935),第 55—56 页

鲍格莫洛夫与张群的谈话记录

1936 年 11 月 7 日

谈话①伊始,张群说他早就想同全权代表晤谈,为此还在夏天就专

---

① 中国外交部政务次长徐谟参加了会谈。

程离桂林前来。为成都事件①发生,会晤未能进行,部长在事件后为诸多急事所累。张建议先谈全权代表的问题,后谈张的问题,依次进行。

鲍格莫洛夫:那么就请阁下向我介绍日、中谈判的现状。数月来,许多报纸已不止一次报道说日本向贵国提出了所谓共同防赤的要求,鉴于来自日本的许多消息都说明这种情况就是日、中联合反苏的要求,我国政府不能对此问题漠然视之。

张:日、中关系现状极为不利。对日谈判中有两个根本问题是无论如何不能取得一致意见的。

1.我担任部长期间,中国的立场一直很坚定,坚决要求日本人只通过中央政府在中国进行谈判,并且拒绝一切同地方政权直接谈判的做法,以及拒绝在中国个别地区建立任何不符中央政府规定的特别政府的做法。简言之,中国的基本政策是以中央政府为中心,把国家统一和团结起来。日本人则相反,力求进行地方性谈判,并试图奉行割占中国领土的方针。

2.第二个问题就是您关心的那件事。中国共产党是一个小团体,它的直接目的是武力改变中国现存制度和用军事手段推翻中华民国中央政府。所以我国政府不得不用军事镇压的特别办法对付共产党。所以这个问题整体上说纯属中国内政问题。我们不允许任何别的国家对此进行任何干预。日本人向我们提出,要求我们同意他们帮助反赤,但是我们至今一直断然拒绝,甚至根本不与之谈论这个中国内政的问题。

鲍:也许我把问题提的不够确切,我指的是报刊(特别是日本报刊)上关于日中共同在国外"防赤"——反苏的论调。

张:日本人从未与我们直接谈及此事,他们的理由大致是:"共产党嘛,贵国有,我国也有,他们是我们的也是你们的敌人,我们共同商量定出一些对付他们的办法吧。"当然,可以看得出来,在这个问题上日

---

① 1936年8月24日成都民众反对日本在成都设领事馆,发生流血冲突,29日中国政府为此事件重申"敦睦邦交"令。

本心目中的真正目标恰正是苏联,不过不管怎样,日本人甚至未向我们暗示过此事。日本总共有两次试图积极提出这个问题:第一次是苏蒙条约刚刚签署之后,第二次是最近,成都事件之后。如我上面所说,这两次中国都断然拒绝了日本人提出这些问题的一切企图。请不要以为我想提出蒙古问题与阁下讨论,我根本没有这个意思,我只想用这个例子说明以下两件事情中任何一件日本人都很害怕,既怕苏联远东政策的活跃及其地位的巩固(这一点在苏蒙条约中也有反映),又怕中国共产党加强活动,因为这威胁到日本利益。无论为应付前种或是后一种情况,日本都在加大对我们的压力。

无论如何请阁下相信我的保证,近来中苏关系日益改善。中日关系则相反,受到破坏。我可以声明,中国绝不会对这些问题中的任何一个作出让步。日本面临着两条出路:要么坚信中国立场不可动摇,撤回这些要求,把中日关系朝改善的方向扭转;要么因我国立场始终不变而取攻势,那就将意味着我国同日本的关系恶化到极点,因为我们不想也不能在这些问题上作出让步。我能否请问苏联政府对日、中关系持何观点。

鲍:我只能声明,我国政府定会欢迎中日协约,只要这个协定的成立不牺牲苏联的利益。

张:现在请允许我提请您注意以下三点,因我认为这三点对于中苏关系的改善是非常重要的。

1. 我已说过,中国政策的根本方针旨在国家统一和以中央政府为中心把国家团结起来。因此对我们来说,苏联政府直接同我们进行谈判是完全必要的。请阁下代表苏联,而中国由外交部出面或请已赴任的蒋大使①同苏联外交人民委员部进行谈判。我们期望中苏两国间的谈判将不通过没有代表性的未赋有谈判全权的人员进行。

2. 如果苏联政府认为能把新疆问题提出,通过外交途径予以解决,

①　中国驻苏大使蒋廷黻。

那就再好不过了。我想这定会大大改善我们两国的关系。

3. 如能得知苏联政府认为欲大大改善苏中关系应采取的方法和措施有何看法,我等将不胜荣幸。

鲍:我乐于回答这三点。

1. 本大使可告知阁下,苏联政府希望中国成为统一强盛的国家,因为在我们看来,统一强盛的中国会成为远东和平的因素,(张插话表示十分满意这一声明,并很高兴指出,苏联自然会同意中国政策的基本方针)。

2. 至于说新疆,我国对这个省份的关心是出于经济上的考虑——我国同新疆通商,我以为这种贸易是为新疆人民谋福祉的。我们从政治上关注新疆,仅仅是因为我们不希望日本人往那里渗透,并在那里按满洲国模式建立一个基地——一个对苏联发动军事侵略的基地。我们对新疆的关心全部用意不过如此。我重申,我们希望中国统一和强大起来,特别希望中央政府在新疆的权威巩固和加强。关于这一点我已在一年半前从莫斯科回来后就已经向汪精卫先生作了正式说明,苏联人民委员部主席莫洛托夫也已就此事向全世界发表了声明。我们对新疆的现状表示满意,如果中国方面认为有不满之处,那么任何人都不妨碍他把自己关心的问题提出来加以讨论。

3. 至于说到苏联为巩固我们两国关系提出的建议,那么在这方面我们已经提出过就互不侵犯和贸易条约进行谈判的建议,遗憾的是这种谈判进展非常缓慢。

张:先谈新疆问题。关键在于中国有许多人不由自主地把华北和新疆相提并论,因为日本在谈及华北局势时经常援举新疆为例,指责我们在这个问题上无所作为且姑息放任。因此许多中国人说,这两个地区境况相似。日本不愿让华北同中央政府团结,苏联也一样,他们说,苏联也不愿新疆与南京团结。

鲍:我不理解,怎么能这样对比。人民委员部主席在代表大会上已经向世人声明,苏联承认南京对新疆的主权,并且希望中央政府在新疆的影响得以加强。我怎么就没有听到过广田对华北做过类似的声明，而情况好象恰恰相反。但是事情还不止于此，日本在华北的任何大据点都有驻军，并在中国领土上进行大规模的军事演习，可是在新疆，阁下很清楚，并没有苏联的一兵一卒。我不理解，怎么能做这样的比喻。

张：我指的是过去新疆发生金树人①的事件，此案现已了结，但是现在同盛世才进行的是何种谈判，这个情况我不了解。我与盛很熟，我知道，只要他不怕新疆同中央政府的团结会引起苏联方面的不满，他会对此大有作为的。我们希望关于新疆问题的一切谈判，苏联都能用正常的外交途径通过我国中央政府进行。

鲍：我重申，全力加强中央政府在新疆的影响是符合苏联利益的。我今天有意引用莫洛托夫的声明，就是为了向阁下表明我们对新疆的态度。在这个声明之前，新疆当局存在过分立主义倾向，莫洛托夫在代表大会讲坛上的声明就是给这些分立主义份子头上泼了一大桶凉水。所以苏联的立场是十分清楚的，而我们唯一不能为之的事——乃是干预贵中央政府与新疆当局的关系，这不是我们的事。

张：(起初再次表示愿就涉及新疆之事同南京政府谈判，然后转到苏中谈判问题。)阁下方才提到互不侵犯条约，我要说，许多人相信这类条约没有用处。苏中关系观在处于这样的时期，这时要谈的不是一方可能进攻另一方(显然，苏中都不打算进攻对方)，而是要沿着合作互助的路线建立更加久远的关系。至于说互不侵犯条约，那么这个条约不仅不急需，而且进一步说，在一定程度上，若没有这样的中苏条约，还是有好处的。

鲍：本大使无论如何不能同意阁下的后一条意见。不管怎样，我认为没有苏中互不侵犯条约，就会有损于苏中关系。的确，我应该承认，近一年来我们两国关系当然比过去，必如说，比两年或四年前好多了。但是迄今为止这种关系并没有任何正式文件作为基础。我认为，目前

---

　　① 曾任新疆省边防督办。

谈谈那些来日方长的事,如要求苏联人民承担一定重要任务的互助条约之类,是相当困难的,因为双方舆论对此都还根本没有准备。正因为如此,我才应向我国政府回答社会舆论能在多大程度上接受这样一个问题。贵国报刊有十分之九是满篇报道解决对日关系的必要性,而关于苏联不过是只言片语,难道这是舆论准备吗?

张:我认为这个"比例"是非常不确切的。当然,"九一八"事变之后我们有意无意地极为关心对日关系问题,因为我们时刻处于日本侵略的威胁之中。正是这种状况迫使我国报刊以如此多的篇幅讲对日关系。同时,中国人民知道,同苏联的关系正在改善。我能否对阁下的话作如下理解,即阁下认为暂时不能签署苏中互助条约?

鲍:我想这样回答这个问题,我认为事先如果不做舆论准备,哪怕做短时间的准备,以使人们接受这样一个条约,而现在马上就签署互助条约是困难的。正因如此,我们才把贸易条约和互不侵犯条约提了出来,使之作为给认真接近做准备的第一步。恕我直言,我要说,我得出一个印象(如果这印象是错的,我会非常高兴),对贵国来说,据贵国方针,中国政府对外政策的主要之点是对日关系,而对苏关系似乎是次要的。我觉得,在苏中关系的任何一个问题上甚至包括象贸易条约这样的小问题,贵国首先考虑的是日本会有何印象。

张:这不对。完全是因为日、中关系非常恶劣,自"九一八"事变后我们一直受到侵略的威胁,可是我们还没准备好对日作战。

鲍:这就说到要害处了。要知道,同苏联签署的比如说贸易条约,尽管也可能引起日本人的不满,但与此同时(许多中国要人并不考虑这一点)日本侵华的危险性将从而减弱。您看,十分清楚,中苏合作能够成为远东和平的强大堡垒。

张:但是,我国有很多人认为必须抗日,然而中国还没有做好准备。请阁下允许我直率地提一个问题:一旦中日开战,苏联将持何种立场。

鲍:苏联舆论界有关日中关系问题的言论清楚地证明,苏联各族人民的同情无疑在中国一边。至于贸易条约,那么我想,现在签约对于双方来说都是非常有益的,因为这种昭示双方都愿意建立更加密切的关系,虽然苏联与中国的贸易在苏联整个对外贸易中并不占据什么重要位置。

张:我们也有同样的想法,所以我们才坚持把政治性的即关于友好的条款载入这个条约,我们坚持把这个条约称作"友好、贸易和航海条约"。(此时徐谟插话,他说苏联同其他国家签署了这类名称的条约。)

鲍:我不记得苏联同其他国家签订过象中国所提草案那样包括广泛政治性条款的贸易条约。如果中国方面真正认为贸易条约主要应具有政治意义,那么我不懂为什么您如此坚持贸易平衡的条款。至于说中国政府提出的政治性条款。那么我们也许除了几处改动之外,不会有反对意见,但是最主要的是把这些条款载入互不侵犯条约,而不是载入贸易条约。此外,贵国所提的条款实际上是单方面的。

张:为了把关于贸易条约的谈判顺利进行到底,我以为中国方面可以考虑放弃贸易平衡的条款,但是有一个条件。即苏联同意把中国提出的政治条款载入条约。

鲍:至于说贸易平衡,我在这方面得到过中国同意取消这个条款的保证。在得到这个保证之后,我才交出苏联方面的草案。(徐谟插话,说汪不过是得悉鲍格莫洛夫同志取消这一条款,并答应考虑这个要求)。

接着鲍格莫洛夫同志详细介绍了同汪首次谈话的情况,并声明只有中国政府撤消贸易平衡的要求,贸易条约的谈判才能继续进行。

张群回答说,目前这个问题已经不十分迫切,而且鉴于这个条约对于双方来说只具有政治意义,中国方面想强调这一点,保留其中的政治条款。

部长和徐谟后来总结了谈话内容,部长要求尽快把谈话内容报告莫斯科。互致寒暄后各自散去。

会谈持续了 3 小时 15 分钟。

鲍格莫洛夫

《苏联对外政策文件集》第 19 卷,第 542—549 页

《中苏外交文件》选译(上),《近代史资料》总第 79 号,第 234—240 页

斯托莫尼亚科夫致斯皮利瓦涅克①电
1936 年 11 月 14 日

急电　寄往上海

您应立即拜会陈立夫并向他作如下声明:"我们从极为可靠的地方得到情报,知中国外交部长在同日本大使谈判时,已原则上表示同意日本政府关于签署一项在华北共同防赤协定的要求,而且在会谈时直言不讳地指出,所谓威胁中国的危险是经过蒙古来自苏联方面的。根据这些情报还知道,目前已经在进行具体的关于这个协定所及地区和这种合作形式的谈判。

因为这类协定的签署,会与中国政府率先发起的同我们进行的谈判水火不相容,与中国政府的权威代表向鲍格莫洛夫同志所作的保证和建议大相径庭,所以我要求对中国外交部的上述态度作出权威性的说明,以便我从速报告莫斯科。"

您可推说不了解谈判情况,不必同陈立夫讨论,只申明您仅受权代为询问并尽快得到他的回答,以向莫斯科转达。

斯托莫尼亚科夫

《苏联对外政策文件集》第 19 卷,第 572—573 页
《中苏外交文件》选译(上),《近代史资料》总第 79 号,第 240—241 页

中国驻苏大使蒋廷黻与李维诺夫谈话记录
1936 年 11 月 19 日

二十五年十一月十九日下午三时半,赴苏外部见李维诺夫外委长。余首问鲍大使返国是否拟久住。李答将久住,因鲍大使已久未得休息也。

李问:中日交涉已到何阶段?

黻答:因你我两国关系日趋友好,我可以实告。外传中日交涉集中

---

①　时任苏联驻华临时代办。

于两大问题：一华北问题，二中日共同防共问题。实则第二问题乃交涉之中心。日本所谓防共分两方面：一方面防共产主义之宣传，由中日两国之秘探交换共党活动之消息，且由两国警察合作制止之；另一方面军事之防守，由两国自山海关起至新疆西北角，共同设立军备。我政府认为，二举皆无必要。共党之活动，两国警察能各自制止，无须协助。至于沿边设防，更无对象。

李：余闻中国已允于某几省内协同防共。

蒋：今夏河北察哈尔地方当局曾与日人有此类协定。惟未报告中央，中央亦无官方消息，吾人之消息系间接得来者。

李：余所闻非指地方，亦非指河北察哈尔，余所闻系指中央南京政府最近与日方之交涉结果。

蒋：余无此消息。余且不之信。

李：可否请去电问。

蒋：无不可，惟余不之信。请向外蒙代表此次来苏有何使命？

李：你指 Amor。任务全系经济的。苏蒙经济关系颇重要。Amor 等早已要来，惟因故拖延至今。此外别无任务。闻 Amor 顺便就医，伊久已有某病。

蒋：日德联盟之说，近日报传甚盛。据你的消息，实有此事乎？

李：你已见塔斯社之通讯。余们能担保实有其事。

蒋：吾人对此问题视为甚关重要。

李：自然。

蒋：余因此在未赴任前，已加以考究。中国政府曾问德国政府有无此事。你知此事之传闻甚久，故我政府曾有此问。据德国负责人回答："无此事。在德国有人作此建议，但反对者多于赞成者。反对者之理由有二：一、中德关系之发展有经济的收获，日德关系之发展无此可能。二、德国外交以得英好感为基础，如德与日合作，则英德关系不能好转。"故余初读此消息尚不之信。你想日德联盟已成立？

李：我非想此，我确知有此事。

靫：主动者为谁？德乎？日乎？

李：日本，此事经过颇久，最初交涉由日本驻德武官与 Ribbentrop①进行，日本驻德大使不知之，德国驻日大使也不知之。最近则由两国不正式使节进行，现由日本驻德大使签订"initial"草约。约有两个：一秘约，一公约。公约仅反共。秘约分两款，一、日德两国军事协助以对某第三国；二、日德两国不与此第三国订任何根本妥协条约。将来发表者，系公约，非秘约。

靫：我国政府甚愿与苏联政府研究两国关系接近及合作之途径。此乃余今日来访之主要目的。余愿知你的态度如何，并愿闻以后进行之手续。

李：你知鲍大使在南京前已起始与某要人谈此问题。后闻中国政府已允与日本订局部防共之约，不知中国究竟意旨何在。今日闻你说中国政府仍愿继续谈合作，我甚以为幸。惟此事须候鲍大使返国后（最）〔再〕谈。

靫：中国政府愿将此项谈判移至莫斯科。你的意思如何？

李：余拟继续在南京谈，盖中途更换甚不便，由鲍大使谈比较易守秘密。此事关系太重，不能不严守秘密。故鲍大使关于此事不用电报，专用专差递信。中国主张向日退让者大有人在。

靫：中国亦望守秘，故余在未出国前已作各种守秘之准备，关于此事余直接报告与蒋院长。在此地，余亦不拟令秘书参加。交涉移至莫京系我政府之意。如候鲍大使返国后再定，固无不可，余料鲍大使之报告与余所言必一致也。

李：最近为你的某参事的护照签证，尚发生问题。此新职员，据我所知，即亲日派之一。因此吾人不愿给予签证。

靫：余原拟提此事，现你提及正好。你所言非他，即龚参事，伊并非新员，系颜大使带来之旧员。

---

① 里宾特罗甫。

李：是乎？

黻：是，姓龚。今夏返国。人极忠实。至于政治主张，简直谈不到。龚之地位系领事部主任，与政治毫无关系，彼实不（佩）〔配〕谈政策也。余信你的消息不确，余望你给予签证。如彼返任后，你得有任何通日消息，余第一即不愿其在此继续服务，余必向政府提议调赴他处。

李：（笔记余所言）原系旧员？

黻：如鲍大使到达后，你愿与我继续谈话，请赐电话。

李：好。（即日下午四时半起始纪录至六时半）

黻按：李之谈话颇有可疑之处。一、鲍大使返国，吾不信专为休息。鲍今夏曾避暑青岛，余辞别时，彼曾未表示需要休息之意。余拟鲍之返国不外两个原故：（一）不返任。（二）报告最近发展。二、鲍既拟久住，何以交涉仍由彼在南京进行？果尔，苏联对此事不认为急务。三、Amor 来苏必有其他任务。若系关系通商事件，无须 Amor 亲来也。李此言全系官话，此次谈话时，李氏提及中国亲日派，余未及即时纠正，可惜之至。李之中国消息固不确也，且危险的不确也。此后有机当迎头痛击类此谬论。黻又识（即日下午六时半）。

按鲍在南京已成 Persona Nongrata①。今夏，院座曾令岳军部长电少川大使，请其在日内瓦趁便面告李维诺夫鲍之不能使人满意，并露吾人盼其调开。少川大使想不尽知背景，未及立言。鲍在中国有数大错误：（一）传达不实。彼曾对余言，汪院长于商约交涉之初即声明放弃贸易均衡一款，鲍并言徐叔谟次长参预此次谈话，且任翻译。余在京面问叔谟，彼绝对否认其事，并曰："老实说，汪先生对商约之交际始终无诚意也。"关于外蒙事，苏政府谓苏蒙协定事前得有院座之同意。余料此语系鲍传与其政府者，院座曾因苏蒙协定大怒，事前同意绝无其事。（二）在中国活动常以左派及民众为其对象，故意造谣使民众疑政府将向日本退让，因而减杀人民对政府之信任。鲍且乐与冯焕章、孙哲生诸

---

① 不受欢迎之人。

人往来,作侧面之推动。(三)重要交涉假手孔庸之,孔固不应该,鲍亦
因此误事。盖孔事忙,对外交问题曾无统筹计划,谈话多不负责。有时
自以为能代表院座,实则未必。鲍既与往还有时,而交涉不见进展,鲍
应察觉此路之不通。(四)鲍疑岳军为亲日派,平时亦疑其他人士为亲
日派,不知我国人中不张口骂日人者反多,真实反日工作其观察之不精
透,于此可见。倘以后苏方坚持以鲍为交涉媒介,吾恐误事不少矣!

《民国档案》1989 年第 4 期

斯托莫尼亚科夫致斯皮利瓦涅克电
1937 年 2 月 11 日

兹答复您 2 月 5 日来电①。请您面告陈(立夫)和孔(祥熙),鲍格
莫洛夫已向政府作了报告,并于 2 月底带着我们同中国日后合作问题
的具体建议前往(中国)。请您强调要对您的通知严守秘密。

斯托莫尼亚科夫

《苏联对外政策文件集》第 20 卷,莫斯科,1976 年,第 81 页
《中苏国家关系史资料汇编》(1933—1935),第 64—65 页

李维诺夫与蒋廷黻的谈话记录
1937 年 3 月 11 日

大使对我邀他明日去我别墅表示谢忱,然后开始说他的政府对于
同我国合作的途径很感兴趣。有人转告他说,我在昨天的记者招待会
上谈过太平洋地区公约。

我回答说,我国政府也在寻求合作的途径,并准备给 16 日要到中
国去的鲍格莫洛夫同志一些必要的指令。我昨天的确向记者们阐述了

---

① И. И. 斯皮利瓦涅克在该电中称,陈立夫想知道"鲍格莫洛夫何时抵达,我是否有鲍
格莫洛夫给他的通知"。2 月 13 日斯皮利瓦涅克打电报说他完成了任务:"2 月 12 日他在南
京亲自通知了陈立夫,2 月 13 日在上海亲自通知了孔(祥熙),陈立夫对通知表示感谢。孔
(祥熙)在称谢之后说,他立即通知蒋介石。"

太平洋地区公约的想法,那并不是为了让报界发表,我坚信,只有这样的公约才能最终制止日本侵略和保障远东和平。日本不可能也不敢与其他太平洋国家的联盟对垒,它迟早自己也要参加这个联盟。我们肯定这个想法,现在该做的就是要说服其他国家特别是英美,而中国的和我国的外交则应该为此作出努力。

大使问我,是否认为先以中苏协定的形式建立某个核心,让其他太平洋地区的国家也可以参加,这样会好一些。

我回答说,我不同意这个看法,我的看法恰好相反。如果说有极小的可能性建立太平洋联盟,那么这一极小的可能性就会被苏中双边协定化为乌有。英国和美国即令现在这样也很不愿意承担任何新的义务,他们会很乐意从远处观望苏中单独缔约发生作用,希望靠这个条约就足以挡住日本对中国的侵略。但是这个希望也许会落空的。必须像我们为保障欧洲和平而做的那样,完全从另一个方面入手。我们是从地区公约着手的,参与缔约的可能不仅仅是苏联、法国和捷克斯洛伐克,而且还有德国、波兰和波罗的海沿岸各国。在确有把握使英国和意大利持同情态度后,我们就这个题目进行了长期谈判。直到最终看清德国和波兰不愿参与这样的公约时,我们才转而与法国和捷克斯洛伐克缔结双边条约,不过同时还为德国和波兰参加这些条约保存了可能性。这样一来,我们就没有受到诸如我们搞集团和军事联盟一类的指责。我认为,我们在远东也应该用这样的办法采取行动。罗斯福总统本人不像希特勒或贝克那样从根本上反对地区性公约,但是他要在国内克服相当大的困难,因为舆论都赞成孤立主义。英国的行动也很缓慢,它几乎已花费了约近两年的时间去规劝希特勒,但毫无结果,直到现在才相信不可能说服他,于是英国才转而谋求实际保障——武装戒备和宣传地区公约的想法,要争取英美接受太平洋公约的想法,还需费一番功夫。只有最终确信不能缔结这样的公约时,才能考虑比较有限的条约。

大使听我讲完,未表示反对,后来我说,我不太清楚国民党中央全会的决议①。大使听了笑着回答说,《消息报》和《真理报》对这些决议的评论是非常灵活的,不过对这些决议不应只从字面上去理解。我说我们关注的主要是全中国真正统一起来。

我问大使,中国军队里的德国专家是否还剩很多,是否值得担心,通过与日本友好的德国会把中国军事秘密告诉日本,据不久签署的日德协定,德国好像承担了这样的义务②。大使回答说,他本人对此也考虑再三,并在动身前与蒋介石谈过,蒋对他说,第一,与德国人签订的是个人合同,期限各不相同,所以可以丝毫不动声色地逐渐撤消这些合同;第二,德国专家的任务是训练士兵或视察个别地段的筑垒工事,这些专家中任何一个人都不知道中国总的军事计划,这些专家是在希特勒上台之前应邀来华的。

大使告诉我说,中国实业家和银行家中间,现在讨论到苏联考察我国经济,特别是中国可能掌握的国有化的方法的想法。大使问我们对此事的态度。我回答说,他们应去找鲍格莫洛夫同志,与他讨论此次访问,我们无疑定将欢迎此行。

《苏联对外政策文件集》第 20 卷,第 117—118 页
《中苏外交文件》选译(下),《近代史资料》总第 80 号,第 186—188 页

鲍格莫洛夫致苏联外交人民委员部电

上海,1937 年 4 月 3 日

因为孔一意要在他去伦敦之前见我一面,我遂于 4 月 1 日晚同他会晤。我据你们的指令精神向他阐述了我们的观点和我们的具体建议。孔没有与我讨论,说他定向蒋介石报告同我的谈话。他只就两个

---

① 参见 1937 年 2 月 27 日的《消息报》和《真理报》(指国民党中央三中全会——译者)。

② 见《苏联对外政策文件》第 19 卷第 40 号文件。

问题谈了看法。1. 他担心中国若建议日本参加太平洋公约,这个建议会被说成是对满洲国的承认;2. 他再三详细询问和记录了我国关于供货的建议。此外,孔非常感谢我们对蒋公子回国旅途给予的帮助。昨天孔已动身去伦敦。看得出来,我们婉言谢绝他赴苏一行使他失望,但他说他非常想同李维诺夫在伦敦叙谈。

张冲偕同中国当局的其他代表一道在码头上迎接我,张立即告诉我,陈立夫想尽快见到我,昨天我已会见他。我象对孔一样,向他阐述了我国的观点。陈立夫则象孔一样,不想与我讨论,只把我们的观点打听清楚,便说将向蒋介石详细报告同我的谈话。晤谈结束时,陈立夫对谈判结果表示满意,并再三感谢我们对蒋公子归国旅途给予的协助。与孔和陈立夫会见后,我形成这样一个印象:他们的派系之间,正为与我们谈判进行着一场独特的争夺战。

今天我在法租界蒋夫人宅邸会见蒋介石。蒋仍感身体状况相当不佳,步履艰难。互致寒暄后,蒋介石告诉我,孔近向他详细报告了同我会谈的情况。他为我向中国政府提出的那些建议对苏联政府表示感谢。但是因为他身体尚欠佳,请我同现在代理他在行政院工作的王宠惠谈判。一俟他(蒋)本人复元,他会告知我,我们得再次会晤讨论苏中关系。我问,我是否应同王宠惠讨论技术合作事,蒋介石请我只同王谈外交问题。至于技术合作事,则由他本人全面考虑这个问题,下次我们谈判时再议。

蒋介石主动请我就西安事变期间苏联报刊所持的态度向苏联政府转达他的谢忱①。他说他极为珍视这种态度,并向我保证,他本人一定想尽一切办法改善苏中关系。他再次特别请我转达他本人向苏联各族人民的领袖斯大林同志的谢意和问候。

我同蒋介石谈话时,只有他夫人在座,担任翻译。甚至在会晤蒋介

---

① 见1936年12月14日《消息报》,以及《苏联对外政策文件集》第19卷第413、415号文件。

石这种事上也能看出陈立夫和孔的派系间的互相竞争：张冲陪送我去见蒋，但来迎接的是孔的公子，他当即说，蒋介石想同我单独谈，不要目击者。

我的结论是：1. 我国拒绝互助条约并未使中国政府感到意外，所以我国允诺支持太平洋公约并对未来签订双边条约寄以希望，便为下一步谈判创造了比较有利的气氛；2. 我国关于技术合作的建议，因能证明我国对苏中接近一事的真诚愿望，所以引起蒋介石的兴趣。不过我很清楚，蒋介石在就这个问题作出决定之前之所以称病，是想再赢得一些时间；3. 从各次谈话中都看出，蒋介石为我国在西安事变时所持的立场而真心感激我们。

鲍格莫洛夫

《苏联对外政策文件集》第 20 卷，第 155—157 页

《中苏外交文件》选译（下），《近代史资料》总第 80 号，第 188—190 页

鲍格莫洛夫与王宠惠谈话记录

1937 年 4 月 12 日

王宠惠邀我相见。早饭后，我到外交部长处与之会谈。

我根据外交人民委员部的指示和说明，向他讲述了我们对太平洋公约的看法，同时强调就互不侵犯条约立即开始谈判是必要的和适当的。我说，且不说我们签署的互不侵犯条约给中国的具体好处，这个条约必定为进一步加强苏中关系创造一个有利的气氛，并在很大程度上有助于未来可能就互助条约进行的谈判。

我提出以下建议：

1. 我们建议中国政府率先提议太平洋国家参加太平洋区域性互助公约的谈判，如果中国政府做到这一点，那我们：A. 定将对这个建议作出肯定的答复；B. 定将全力促成中国政府办理此事。

2. 如果太平洋公约不能签署，那我们准备以后重新考虑缔结苏中双边互助条约可能性的问题，然而我强调说：我们说的不单是中国政府

同其他政府间照会的往还,而是认真的、持续的、共同致力于实现太平洋公约的外交工作。只有弄清根本不可能签署太平洋公约之后,我们才会重新讨论双边互助条约的问题。

3. 我建议立即开始苏中互不侵犯条约的谈判。我说,我国政府无论如何闹不明白,究竟为什么中国政府对这一问题持否定态度,我强调说,姑不论不侵犯条约对中国政府的具体好处,这个条约在很大程度上将有利于今后可能进行的双边(互助)条约的谈判。

王宠惠向我提了几个有关条约细节的问题,我遵照对东欧条约草案总指示的精神作了答复。王宠惠问,我们是否认为中国政府最好向九国公约的所有成员国包括象荷兰、葡萄牙这样的国家提出这个建议。

我答道:我们认为不必把太平洋公约与九国公约联系起来,我们说的只是最主要的国家,比如中国、英国、苏联、日本、美国和法国。

看来,王宠惠对我们的建议很感兴趣,他说,他会把这些建议提交政府讨论,也会同蒋介石讨论。至于他个人,他想说,他很赞同太平洋公约的想法。

因为蒋介石对我说过,他本人会仔细考虑我提及的另外一些具体问题,并将在下次会谈时再同我讨论这些问题,所以关于这些内容,我对王宠惠只是一谈而过,权作证明苏联政府对中国的友好态度。

鲍格莫洛夫

《苏联对外政策文件集》第20卷,第167—168页

《中苏外交文件》选译(下),《近代史资料》总第80号,第190—191页

蒋廷黻关于中苏关系问题致外交部报告底稿(节选)
1937年4月

兹就到任以来观察所得(一)苏俄概况,(二)苏联国际地位与外交政策,(三)中苏关系等次简略报告,以资钧部参考。

一、苏俄概况

近年建设确有进步,即反对共产主义者或反对苏联者亦不能不承

认。惟人民生活之水平线仍在欧西诸国之下,日用物品购置不易,品质粗劣,价格高昂。倘战事发生,消耗品必更减少,能否持久而不引起人民之反抗,不无疑问。尤以交通不便,运输困难为战时经济之隐忧。就内部经济论,此邦所需者为避免战事,以便继续建设。虽然,他国亦有其困难,如日德两国因原料之缺乏,军费之膨胀,生活程度不但不能上进,且有日退之趋势。此邦原料丰富,近来虽努力军备,人民程度尚有进步,所患者经济组织呆滞,人民程度较低,究竟就经济观察苏俄与日、德之战斗力比较如何,不易断定也。

此邦军备在质、量双方皆不可轻视,常备陆军在一百五十万左右,此数在一二年内,尚可加至二百万,空军所用之飞机约在五千左右。最近,此邦决定训练航空人才到十五万之多,且军队极端机械化,所用机械皆为自制,原料除极少项外,皆为自给,红军待遇较一般人民为高,军队拥护政府之心亦在人民之上。外国武官驻莫者无一否认此邦军备之不可轻视,间有批评者谓红军系新军,制度全新,高级人员有战争经验者不及欧洲他国军队之多,在操练时,虽成伟观,实际作战能力乃不知之数。

二、苏俄之国际地位及外交政策(略)

三、中苏关系

(a)苏俄所谓中国之统一

两年以前,职游此邦时,各报均力斥院座之反中国民众利益,而为上海财阀及内地大地主与乎日人之工具。赤匪每得胜,此地报纸必大为宣扬,失败则隐讳莫深。职曾与其当局笑言曰:"如以苏联报纸为根据,中国地图应全着红色,实则如欲在地图上察看红军区域,恐非显微镜不可。"彼时,此间主人常言:"中国爱国志士仅共产党徒,余概不爱国,不抗日。"职曾答以"马克司列宁学说均谓爱国主义系资产阶级之产物,汝今所言岂不有背经典?余虽非共产主义者,余确信马克思、列宁对爱国主义之解释为较低事实,至于中国资产阶级之抗日与否,汝等可待。"此次来苏,见其言论与往年大异。中国赤匪之消息全不见于此地报纸,对中央政府绝无批评之语。闻今夏两广异动时,此间舆论颇袒中央而望我国统一之能告成。此次西安事变发生后,《真理报》及《消息报》之社评亦言中国之最急须要为统全。惟此地所谓一①自有特殊意义,苏联所希望者为南京政府领导全国各党派组织统一战线或人民阵线政府。具体言之,此邦希望吾人停止剿共,且予共党及红军以相当政治及军事地位,故其宣传侧重和平统一。

(b)抗日与容共

在苏联眼目中,中国人民阵线政府之所以必须出现,乃因日本帝国主义之继续侵略。如无人民阵线政府,则中国不能集中力量以抗日。究竟苏联所偏重者为抗日抑为容共,颇不易判断。如以中国共党之宣传及此地报纸为根据,则似乎偏重抗日。近年,国内左派极少谈社会改造及阶级斗争。毛泽东与美国新闻记者 Edward Snow 之谈话所带色彩极其灰淡,甚至平均地权,毛氏亦不坚持须即时实行。毛氏宣传、左派宣传及此地言论皆以抗日为根本论调。如政府愿运用政治以求解决共匪问题,似乎有路可循,困难在双方之不互信。如红军解散或改编,彼恐政府不抗日而彼将无要挟工具;如红军不解散或改编,则中央不能信其不包藏祸心。职恐今后继续剿共将比以往更困难,盖西北除原有红军外,住防陕甘之东北旧军近已染有几成红色,此外,邻近省份亦不能保其无沾染也。中央倘以全力赴之,成功闻无问题,惟物力、人力将耗于西北,吾人不但无余力抗日,且将授日人侵略机会也。从此点观察,抗日与容共几为不可分离之事。

至于红军之包藏祸心,吾人尚有一层担保。苏俄深知远东问题为世界问题,即使中苏合作对日未必能操必胜之算,英美之态度大足左右远东之前途也。故苏俄在远东之一切策动,不但须顾中日之意旨,且须顾英、美之意旨。现世界共党皆知彼等愈加强社会致运动愈失英美之

---

① 据《民国档案》1989 年第 1 期《蒋廷黻关于苏联概况、外交政策及中苏关系问题致外交部报告》,应为"统一"。

同情。吾人对于红军及苏联未始无牵制之资也。

（c）苏俄愿助我抗日乎？

职意我国抗日之大困难尚不在国内之红军，此层固已困难，惟尚有较此更困难者，即苏俄国家对我之真正态度也。具体言之，苏俄愿与我订政治军事合作之条约以抗日乎？以往，苏联当局一面极望吾人抗日，其代表与国人私自谈话亦竭力鼓动吾人抗日，然彼辈政府曾未与我国政府说一句负责的实着边际之话，且苏联本身对日尚力求避战。此乃职对苏联最不满意之点，更可恶者，彼在我国制造抗日潮流，使我人民与我政府为难，几至挟我人民以迫我政府。我人民知识幼稚，感情用事，不知世界各国人民皆推行本国本位之政策，绝不愿为他国作冯妇。吾国处此危急之秋，何暇参加彼共产与法西斯之世界争霸？职到任以来，已两次要求李维诺夫彻底交换意见，彼始终推诿。故在西安事变之前，职心已抱不满。此外，在数星期之内，彼已两次不以诚待我。鲍大使忽返国，职颇诧异，职离国时，彼未提一字，故初见李外委员时，即问鲍返国之故，李告我鲍久未休息，此次返国拟休息数月，至明年二月始返任。后电钧部询问，始知鲍告钧长之言迥异，鲍无参加苏维埃大会之必要。该大会毫无讨论，只颂扬斯塔林之功德，宪法一百四十余条无一条有票反对。草案系斯氏之案，在大会中之修改案亦系斯氏之案，代表无从过问也，苏联在他国之外交代表亦无一人返国参预者，此其不以诚待我之一证。钧部曾电嘱探问新疆向苏联借款事，适此时新省私人有电致新疆考察团，请职馆转交，职始知新省有考察团在苏联境内。职即往苏外部询问究竟，其副委长斯氏告职曰："倘有考察团来此，吾必知。吾今绝不知有此事，可见绝无此事。"职嘱馆员遍访全莫京各旅馆，终得知实有考察团九人曾寓新墨西哥旅馆，惟彼时适离莫京赴南俄考察。后继续探问，俟彼辈一返此地，即派人前往，面交电报，并调其来馆拜访。彼等后均来，职亦请其在馆晚宴。彼等告职，在俄考察工商业倍受苏联当局之欢迎，且在俄实逾一月之久。此其不以诚待之又一证。两事虽小，亦可见俄人负责者欠诚实，故职对于一切大事更不能再三考虑也。

虽然,吾人亦不可多疑,在吾人未得实据之前,不可对苏联对我之真正态度妄加判断。在国际联盟中,苏联代表无一次不协助我国代表。法苏互助条约之限于欧洲系法国之要求,非苏方之所愿,苏方固坚持和平系整个的,非区域性的,以故和平维持之势力亦不能有区域之限制。在中日两国争论中,苏联无一次不完全偏袒我方,且苏俄对我国政府中人士之守信与否自亦不无戒备,此国际之常情也。据云,唐前次长曾以我政府所藏之东省创界图案及文件转授与日人,致日人与苏方争执时得有所据,因此,彼对吾人态度不能不谨慎也。李之推诿并非完全无故,彼实不知远东情形。初次,彼故言须俟大使返国,鲍抵莫时,适有苏维埃大会,会毕后一星期,即有西安事变,且彼与职绝不相识,职又新入政界,无政绩可资判断,彼或因此愿稍候,亦情理中事也。

苏俄自有其困难。彼所须者为和平,盖惟在和平环境之中始能继续其建设事业。彼之国际地位欠佳,夹在东西两强敌之间,而彼无一可靠之与国,彼之不愿在远东多负责任乃彼之自为谋也。彼所愿者为中国多负责任,盖中日多事则日苏之间可少事矣。其次彼甚愿英、美两国多负一份抗日之责。彼或者判断中日战,中必败。中败后,英美必援助,中日之战遂转为英美与日之战,而苏联反可坐收渔利。英美两国亦颇怂恿苏联对日强硬,英美对苏联、苏联对英美同一心理也。

惟日人所利用者,即其敌人之不合作。苏联、英、美当局岂不知?无论如何,职意吾人应一试之。所试者非中苏之联盟,乃中苏英美之大联合,盖小联盟不济于事,且其实现比大联合更困难也。如苏联对抗日不愿负相当责任,我国人愈早知之愈能另作打算,吾人绝不可许其一面自身避战,一面促进中日战争。

(d)苏联与西安事变

苏联与西安事变有无关系,如有,其关系之性质及程度如何,极不易判断之问题也。苏联对张绝无好感,李维诺夫所言自张离东北后,苏联与之曾未发生关系似系实情。惟张之要求即西北红军之要求,亦即所谓人民阵线运动之要求。第三国际与西北红军之一部分有关系此无问题者也;第三国际与人民阵线运动有关系,此亦无问题者也;苏联对张氏之要求实表同情,此亦毫无问题者也。职对李维诺夫言:张学良与中国共产党有关系,而中国共党与第三国际有关系。彼并不否认,彼所欲坚决声明者仅苏联政府与第三国际无关系。实际,第三国际与中国共党皆复杂团体,苏联不能完全脱避责任,吾人亦不能完全以第三国际及中国共党之罪加诸苏联政府也。

西安事变发生后,钧部未令职馆向苏俄政府有所举动。职在此间曾一次与鲍大使谈,两次与李维诺夫谈,第二次与李维诺夫谈时几至决裂,事近越权,应请处分。惟职当时之所以出此者亦有其故:第一,惊信传到以后,职思如有丝毫之可能,不可不一试。第二,孔副院长及翁秘书长均来电嘱职努力。惟此中有一点应声明者:孔、翁两公并未指示具体办法,故方法一层应由职一人负责。

最初,职以为对此邦当局不必谈到关系一层,惟就远东人计及中苏友谊立言请其协助。职对鲍、李均曾言:你知苏俄态度不仅影响中国共产份子,即不信共产主义者亦有不少人士对苏俄怀好感。至于用何种方法促进圆满解决,我无建议。我所请者即用尽苏联之道德力量。过数日,此邦当局仍表示无从帮助。职仍变更策略,而第二次与李氏谈话,前已详电钧部,无须赘述。电文曾略一节,兹补充如下:

职(在李维诺夫否认苏联与第三国际有关后):中国近代军阀之大变动几无一次无国际背景者,张学良之背景不能是英、美、法,亦不能是日本。

李:何以不能是日本?

职:日本或将利用此事变以遂其野心,惟日本绝不是西安事变之背景。

此外,还有一点须补述者,苏联报纸均谓任前院长与此事有关,职与李、斯、鲍三人谈话时均指出其错误,汪前院长之复出任事,显系此邦人士所不乐者也。

今幸叛变已成过去,院座亦已平安返京。然此次事变不幸牵动中苏关系,其责全在职一人。此于报告中不能不附带声明而请处分也。惟望今后两国关系能日趋友好,盖苏联自有其重要也。

中华民国二十六年四月

《中华民国史档案资料汇编》第五辑第一编《外交》(二),第1426—1438页

鲍格莫洛夫致苏联外交人民委员部电

1937年5月7日

王宠惠在我设的午宴上说,5月15日以后将对我们的建议作出答复。他主动作这番表示,是因为我有意将我们的谈话限定在一般问题上。

近来我同中国活动家和外交官多次会晤,根据会晤情况,我认为日本对华政策的确有些"缓和",(日本)再未提出任何断然要求,相反,中国政府却要求日本履行作为一切经济谈判先决条件的一系列政治协议,如取消殷汝耕①政权,废除塘沽协定、何梅协定和上海协定。日本政府在得到:(一)修建石家庄铁路特许权;(二)龙烟铁矿;(三)对河北棉花生产实行监督;(四)降低日货关税率等项经济优惠的情况下,同意满足中国的要求,这一点可以认为是可信的。这些要求中只有第一项要求中国完全不能接受,至于其余各项要求,则可能达成协议。现在东京的川越②拥护进一步"和缓"对华政策。

中国政府认为,由于国内政局紧张,在某种程度上也是由于苏联军事力量的增长,日本将不得不放弃对中国的进一步侵略。但因为中国的领袖们既不相信自己,又不相信人民,根据上述情况得出了对收复失地的斗争不利的结论,得出了有必要利用日本一时的弱点,以便在可以

---

① "冀东自治政府"头目。
② 日本驻华大使。

接受的条件下同日本达成谅解的结论。日中谈判是使中苏谈判拖延的原因,虽然在我离开中国前,王宠惠曾表示赞成太平洋公约的想法①。

中国政府知道日本最担心签订苏中协定,便命令中国各报纸不得对此问题作任何报道。当日本一家通讯社报道说:鉴于"太平洋公约",中国拟采取行动时,南京政府半官方报纸《大陆报》(China Press)立即在社论中表示:对中国来说,中日协定比任何多边公约更为重要。看来,中国政府打算继续拖延中苏谈判。

我认为日中可能达成临时协议,使两方有个喘息的机会,但我怀疑该协议能成为长期协议。关于此事,我寄出的外交邮件②作了详细说明。不论日本国内关系是否紧张,均可能促使日本军国主义者进行新的冒险。内蒙古的局势,虽经关东军调节,但依然紧张,那里随时可能出现麻烦。

鲍格莫洛夫

《苏联对外政策文件集》第 20 卷,第 232—233 页

《中苏国家关系史资料汇编》(1933—1945),第 60—70 页

---

①　Д. В. 鲍格莫洛夫在 1937 年 5 月 5 日致斯托莫尼亚科夫的信中,在说明中国政府对苏中谈判的立场时,指出:"由于我们向中国政府提出建议正值日本对华政策已有最大限度的缓和,中国政治家们正期望日本作最大限度的让步,尽管新任外交部长王宠惠基本上赞同太平洋公约的想法,我离开中国前他同我谈过此事,我们的建议仍遭到相当的冷遇。中国人清楚地估计到:日本最害怕签订中苏协定,所以担心目前一切中苏谈判给中日协定造成困难。当然,他们的担心是毫无根据的,我不止一次向中国人说明,中苏关系的改善恰好能促使日本放慢对中国的侵略,尽管他们在该问题上多次赞同我的意见,但他们仍没有勇气实行这一方针。事情到了该决断的时候了,他们依然胆怯,犹豫不决。"

②　Д. В. 鲍格莫洛夫在 1937 年 5 月 5 日致苏联外交委员部的信中,分析了中日关系的现状和在部分满足日本要求的基础上达成妥协的可能性。信中特别指出:"修筑不仅具有经济意义,而且具有重大政治和战略意义的石家庄铁路问题是重要问题,看来日中之间不会就此问题达成任何协议。但是由于宋哲元(冀察政务委员会委员长,第二十九军军长)与南京的关系近来已大大恶化,使中国政府之处境困难,中国人担心宋哲元甚至可能不经南京同意,便亲自同日本人签订协定。据我们从北京得到的情况,关于修建这条铁路一事,宋哲元几乎同日本人达成了协议。"

李维诺夫致苏联外交人民委员部和鲍格莫洛夫电

日内瓦,1937 年 5 月 29 日

　　在这里同我一同进餐的孔(祥熙)对我说,艾登①对"太平洋互助公约"提议并非持反对态度。艾登只对美国能否接受公约表示怀疑。孔(祥熙)现已明白,此事不能操之过急,应从长计议。

李维诺夫

《苏联对外政策文件集》第 21 卷,莫斯科,1977 年,第 278 页

《中苏国际关系史资料汇编》(1933—1945),第 70 页

蒋廷黻致外交部电

1937 年 6 月 15 日

　　……苏政府绝对赞成太平洋互不侵犯公约,并愿尽力促其实现。本年三月十日李维诺夫接见新闻界曾谓,彼意太平洋问题最好以安全公约处置之。职于次日往访详询,此事谈话纪已由勾秘书面呈部长。此次李维诺夫自伦敦、巴黎、日内瓦等处归来,职曾与久谈,彼谓澳总理原拟提互助公约,后因帝国会议份子有不赞成者,始改提互不侵公约;苏固赞成互助,然互不侵亦好。彼又谓,英帝国其他自治领均赞成互不侵约,英外相艾登虽不乐观,然亦愿一试,且愿借此招集太平洋会议。紧要关键在美,望孔副院长赴美时多为努力。至于日本如愿参加更好,惟他国应自始抱定决心,无论日本意志如何,该约势在必结,倘如此,日本或将为大势所迫,决定参加,否则日本一表示不参加,此举即为所破坏。职续问约之内容,彼有眉目否,彼言:内容彼尚未考虑。职即言内容关系我国前途甚大,所谓互不侵犯是否承认既成事实,而后不再侵犯,抑先清算九一八以后之非法侵略,而后缔互不侵约,如先清算范围,是否包括伪满及冀察,抑仅清算长城以南华北各悬案,而置伪满于不理,且中国是否应于交涉互不侵约以前谋与日本调整邦交,抑该约交涉

―――――――――

　　①　R. A. Eden,英国外交大臣。

与邦交调整可同时进行云。李答：以此中困难，彼早知悉，以后亦不置之度外云。职意此约固与我有益，惟交涉过程中他国不免图使吾人出其代价之全部，此似吾人应早顾虑者也。苏方赞成此约，并愿出力促其实现，毫无问题，其首领因各种理由及欲避战，万一不能亦望远东安定，俾得专力对德，苏久已向日提双方互不侵约，今澳总理所提为多方互不侵约价值更大，且苏联能借此与英美接近，与彼有益极大，惟正因其急欲成立此约，职恐其不惜牺牲我国利益也。

中国第二历史档案馆藏档案，全宗三〇三七，卷2
《中苏国际关系史资料汇编》(1933—1945)，第70—71页

王宠惠呈蒋介石之意见书

1937年7月8日

　　驻华苏联大使此次回华，惠曾约密谈数次，并反复探询其真意之所在。兹摘其谈话要旨如左：

　　苏联近年来感觉其在远东所处之环境与中国同，故极愿中国统一强盛。盖中国向无侵略之野心，中国强则为远东和平之一种保障，中国弱则为远东战争之导火线。苏联有鉴于此，故本人此次回华携有政府训令，向中国提议共同预防外患之步骤凡三：

　　(1)以中国政府名义邀请太平洋各关系国开一国际会议，商订集合互助协定。苏联方面允许于接到邀请后，即正式通知愿意参加，如有第三国之一国或数国赞成，即可进行，否则

　　(2)中苏订立互不侵犯协定。

　　(3)中苏订立互助协定。

　　惠得此口头提议，立即表示个人有二疑问：(1)关于第一项召集国际会议，何以不由苏联邀请？据苏联之观察，是否有成功之希望？(2)所提议三项步骤，有无先后及连带关系。换言之，可否先进行第二项或第三项，然后扩充范围至第一项。

　　苏联大使答复如左：

（1）关于第一疑问，在苏联意思，主张召集太平洋会议，一则可以表示中苏两国极愿与其他各关系国共同维持远东和平；一则可以表白两国绝无秘密结合以抵制第三国之意。故凡太平洋有关系之国家均可参加互助之协定，日本如不愿加入，而其他数国或一国加入，亦可谓不成功之成功也。如无第三国允许参加，则中苏两国订立不侵犯协定（第二项）或互助协定（第三项），非两国之过也，实出于不得已也。至于主张由中国邀请一层，盖有历史上之原因。苏联前在欧洲提议与法、德、波、捷四邻邦缔结互助协定，不料发生诸多误会，且谓苏联欲恢复欧战前之秘密军事同盟，以抵制他国，其结果仅与法、捷两国分别订立互助协定。而德、波两国则始终不能原谅苏联之善意，若此次由中国召集，则可免去许多误会，此外别无他意存焉。

（2）关于第二疑问，上列三步骤确有先后之关系。中苏两国无论订立互不侵犯或互助协定，在苏联意见，必须经过第一步骤，其理由如上所述。惟第二步骤则或可省略，质言之其办法有二：

（甲）由中国召集国际会议，如两国以外，无一参加，则可先订立互不侵犯协定，过相当时间后，再订互助协定。

（乙）召集国际会议无结果时，亦可径行订立互助协定，不必经过互不侵犯协定之手续。苏联此种提议，出于至诚，而无别种作用。即中国不与之缔结互不侵犯或互助协定，亦愿助中国五千万元之军械及军用品，中国方面可以货物分期偿还（此层曾数次提及），所以表示极盼中国巩固国防之诚意也。

惠意此种提议，关系我国存亡至深且钜，我国似不宜轻于拒绝，亦不宜仓卒赞成，故始终只允慎重考虑，迄未有切实之答复。

附：试拟中苏互助协定草案

协定之目的：切实完全实行国际联合会盟约所载关于保持各会员国国家之安全、领土之完整及行政之独立各条，以维持远东之和平及保证两国之安宁。

协定之范围：本协定对于双方内部之政治、经济、社会及其他各种制度不得发生任何影响。

协定之内容：

（1）中华民国或苏联远东领土有被第三者直接或间接侵犯之恐怖或危险时，两国应即商定办法，以实行国际联合会盟约第十条之规定。（远东范围另定之。）

（2）中华民国或苏联远东领土受第三者之直接或间接侵犯而违反两国之和平意思时，两国应即彼此予以军事及其他援助。

（3）一方之军队为实行上列两款之义务起见，经双方同意而调至他方之领土内，若他方请求调回应即调回。（此款如不列入协定内，可依第一款之规定临时商定办法。）

（4）本协定为尊重国际联合会所负会员国之义务，自不得视为减轻国际联合会对于维持世界和平之责任，亦不视为减轻双方所负国际联合会盟约规定之义务。

（5）本协定应在国际联合会秘书厅备案，其有效期间为十年，如一方不于期满前一年通知废止，则本协定无期限继续有效，但一方得随时声明废止之，自声明之日起一年后即失效力。

（录自总统府机要档案）

《中华民国重要史料初编——对日抗战时期》第三编《战时外交》（二），第325—327页

（三）中苏关于商约问题的谈判

说明：1932年12月12日中苏复交之后，随着中苏贸易关系的发展，有关政策亟待确定。中苏双方为此开始了关于缔结商约问题的谈判。其间，国民党中政会、国民政府实业部、外交部暨驻苏大使馆等组织机构和相关人士，分别就对苏的原则与办法、商约草案的审查、侨民汇款之条款等一系列问题提出意见，进行讨论或接洽。但如同上述中苏互不侵犯条约的谈判过程一样，中苏关于商约问题的谈判也并不顺

利,久悬未决。直到抗战爆发以后的 1938 年 6 月中苏通商条约签订,1939 年 2 月经两国立法机关批准,1940 年 3 月 26 日中苏双方互换商约的批准文书,但内容并未公布。以下所选的文献,均出自《民国档案》2006 年第 3 期刊登之"中苏复交后关于订定中苏商约的史料一组"。

国民政府军事委员会致实业部公函
1933 年 1 月 24 日

秘(函)字第 720 号

径启者:顷据张国忱函呈组织对苏贸易局节略乞赐采纳等由。查中俄复交后中苏贸易关系亟应确定政策,以杜垄断侵略之弊。核阅原呈所拟节略,设计颇为明晰,相应抄录原函,检同原节略送请贵部查照,核议统筹办法,俾维国权而奖生产,至纫公谊。此致
实业部

附抄原函暨节略各一件

中华民国二十二年一月二十四日

附:抄张国忱原函一件

委员长钧鉴:敬肃者。窃中苏邦交业经恢复,关于对苏贸易,国忱管见所及似以国营为有利。谨将理由及设置对苏贸易局办法另具节略录呈钧览,伏乞垂察。倘承俯赐采纳,国家幸甚。专肃。敬请
钧安

附节略一件

张国忱

附:张国忱条陈组织对苏贸易局之节略

敬陈者:窃查我中华民国已与苏联恢复国交,互派使领,即将定立商约矣。然中苏两国经济制度根本不同,政治主张各趋一端,虽有相互平等为原则之大纲协定,足据以订立其他细目条约,然因上述经济与政治关系,相互平等殊不易得。

缘苏联政府于一九一八年业经公布对外贸易改归国家专营,凡苏联境内任何私人营业无权将本国货物输出售与外人,惟有苏联对外贸易局专司其事,即国外任何外侨亦无机会将外货运入苏联,惟有苏联对外贸易局得代办之。反之,吾国贸易自由,一切外货均可随时输入,是苏联经其贸易局转运进境之货物不受丝毫限制,尤于廉价交易中受吾国人以莫大之欢迎。然而吾国货物应运往苏联境者亦若是充畅欤?事实上使吾人不禁失望。华商可谓无对俄贸易之可言,因苏联需用吾国货品皆由彼之贸易代办处直接定购,运入苏境,吾国小贩资本上、运输上、关税上处处受苏联法制及经济之限制,绝无自由,与之定约通商,可谓宜于一方之片面利益,安能得真正相互平等耶?

尤其近年以来,苏联五年经济实业计划一日千里,生产能力几与欧战前之数量相等值。此远东多事之秋,目前中国正苏联之良好市场,故苏联之火油、汽油、花布、木材等源源而来,有普遍全国之势,同时我国投机分子不顾我国经济之情况与商人之利害,乘机垄断,代为包销,以致苏联对华贸易完全操之于三二人之手,不亦惜哉!

为保持我国幼稚之工商业,抵制苏联倾销之经济侵略之危险,并铲除奸商垄断,使华商有对苏平等贸易之可能起见,应由我中央政府公布对苏贸易改归国家专营,于实业部下设对苏贸易局,专司对苏出入口贸易事项,以苏联之法抵制苏联。该局与苏联国外贸易局遥遥相对,所有苏联欲输入我境之货品须先征得我方对苏贸易局同意,发给执照,通知关卡,按照运输,否则以私货论罪。此货进口后由我贸易局设法分配于华商,至苏联欲购我国物产运回本国者,应由驻在各埠之苏联贸易办事处与我国各埠之对苏贸易分局接洽,由我分局代向各商购办或为之介绍,总以不破坏我国经济状况为宜,领取执照,按照出境,否则亦以私运论罪。该对苏贸易局内部设置六科:一为总务科,专司发给执照等事;二为输入科;三为输出科,专司关于输入、输出事项;四为调查科,研究我国出口货物问题,并于各省重要商埠设置调查所,调查生产情况,为节省经费起见,由实业厅、社会局代办亦可;五为稽核科,核对对苏出入口之情况,于各关卡设稽核所,为节省起见,由海关代办亦可,有分局者,由分局兼办检查执照及核对数目;六为统计科,办理统计,按月或按旬报告国内。除以上六科外,各商埠如津、沪、汉、哈等处及驻苏联国都另设分局,专司对苏贸易,其组织系统详另表。至设立之理由、办法、经费、组织、职权、效力等分述如后:

一、理由

为保护我国出产及生产之实力,维持我国经济状况,并为预防国营经济之侵略,铲除国内投机分子之垄断起见,将我国对苏维埃社会主义联邦共和国之出入口贸易事项收归我中国国家专营,以符两国同一制度之原则,而收相互平等之实效。

二、办法

由我国民政府公布对苏贸易改归国营,于实业部下设对苏贸易局,于国内各大商埠及苏联国都等地酌设分局,并于国内各省酌设调查所,可由实业厅或社会局代办。于各关卡设稽核所,可由海关代办。

三、经费

因对苏联出入口货物发给执照及货品之由我对苏贸易局直接转售或代为外包、分销各办法均有若干手续费及赢利收入,该局经费可由是项收入项下开支,不虞增加国库负担,有余则照解财部或实部,以裕度支。

四、组织

该局隶属前已述明,其内部组织设局长一人,总理全局事务,对实业部负完全责任。局长之下设六科,每科设科长一人。各分局组织与总局同,惟范围稍小,改科为股。至各稽核所、调查所均各设主任一人,对总局负责,然为节省经费计,亦可由实业厅或海关代办,不另设所。参阅组织表:

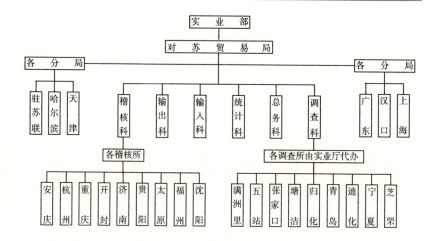

五、职权

甲、总局职权

（一）本局专司对苏出入口贸易事项。

（二）所有苏联对华出入口货物均须由本局发给执照，方能运输。

（三）所有苏联对华货品之采买均须与本局接洽办理。

（四）所有苏联对华欲行销售之货品均须与本局接洽销售。

（五）输入科办理关于输入我国之苏联货物之接洽事项及制定输入计划。

（六）输出科办理及规定关于向苏联运输之我国货品接洽事项及制定输出计划。

（七）调查科调查行情、市价，调查关于我国应行外销之物品及审核各调查所之报告。

（八）稽核科检查关于对苏出入口货品之执照及审核各稽核所之报告。

（九）统计科制造关于对苏贸易之统计，编辑关于对苏贸易之报告。

（十）总务科制定对苏贸易计划及其他不属于各科以及其他重要事项。

乙、分局职权

查分局职权与总局略同,不过范围较小,事务简单,与驻在当地之苏联贸易代办处接洽办理,随时报告总局。

丙、各调查所职权

各调查所职权侧重在国内出产与生产之调查及行情之记载与各省经济之调查,逐日或按周报告总局。

丁、各稽核所职权

各稽核所职权在检查出入口两国货物之数目及手续,逐日报告总局。

戊、驻苏联分局之职权

该局职权一方面调查苏联经济情况报告总局,一方面与苏联政府对外贸易机关接洽对华贸易事项。为节省经费计,亦可由大使馆参赞兼充。

六、效力

以上办法非特可以抵制苏联国营政策,追求真正相互平等原则之中苏商约,且可增进我国对外贸易之发展,防范倾销,以保护我国幼稚之工商业,树立我国国营之良好基础,诚千载一时之良机,不可忽视者也。

以上各节是否可行,谨抒管见,伏乞

垂鉴

张国忱谨陈

《民国档案》2006 年第 3 期

行政院训令
1933 年 2 月 25 日

行政院训令　第九一五号

令实业部、外交部、财政部

为令遵事。案奉国民政府训令开:案准中央政治会议密函开云云,令仰该院转饬遵照。此令。等因。奉此。查此案事关国际贸易,应由实业、外交、财政三部会同拟订办法呈院核办,并由实业部召集会议。除分令外,合行抄发原提案,令仰该部即便遵照。此令。

计抄发原提案一件

权世恩①致驻苏大使馆函

1935 年 2 月 26 日

大使钧座:敬密陈者。查中苏复交业经二载有余,通商条约尚未订定。在我政府应付环境、统筹全局、权衡重轻,自必有审慎周详之计划,世恩愚昧,更何敢妄赞一词。惟查苏联政治组织与资本国家迥不相侔,举凡贸易机关皆归国营,即生产发达之国家与之竞争尚觉非其对手,况我为生产落后之国,更无论矣。愚意日后与彼订立商约时若不订定特别条款,势必仅成片面之通商,则我有形无形之损失将不可估计。窃以为将来中苏订定商约,对于苏联输入中国之货物均须开单呈由中国核准后方能进口推销,则我可以按照市场需要成分以为准驳之标准,则其倾销政策或可稍戢。我国一面设立专为对俄贸易机关以司其事,此外并与苏联国外贸易部约定每年最少须购中国国产若干万元,否则不准其继续输入货物以为抵制,庶免两国通商而一方仅获其利也。冒昧直陈,伏乞垂察。肃此。祗请
钧安

权世恩谨肃

二月二十六日

---

① 时任中国驻海参崴总领事馆领事。

行政院致国民政府文官处公函

1933 年 2 月 28 日

公函　第三二六号

　　径密启者:案奉国民政府训令开:案准中央政治会议密函开云云,令仰该院转饬遵照。此令。等因。奉此,除令饬实业、外交、财政三部会同拟订办法外,相应函达查照转陈。此致
国民政府文官处

中华民国廿二年二月廿八日

外交部致驻苏大使馆电

1935 年 3 月 14 日

　　中苏复交后,苏联商人屡以商标呈请注册,我方均以中苏商约未订,暂行搁置。兹俄方忽以法律无限制明文为言坚请开禁,究竟苏联对我国商标呈请注册之事情形为何? 与待遇他方是否一律? 希详细查复。外交部。十四日。

实业部致军事委员会密函稿

1933 年 3 月 16 日

　　径复者:准贵会秘字第七二〇号函开:顷据张国忱函呈组织对苏贸易局节略乞赐采纳等由,至纫公谊等因。并抄送原函及节略各一件到部。查对苏贸易前曾向中央政治会议提案,经第三四五次会议决议,采取国家统制政策,以保护本国工业为目的,请由国民政府令实业、外交、财政三部会同拟订办法等因。案经行政院转行到部,现正由部会同外、财两部筹议中。准函前因,相应函复查照。此致
军事委员会

实业部呈交对苏贸易应采国营之理由与办法密函稿
1933 年

查中苏邦交业经恢复,此后两国贸易自必日趋发展。惟吾国对苏贸易久居出超,现今苏联既采统制经济政策以谋贸易之进展,我国亟应妥筹基本方策以资应付。本部以为采取国营政策实为对苏贸易主要之图,因特拟具对俄贸易宜采国家统制政策案,于二月八日提请中央政治会议讨论,旋于同月二十八日奉行政院第九一五号训令开:案奉国民政府训令开:案奉中央政治会议密函:据陈委员公博提议关于中俄贸易应采国家统制政策案经交经济组审查,据报告审查意见认为关于中俄贸易事宜应取国家统制政策,以保护本国工业为目的,请由国民政府令实业、外交、财政三部会同拟订办法等因。经本会议第三四五次会议议决,照审查意见通过,相应录案并检附原提案油印件函请政府查照转饬遵照等由。准此,除函复外,合行检发原提案令仰该院转饬遵照。此令。等因。奉此,查此案事关国际贸易,应由实业、外交、财政三部会同拟订办法呈院核办,并由实业部召集会议,除分令外,合行抄发原提案令仰该部即便遵呈等因。各在案。兹将对苏贸易应采国营办法之理由并实施国营之办法计划撮要简单陈述于后。事属创举,关涉多方,所拟办法是否妥适,敬请公决。

(一)必须国营之理由

苏联根据统制经济政策以行贸易,系属有计划的组织。吾国若仍放任商人自由贸易,前途将不堪设想。亟应根据以往贸易质量探求盛衰增减原因,妥筹今后方策。兹将近数年来对苏进出口贸易数量表列于左:

1. 民国十五年至二十一年对俄进出口贸易总值统计(单位:关两)

年别	进口	出口	出超
民国十五年	二二,七一二,〇五七	六四,一二〇,二九〇	四一,四〇八,一三二
十六年	二二,六〇七,三四一	七七,一七四,七六七	五四,五六七,四二六

年别	进口	出口	出超
十七年	二八,五六二,九一六	八九,七三〇,八〇六	六一,一六七,八九〇
十八年	一九,三七七,三五一	五五,九八六,三八一	三六,六〇九,〇三〇
十九年	一九,〇二一,四一九	五五,四一三,〇二七	三六,三九二,六〇八
二十年	二四,九九九,二三四	五四,六五七,四〇五	二九,六五八,一七一
二十一年	八,九五一,〇〇〇	二四,四〇〇,〇〇〇	五,四四九,〇〇〇

2.民国十五年至二十一年输俄茶叶、豆类数量统计(单位:关两)

年别	豆类		茶类		两类总值占百分比
	数值	占输俄总值百分数	数值	占输俄总值百分数	
十五年	五〇,二二四,七三八	七八.三三	五,六〇九,六六四	八.七五	八七.〇八
十六年	五八,二三九,五三九	七五.四七	一〇,二五三,四三四	一三.二九	八八.七六
十七年	六二,六五八,五八四	六九.八三	七,九四四,九〇〇	八.八五	七八.六八
十八年	三六,七九六,四八六	六五.七二	一五,〇九五,四五一	二六.九六	九二.六八
十九年	四八,二三〇,〇五二	八七.〇三	五,九五八,八八五	八.九五	九五.九八
二十年	四三,三三二,一七四	七九.二八	八,七四七,〇四五	一六.〇〇	九五.二八
二十一年	一二,〇一六,七八五	四五.一四	三,九五六,〇八六	一六.二一	六一.三五

3.民国十五年至二十一年重要俄货输入数量统计(单位:关两)

年别	煤油	皮货	煤	木材	印花标布
民国十五年	一,〇三〇,六八二	二,五五二,八〇六	一,五七四,二四七	九一,五六三	一,一四四,九三一
民国十六年	六五四,四七一	一,八三六,六〇〇	一,七八七,八〇〇	二五四,三三五	一,四九二,七八六
民国十七年	九〇二,九五一	五三七,五二〇	三,四四〇,八八〇	二八,四四〇	二,三八二,一八三
民国十八年	四〇六,一〇一	三四,六一〇	八五,六二六	一八一,七八三	三,四三三,〇七五
民国十九年	九三六,八〇五	四二,六九九	二,九一一,二一一	二五二,〇九九	一,八九五,一〇一
民国二十年	一,九八〇,九四六	二二七,五九四	一,七二八,三七一	五八一,五六八	三,〇六二,七〇七
民国二十一年	六,五九九,九五二		六〇一,六五二	三二八,二六四	八五二,一一八

由上表以观,民国十八年中俄断绝邦交,华货输俄竟由九千万两降至五千六百万两,计减少三千四百万两,但输华俄货仅减少九百万两,

出超数值亦由六千一百万两减至三千六百万两。考其原因,良以苏俄贸易概归国营,货物进出得以自由限制,我国则门户洞开,无法调节。民十八年以后对俄输出仍逐年衰落,至去年伪国成立,东三省贸易尽被攘夺,输俄总值且只二千四百余万两,出超减至五百余万两。然实际计核,去年自伪国成立后之下半年,对俄贸易进口为四,三五三,〇〇〇两,出口为一,六〇九,〇〇〇两,进出相抵且须入超二,七四四,〇〇〇两。盖豆类纯为东省产品,民十五至二十一年七年间平均占我国输俄总值之百分之七一.五四,是以今后设不力谋调节,则苏俄第一次五年计划已告结束,货品自必大量来华,入超势必激增,影响吾国经济亦必至重且巨。调节之方实舍国营以外当无其他办法。

更就政治方面言,中俄土壤衔接,交涉繁杂,而苏联外交向称棘手。自过去经验观之,苏联遇有利害关切案件,每有意延宕,或孤行无忌,如赤化宣传,如中东路问题,虽曾竭力交涉,终难期满意解决,此民国十八年所以不得不出于绝交也。今次复交,适值其五年计划将告成功,此后对我贸易势必长足进步,日趋发展,交涉之繁杂与棘手将必更较以前为烈。苟无对付之工具以为后盾,交涉益难就范。兹果对苏贸易采用国营办法,则政府对贸易有支配之权,对其剩余物品允否销售,对其所需要者允否供给,其权既操之于我,知彼有商请通融之处,则我亦可以提出有利于国人或国货之条件作为交换。苏联既不能抛弃对华贸易,我苟利用此点与之交涉,自易得比较圆满之解决。故国营对苏贸易实不失为对苏交涉工具之一,此为对苏贸易必须国营又一理由也。

(二)国营办法

国营办法可分绝对国营及官督商办二种。前者系由政府集资实行购卖,然后再将货物转售商人。后者则由政府指定交易货物之种类、数量,并核定货价,转觅商人签订承揽合同。二者均可调节统制对外贸易,前者之效能虽较后者为巨,惟当此国库艰窘之时,骤筹巨款自属匪易,似可先采官督商办之制,视办有成效再行逐渐推行。绝对国营方法比较轻而易举,国营机关拟设置中俄贸易局,受实业部之指导,并与国际贸易局合作,专司经营对俄进出口贸易。至所以必于国际贸易局外另设专局者,因国际贸易局组织条例系经立法院审议通过,呈由国府公布,其职责重于对外贸易之设计、研究、调查、指导等工作,并以备国内外商情之咨询,与管理及经营业务者绝不相同。若附设办理,则须将国际贸易局组织条例重经立法之过程,变更其现有一切组织,且此次办理国营对俄贸易在我国原属草创,推行之迟速、分处之多寡殊难预测。目今单独设立,则日后审察办理之情形及需要之程度、权衡伸缩亦属较易。中俄贸易局拟设于上海,并分设办事处于天津、广州、张家口、迪化及海参崴,承局长之命处理各该地对俄进出口贸易事宜,办有成效,再于中俄通商重要地点增设办事处及派遣商务代表常驻苏联,以利贸易之发展。惟是对俄贸易之应由国营既已为明显之事实,中俄贸易局实应于苏联大使来华双方协议商约之前组织成立,藉使外交进行亦有依据。兹将草拟中俄贸易局组织条例附后。

附:实业部中俄贸易局组织条例草案

第一条　实业部为便于支配对俄贸易,增进贸易情形,采取国营方式,特设中俄贸易局。

第二条　中俄贸易局置左列三处:

(一)总务处;

(二)出口处;

(三)进口处。

第三条　总务处之职掌如左:

(一)文书之撰拟、缮印、收发及保管事项;

(二)印信典守事项;

(三)职员之成绩考核事项;

(四)预算及决算之编制事项;

(五)款项之出纳及保管事项;

(六)其他庶务事项。

第四条　出口处之职掌如左:

（一）俄国对华贸易之商情调查事项；

（二）输出物品之调查及统计事项；

（三）输出物品之贸易事项；

（四）输出物品之指导及改良事项；

（五）出口贸易之支配事项；

（六）出口贸易之增进事项；

（七）出口贸易与有关系机关联络事项。

第五条　进口处之职掌如左：

（一）输入物品之调查及统计事项；

（二）输入物品之贸易事项；

（三）进口贸易之支配事项；

（四）进口贸易之增进事项；

（五）进口贸易与有关系机关联络事项。

第六条　中俄贸易局设于上海，设办事处于天津、广州、张家口、迪化及其他对俄贸易繁盛之地。

第七条　中俄贸易局暨各办事处办理进出口贸易概征收手续费五厘（即千分之五）。【陈部长批：此条可删，不必规定于条例，宜另以命令定之。可付讨论应否删去或仍加入。】

第八条　中俄贸易局置局长一人，承实业部长之命综理局务，监督所属职员；副局长一人，辅助局长处理局务。

第九条　中俄贸易局置中西文秘书各一人，分掌机要文件及长官交办事务。

第十条　中俄贸易局每处置主任一人，承长官之命掌理各处事务。

第十一条　中俄贸易局得设科员八人至十二人，并得酌用雇员四人至八人。

第十二条　中俄贸易局局长、副局长简任，秘书及各处主任荐任，科员委任，雇员由局长委派，呈实业部备案。

第十三条　中俄贸易局办事细则由实业部定之。

第十四条　　本条例自公布日施行。

驻苏大使馆致实业部电稿
1935 年 3 月 30 日

　　苏联自实行十年计划后对外贸易与日俱增,颇有调查参考之价值,各国均派有商务随员专司其事。不知贵部曾设计及此否? 且不久中苏拟订商约,更有搜集材料之必要,似更应早日派员筹备一切。驻俄大使馆。

驻苏大使馆致外交部电
1935 年 4 月 11 日

　　一七四号电敬悉。查苏联对于外国商标注册权之许与率基于互惠原则,即以苏联企业之商标在对方国家亦得享受同样权利为条件。此种互惠由苏联与对方国家换文规定,或缔订专约,或将相当条件列入商约。苏联曾与芬兰、奥国、丹麦、意大利、瑞典换文,与挪威、爱斯东尼亚缔订专约,与德国订入商约。窃意此事互惠原则虽难拒绝,而事实上利在彼而不在我。现既经彼迫切要求,或以留待将来磋订商约时,作为某种交换之具较为有利。至详细报告另函邮寄。惠。

驻苏大使馆致外交部函稿
1935 年 4 月 13 日

　　前奉第一七四号电令将苏联对我国商标呈请注册情形如何与待遇他方是否一律详细查复。等因。查苏联之商标法与他国之同类法律甚少区别,见于一九二六年二月十二日苏联中央执行委员会及人民委员会所通过之法令,其主要条例如下:(甲)商标之范围:(一)商标谓区别一企业商品与其他企业之同类商品所用之标记。（二）置于商品本身或其封包上之特殊标记及特式之封包均可承认为商标，但商标上应有企业商号及其地址之标明。（三）商标禁用与其他企业已注册者或已属其他企业之商号或名称雷同之标记、含有反革命性及海淫（猥亵画）之标记、制造灵伪或淆惑听闻纪载之标记、状绘红十字或红半月之标记（属红十字及红半月之机关除外）、摹绘国徽之标记（得有特许之国营企业除外）。（四）一般公用之标记、无独特区别符号之标记、仅作商品制造方法、地点、时间、价格、尺寸、重量、成分、性质及用途说明之标记均不得承认为商标。（乙）商标权之取得、转让及侵犯：（一）商标均应在发明事务委员会注册立案，注册后即能享受商标法上之权利。商标权有一定期限，由申请人于注册时声明之，满期后得申请展期。（二）商标权仅许与企业同时让渡，且须在同一发明事务委员会注册。（三）侵犯商标权者应负民事上及刑事上之责任。（四）商标之注册及展期均须纳税。（丙）外国商标之注册基于互惠原则，即苏联企业在外国申请人之本国亦得享受同样权利是也。此种互惠由苏联与该国换文规定，或缔订专约，或以相当条件列入商约。苏联曾与芬兰、奥国、丹麦、意大利、瑞典换文，与挪威、爱司东尼亚缔结专约，与德国订入商约。除已于四月十一日 341 号摘要电陈并申述意见外，理合具文呈复鉴核。谨呈外交部

驻苏联大使馆

外交部致驻苏大使馆电

1935 年 5 月 7 日

苏联对外贸易系由国家独占一切，购入售出均由国家商务机关经手。与苏通商各国是否悉听人民与其直接贸易？抑亦另设商务机关经办一切以资抵制？仰即查明报部。外交部。七日。

驻苏大使馆致外交部电

1935 年 5 月 8 日

二百十八号电奉悉。查与苏通商各国贸易上所采对待方法前经函我国驻外各使馆代为调查,据所得答复抵制方法,各国并不一律。如:(一)义大利对外贸易完全由国家机关办理,罗马设有"国立对外贸易局",直隶于国务院。凡机关或私人欲向苏联购货,须先向该局请领允许证后,将货价缴入义大利国家银行,由该行记账,备将来与苏联结账,采以货易货办法,彼此均不付现款。(二)苏联在美国设有 Cdmlorg Trading　Corporation,办理美苏间贸易事宜。(三)捷克对苏贸易并无特设机关,苏联在捷克则派有商务代表。(四)挪威对苏贸易准与商家签订合同,一切按挪威商法办理。至英、法、德各国对苏贸易方法,俟得复后陆续呈报,谨先电闻。驻苏联大使馆。八日。

行政院致实业部密令

1935 年 5 月 10 日

行政院密令　字第二六七四号

令实业部

查现在苏联与我国已开始关于缔结商约之谈判,两国贸易应否采用平衡原则实为此约之重要关键。着外交、财政、实业三部先就此问题详加研究,于五月十三日(星期一)下午三时在行政院会议厅开审查会,由各该部长官及主管司员出席,并将审查意见提出翌日院议。除分令外,合行令仰该部遵照。此令。

院长　汪兆铭(印)

中华民国二十四年五月十日

中俄缔结商约两国贸易应否采用平衡原则案审查会纪录

1935 年 5 月 13 日

一、地点：行政院

二、时间：五月十三日下午三时

三、出席：外交部　徐　谟　高宗武

　　　　　实业部　谷正纲　梁上栋

　　　　　财政部　邹　琳　周　典

　　　　　行政院　彭学沛　张平群

四、纪录：王叔增

五、审查意见：

此案经详细讨论，金以我国与苏联缔结商约，自以使双方贸易平衡为原则，惟其中有无困难之点及具体办法如何，均应仔细研究。拟由审查会各部分别拟具书面意见，于五月二十日以前（即下星期一）呈院，先行提会讨论。再，俄使于五月十四日即将俄方所草拟之商约草案送交外交部，届时应由外交部密将该项草约抄送财政、实业两部及政务处以供参考。

《民国档案》2006 年第 3 期

实业部致行政院秘书处函稿

1935 年 5 月 18 日

案奉行政院密令，以苏联与我国已开始关于缔结商约之谈判，两国贸易应否采用平衡原则实为此约之重要关键，着外交、财政、实业三部先就此问题详加研究，于五月十三日下午三时开会审查等因。奉此，遵已派员出席，审查结果金以我国与苏联缔结商约，自以使双方贸易平衡为原则，惟其中有无困难之点及具体办法如何，均应仔细研究，拟由审查会各部分别拟具书面意见，于五月二十日以前呈院先行提会讨论等由。兹将本部意见另纸附陈，即希查酌转陈为荷！此致

行政院秘书处

　　附件一份

　　附：意见

　　对外贸易当然应以平衡为原则,惟我国与苏俄贸易将东三省合计在内,我国仍居出超地位,如政府向苏俄提出平衡问题,彼必以东三省为借口,反觉不易措词。似应不提平衡字样,只要求于商约内规定:"所有两缔约国对外贸易之关税、运销、汇兑及其他有关系之各项商业法令,彼此均应互相尊重。"如此提出虽已避平衡之名,而将来我国对苏俄贸易采取任何政策,彼亦无从反对。上项原则似应坚持。关于商约中其他应注意之各点,本部拟另文咨达外交部参酌,合并陈明。

《民国档案》2006年第3期

外交部指令

1935年12月6日

外交部指令　　第113号

令驻苏联大使馆

　　前据该馆十二月二日第五七〇号电,当经本部将我方所提中苏商约对案保侨条款大意先行电达在案,兹将苏方原草案及我方对案中英文各抄一份,令发查阅。惟中苏商约经本部与鲍大使约定,在谈判进行中双方严守秘密。日前驻京日使馆屡来探询,经本部告以:"中苏两国间对于此事曾有拟议,但以双方国情不同迄无成议,此系多年旧案,近日绝无何种发展"等语。他方如有提及,希本此旨答复。再,近日苏方迭向本部提议先订保护商标换文,屡来催询,刻该问题尚在主管机关调查研究之中。惟就本部观察苏方用意,似因商约意见双方不易接近,故拟将其所欲得之利益个别与我交涉,逐渐解决,迨其所欲得者一旦达到目的,则商约即无期搁置。商标系苏方片面利益,于我无甚关系,其所以急欲进行者,用意似即在此。该馆观察苏方对于商约之态度如何?

即希抒陈所见,以资印证。此令。

汪

徐谟代

廿四年十二月六日

附件一:中苏商约苏方草案(1935 年 5 月译)

大苏维埃社会主义联邦共和国中央执行委员会、大中华民国国民政府主席为增进两国间维持并发展经济上之关系,决定订立关于商业、住居、航业之条约,为此派定全权代表如左:

大苏维埃社会主义联邦共和国中央执行委员会、大中华民国国民政府主席两全权代表,将所奉全权证书互相校阅,均属妥洽,议定各条如左:

第一条　两缔约国之任一国人民如遵守驻在国之法令,在第二国领土内有自由入境、移动、停留、住居之权利,并且有随时不受阻碍出境之权利。除苏维埃社会主义联邦共和国对于最惠国暨中华民国对于任何第三国家与中华民国以平等为原则缔结条约者所受之限制外,不受任何限制。

第二条　每一缔约国之人民如按照本条约第一条之规定入第二缔约国领土时,得在其领土内经营工业、商业或劳心、劳力之事业,与在苏维埃社会主义联邦共和国内最惠国之人民暨在中华民国内任何第三国家与中华民国以平等为原则缔结条约者之人民相同。

两缔约国之人民不得经营其本国人民得以专营之各种商业及技术之支部或职业、手艺,但对此点所受限制之条件不得较劣于苏维埃社会主义联邦共和国对于最惠国之人民暨中华民国对于任何第三国家以平等为原则缔结条约者人民之待遇。

第三条　两缔约国之任一国人民和法人在第二国领土内如遵守各项现行法令,得获有享受支配、出租、移让、赠与或遗留种种财产之权利,与在苏维埃社会主义联邦共和国内最惠国之人民暨在中华民国内任何第三国家以平等为原则缔结条约者之人民相同。

第四条　两缔约国各保留根据法庭判决书或根据法令而发表之行政当局决议案禁止第二缔约国人民之个人住居或停留在其领土内之权利及根据其各本国法令逐出第二缔约国人民之权利。

第五条　每一缔约国之人民住居于第二缔约国领土内者当受第二缔约国之裁判权。该人民为寻自己权利并保护自己,得不受任何阻碍准许入各级法庭及其他为法律上之保护而设立之各种机关。总之,该人民对于司法上合法之保护一点,得享受第二缔约国人民之已享受或将享受之权利。又,为代表该人民之利益起见,该人民有利用根据自己意思所选择之律师或其他代表之可能。此时除受此领土内以现行法令所定之各种限制外,不受任何限制。

关于此问题须与苏维埃社会主义联邦共和国所规定对待任何第三国之人民暨中华民国所规定对待任何第三国家以平等为原则缔结条约者之人民相同。

第六条　每一缔约国之人民为进行其职业或技术而入第二缔约国领土者,如遵守其所规定各项相当条例时,不必经事前许可,得运入或运出为进行其职业或技术所需要之工具、器械等等及其应用之物件。

两缔约国人民得不受任何阻碍随时离去第二缔约国领土,并且如遵守其所规定各项相当条例,得随带运出该人民之动产。在运出该人民财产(以遗留所得之财产在内)之时,该人民得不因为外国人而须付与各该本国人民或在苏维埃社会主义联邦共和国内最惠国之人民暨在中华民国内任何外国人民不享有治外法权者不同或较高之关税、国税或捐项。

第七条　每一缔约国人民在第二缔约国领土内免除任何种之个人军役,无论在陆军、海军、空军以及其他以国防暨国内治安为目的之军事机关,同时该人民亦免除代替此项军役而缴纳之各种捐款及无论在法庭上、行政上、市政上之种种正式义务职务,但该人民按照第二缔约国对其本国人民所适用之范围暨条例得被召唤而负异于个人军役之义务(如行军、征发住房、征发车马等),惟另一方面关于该人民对其本国内应负之军役不得有所阻碍。

第八条　两缔约国之任一国人民在第二国领土内经营商业或技术或其他职业，第二国不得征收与其本国人民或在苏维埃社会主义联邦共和国内最惠国人民暨在中华民国内任何第三国家以平等为原则缔结条约者人民不同或较高任何名义之国税、关税及附捐。

第九条　两缔约国之任一国人民在第二国领土内如经过该第二国为其本国人民以相当法律已定或将定之手续时，该人民于专利权、商用暨工厂标帜权及关系货样标本与防备不道德之竞争等权均受与其本国人民同样之待遇。

第十条　于缔约国之任一国领土内为进行商业、保险、金融、工业、运输或其他各种经济行为而设立之法人，在第二国于承认该法人合法存在、于法庭起诉或应诉、于得到办理该项行为之许可及于其他各方面，皆享有与在苏维埃社会主义联邦共和国内已给与或将给与任何外国同样法人暨在中华民国内已给与或将给与任何国家以平等原则缔结条约者同样法人之同样权利。

第十一条　凡出自或运自苏维埃社会主义联邦共和国之货品、土地出产、工业出产输入中华民国，无论入口关税或附加关税与关系此项关税之系数及其他附加数，均受中华民国根据自主税率之设施或由商业协定已给与或将给与任何在中华民国无治外法权之第三国之最惠待遇及最低课税。凡出自或运自中华民国之货品、土地出产、工业出产输入苏维埃社会主义联邦共和国，无论入口关税或附加关税与关系此项之系数及其附加数，均受苏维埃社会主义联邦共和国根据自主税率之设施或由商业协定已给与或将给与任何第三国之最惠待遇及最低课税。

第十二条　于履行两缔约国临时准许入其关税领土内之先行条件，对下列各项物品输入、输出得免纳税捐：

一、以修理为目的之物品；

二、以试验及考究为目的之物品；

三、为考究而输送之机器或机器之零件；

四、以赴展览会、比赛会及定期集市为目的之物品；

五、凡技师自己携带之器械、工具，无论在其人入国境以前或以后，经其派送而输入、输出者；

六、为装货物而输送已加盖标记、已用过之包皮；

七、备法庭调查之物品。

第十三条　两缔约国之铁路、汽车路、马路、航空路、国内水路运送旅客行李、货物，于住居双方领土内之人民不作何种别异，且该人民所接受之条件比在苏维埃社会主义联邦共和国内最惠国之人民暨在中华民国内任何第三国以平等为原则缔结条约者之人民不得较劣。

本条上项之规定自然不得妨害双方随意定立交通运费率之权利。

第十四条　每一缔约国负责对于来自对方领土之输入或往对方领土之输出，不施行任何异于苏维埃社会主义联邦共和国对于其他国家为此事所规定共同待遇之限制暨中华民国对于第三国家以平等为原则缔结条约者所规定共同待遇之限制。

但两缔约国保留对于关系国家安全、社会安全、保护人类动植物之健康、保护美术上历史上古物学上之贵重物品、保护伦理上和道德上之物品和对于制造、买卖无论现在、将来国家有专利权或在国家监督下有专利权之制造品与对于贵重金属如白金、黄金、白银及以之作成之货币以及钞票和有价值之证券皆有施行禁止或予以限制之权，惟此种禁止或限制同时以适用于同样理由之国家为条件。

第十五条　在两缔约国任一国领土内，无论现在、将来对于任何货物之制造、出卖、使用或输运所征收之国税、地方税、捐款，该项税捐为国家、为自治区或团体所征收者皆不得对于对方土地产品、工业产品比较其本国所产之同样土货及比较在苏维埃社会主义联邦共和国内任何第三国之同样土产暨在中华民国内任何国家以平等为原则缔结条约者之同样土产较高或较重。

第十六条　关于出入口关税之保证、其收纳之方式及捐款与海关之手续、海关之检查,每一缔约国负责给与第三缔约国之人民、法人、土地出产、工业出产以苏维埃社会主义联邦共和国已给与或将给与任何第三国暨中华民国已给与或将给与以平等为原则缔结条约之第三国人民、法人、土地出产、工业出产之特权或便利。

第十七条　每一缔约国关税率之增加或入口、出口之禁止与限制,对于第二缔约国已发付运输之土地产品、工业产品不适用之。

第十八条　从两缔约国之任一国领土内输出至第二国领土之土地产品、工业产品,关于出口关税暨捐项得适用苏维埃社会主义联邦共和国已给与或将给与任何第三国暨中华民国已给与或将给与任何以平等为原则缔约之第三国家之同样待遇。

第十九条　挂有两缔约国之任何一国旗帜之航行船舶,如装有镇船重物或货品出入于第二国领水或海口时,无论来自何处,去往何处,在任何方面皆受与当地船舶相同待遇,并且不缴纳与当地船舶及在苏维埃社会主义联邦共和国挂有最惠国旗帜之船舶、在中华民国挂有以平等原则缔约任何第三国旗帜之船舶无论现在、将来所缴纳之任何不同或较高之税或捐,亦无论此项税捐为国家、为行省抑为其他任何机关(政府所委派者)之名义或为其利益而征收者。

第二十条　由船载之货物不论去往何处、来自何处,均与挂有本国旗帜之船舶输入或输出者一律不征收不同或较高之税或捐,亦不与以不同之待遇;船上之乘客及其行李亦与在本国旗帜下而旅行者一律对待;至于船员之待遇,与在苏维埃社会主义联邦共和国内挂有最惠国旗帜船舶之船员暨在中华民国内挂有任何以平等原则缔约之第三国旗帜船舶之船员所受之待遇相同。

第二十一条　第十九、第二十两条文对于以保护、恢复或发展本国商业船舶为目的之特殊法律暨对于沿岸航行、其权利专门给与本国船舶者以及对于领水内之渔业与救济遇难行为、引领船舶业务、使用领港人拖船业务及其他港内事务,则均不适用之。

第二十二条　船舶之国籍双方按照各该国主管官宪根据各该国之

法律及条例为此事而发给之文件及执照承认之。

第二十三条　挂有两缔约国之任一国旗帜之航行船舶如进入第二国海港,其唯一目的为补装或卸下货物之一部分者,得按照各该缔约国之法律及条例保留在船上为运往其他海港或他国之一部分货物,于其输出除检验费外并不付任何税或捐,且此项检验费亦当照为其本国航业而定之最低税率征收之。

第二十四条　国内水路之航权除依国内法律准许外国船舶自由航行而开辟之水路外,专为各缔约国、本国船舶所享有。

第二十五条　两缔约国任一国之船舶如遭沉没、搁浅或在海内损坏或招不得已之情形而避入第二国之领水内时,该船及其所载之货物得享有该国法律及条例于类似情形之下给与其本国船舶之特权及便利,且对于船长、船员及旅客个人与船舶及其货物所予救济及辅助之范围,亦与给与本国之人民者相同。

船舶搁浅或沉没之时,其救出之货物如不运到该国内地作消费之用,则不得征收任何关税。

第二十六条　双方负责关于承认船舶之估量、执照及其他关于船舶、技术、状态之文件另行订立协定,但在此协定未订立以前,双方承认上述之船舶文件在两国海港内为有效。

第二十七条　本条约在中华民国各省,无论东部、西部,均发生效力。

第二十八条　本条约以俄文、华文订之,两文字皆为本文。

第二十九条　本条约在交换批准书　日后发生效力,本条约如两缔约国之任一国声明废销时,须自声明之日起一年后始失效力。

第三十条　本条约在最短期限内批准,并在　交换批准书不得过自签字日起一个月之期限。

为此两全权代表将本条约签字盖印。

本条约有　份。

附:第二十二条结论纪录

大苏维埃社会主义联邦共和国政府声明：第十九条规定完全不限制苏维埃社会主义联邦共和国对于前俄一切船舶即在从前为俄国政府所有者，或按照西历一千九百十八年一月二十六日苏维埃社会主义联邦共和国之命令应收归国有者，及武装干涉时期曾被引出国外者或曾别行设法避免归为国家所有者之权利。

附件二：中苏商约我方草案①

中苏友好通商航海条约草案

中华民国、苏维埃社会主义联邦共和国为巩固两国睦谊、发展彼此商务并增进两国人民利益起见，决定以平等相互及互尊主权之原则为基础订立友好通商航海条约，为此简派全权代表如左：

中华民国国民政府主席、苏维埃社会主义联邦共和国中央执行委员会特派两全权代表收所奉全权证书，互相校阅，均属妥善。议定各条于后：

第一条　中华民国与苏维埃社会主义联邦共和国政府及两国人民间应永敦和好，历久不渝。

第二条　两缔约国有互相派遣外交代表之权，此项代表在所驻国境内应享受国际公法及国际通例所承认之一切权利、优例、豁免及待遇。

第三条　两缔约国得在彼此境内曾经双方预行商定之地方有互相派驻总领事、领事、副领事及办理领事事务员之权。当派遣领馆馆长之先，派遣国政府应向该领事官执行职务所在国之政府取得同意。该领事官在就职之前应依照国际通例向该领事官派往国之政府请发执行职务证书，该项证书应于三个月内发给，但在该项证书尚未发给期间，驻在国政府应先予以充分之认可，不得无故迟延。

驻在国政府对于所发之执行职务证书或认可状如认为必要时，得任便将其撤回。

---

① 原件注有"此系极密件，但系经'满洲国'邮寄来馆"字样。

领事官已领得驻在国政府所发之执行职务证书或认可状者,得依照相互条件行使国际通例所承认之职权,并享受国际通例所承认之豁免及待遇。

两缔约国约定所派各级领事馆馆员之人数除馆长外,应规定如下:

总领事馆　　八员

领事馆　　六员

副领事馆　　四员

办理领事事务处　　二员

两缔约国约定不得任命在所在国经营工商业之本国侨民为驻该国之领事官。又,该领事官等经任命后在执行职务所在国境内不得准其经营工商业或其他职业。

第四条　两缔约国各郑重约定:不得干预对方国之内政,不得参加任何行为意图扰乱对方国安宁及秩序之煽惑或宣传,并不得在对方国人民之中对于该国之现行政治及社会制度传播不满之意见。又,两缔约国在彼此境内各不采取任何行动意图煽动民变或以力迫或言诱变更其人民对国家之顺从。

第五条　两缔约国郑重约定:在各本国境内凡任何团体或党派之组织或其任何种类之活动,其以扰乱对方国安宁暨秩序为目的者,均不得予以许可并不得予以任何精神上或物质上之协助或军械之接济。

第六条　此缔约国人民进入彼缔约国国境时应持有本国主管官所发给之护照,该照应粘附该持照人之相片,并详载其姓名、年岁、籍贯、职业及入境事由。该项护照须经所往国领事馆依法签证之后方始有效。

此缔约国人民进入彼缔约国国境到达目的地后,至迟不得过三日,应持本人护照向当地该管官所报告,请求登记。该管官所经查验该项护照合于法式后,应于三日内予以登记。此后该人民等即有权居住,不得再加以任何留难或烦扰。

此缔约国人民当侨居彼缔约国境内时,其所持之护照如经遗失或满期，该人民等之本国领事官有权给予新照或将其所持之照展延其期限，该项新照或展期之照无须经所在国官所之认可应即认为有效。

此缔约国人民离去彼缔约国领土时，应具有本国领事官所发之许可证或护照，除因犯案其刑期尚未执行完毕或因被诉尚未结案外，两缔约国人民于呈验此项许可证或护照后应即准予放行，不得有何留难或限制。

第七条　此缔约国人民在彼缔约国境内凡现在或将来准许第三国人民居住、旅历及贸易之地方，均享有自由居住、游历暨经营工商业以及他种业务之权。

该人民等不得被迫加入任何党部、团体或会社。该人民等发表之任何言论、发行之任何著作、参加之任何会议或会社以及一切行为，均不准有破坏或损害所在国现行政治或社会制度之企图。违犯此项规定者经依法惩治后得遣送出境。

第八条　此缔约国人民在彼缔约国境内其身体及财产应受所在国法律充分之保护，该人民等在该国境内有自由取得或租赁各种财产之权，并得将所有财产出租、移让，或以遗嘱或其他方式处置之，但此项权利不得异于或次于第三国人民所享受之权利。

此缔约国人民在彼缔约国境内应受所在国法律章程之支配及法院之管辖。为行使及防卫其权利起见，该人民等得向所在国法院自由声诉其关于此项事件之待遇应与对待任何第三国之人民完全相同。

此缔约国人民在彼缔约国境内除依据法律规定之条件及方式外，不受拘押、科罚或任何他种之惩罚。又，该人民等之财产亦不得非法夺取或没收之。

两缔约国各保留根据法院之判决或行政官所依据法律章程所为之决定禁止对方国人民之侨属或居住或驱逐其出境之权。

第九条　此缔约国人民在彼缔约国境内不得令服任何强迫年役，无论其陆、海、空军、国家保卫团、国民警卫队，抑以国防暨以维持国内治安及秩序为目的之任何个体或组织。又，该人民等应免除一切代替本人军役之税捐、征发徭役及强迫公债或捐款。

此缔约国人民在彼缔约国境内不得令服中央或地方政府举办之任何紧急建设工程之劳役或行政上、市政上或法庭上之任何普通义务职务。又,该人民等应免除一切代替此种职务之税捐、征发徭役、强迫公债或捐款。

第十条　此缔约国人民在彼缔约国境内依照所在国之法律、章程,有经营任何工商企业或执行任何职业之权,其因此项企业或职业所应纳之一切税捐、租赋或他种费用,不得高于所在国本国人民或国营或私人经营之企业暨合作事业现在或将来之所纳者。

此缔约国人民侨居彼缔约国境内者应免除强迫公债及捐款,并不得强令购买任何政府债券。

第十一条　此缔约国人民在彼缔约国境内有不受任何限制或阻碍将其所有款项以当地通用货币交当地银行汇归本国或汇往他国之权,该银行于接到此项汇款申请时,应即照通常银行惯例,按照当时兑换行市,依据汇款人之请求,以电汇或邮汇方法即时予以汇出,不得藉口任何理由故意迟延。

第十二条　此缔约国人民在彼缔约国境地内对于各人所有之动产及物品,除依照本约第十七条之规定外,有自由以任何运输方法运出国外或于本人离境时随身携带出境之权。

第十三条　此缔约国人民在彼缔约国境内关于以下各事项应照下列各款办理之:

(甲)凡出生、死亡、结婚、离婚,自然人之能力、遗嘱之成立与撤销、动产之继承与支配,两缔约国约定应按该直接关系人之国或死者所属国之法律适用之。至关系不动产之继承与支配,则应按该财产所在国之法律适用之。

(乙)此缔约国人民在彼缔约国境内身故时,当地地方机关应立即通知附近死者所属国之领事官,如该领事官先得此项消息时,亦应同样通知地方机关。

（丙）此缔约国人民在彼缔约国境内身故，依照其本国法律在该财产所在地无合法之继承人或管理人，或死者对于此种财产之处分未留遗嘱时，则此项遗产应由死者所属国领事官依据其本国法律保存并暂行管理之。

（丁）此缔约国人民如有财产在彼缔约国境内而不在该财产所在国身故时，亦照上项规定办理之。

（戊）若此缔约国人民在彼缔约国国籍之船上身故时，则其所随带之财产及物品应送交附近死者所属国之领事馆或死者所属国之该管官所保存管理之。

（己）关于继承事项所征之遗产捐税费用，两缔约国应取相互优惠之办法。

第十四条　两缔约国为谋稳定并发展两国间之经济及商务关系以显互利起见，各保留制定某种办法之权，此项办法将使两国间之贸易得达公允之平衡。倘两缔约国认为以协定方法贯彻此项目的为有利，则双方得设法磋商缔结一特种贸易办法。

第十五条　凡中华民国天产或制造之货物输入苏维埃社会主义联邦共和国时，所有入口关税及其他通关手续及方式，其待遇应依照苏联现在或将来允予任何其他国家之最惠国待遇。

同样，凡苏维埃社会主义联邦共和国天产或制造之货物输入中华民国时，所有入口关税及其他通关手续及方式其待遇应依照中华民国现在或将来对于任何第三国输入同样货品之同等待遇。

第十六条　此缔约国境内所产之未制或已制之货物运输通过彼缔约国领土时，无论直接通过或在过境时中途卸载、存栈或重运，均应互相免除一切通过税。

第十七条　此缔约国对于彼缔约国天产或制造之货物输入或运输通过其国境时，不得设立不适用于自任何第三国原产同样货物之任何禁令或限制。同样，此缔约国对于其天产或制造之货物向彼缔约国领土输出时，亦不得设立不适用于向任何第三国输出之同样货物之任何禁令或限制。

但凡关系国家安全、社会安谧、维持公共卫生、保护动植物、保存历史上、古物学上及美术上之物品、维护道德与人道之办法，以及对于现在或将来国家专利或在国家监督下专利之实业及贸易与对于贵重金属如白金、黄金、白银及以之作成之货币，其输入、输出或过境，两缔约国各保留随时设立禁令或限制之权，惟此种禁令或限制以对于同样情形下之第三国一律适用者为限。

第十八条　货物输入输出或运输通过两缔约国中任何一国之领土时，均应经过该国设有关卡之商埠或地方，倘有违犯此项规定者应认为私运，并应照该国之法律及章程处理之。

第十九条　此缔约国之国营事业或国家监督下之合作事业，在彼缔约国境内其法律地位应认为与私人企业或私人商业机关之法律地位相等，不享有高于或异于私人营业之任何权利或优例。

第二十条　此缔约国之内河航行及沿海贸易得禁止彼缔约国人民及船舶参加之。

两缔约国人民得照两国政府共同制定之章程，在两国间共有之河流、湖泊暨公水内有行船及捕鱼之权，并经双方了解，关于捕鱼一节，凡足以灭绝鱼种之任何行为均应禁止之。

第二十一条　凡悬有中华民国或苏维埃社会主义联邦共和国旗帜之船舶并挂有依照各本国法律所需之文件证明其船舶国籍者，则在苏维埃社会主义联邦共和国或在中华民国应分别认为中华民国或苏维埃社会主义联邦共和国之船舶。

第二十二条　此缔约国应准彼缔约国商船以及国有船舶而为贸易之用者，得在沿海已开商港之内驶入碇泊、装卸货物及上下旅客。前项船舶应遵守所在国之法律章程。

在中国商港以内之苏维埃社会主义联邦共和国船舶及在苏联商港以内之中国船舶以及该船舶所载之货物与材料，所在国官所除依照现行法律、章程外，不得予以扣留或强行没收。

第二十三条　凡悬有此缔约国旗帜之船舶，无论有无装载旅客及货物，在彼缔约国商港或领水进港、出港或载有镇船重物而碇泊时，关于待遇事项，不论在任何方面，皆不得次于所在国本国船舶，并不得令缴较悬有任何第三国旗帜之船舶所缴纳为高之费用或税捐，亦无论此项费用或税捐系为国家抑为地方名义而征收者。

第二十四条　此缔约国对其领水内任何职业，如救济行为、引水业务、拖船业务及其他港务，保留摈绝彼缔约国人民之权。

第二十五条　凡悬有此缔约国旗帜之船舶进入彼缔约国商港，其目的为装载货物或卸下原载货物之一部分者，如该船载运货物再往该国他埠或他国时，则其原装未卸部分之货物得按照所在国法律章程，除缴纳检验费外，不得令付任何税捐或费用，且此项检验费亦应照适宜并相互优惠之办法。

第二十六条　此缔约国船舶在彼缔约国沿海地方如触礁、遭风、搁浅或其他类似之紧急情事，得自由暂时驶入彼缔约国最近之碇泊所港口或海湾，以便维护修理。当地官所应即通知该遇难船舶所属国之附近领事馆，并依照国际惯例予以必需之协助以资救济。此项船舶应准修理损坏并购备必需粮食，其后仍应即时继续航程，得免纳入口税或港口捐，至关于救济费用则应按照执行救济事务国之法律办理之。倘此项船舶不得已必须卸售所载货物时，则应依照所在国法律章程完纳入口税及一切税项。

第二十七条　关于相互承认彼此船舶之丈量、执照及其他关于船舶技术、状态之文件，两缔约国同意双方另以协定订定之。

第二十八条　此缔约国商船或国有船舶而为经营贸易之用者，在彼缔约国领水内如船上发生纷扰，当地官所认为妨害当地治安及安谧时，该管官所有权采取必要办法制止之。

第二十九条　凡完全或一部分属于此缔约国政府或人民之船舶，不先得该国政府之同意，彼缔约国政府不得准予登记，并不得准其取得彼缔约国之国籍。

第三十条　此缔约国船舶进入彼缔约国领水时,应严禁其悬挂本国以外之任何他国之旗以顶冒国籍,违犯此项规定者,两缔约国政府得各科该船及其所载货物以没收之惩罚。

第三十一条　此缔约国军舰、军事运输舰以及输送军队或军用品之商船非先得彼缔约国政府之同意,不得驶入其领海碇泊所、港湾及口岸,违犯此项规定者得将该项舰船及其所载之军用材料科以没收之惩罚。前项舰船如在彼缔约国沿海地方触礁、遭风、搁浅或任何其他类似之紧急情事时,当地官所应按照国际惯例予以救助。

第三十二条　本约以华文、俄文、英文三国文字合缮两份,遇有解释不同时以英文为准。

第三十三条　本约应由两缔约国按照各本国法律之规定在最短期限内批准,批准文件应在　　互换。

第三十四条　本约应于互换批准书　　日后发生效力,本约有效期间定为二年。在该二年限期届满三个月之前,缔约国中任何一方得通知对方国愿将本约废止,倘该二年限期届满后双方均未及时通知,则此约应认为自动展限一年。再,该一年限期届满三个月之前,缔约国中任何一方均未通知对方国愿将此约废止,则此约仍继续有效一年,此后以此类推。

为此,两国全权代表将本约署名盖章,以昭信守。

中华民国　　年　　月　　日

西历　　年　　月　　日订于

声明书一

中华民国国民政府与苏维埃社会主义联邦共和国中央执行委员会声明:所有以前此缔约国政府与彼缔约国地方政府间所订之一切条约、协定及具有正式协定性质之换文,凡未经彼缔约国中央政府充分认可及明确核准者,均应认为无效。

同时,两缔约国政府郑重声明:嗣后此缔约国之中央政府或地方政府与彼缔约国之地方政府间不得缔结任何条约、协定及具有正式协定性质之换文,至应行缔结此种条约、协定及换文时,仅得由两缔约国中央政府全权代表按照各本国法律程序正式签订之。

为此,两国全权代表将本声明书二份署名盖印,以昭信守。

声明书二

中华民国国民政府与苏维埃社会主义联邦共和国中央执行委员会郑重声明:此缔约国人民在彼缔约国境内,无论在何种情况之下,绝不得迫令取得侨居国之国籍。该人民等苟非在请求归化之先,曾经取得其本国政府丧失国籍之证书者,不得准其归化为侨居国之国民。

为此,两国全权代表将本声明书二份署名盖印,以昭信守。

换文甲

中国全权代表照会

为照会事。本代表兹特声明:本日所签之中华民国与苏维埃社会主义联邦共和国友好通商航海条约第八条之第一节及第二节、第十五条、第十七条及第二十三条中所用之"任何第三国"字样,其关于中华民国方面系指自一九二八年以来曾与中国以平等为原则缔结条约之国家,相应照请查照见复为荷。须至照会者。右照会

年　　　月　　　日

换文乙

苏联全权代表复照

为照复事。按准贵代表本日照会内开:"本代表兹特声明:本日所签之中华民国与苏维埃社会主义联邦共和国友好通商航海条约第八条之第一节及第二节、第十五条、第十七条及第二十三条中所用之'任何第三国'字样,其关于中华民国方面系指自一九二八年以来曾与中国以平等为原则缔结条约之国家"等因。本代表兹特声明上项谅解正确无误,相应照复查照为荷。须至照会者。右照会

年　　　月　　　日

对于中苏商约我方草案之签注

第五条"任何种类之活动"之后拟加"或宣传"字样,俾在苏联出版

之中国共产党机关报或其印刷品均含括在内。

第六条第四项，凡外人出苏联境必须持有苏联出境签证，但可订明出境签证不必限定出境地点。

第八条第一项"自由取得"之后拟加"或承继"字样；第三项后拟加一项，或另立一条如下：

"缔约国应将所有逮捕对方人民之情况于最短期内通知被捕者之本国领事或使馆，于改换拘押处所时亦照上项办理。执行逮捕后由被捕者报告其本国领事，或由该管官厅直接通知领事均可，但该项报告或通知至迟须在七昼夜以内，如在各大城及各县城须在三昼夜以内发出。领事代表亲至或派员至任何拘押处所探视其本国在押之人民时，应迅使其如愿，但与在押人谈话时不得要求法院或监狱官吏离去。"【注】一九二五年十月十二日德俄条约居留协定第十一条及附第十一条有此规定，可资援例。

第四项，查一九二五年德俄条约居留协定第六条第二项规定云："上项被逐之人于其出境时，应发给一种被逐原因之证书。"据本馆所经历之事实，颇觉有将此项加在我国草案第八条第四项之后之必要。

第十三条（乙），查一九二五年德俄商约内之遗产协定第一条规定云："缔约一方之人民在他方境内死亡时，该管地方官厅应迅为通知死者所属国之该管领事，并举官厅所知关于承继人及承继人之所在、遗产之价值及其构成之范围以及有无死者身后之处分各等情形一并告知"，又云"如死亡地点不在领事管辖区域之内，则上项情形应即通知死者所属国之外交代表"。我国草案第十三条（乙）项似可按此修改，较为周密。

又德俄商约内遗产协定第二条第二项云："领事得亲身或委任代表授以全权，会同地方官厅到场将遗产中之动产查封保存，制成遗产表册。"我国草案亦可采用，并增"如地方官厅先已查封保存，领事官或其代表得重行查点，并将遗产表册各抄一份，分别执存"。

行政院致实业部密令

1936 年 3 月 25 日

行政院密令　字第一八一二号

令实业部

　　案查前据外交部呈送中苏商约草案到院,经提出本院第二五四次会议,决议交政务处会同外交、财政、实业三部暨侨务委员会审查,兹据报告称:"此案外交部所提出三项原则,经详细讨论,兹分述意见如下:(1)关于第一原则必须贯彻。如在商约条文内不便规定,另以换文或宣言详加声明亦无不可,其方式由外交部斟酌办理。此外并须要求俄方,所有该国在我国商务机关之地址与房舍应与该国驻华使领馆之地址与房舍分离,不能混合,以便管理。再,我方应要求两国人民不但不能参加,且不能资助任何行为意图扰乱对方国安宁及秩序之煽惑或宣传。(2)关于第二原则为保护我国侨民利益。惟查我国侨民在苏俄多属劳工,与该国并未订立契约,所获工资只能存放该国银行,不许汇回本国。应由外交部要求俄方:凡我国商人购买该国货物得以我国侨民存放该国银行之款项拨付,庶我国在俄劳工所得工资得间接汇回本国。再,我方所提出之商约第十一条,外交部向俄方交涉时须注意及我国将来实行管理汇兑制度,以免受其限制。(3)关于第三原则双方贸易应即平衡。俄方既坚持不允,外交部应照财政部意见'中苏贸易在若干年以后应达到相当平衡'为第二步交涉办法,倘相对平衡原则不能达到,则该商约有效时间宜短,废约通知时间亦宜缩短"等语。复经提出本院第二五五次会议,决议"第二项办法改为'应由外交部要求俄方准许我国侨民酌汇所得工资之一部分回国,维持其家庭生活',余通过"。除令行外交部遵照办理并分令外,合行令仰该部知照。此令。

院长　蒋中正(印)

中华民国二十五年三月二十五日

外交部致驻苏大使馆电

1936 年 4 月 3 日

中苏商约现已开始预备会议,苏方允以我方草案为开议根据,但对第十一条汇款问题甚为反对,惟称可以外交方法解决,不必在条约中讨论等语。仰本该条意旨及参酌侨民实际需要情形迅向苏外部提出交涉,如能达到目的,即以换文方式解决。否则,当坚持仍在条约中讨论。办理情形如何? 盼电复。

外交部

《民国档案》2006 年第 3 期

驻苏大使馆致外交部电

1936 年 4 月 16 日

顷苏外部东方司帮办面告苏外长李维诺夫发出致国联秘书长节略一件,主张中国应继葡萄牙当选国联理事一席,缘苏联为国联行政院改组委员会会员之一。该委员会定本月二十七日开会讨论葡萄牙理事任期届满后之继任问题,各委员均得提议继任国家,惟截至现时为止各国尚无提议者。二十七日会期或将展延,苏外长因前受颜大使转达中国政府之托,故首先提议中国当选,按章虽尚未洽,然因远东情势紧张及中国在远东之地位,故主张提早入选等语。并面交该节略抄件一份。查苏政府此项举动及其他表示显含特别见好之意,似深恐我方对于苏蒙议定将另采其他手续,确定本问题之法律性也。除节略抄件另呈参考外,谨闻。驻苏联大使馆。

《民国档案》2006 年第 3 期

驻苏大使馆致外交部电

1936 年 4 月 21 日

南京　外交部　七三四号　二十一日

昨晚在苏外部夜舞会与李维诺夫晤谈,彼称国联行政院事,阿富汗、伊拉克等国均曾要求苏联协助，彼因应允中国在先已予拒绝，惟依会中一般空气，似中国尚无把握。南如除向表示谢意外，请其在会场继续主张，以为声援。驻苏联大使馆。

《民国档案》2006 年第 3 期

驻苏大使馆致外交部电
1936 年 5 月 2 日

南京　外交部　七四八号　二日

前日接郭大使电称："此次国联行政院改组委员会开会，苏代表竭诚助我，结果良好，请向苏外部致谢"等语。昨在阅兵场晤苏外部东方司长面致谢意，并请转达苏外长。除复郭使外，谨闻。驻苏联大使馆。

《民国档案》2006 年第 3 期

驻苏大使馆致外交部函稿
1936 年 6 月 4 日

查苏联政治经济制度特殊，谋与缔订商约困难丛生。其尤重要者，苏联本国人民即无营业、居留等自由，近年政策虽略有变更，然私人在此邦之权利仍远不及在普通国家人民所享受者。其所予外侨之权利，除有特殊契约保障者外，绝不能优于其本国人民，是以外侨实际所能享受之权利限制极多。□是之故，美国虽与苏联复交多年，至今未进行缔结商约之谈判；法国虽与苏联为互助之友邦，然迄今亦未订立商约。钧部所提之中苏商约草案，筹虑周详，果能成立，于侨务、商务必有裨益。惟其中尚有数点，倘能兼顾，或亦不无小补。谨陈管见，恭乞鉴察。

一、约草第四条文字似有应斟酌处，自"Any act"起拟改作："Any act of propaganda or agitation tending either to disturb the tranquility and order of the other or to incite its people to discontent with. . . "etc.

一、约草第六条第二段"Within three days"后，拟加"Such registration shall be valid for not less than one near nor more than three years. Upon the expiration of the period of validity of the registration, the nationals of either of the H. T. P´s. Shall have the right of having their egistration renewed for a similar period. During the period of validity of their registration, they shall have the right of residence. . . "etc.

一、约草之七、八、十诸条所给侨民之利益,在苏联境内因其制度之迥异他国,即令苏方允与签订,执行时恐难收实效。然有仍胜于无,惟不宜过存奢望耳。

一、约草第八条第四段之规定,在我似已无此需要,在苏则正可利用此段大批驱逐华侨。我若不便自行提议删去,似应加一"但书",前经本馆于七七五号电呈在案。此项"但书"拟改作:

"But in the case of an administrative decision, the reason for such an order of prohibition or expulsion shall be furnished upon request."

一、约草第十一条与苏方法律相反,恐其不能接受。此点倘能办到,则有利于侨民者甚大。

一、约草第十四条有贸易均衡之原则。查苏联一般经济状况,尚不容其在国外倾销,且中苏贸易总额为数不大,加以近年来对华输入显有逐渐减少之势。不仅对华贸易如此,苏联之一般国际贸易亦呈此种现象,主要原因在此邦企图渐成自足自给之国。约草第三十四条复限本约时效为两年。似此,若苏方对我方偏重诸条能予充分采纳,则我对贸易均衡原则不妨斟量让步。

一、第十四条若准备斟予让步时,则我方输苏商品,如茶叶、植物油等项,宜趁机由公立或私办商业机关与苏联驻沪之商业机关订立货物交换契约,亦以两年为期,作为取消第十四条之条件。原整个商约有益于彼者多,有益于我者少,而此项货物交换契约又非片面有益于我,且邦交之增近势宜与商务之增进并行也。谨呈
外交部

驻苏联大使　蒋○○

驻苏大使馆致外交部电

1936 年 6 月 5 日

南京　外交部　七七三号　五日

四八一号电敬悉。关于我方草案第十一条汇款问题，查本年二月起实行之苏联货币新法令规定三法郎等于一卢布，但一卢布并不等于三法郎，只许人民以外币向银行换卢布，不许以卢布换外币，故卢布在国际市场始终无汇兑价格，欲以卢布折合外币汇往国外根本不可能。不特此也，即欲以外币汇往国外亦须证明系原自国外汇来方可。至卢布不得汇出或带出早在禁例，更无待言，盖统制货币为苏联重要金融政策之一，不仅对国人如是，对任何外侨亦然。半载以来，不仅苏联如是，德国、波兰亦已相继效尤，潮流所趋，恐国际间步其后尘者正未已耳。抑苏联不愿外侨汇出款项犹有其政治的原因，苏联为社会主义国家，其建设目标在谋平民生活之改善，但决不愿平民个人利用优待私自储蓄成小资产阶级，故其法令富农有罪，投机营利有罪，私蓄多金有罪。华侨来此冀欲积资回国，如南洋一带之华侨然者，与此间立国精神根本不相容。苏方对此表示反对自在意中，所称可用外交方式解决恐亦托词，但彼既有此项表示，当遵往试谈，如能商得一限定数目便可满足。惟按侨民实际需要，尚有更切于此者。当华侨回国时，无论外币、俄币一概不准携带，本馆常向交涉，此类华侨抵上海后尚须转赴内地，必须携带川资，因而准将携带美金五元或八元不等。现当磋议商约之际，似应确定准许回国华侨用卢布按照法定价格向苏联银行兑换二十元至三十元美金，携带回国，俾作川资。至我方草案第十二条是否可包括货币颇待解释，若我方欲解作包括货币，恐苏方仍不免提起异议耳。谨祈鉴察。驻苏联大使馆。

附注：四八一号去电——中苏商约已开始预备会议，苏对十一条汇款问题甚为反对。仰依该条意旨及侨民实际需要情形向苏外部提出交涉由。电报科谨注。

驻苏大使馆致外交部电

1936 年 6 月 12 日

南京　外交部　七七五号　十二日

苏联对华侨常有以行政决定认为不良分子 Undesirable 驱逐出境者,去年共有三十余人,十月间最后一批华侨八名又将被逐。本馆以此项手续在国际间虽属常有,但不应滥用,且整批驱逐尤所罕见,当向苏外部要求说明详细理由。苏外部答称 Undesirable 即系理由,苏俄政府无详细说明之义务。本馆以国际惯例显被滥用,拒给入境许可,此案迄今悬置,但是后亦未有类此案件发生。查我方商约草案第八条第四项即关此点,在我今日对苏关系上似已无甚需要,而苏方正利用此点大批驱逐华侨。现当磋议商约,我若不便自行提议删去,似应加一"但书",即"但不得以排斥对方侨民为目的而滥用此权";又如一九二五年德苏条约居留协定第六条规定,此项被逐之人于出境时应发给被逐详细原因之证明书,似亦可采。谨祈裁核。驻苏联大使馆。

《民国档案》2006 年第 3 期

驻苏大使馆致外交部电

1936 年 6 月 15 日

南京　外交部　七七八号　十五日

关于商务草约第十一条汇款问题,十三日晤苏外部代理东方司长,遵照钧电意旨与彼接洽。据答:此事关系金融及经济政策,当转呈当局并商务主管机关再行奉复等语。谨先电陈。驻苏联大使馆。

附:吴参事与苏外部东方司代理司长 Smirnoff 谈话记录

关于我方商约草案第十一条汇款问题

一九三六年六月十三日

(冒秘书在座)

(吴)接奉本国政府训令,以中苏商约现已开始预备会议,苏方允以中国方面所提草案为开议根据,但对于草案第十一条汇款问题(即一国人民在彼国境内有将其所有款项以当地通用货币交当地银行汇归本国或汇经他国之权。该银行应即照通常银行惯例,按照当时兑换行市,以电汇或邮汇方法即时予以汇出)表示反对,惟称可以外交方法解决,不必在条约中讨论等语。现本国外交部训令本人向贵部接洽商订一种解决此项汇款问题之方法,如能获得圆满结果,则本国政府之意,自可不在条约中讨论。

本人提议依照草案第十一条意旨,由贵部与本馆用换文方式解决,则可免在条约中规定。

(施)商约问题整个在南京讨论,故本人不甚接洽,贵代办之意关系金融及经济政策,俟与主管人员及专家商量后下次或可与阁下商谈。

《民国档案》2006 年第 3 期

贺耀组拟《现行中苏通商条约检讨》

现行中苏通商条约检讨

贺耀组 二十八年十二月于莫斯科

久悬未决之中苏通商条约业于去年六月缔订,并于今年二月闻经两国最高立法机关批准实施。惟细审该约欠缺之点甚多,兹择其重要者缕述如左,俾即设法补救,并作将来改订时之参考。

(一)

第十二条第二项规定:凡享受法人权利之苏维埃社会主义共和国联邦之经济机关及其他依照苏维埃社会主义共和国联邦法律享受公权之法人并苏维埃社会主义共和国联邦之公民,在中华民国国境内按照中华民国法律经营经济事业,关于其身体、财产得享受不异于任何第三国人民或法人分别所享受之待遇。

按现时各国在我国所享有之领事裁判权及治外法权,尚未取消其所谓"得享受不异于任何第三国人民或法人分别所享受之待遇"一语,似无异苏联得仿照第三国享受领事裁判权及治外法权。此项实有修正之必要。

（二）

第十三条第二项所规定之调解委员会应亟予设立。

（三）

附件第一节第四项规定苏联国驻中国之商务代表处得在天津、上海、汉口、广州、兰州设立分处。该项所规定之各地点除兰州外尽在沦陷区域内。现沦陷区域之商务完全在敌寇控制之下，即使设置，反为伪政府所利用，届时我虽有异议，恐将难于措辞矣。关于此节应亟谋补救之方，即通知苏方声明该项所列地点现在沦陷区域内，若其应设之商务代表分处，俟收复后再行设置。

（四）

第一节第九项规定苏联国驻中国商务代表处及其分处之全部职员与商务代表处因职务关系而发生之问题，不受中国法院之法律裁判。

此项所规定"因职务关系而发生之问题"如纯属行政方面者，固属其内政部之行政，无须我法院之过问，苟涉及司法者自应受我法院之法律裁判，否则，领事裁判权又将于不知不觉中创其例矣。再则，中国国民如受雇为苏联商务代表处或其分处之职员者，应不适用该项之规定。

（五）

中苏两国交界地方（如新疆、蒙古、满洲）之国两贸易应另订中苏陆路通商条约，在此项条约未订定前，其在新疆之贸易得暂适用新苏间所规定之通商办法，但依照该通商办法所输入新疆之苏联货品不得转输行销内地。

（六）

现因陆路运输发展之结果，苏联货品通过陆路通商区经西北公路运往甘、陕、四川一带销售者，应由中国海关于西安设立临时征收关税处，以执行沿海贸易海关之职务而保持双方之利益，但此项货品经新疆时可不缴纳现时新苏通商办法及将来依陆路通商条约所规定之关税。

（七）

应另行与苏联换文,说明中国政府如将来规定由政府统制对外贸易时,应保留有于苏联境内设立同样性质之商务代表处及分处之权利,该代表处及分处在苏联亦得享受该约附件所规定苏联商务代表处及分处所享受之同样利益。

《民国档案》2006 年第 3 期

外交部致驻苏大使馆电

1940 年 2 月 23 日

部电　廿九年二月廿四日收

中苏商约批准本即将互换,苏方代表之全权证书并未带渝。兹已商请苏联大使电请苏联政府将彼方全权证书送交我国大使馆阅看,阅后即电知本部。外交部。廿三日。

《民国档案》2006 年第 3 期

外交部致驻苏大使馆电抄件

1940 年 3 月 20 日

收外交部二十九年三月二十日电(第一三二八号)

一千七百二十六号电悉。中苏商约批准,业于十六日互换,惟内容不公布,希暂守秘密,全权证书勿庸再提。外交部。二十日。

《民国档案》2006 年第 3 期

（四）中苏围绕新疆、东北、外蒙古问题的交涉

说明:中苏复交之后,在关于缔约与商约的曲折谈判过程中,中国政府围绕苏联与中国新疆省的通商问题、苏联向日"满"出售中东路问题以及苏联与外蒙古签订互助协定问题,与苏联方面进行了交涉。以

下所收资料,就分别大致反映了上述外交过程。上述问题的交涉之曲折、艰难与未果,其实又从侧面印证了战前中苏关系的极端复杂性以及两国缔结互不侵犯条约和商约的曲折过程。

1. 关于苏联与新疆通商问题

新疆与苏联签订临时通商办法
1931 年 10 月 1 日

径启者:查中华民国之新疆省与苏联共和国彼此领土接近,在历史上已有经济发展之关系,又查双方政府屡次表示愿意共同发展新苏间商业。因此,新疆省政府与苏联政府在中华民国与苏联正式通商条约未通过以前,协定如下:

一、新疆省与苏联共和国货物出入及人民往来之边卡,依照中国及苏联现行法律将来由依尔克斯塘(或土尔朵特)、霍尔果斯、巴克图及吉木乃(迈科布且盖)经过之。

二、新疆政府希望苏联政府准于新疆商民不必经特别许可之手续,有权将新疆各种土货无限制运入苏联,售与苏联国营商业机关,但为苏联现行法律所禁止入口之货不在此限。

三、新疆省政府对于苏联商务机关及其国民在喀什、伊犁、塔城、阿山、迪化各区,准予自由执行贸易之权,并由上述各区内有派遣代理人或委员前往莎车、吐鲁番、焉耆、和阗、阿克苏与各该本地商民或商号订立买卖契约及督促其履行之权。

新疆省政府与苏联买卖事业趋于轨道起见,允许苏联商务机关之职员及其国民遵守新疆现行法律或规则,对于各代理人与各商务机关所在地,彼此往来之间得有自由往返通行之权。

四、新疆省政府希望苏联政府关于苏联商务机关及其国民与新疆商民或商号订立买卖合同及契约之时,允予彼此间自由商订买卖货价、转运及契约期限各条件,并依照中国现行法律上公证之程序,将所订之买卖合同到官厅内登记。

新疆省政府声明，合同登记程序之日期，依照新疆现行惯例，不得越过五天。

新疆省政府证明本管地方官厅于双方发生争论之时定能先行调查，双方所订之合同或契约，依照中国现行法律公平履行双方所订之契约。

五、新疆省政府允许苏联商务机关及其人民，无论现在或将来按照中国现行法律所完纳之关税及其他捐款比之中国商民及商号不能有较高或加重情事，如新疆将来依据现行法律施行营业税或其他类似营业税性质之税捐时，所有在新疆之苏联商务机关及其人民自应与中国商民及商号一律完纳。

六、新疆省政府希望苏联政府为重视新疆国民经济利益起见，所有关于发展新疆应用各种机器，如工业、电气、农业、交通等项全部购造之各机关，将来依照商业合同性质完全供给之，并以同样性质之合同担任新疆建设上应用之相当技师及由中国人民内造就专门人员。

苏联政府并以同样性质之合同，对手新疆国民经济上施行改良农业、垦牧各事宜，仍允予以相当协助。

七、新疆省政府希望苏联政府为重视新疆国民经济利益起见，对于新疆商民将中国内地出产各货运入新疆或将新疆出产各货运往中国内地，允许按附单内所列之各货通过苏联国境。此项附单将来由新疆省政府之特派员会同苏联驻迪化总领事以发达新苏间商业为基础，在本年十一月十五日以前会同商订之该项附单，得按照新疆及苏联国民经济必要之情形，每年商酌改定之。

新疆省政府希望苏联政府将来对于新疆省政府转运自己必须上之订购物件，并非含有买卖性质在内，请求由苏联国境经过，无论由中国内地运入新疆或由新疆运往中国内地，或由与苏联订有商约及将来缔结商约之第三国运入新疆时，以极友好之态度，允予查照办理。新疆省政府接准苏联政府函称：如所运通过苏联国境之货为现行法律所禁止者,苏联政府对于新疆之请求当然不便查照办理一节,业已查照备案。

所有以上规定各节,纯为发展新苏间双方经济关系,新疆省政府认为同意发生效力。特此布达。顺颂

公绥

中华民国二十年十月一日
一千九百三十一年十月一日　于迪化

附件第一号

径启者:新疆省政府为谋新苏间商业发达起见,通令新疆税关,对于新苏间沿边出口、入口各货规定划一税则,以期双方商务共同发展。为此,函达苏联政府查照。即希鉴核赐复。并颂

公(颂)〔绥〕

附件第二号

径启者:为谋苏联共和国与新疆省商业方便起见,拟在迪化、喀什、伊宁、塔城设立苏联财政所办理苏联各商务机关内彼此买卖上、财政上或与中国商号、商民之往来事宜,其中国商号、商民如向该财政所有商业委托时,亦兼办之。在执行上项事务时,该财政所根据双方之情愿,得抽收相当之手续费。相应函请贵特派员查照,并希新疆省政府对于上述各节表示赞同。特此布达。顺颂

公绥

附件第三号

径启者:苏联政府为运输货物及人民往来方便起见,希望新疆省政府核准与开放土尔朵特边卡六个月后,即行封锁依尔克斯塘卡,以便已经起运由依尔克斯塘入境尚在途中之货得以达到目的地为止。相应函请贵特派员查照,并希新疆省政府对于上述各节表示赞同。特此布达,顺颂

公绥

附件第四号

径启者:新疆省政府认为新苏间之电报有规定之必要,因此塔城与

苇塘(巴克图)之电线必须衔接,同时,新疆与苏联之无线电亦须规定直接通讯办法,其实行以上各节之手续及条件,将来由外交部驻新疆特派员会同苏联驻迪化总领事共同商订之。为此函请贵总领事查照,并希望苏联政府对于上述各节表示赞同。专此布达。顺颂

公绥

《中华民国史档案资料汇编》第五辑第一编《外交》(二),第1417—1420页

罗文幹转报统一新疆对外交涉三项办法致黄慕松电

1933年6月29日

太原转迪化。黄宣慰使慕松兄勋鉴:汪院长、蒋委员长转到哿电奉悉。查《新苏临时协定》本部曾间接得知,闻其有效期间系至中苏复交之日为止,但未据金前主席呈报到部,拟请将该案全卷抄送寄部以凭核办。关于统一新疆对外交涉事项,中央曾决定三项办法:(一)新疆省政府不得与任何国家订立任何约章;(二)新疆与苏俄政府接洽事项在莫斯科统须经由大使馆商承外交部意旨办理,新疆省政府可随时派员到馆陈述意见,但不得径向苏俄政府接洽;(三)关于特派员及驻苏俄领事事项,由外交部妥筹统一办法后,径电查照等语。业由汪院长于十二日经莫斯科大使馆电达尊处,未审已否收到。现本部对于第三项正在妥筹办法。特复。弟罗文幹。

《中华民国史档案资料汇编》第五辑第一编《外交》(二),第1420—1421页

外交部签注新苏协定意见致行政院呈文

1933年11月4日

案查新苏临时通商协定系新疆省政府金前主席于民国二十午十月一日以换文方式擅自与苏联所签订。签订之前,该前主席并未呈奉中央核准。签订之后,中央亦未据呈报。新疆僻处边陲,情形隔阂,中央亦无由查悉,故本部无案可稽。嗣本部间接闻知新苏订有上述协定,经于本年六月间黄宣慰使莅新宣慰之际,电请就近调查,以明真相。嗣准

654 中华民国时期外交文献汇编1911—1949·第六卷

黄宣慰使将该案全卷抄送到部,并准钧院秘书处据艾沙呈报函同前因。经饬主管司、会详加审核。兹查该项协定系以新疆省与苏联共和国为订约当事人,该省政府签订该协定,并未经中央核准授以全权,擅与邻国私缔协定,核与中央外交统一之旨不合。复查该协定全文文义不明确之处颇多,尤不具备普通国际协定之形式。其有利于新省之条款,词意或属空(乏)〔泛〕或极细微,该协定损失国权、贻害边疆之处甚多,除协定全文暨附件已于本月一日呈送钧院鉴核不另附录外,谨逐条签注意见备文呈请钧院鉴核,祗遵。谨呈

行政院

　　附录对于新苏临时通商协定之意见一件

　　　　　　　　兼署外交部部长汪兆铭

　　　　　　　　中华民国二十二年十一月四日

对于新苏临时通商协定之意见

　　第一条规定出入卡伦,其间伊尔克斯塘一卡应于开放土尔朵特边卡六个月后即行封锁,此条文义明显,惟对于左列三点,尚待调查:

　　一、条文中依照"中国及苏联现行法律"字样,该项适用于外人及外货过境之法律共有若干? 内容如何?

　　二、"现行法律"字样是否赅括各种章程规则而言,又"现行"二字是否赅括将来颁布之法令在内,字义颇涉含混。

　　三、国际通例沿边住民入邻境在一定距离之内,可免护照签证等类之普通外人入境手续,新疆与苏联边境间现在如何办理?

　　第二条系规定新疆土货运入苏联,表面上于我有利,实则似是而非。查该条条文载称:新疆省政府希望苏联政府准予云云,该"希望"字样,在法律上之效力如何,究在何种范围之内,能使苏联受其拘束。盖准予之权,显然操诸苏联之手。又该项土货,虽云无可限制运入苏联,但现仅能售与苏联国营商业机关,复可为苏联现行法律所阻止,则所谓无限制者,只指数量不及其他。又新疆商货,若照该条末句之限制,能否享受他国商货运入苏联者之同样待遇,亦属疑问。查苏联对于

新疆土货闻极欢迎,恐其不肯售予,新疆土货大抵与外蒙相类,苏联对于外蒙之货禁令南运张家口,须全数运往苏联。彼以廉价收买而高价转售欧美,一转移间坐获巨利,新省事同一例。况所运土货仅能售与国营机关,该机关抑勒价格或故意拒绝,势所难免。在我既经运往,亏耗运费,势难再行运回,只得忍痛贱售,耗损无量。以我小资本之私商与苏联国营之机关相抗,庸岂有幸。

第三条前段规定苏联商务机关及其人民可以前往各区贸易。条文中"各区"二字不无含混,以致订立未久争执即生。依我方解释,系指五城而言,而苏方则坚持为五个区域。文牍往返,辩论年余,迄本年六月十五日新省临时主席以指令方式,竟徇苏方之请,完全让步。而该指令内所载之"呈暨附件"漏未抄送,故尚不能确定其让步之范围。中段谓可由上述各区内有派遣代理人等前往莎车、吐鲁番、焉耆、和阗、阿克苏与各本地商民或商号订立买卖契约及督促其履行之权,末段对于苏联商务机关之职员及其国民在各地内更予以自由往返通行之保障。查此条用意原在限制苏联在新贸易之自由,而结果适得其反。现在区域既广,商务机关及其职员代理人之额数亦无限制,复听其深入内地,自由往返,其结果将使新省全省商货为所操纵。尤可虑者,则宣传赤化及他国援例是已。又各国对苏商务机关之待遇,如英如德皆有规定,新疆之现行法规能否顾及,目前究予何种待遇,尚待调查。

第四条规定买卖契约彼此间可自由商订,并到我官厅登记,表面上于我有利,但该条仅系新省政府表示希望,有否拘束之力?又如不来登记,则买卖契约是否不生效力。是则有查核该省登记规则之必要。又该条末节所载双方发生争论一节,自该协定订立以来,有否先例可资考镜,亦待调查。

第五条规定苏联在新商民完纳税捐与中国商民同样待遇,此与近时国际通例尚不违背,但本条系属片面规定,对于新省商民在苏联出售土产之待遇付之阙如。查苏联对于外国商人非经特约规定者,均以普通私商待遇重征暴敛,靡有底止。以故近年来中国商人在苏几已绝迹,今新苏协定中我方对于苏联商人完纳税捐既有明文规定,则新省商民运货前赴苏联出售势将依照苏联法律完纳税捐。诚然,则苏商在新所纳之税将远逊于新商在苏所纳之税。其违反相互平等之原则彰彰明甚。又该条所称之税捐是否即系中华民国之普通税则,抑新疆另有单行税则,尚待调查。

第六条规定关于新省国民经济事业之建设,不仅由苏联供给各项机器,且由苏联担任建设上任用之技师及造就中国专门人员。又由苏联协助改良农业、垦牧各事宜。查苏联对新疆之经济侵略蓄谋已久,至是(以)〔已〕真情毕露,而犹于条文中指为出于新省政府之希望,一若表示亲善勉徇新省之请者,其狡猾手段,实可令人惊佩。此条不啻将新疆国民经济前途拱送苏联,驯使新疆为苏联化。长此以往,新疆非中国有矣。至如苏联技师技能之不及欧美技师,苏联农牧制度之不宜于新省内情,尚属问题之小焉者耳,何况《九国公约》第三条末段载称:中国政府担任对于外国政府及人民之请求经济上权利及特权,无论其是否属于缔结本约各国,悉兼本条上列规定之原则办理云云,与该条相凿(柄)〔枘〕,我方实不能履行其义务。又查此条之实行,必须经过合同手续,究竟此项合同曾否订立,亟待调查。

第七条第一段规定新疆向中国进出口货通过苏联办法,谓应以发达新苏间商业为基础,由新苏商订附单,该项附单并得按照新苏国民经济必要之情形每年商改,此条性质与第六条相同,即谓苏联从此获得监督新疆进出货物之权。盖新疆进出口货之通过苏联者,应以苏联利益为本位,若与苏联利益冲突,即可不列于附单或要求改订附单矣。该条第二段所载新疆省政府转运自己必需上之订购物件云云,词意隐约,果何所指,不无疑窦。协定之结尾载有新疆省政府认为同意发生效力等语,苏方之复文如何,措词允宜查悉。

附件第一号为划一税则,其现状如何,尚待调查。

附件第二号为准许苏联在迪化、喀什、伊宁、塔城设立财政所。此件之弊害与协定之第六及第七两条相同。新省僻处边陲,与中国本部

汇兑困难,金融组织亦甚幼稚,该项财政所行将垄断新省之金融商务,
而左右其命脉矣。该财政所现状如何,组织如何,亟应查悉。

　　附件第三号为关于开放土尔朵特边卡及封锁依尔克斯塘边卡之
期,自无意见。

　　附件第四号规定新苏间之电讯、交通办法,是即新苏通电交涉之根
据,本部于本年八月准新省政府咨新苏通电草案,请予查核见复等语,
业经本部转陈中央,电令停止进行。

《中华民国史档案资料汇编》第五辑第一编《外交》(二),第 1421—1424 页

2. 苏联违约出售中东铁路与中国政府的抗议

外交部关于苏联出售中东铁路的声明
1933 年 5 月 9 日

　　关于中东铁路之地位与管理,最近似已发生某项问题,中国政府兹
特郑重声明,认为仅中、俄两国在该路享有合法权益。中国在该路之权
利,绝不以任何方面之行动,而受丝毫之影响或损害。至任何方面无合
法地位或非法占据该路经过之地域者,其行动自更不足以影响中国之
权利。关于中东铁路之一切事宜,应继续依照一九二四年中苏两国所
订之协定处理,由中、苏两国取决,而不容第三者干涉,自不待言。任何
新订办法,未经中国同意者,自属违犯前项协定,应视为无效,中国政府
绝对不予承认。

《中国外交年鉴》(民国二十二年一月至十二月),第 255 页

罗文幹关于苏联出售中东铁路的谈话
1933 年 5 月 9 日

　　中东铁路原为中、俄两国共管,该项条约(鉴)〔签〕于俄帝制时代;
自该国改制,仍未取消,迄今依然存在。外传苏俄将中东路出售,查中
苏协定内之规定,非得双方同意者,任何方面无权处分,故除已电颜大

使查明真象外,九日午后发表正式声明,表示反对,凡未得我同意,一切协定,均作无效。

《中俄邦交之研究》,第 156 页

李维诺夫同塔斯社代表的谈话
1933 年 5 月 11 日

由于外国报界对外交人民委员李维诺夫同日本大使太田最近一次谈话,特别对出售中东铁路的可能性问题给予极大注意,塔斯社代表走访了李维诺夫委员。对此,李维诺夫作了如下解释:

"在 5 月 2 日我同太田大使的谈话中,我们确曾讨论了最近由于满洲当局的行动而在中东铁路上造成的、有可能使我们同满洲以及同日本的关系复杂化的严重局势。在这次谈话中,讨论了解决现有冲突的种种可行办法。作为一项合理的办法,我曾提议由满洲国赎买中东铁路,亦即我们向满洲国出售中东铁路的问题。

南京政府确曾向苏联政府询问过此事,反对将中东铁路出售给南京政府以外的任何人,颜大使还向我们提出了一份备忘录。

不过,南京政府提出的论据,既不符合苏联政府正式承担的义务,也不符合实际情况。赋予中国提前赎买中东铁路权利的北京协定和奉天协定,并未限制苏联将铁路出售给他人,更未限制将铁路出售给在满洲行使北京协定和奉天协定规定给中国方面的权利和义务的满洲现存政权。

但最主要的是,十八个月以来,南京政府及其统辖势力已不再是苏联在中东铁路上的实际共营者,由于种种与苏联无关的原因,他们失去行使履行北京协定和奉天协定的权利和义务的可能。根据这些协定,中国政府应派出自己的代表参加铁路理事会,但十八个月来,理事会中一直没有他们的代表。南京政府也没有可能追究关于满洲国当局损害中东铁路权益的控告和采取措施保障铁路的正常营业活动。十八个月来,南京政府没有履行北京协定和奉天协定规定给它的义务,这种情况就使它在形式上和道义上没有权利援引这些协定。

在日内瓦同我进行的关于恢复外交关系的会谈中，现任中国驻莫斯科大使颜博士向我们提议交换照会，确认北京协定和奉天协定不可违反。我对此曾表示同意，但附有下面的保留说明："但需满洲局势的变化不使南京政府失去履行这些条约的可能。"显然，由于南京意识到最近时期它没有履行根据奉天协定和北京协定所承担的义务，这一保留被抛在一边了。

我觉得，上述一切足以证明，铁路售予他人，特别是售于满洲国政权之际，南京政府的任何要求都是完全站不住脚的。至于谈到促使我们同意出售中东铁路的动机，则可略述如下：

沙皇政府在别国领土满洲修筑铁路，无疑是为了追求帝国主义目的。这种目的苏联政府不会有，而且也不可能有。十月革命以后，对于前俄罗斯帝国各族人民来说，中东铁路已经失去其掠夺意义。但是，这条铁路是用苏联各族人民的血汗修筑起来的，因此苏联政府过去认为，现在仍然认为，维护铁路的财产利益是自己的义务。苏联政府随时准备将铁路出售于中国，但是中国无力收买。苏联政府完全保留其对中东铁路的产权，把这条铁路变成一个纯粹的商业企业，但考虑到铁路通过别国领土，认为使领土的主人成为共营者并享有半数利润是公正的。然而，中东铁路仍然成为苏联、中国和满洲当局纠纷的根源。尽人皆知，1929 年在中东铁路上发生冲突不是苏联的过错。苏联政府为了消除冲突的根源曾于 1930 年同代表奉天政府和南京政府的莫德惠举行过出售中东铁路的谈判。这次谈判由于 1931 年秋的满洲事变而中断了。现在，出售中东铁路的问题又成熟了。我们就是出于这些考虑才提出出售铁路的建议的。同时，我们的建议还是苏联爱好和平的一种表现。我相信，只有出于某种原因热衷于使苏日、苏满关系尖锐化的人，才会反对这一建议。"（《塔斯社》）

苏联《真理报》1933 年 5 月 12 日，转录自《满铁史资料》第二卷《路权篇》第四册，第 1220—1222 页

颜惠庆就苏联出售中东铁路向美联社记者发表谈话

1933 年 5 月 13 日

苏联出售中东路于伪组织之议,将在中国及其他多数国家间,发生非常不良印象,余业于星期二夜间访外交副委员加拉罕,强硬抗议,盖此举不仅非法与不合理,且明白违犯现行条约。查中俄协内规定,该路之前途,必须由中、俄两政府决定之,今中国因迫于武力,暂时不能在东三省行使职权,绝对不能影响其对于铁路之法定权利;而此事之发生,即在中俄甫经恢复友谊关系之后,尤可遗憾云。

《中俄邦交之研究》,第 158—159 页

颜惠庆就苏联出售中东铁路向苏联政府提出严重抗议

1933 年 5 月 14 日

查本月十一日本大使与加拉罕君谈话,加氏曾予本大使以补充之消息,谓贵委员长(李维诺夫)与日本大使会谈时,贵委员长曾云苏联政府并不反对伪满洲国赎回东路。是晚报纸复载有贵委员长关于该项事件之声言。本大使当迅即呈报本国政府。本大使兹奉国民政府训令,将本国政府关于此事所持之意见,转达贵委员长:"中国政府,对于苏联当局所表示之意见深觉非常惊异。量①以该项意见,既表现苏联政府全然忽视条约之义务,且表现苏联政府意欲与不合法之组织,缔结不合法之行为。

"五月五日颜大使递交苏联外交委员长之节略,曾将中、苏两国政府依据一九二四年协定,对于中东路相互所处之地位,明白指出。苏联政府在一九二四年五月三十一日两国所缔结解决悬案大纲协定第九条第二节中,允诺中国政府赎回中东路,而绝未允诺任何其他政府之势力可以取得该路,复按该条第五节之规定最为明确,即中东路之前途,只

---

① 据《中华民国史档案资料汇编》第五辑第一编《外交》(一)《外交部关于苏日擅自处理中东路的报告》,该字应为"良"。

能由中、苏两国取决,不许第三者干涉。职是之故,与苏联外交委员长所持意见截然相反者,即苏联绝对无权将其在中东路所有利益,以任何方式让渡与苏联所愿让与之任何方面。

"复次,中国政府应请苏联政府注意,在上述协定第四条第二节中,中、苏两国政府相互所为之诺言,即两缔约国政府,无论何方,不得订立损害对方缔约国主权及利益之条约及协定。

"近来中国政府因受'优越武力'之压迫,不能参加中东路管理事宜;但中国曾未因此,亦且决不因此放弃其在该路所有任何条约上暨主权之利益。此项因情势所生且非中国所能负责之事变,暂时阻碍中国行使该路之管理权,丝毫不影响一九二四年协定条款之效力暨中东路之地位。中国政府对于因中、苏两国均应认为痛心事态之发生,而使中国政府不得依据上述协定要求其权利之理由,绝对不能承认。苏联目前非得有中国同意不能处理其中东路之权利,与夫中国当局与苏联当局实际共管该路时非得有中国同意不能处理者,情势相同,并无二致。

"中国政府对于苏联政府维持和平之愿望,固恒表赞同。但中国政府有不得不予以指明者,即满洲之现状,全世界俱认为系由武力侵略所造成,此项侵略行为,与一九二八年八月二十七日巴黎非战公约之精神及文字,均属相反,苏联且系该公约缔约国之一,所有文明国家,均曾保证对此种伪组织俱不予以法律上或事实上之承认。今不经中国之同意,而在现状之下,竟将满洲之重要交通工具,以苏联当局拟采之方式,遽尔让渡;是不啻苏联当局承认一国际所宣告为不合法之组织,而予侵略国家以援助。此种计划,一旦完成,显将与苏联政府所昭示爱好和平之愿望相反。中国政府,基于上述法律暨政治之理由,不得不提出极严重之抗议,反对苏联政府提议出售中东路;并热望苏联政府将遵照一九二四年协定,重行考虑其对问题之态度。"

《中国外交年鉴》(民国二十二年一月至十二月),第256—257页

中国外交委员会发表关于苏联出售中东铁路之谈话

1933 年 5 月 14 日

　　自苏联政府准备出卖中东铁路之消息传出后,吾人虽甚诧异,但鉴于加拉罕对我国驻俄大使之口头申明,咸信贤明之苏联当局,决不致于中俄正式复交之顷,采取此种违法浅见之政策。乃昨日报载苏联外交委员长李维诺夫,竟公开发表谈话,直承出卖中东路为事实,复设辞曲解,自认为合法之举动。此一消息,由其半官式之塔斯社传出,当可信凭。李氏谈话与加拉罕向颜大使之申明,仅隔一日,前后矛盾,不顾信义,一至于此,殊堪惋惜。查中东路系根据一八九六年(前清光绪二十二年)华俄道胜银行契约及中东铁路公司合同而来,道胜系中俄合资之组织,中国政府有股本库平银五百万两于其中。中东路则系中国政府委派该银行另组之中东铁路公司所承办。其钤记由中国政府刊发。公司总办由中国政府选派。公司帐目应受总办之查核。并于公司合同第十二条明白规定:"自路成开车之日起,以八十年为限,限满之日,所有铁路及铁路一切产业全归中国政府,毋庸给价。又从开车之日起,二十六年后,中国政府有权可给价收回。其公司所赚之利,除分给各股东外,另有盈余,应作为已旧之本,在收回路价内扣除。"足见该路最初即为两国合办之经济企业。中间虽因种种事变,使该路成为一极复杂之问题,然我国在该路地位,固丝毫未生动摇也。此虽帝俄时代事,但可见我国对于该路之渊源。一九二四年中苏两国正式订交;并有中俄解决悬案大纲协定之订立。关于中东路解决办法,该协定第九条有极明确之规定。计凡七款,其最重要之点,即申明中东路"纯系商业性质",苏联政府并允诺中国以"中国资本赎回中东路及该路所属一切财产"。其中应加特别注意之点,即第七款所指"两缔约国承认对于中东路之前途,只能由中、俄两国取决,不许第三者干涉"。条文显明,不容曲解。足见苏联政府明白承认中国有权,且唯有中国始有权收买该路。易词言之,苏联政府对于中东路无单独处分之权,任何变更,如不得中国政府之同意,即为破坏中俄协定之行为。凡破坏之条约行为,当然无效。且中俄协定第四条之规定："……两缔约国政府声明,嗣后无论何方政府,不订立有损害对方缔约国主权及利益之条约及协定"。更证明苏联政府不能出卖中东路于任何第三者,因中东路乃中国主权及利益之一部分,苏联政府与他国订立足以损害中国之主权及利益之条约,尚且不可;出卖中国主权与利益之举动,其能认为合法乎? 是李氏所谓:"中俄协定中未规定中国在合法期限前赎回中东路之权,亦未限制苏联以该路售之他人",实属妄涎,决不能逃卸破坏条约之责任也。李氏又谓:"中国政府在十八月来,未能完尽中俄协定之义务,使彼失去自协定所取得之正式及道德权利。"姑勿论颜代表于日内瓦与李氏谈判中俄复交之时,是否尚有"双方应换文承认中俄及奉俄两协定之不可侵犯性"之提议,但依条约解释,中国决不因意外事变之困难,致十八月未能参加中东路理事会,失其在该路之地位与利益,非因依据条约上之规定,两缔约国之任何一方面,不能宣布条约失效也。回忆一九二九年中苏两国为中东路事件发生争持时,苏联政府最后通牒中,谓中国不能单独处理路局问题。依其推论,单独处理路局问题,尚且不可;单独否认对方依法取得之权益,其尚可乎? 吾不知李氏何以自解! 从两国道义上讲,中俄恢复邦交,既系出于双方诚意,则两友邦对双方权益,自应互相尊重维护,至少不能有损害对方行为,尤以苏联外交向来以和平公正为基本政策者,必须处处示人以诚意。折冲之间,决不宜有丝毫诡秘偏私之表现,方能取信于世界。中俄两国订交之后,虽曾因一九二九年之不幸事件,断绝邦交,然中国人民始终对苏联表示好意,故有此番之复交。我国朝野人士,于欢欣庆祝之余,每准备与苏联提携,共维东亚之和平。此次苏联对于中东路之政策,如果不依一九二四年中俄协定为根据,必失我国四万万人之同情,实为不智;再就利害言,日本帝国主义者,为欲完成其大陆政策之谜梦故,不惜用武力夺取我东北四省,且进而手造伪国,以作应时各方之工具。其北进计划,无疑地以苏联西伯利亚为目的。故第一步造成中东路严重局势,以作进攻苏联口实,居心何在,苏联当局当然深知。今如以中东路让渡伪国,何异授人以柄,自执其(刀)〔刃〕。且不啻对世界唾弃之伪组织,予以事实之承认,此举不特引起华人反对,抑且足以损失世界各国之同情也。何况日人决不能以重价收买乎? 总之,苏联此种政策,无论从法律方面,邦交方面,利害方面观察,均失根据,其所招致之结果,必为"自走绝路"而已。

《中俄邦交之研究》,第 164—166 页

苏联政府关于出售中东铁路的声明书
1933 年 6 月 19 日

苏联政府对中国驻苏大使颜惠庆五月十四日关于出售中东铁路的抗议,取延宕政策。迟至日本通知苏联。决定由伪满洲国收买中东铁路,方于六月十九日,由苏联外交副委员长萨可尼可夫约晤中国驻苏大使馆高级职员,面致声明书,全文如下:

苏联政府以为本年五月十四日颜博士关于东铁谈判之声明书内所述之意见,未能以双方依照中俄、奉俄两协定所负之正式责任为根据,且与实际情形,完全不符。

苏联政府忠于其所负之责,且对于中国民族及其权利,满怀恳挚同情及伟大尊重之感。是以对于中俄、奉俄两协定,始终谨恪遵守。惟查一九二四年中俄协定缔结之根据,原以中国政府对于东铁能享其权利尽其义务为自然必须之前提,乃于是年,苏联政府迫不获已,须与当时东三省之自治政府签订奉俄协定,因当时中国政府,不能使奉天政府履行协定内之义务也。嗣于奉俄协定批准之后,中国政府似亦承认自己既不能实行协定内之义务,则苏联政府除与当时对于东三省及东铁握有实权之东三省政府商订协定以外,别无办法。现在东铁上之职务,因与苏联毫无关系之情形,前为东三省代表所执行者,今为"满洲国"代表执行之,东铁事务在此种程序之中共同管理,中国政府并未抗议。盖有鉴于当时实际情形,故于此种情形所生之结果未示反对也。

保持东铁之所有权,参加东铁之管理,此系苏联政府之权利,但不能将此项权利,误解为苏联政府在任何情形之下,亦须保持其东铁之所

有权,并继续参加东铁之管理。同时中国政府若因第三方面之行为,致受损失之时,亦不能将此项损失之责,诿之苏联政府。

颜博士对于苏联政府或可将东铁售与"满洲国"政府一事所表示之异议,其法律上政治上之根据,苏联政府均以上述各情形,加以否决,同时苏联政府以为东铁之售出,果能成立,此与中国实际上之利益,亦不冲突。因东北数省现在加入"满洲国"者,倘再与中国复合,承认中国主权,则东铁虽为"满洲国"政府收买,自然仍是中国产业。倘不能复合,主权永久丧失,则该路属于苏联政府,或"满洲国"政府,中国方面又何殊焉。

苏联政府,关系出售东铁所以同意谈判者,实欲维持一般和平,中国政府幸勿以此为苏联不欲敦笃中苏友谊。苏联政府对于敦笃中苏两民族间、两政府间之友谊关系,正表示完全准备工作也。

《中国外交年鉴》(民国二十二年一月至十二月),第257—258页

外交部关于苏联出售中东路致苏联政府节略

1933 年 6 月 25 日

六月二十五日,中国驻苏联大使馆,遵照外交部电令,面致节略于苏联副外长萨可尼可夫,全文如下:

苏联政府计划出售中东铁路一事,自法律及政治方面观察,均为不当,业于五月十四日照会内详为指明,并经迭次口头说明。六月十九日俄外交副委员长所交文件,其申说各节,中国政府殊难认为满意。查在日军非法占据地之伪组织,完全为日军所创设并受其控制,世界各国均已认定此项事实,故声明在法律上或事实上不予承认。今苏联政府与伪满洲国商议移转中东铁路之利益,是乃与日本之傀偏进行谈判,其目的在违背一九二四年协定内之重要条款,处分中东铁路之利益。且苏联政府亦已认定伪满洲国为日本之工具,故关于此事,始终与日本政府直接接洽。行将在东京举行之商议,日本政府显为重要之主持者。故此项商议,与以前苏联与中国东三省地方政府所为之商议,绝对不能相

提并论。中国政府对于苏联政府出售中东铁路之举,认为侵犯中国条约上之现在重要权利,至希望将来对于中国并无损害一节,现可不必研究。惟于此应加说明者,即将来苏联方面,原有将中东铁路及其附属产业无条件交还中国政府之义务,目下苏联计划,显未顾及此项义务。苏联政府表示完全准备在中苏两国政府与人民现有友谊关系上从事工作,中国政府原具有同样愿望,惟苏联方面,对于中东铁路之措施,实与苏联政府所表示之愿望,不相吻合。中国政府根据苏联政府所提及之友谊关系,特再提出抗议,并切盼苏联政府查照五月十四日去照内所开各节,对于本问题从法律及政治方面重加考量。

《中国外交年鉴》(民国二十二年一月至十二月),第 258—259 页

苏联违约出卖中东路,苏日伪满开始谈判

1933 年 6 月 26 日

本社[1]二十六日上海专电。华联二十六日东京电:日俄满三国代表,于今日下午在日外次官邸开首次会议,首先介绍双方代表及其顾问与随员,然后内田外相站起叙礼后,即谓俄政府经审慎考虑,为欲贡献远东和平,根(据)〔除〕三国间之纷争起见,决定出卖中东路,望双方代表,开诚布公,以遂初衷,日愿从中周旋,经俄大使与伪公使继起叙礼,并约明日休息一天,定二十八日上午八时起继续开会磋商云。

中央社东京二十六日路透电。苏俄、"满洲国",对于出售中东路之会议,已于今日下午二时,在外务次官重光葵之官邸正式开幕,内田外相对俄满代表示欢迎,俄方代表为驻日大使郁纶诺夫,外交委员会远东司长高滋罗夫斯基,中东路苏俄会办库滋尼作夫,满代表为丁士源及外次大桥本则以旁听资格列席,日派外务省欧洲司长西义,陆军省派村谷出席。闻日本主张以金钱购得中东路,一若寻常之商业交易,此次出席会议之双方代表,仅有权讨论"满洲国"购买中东路之问题,苏俄将

_____

① 中央社,本篇下同。

该路机车货车等撤入俄境之问题,或亦将讨论之,至于因铁路而发生之其他纠纷,则将在哈尔滨由地方当局解决之云。

本社二十六日上海专电。华联宥(二十六日)东京电:驻日法国大使马德尔,今日上午十一时往日外务省访重光次官,表示对于中东路出售问题,法国所抱之意见,谓帝俄当时为欲建设中东路,由法国资本家借款六百万金卢布,自一九一七年革命以来,并未清还本息,巴黎政府已接到中东路出售公报,竟命本大使向日政府郑重声明,法国资本家决保持原有权利,切望日政府十分留意。重光次官答云:关于中东路债务,于一九二四年之声明,已切实证明其责任在俄国政府,而且日本又非收买该路之对手,故不能负责,此议甚望法国政府对俄满两国提出,日本政府不能保证法国债权云。

驻日法大使促日本注意法权利。

华俄道胜银行清理员朱博泉,近以苏联出售中东路事,向日俄两国提出抗议,中央社记打以此事之法理问题,叩诸某外交家,据谈中东路兴筑时,系由中俄合组华俄道胜银行承办,筑路资本,亦由道胜银行负担,该银行成立之初,我国曾出股本二百万两,其余以法国股本为最多,嗣于民国十五年道胜银行停办,银行股本即成为中东路股票之执券人,享有中东路之债权,亦迭经苏联政府承认,现苏联政府擅自出售中东路,道胜银行立于债权人之地位,自有权干涉,并有充分之法理根据。且法国方面,近对中东路事,亦密切注意。当出售问题酝酿时,法国驻日大使曾请日当局注意法国对于该路之主权,如苏联竟仍将该路售出,恐法方亦将干涉云。

南京《中央日报》1933 年 6 月 27 日

外交部关于苏日擅自处理中东路的报告

1933 年 5 月—6 月

(一)

苏联拟出售中东铁路事,本部自始即以为虑,前得此项消息,曾迭电驻莫颜大使试探俄方态度，严密注意其行动，并提及在法律上对我方所负之义务，俄方没有明确表示。嗣因情势益迫，经再电颜使根据十三年协定照会俄方，声明只有中俄两国得处理中东路，任何违背协定行为均属无效，我方绝不承认等语。本部一面于五月九日发表宣言如下：

关于中东铁路之地位与管理，最近似已发生某项问题。中国政府兹特郑重声明，认为仅中俄两国在该路享有合法权益，中国在该路之权利，绝不以任何方面之行动而受丝毫之影响或损害。至任何方面无合法地位，被非法占据该路经过之地域者，其行动自更不足以影响中国之权利。关于中东铁路之一切事宜应继续依照一九二四年中俄两国所定之协定处理，由中俄两国取决，而不容第三者干涉，自不待言。任何新订办法未经中国政府同意者，自属违犯前项协定，应视为无效，中国政府绝对不予承认。

嗣苏联外长李维诺夫于接见新闻记者时公然宣称：中国已丧失其在一九二四年协定下之权利，并直承准备出售中东路不讳。苏联政府破坏条约及损害我国合法权益之决心，至是遂判明无疑。本部为维护国家权利及国约尊严计，遂起草严重抗议，于五月十三日电令驻莫斯科颜大使，向苏联政府批出抗议。抗议书之内容如下：

中国政府对于苏联当局所表示之意见，深觉非常惊异。良以该项意见，既表现苏联政府全然忽视条约之义务，且表现苏联政府意欲与不合法之组织缔结不合法之行为。

五月五日颜大使递交苏联外交委员长之节略，曾将中苏两国政府依据一九二四年协定，对于中东路相互所处之地位明白指出，苏联政府在一九二四年五月三十一日两国所缔结《解决悬案大纲》协定第九条第二节中，允诺中国政府赎回中东路，而绝未允诺其他政府或势力可以取得该路。复按该条第五节之规定最为明确，(由)中东路之前途，只能由中俄两国取决，不许第三者干涉。职是之故，与苏联外交委员长所持意见截然相反者，即苏联绝对无权将其在中东路所有利益，以任何方式让渡与苏联所愿让与之任何方面。

复次,中国政府应请苏联政府注意,在上述协定第四条第二节中,中苏两国政府相互所为之诺言,即两缔约国政府无论何方不得订立损害对方缔约国主权及利益之条约及协定。

近来中国政府因受"优越武力"之压迫,不能参加中东路管理事宜,但中国曾未因此,且决不因此放弃其在该路所有任何条约上暨主权之利益。此项情势所生,且非中国所能负责之事变,暂时阻碍中国行使该路之管理权,丝毫不影响一九二四年协定条款之效力暨中东路之地位。中国政府对于因中俄两国均应认为痛心事态之发生,使中国政府不得依据上述协定要求权利之理由,绝对不能承认。苏联目前非得由中国同意不能处理其中东路之权利,与夫中国当局与苏联当局实际共管该路时,非得有中国同意不能处理者,情势相同,并无二致。

中国政府对于苏联政府维持和平之愿望固恒表赞同,但中国政府有不得不予以指明者,即满洲之现状全世界俱认为系由武力侵略所造成,此项侵略行为与一九二八年八月二十七日巴黎《非战公约》之精神暨文字均属相反,苏联且系该公约缔约国之一,所有文明国家均曾保证对此种伪组织俱不予以法律上、事实上之承认。今不经中国之同意,而在现状之下竟将满洲之重要交通工具以苏联当局拟采之方式遽尔让渡;是不啻苏联当局承认一国际所宣告为不合法之组织,而予侵略国家以援助,此种计划一旦完成显将与苏联政府所昭示爱好和平之愿望相反。

中国政府基于上述法律暨政治之理由,不得不提出极严重之抗议,反对苏联政府提议出售中东路,并热望苏联政府将遵照一九二四年协定重行考虑其对问题之态度。

（二）

关于苏联出售中东路事,前经本部于上月十四日提出抗议,嗣据驻莫斯科大使馆六月十九日来电称:关于五月十四日我国因俄售中东路而发之照会,本日下午俄外交副委员长约往会晤,面交俄文声明书一件并口述大意,自以苏满开议与昔日奉俄协定为比,并重述俄售该路于中国无损之说谓,将来东省重归中国,则该路即属地主所有,否则新订中国利益亦无加损。末称,苏俄售路纯为出于欲保持一般和平之动机,请中国政府勿误以苏俄为不愿巩固中苏两民族现有之友谊。又称,苏俄政府表示完全准备在中俄两国政府与人民现有友谊关系上从事工作等语。全文译就续电云。嗣又据驻苏联大使馆来电称,本日 Sokoliukof 并告余以磋商出售中东铁路之苏联首席代表系现苏联驻日大使 Urenev,而塔斯通讯社乃为商务代表,殊属误会。余再说明,目下外间佥认苏联对于伪国将予承认,今任命苏联驻日大使为磋商出售中东路之首席代表,则此说色彩势必因此益见浓厚。渠称,苏联政府将不使此说见诸实现。依照渠之意见,苏联政府以为即使中东路出售之协定将告成立,但此事并不构成对伪国法律上之承认云。

本部拟以上所述各节,特于六月二十一日电致驻莫斯科大使馆,再向苏联政府提出抗议,其文如下:

苏联政府计划出售中东铁路一事,自法律及政治方面观察均为不当,业于五月十四日照会内详为指明,并经迭次口头说明。(五)〔六〕月十九日俄国外交副委员长所交文件,其申说各节,中国政府殊难认为满意。查在日军非法占据地之组织完全为日军所创设,并受其控制,世界各国均已认定此项事实,故声明在法律上或事实上不予承认。今苏联政府与伪满洲国商议移转中东铁路之利益,是乃与日本之傀儡进行谈判,其目的在违背一九二四年协定内之重要条款,处分中东铁路之利益,且苏联政府亦已认定伪满洲国为日本之工具。故关于此事,始终与日本政府直接接洽。行将在东京举行之商议,日本政府显为重要之主持者。故此项商议与以前苏联与中国东三省地方政府所为商议,绝对不能相提并论。中国政府对于苏联政府出售中东铁路之举,认为侵犯中国条约上之现有重要权利,至希望将来对于中国并无损害一节,现可不必研究。惟于此应加说明者,即将来苏联方面原有将中东铁路及附属产业无条件交还中国政府之义务,目前苏联计划显未顾及此项义务。苏联政府表示完全准备在中苏两国政府与人民现有友谊关系上从事工作,中国政府原具有同样愿望,惟苏联方面,对于中东铁路之措施,实与苏联政府所表示之愿望不相吻合。中国政府根据苏联政府所提及之友谊关系,特再提出抗议,并切盼苏联政府查照五月十四日照会内所开各节,对于本问题从法律及政治方面重加考量等语。

本部为抗议中东路事,同时致驻华日本公使照会,其文如下:

为照会事:关于日本、苏联及东省伪组织为买卖中东铁路事各派代表将于本月二十五日在东京开会商议一案,查民国十三年中俄协定规定:对于中东铁路之前途,只能(有)〔由〕中俄两国政府取决,不许第三者干涉。苏联政府违背该项协定,与日本政府及东省伪组织商议中东路问题。中国政府业经向苏联政府提出严重抗议,并发表声明,认为仅中俄两国在该路享有合法权益,任何方面无合法地位或非法占据该路经过之地域者,其行动自不能影响中国之权利各在案,乃日本政府不顾一切法律关系,竟在其武力占据局势之下仍藉东省伪组织为傀儡,在东京举行会议,与苏联为买卖中东路之接洽,显系以第三者地位对中东铁路之前途横加干涉,其不合法自不待言。中国政府再特向日本政府声明,东省伪组织为中国政府及世界各国所否认,日本政府利用其傀儡为攫取中国主权及利益之工具,迭经中国政府严提抗议,指明日本应负之责任。此次日本政府复假借该伪组织名义,与苏联政府企图非法买卖中东铁路,自应仍有日本负其责任。故无论用日本政府或东省伪组织名义与苏联政府订立任何协定或契约均系无效,中国政府绝对不能承认等语。

《中华民国史档案资料汇编》第五辑第一编《外交》(二),第1394—1398页

外交部发言人就苏、伪满中东路买卖成功发表谈话

1935 年 3 月 11 日下午

中东铁路系由我国供给一部分资本,特许敷设于我国领域以内。民国十三年五月三十一日我国与苏联签订之中俄协定,指明中东路为两国共同经营之商业性质的企业;且复明白规定该路之前途,只能中、

苏两国取决,不许第三者干涉。乃前年春间,忽闻苏俄有提议出售中东路之消息,本部当经电令我驻日、苏两国使馆调查实情;追出售消息证实,又电驻苏使馆,向苏联政府提示苏联在法律上对我方所负之义务,即经颜大使向苏联外部严重交涉,苏方终无明确表示,本部鉴于情势紧迫,复于二十二年五月九日正式发表宣言,根据中俄协定,声明只有中、苏两国得以处理中东路之前途,如有违反协定之任何行为,我方概不承认等语。乃苏联当局毫不反省,且以为我方在事实上既不能与苏联共管中东路,即已丧失我方所根据之中俄协定规定之权利云云;此种不顾法律事实之声言,我方自不承认,复于同年五月十四日根据协定历史、法律、政治上之理由,向苏联正式提出严重之抗议。乃苏联政府依然不理,出售之议且进行愈急,并与第三者议定,在东京会商,本部乃再提第二次抗议,重申条约上之权利。但苏联政府以售路为其既定政策,绝不因我方之反对而停止进行。现在东路非法买卖协定将行签字,本部刻已电令颜大使向苏联政府再提抗议,声明苏联出售东路之举,我方认为不合法,而无任何之拘束力;所有中国在东路一切权益,绝不因此种非法买卖而受丝毫之影响,中国对中东路之一切权利仍于保留云。

《中俄邦交之研究》,第 161—162 页

外交部就苏联出售中东铁路问题
分致英、美、日、法、意大利、荷兰、葡、比诸国政府的声明书
1935 年 3 月 16 日

查中东铁路全线敷设于中国领域以内,为中华民国政府暨苏维埃联邦政府共同经营之企业,此路既为东省必不可少之交通工具,其地位之重要,不仅关系中国之经济组织,且关系欧亚两洲之铁路交通。该路系由中国政府供给一部份资本,特许敷设,其现有之地位,经明白规定于民国十三年中、苏两国所签协定之中,中国既为地主国家,对于该路除根据条约上之权益外,且享有固有之主权。按民国十三年五月三十一日中俄协定第九条第四节,明白规定中东路之前途只能由中、苏两国

取决,不许第三者干涉;依据该协定,苏联政府允许中国政府得随时赎回苏方在该路之利益。又双方约定,经过一定时期以后,苏联政府须将中东路完全移交中国管理;不宁惟是,中、苏两国在上述协定第四条第二节中互相约定,缔约国之任何一方不得订立有损害对方缔约国之主权或利益之条约或协定。兹苏联政府与日本政府及号称代表中国东北现有非法组织之人员进行出售中东铁路之谈判,实属违背上开条款,且不顾中国政府之迭次抗议。现在此项谈判据报业已完成,该路似不久即将移转;苏联政府不得中国之同意,即欲如此处分中东铁路,显然全系越权之行为,中国政府自应认为绝对不合法而无效,苏联政府容或认为让渡其在该路之利益与第三者为得计,姑无论第三者果有其人抑或毫无身份,中国决不能承认任何方面为该路任何权益之继承人;任何人或任何机关非经中国明白同意,不得在中国领土内经营铁路,苏联现在之措施实属直接侵害中国条约及主权上之权利,毫无疑义。中国政府为不归责于中国之事态所阻,不能执行其中东铁路之管理权,此种痛心事实,对于民国十三年协定条约之效力及中东路之地位并无丝毫影响。苏联政府在现状之下不能处分中东铁路,一如中国当局与苏联当局实际共管该路时,苏联政府不能予以任何处分也。中国在该路主权上之利益,一如昔日,并未有丝毫之变迁。中国政府兹特郑重声明,中东铁路全线敷设于中国境内,又因中国之特许而得有现存之地位;苏联政府无论以出售或其他方式将该路让渡,中国政府及人民只有认此举为不合法之行为,无丝毫之拘束力,且认为国际间之谬举,中国政府对此完全保留其权利。

《中俄邦交之研究》,第162—164页

外交部总务司致蒋介石电

1935 年 3 月 22 日

巴县蒋委员长钧鉴:使密。顷接驻日蒋使电称:昨日枢密院已通过中东路让卖协定案,预定二十三日午前正式签字,同时由外务省发表协定换文、议定书之内容,并由丁士源以正金银行二千五百万元支票交付俄使。宾。个等语。谨电呈阅。外交部总务司叩。个。印。

（录自总统府机要档案）

《中华民国重要史料初编——对日抗战时期》绪编(二),第266页

中东路转让协定正式签字后苏日同时发表声明

1935年3月23日

驻日苏俄大使尤里尼甫于中东路转让协定正式签字后,二十三日发表声明云:"日苏满代表间完毕东路协定之签字,足使全世界和平多一保障,喜悦不置。苏联政府于日、苏关系之改善,附有特别之意义。广田外相在此次交涉中积极斡旋,为本交涉成功之要因,殊深感谢。相信此后以善意与相互信赖,足以保证日、苏关系之强化"云。

日本外务大臣广田同时发表声明如下:"经过二十一个月之久之中东路交涉,卒得圆满成立,此于东亚,尤其于世界和平,极可庆贺之事。苏、满关系,于此划一新时期,东方之天地,更加明朗。本大臣任斡旋之责,尤引为欣慰。三国间除铁道以外,虽尚有应解决之悬案,然以此项交涉中发挥之精神临之,余信解决决非难事。余对三国委员,表示敬意,并祝日、满、苏间之健全的关系"云。

《国闻周报》第12卷第12期,1935年4月1日

中国国民党第五次全国代表大会外交报告
（苏联向日、伪提议让渡中东路交涉案）

1935年11月

自日军占据吉、黑以后,情势所迫,致我国事实上已无法行使中东路之管理权,而日伪方面,复亟欲攫取苏俄在该路之权益,但苏俄意在避免冲突,对于日伪始终着着让步。外交部有鉴及此,故对于苏俄对中东路之处置,自始即以为虑,迨探悉苏俄果有其售中东路之提议,经于二十二年四月二十一日电莫斯科颜大使,试探俄方态度,严密注意其行

动,并相机提及苏俄在法律上对我方所负之义务,讵俄方答词含混未有明确之表示,外交部迭据各方报告,情势似渐迫切,曾于同年五月八日电令颜大使,根据十三年中俄协定,向俄方声明:"只有中俄两国得以处理中东路之前途,如有违背协定之任何行为,我方决不承认。"又为促俄方反省起见,并于同月九日电令颜大使,警告俄方,认苏联此项行为,不仅违背十三年之协定,且予侵略国以积极之援助,万一出售之事实现,将激怒中国人民之反感,同日并发表正式声明略谓:"关于中东路之地位与管理,中国政府认为仅中俄两国享有合法权益,中国在该路之权利,绝不以任何方面之行动,而受丝毫之影响或损害。任何方面无合法地位,或非法占据该路经过之地域者,其行动自更不足以影响中国之权利。关于处理中东路之一切事宜,应继续依照一九二四年中俄协定,由中俄两国取决,而不容第三者干涉自不待言;任何新订办法,未经中国同意者,自属违犯前项协定,应视为无效,中国政府绝对不予承认"等语。一面并电令颜大使,正式照会俄方,讵九日苏联外交次长加拉罕答复颜使,仍否认售路之事。而越二日,苏联外长李维诺夫,竟在报纸发表谈话,声言:"苏俄准备出售中东路,中国政府在十八个月以来,未能依据协定执行在该路之职权,事实上中国政府已中止与苏联为中东路之实际共管者,故苏俄售路,在法律及道德方面,均无不合"云云。外交部以苏俄既明白承认提议售路之事,为维护国权及条约尊严起见,遂于五月十四日电令颜大使向苏俄政府提出严重抗议,内容大略如下:"关于苏联当局提议出售中东路所表示之意见,中国政府认为系表显苏联政府全然忽视条约义务,意欲与不合法组织缔结不合法之行为。按照一九二四年中俄协定大纲第九条第二节,苏俄政府允诺中国政府赎回中东路,而绝未允诺其他任何政府或势力可以取得该路;且据同条第五节规定,对于该路之前途,仅中俄两国能取决之,不容第三者之干涉,是苏联绝对无权将其在该路之权益,以任何方式让渡与任何方面。况协定大纲第四条,又明定两缔约国不得订立损害对方权益之条约及协定。自九一八事变以来,中国政府因受优越武力之压迫,未能参加中东路之管理,但决不因此而放弃对该路在条约及主权上之利益。况此种非中国所能负之事变,丝毫不能影响于中俄协定之效力与中东路之地位,故因此项事变,而即谓中国不得依据协定要求其权利一节,中国政府绝对不能承认,而依据上项协定,苏俄当局现在不能单独处理该路之权利,仍与事变以前之情态,完全相同。与苏联同签字于巴黎非战公约之各国,对于武力造成之伪组织,俱不予以事实上或法律上之承认;而苏联独将满洲之重要交通工具,遽尔让渡与此项伪组织,是不仅承认国际所不承认之非法组织,且予侵略国以积极之援助;此种计划,显与苏联爱好和平之愿望完全相反。中国政府基于法律及政治上之理由,特提出严重抗议,并冀苏联遵照协定,重行考虑其售路问题"等语。此项抗议经颜大使面交苏俄外长李维诺夫;李氏当谓:"俟研究后当以书面答复"等语。及苏联对我抗议,一面延不答复,一面与日伪商决于同年六月二十五日在东京开会讨论买卖中东路之事。外交部审察情势,正拟向苏联再提严重抗议之际,适据六月十九日驻苏联大使馆电称:"今日苏俄外交次长面交答复声明书,大意以苏满开议,与昔日奉俄协定为比。谓俄售该路,与中国无损,将来东省重归中国,则路亦随之;否则,新订办法,于中国利益,亦无加损。末谓此次售路,纯为保持一般和平之动机,请中国政府勿误认苏联为不愿巩固中苏民族之友谊"等语。该项声明书发表后,售路之议,仍旧进行。外交部旋于同月二十一日,电令驻苏联大使馆再向苏联政府提出抗议,其内容略如下述:"苏联出售中东路一事,由法律及政治方面观察,均为不当,业于五月十四日照会内,详为指明。五月十九日俄外交次长所交文件,其申说各节,中国政府殊难认为满意。查在日军非法占据地内之伪组织完全为日军所创设,世界各国均不予承认,今苏联政府竟与此日本手造之傀儡,进行谈判移转中东路之利益,其目的在违背中俄协定内之重要条款,且苏联政府已认定伪组织为日本之工具,故关于此事,始终与日本政府直接接洽,所谓东京会议,日本政府显为重要之主持者,与以前苏联与中国东三省地方政府所为之商议,绝对不能相提并论。苏联来文中谓此举对于中国并无损害一节,现可不具论。惟苏联政府对协定中规定苏联政府无条件将中东路及其附属产业交还中国政府之义务,显未顾及。至苏联政府表示准备在中苏人民友谊上合作一节,中国政府原具同情;但苏联之措施,实与其所表示之愿望,不相吻合。中国政府因此根据苏联政府所提及之友谊关系,特再提出提议,切盼苏联政府对于问题重加考量"等语。同时以所定之六月二十五日在东京举行之会议,系由日本政府提议,故于同日照会日本驻华公使,提出抗议,其内容大意如下:"关于日俄伪商议买卖中东路一事,中国政府因苏联政府违背中俄协定之规定,业经提出严重抗议在案,日本政府在其武力占据局势之下,仍藉东省伪组织为傀儡,拟在东京举行会议,接洽买卖中东路,显系以第三者地位,干涉中东路之前途,其不合法,自不待言。惟中国应向日本声明者,日本政府利用此项傀儡,为攫夺中国主权及利益之工具,迭经中国政府抗议,并指明日本应负之责任,此次日本政府复利用傀儡,以与苏联非法商议买卖中东路,自仍应由日本负责;将来无论以日本政府抑以伪组织名义,缔结任何协定或契约,均属无效,中国政府绝不承认"等语去后。同年七月六日,日本答复我方抗议谓此:事系苏联与伪国间之交涉,日本政府不负责任等语。无非饰词狡展。苏联方面亦竟不顾我方之抗议,自二十二年六月间与日伪在东京开议以来,对于路价,双方虽迭有争持,然苏联始终为避免战争起见,着着让步。同年八月间虽又因路价争取,会议濒于破裂,然日本既已由五千万增至一万二千万日金,苏联亦由六万二千五百万减至一万六千万日金,则此区区四千万之差数,双方当不难出于互让而妥协。近据报告,苏俄驻日大使又与日外相广田协商,有俄方再减二千万,日方再增二千万,以一万四千万连同俄员退职补偿金三千万,合计一万七千万日金解决此买卖交涉之说。我方对于苏联此种违背协定之行为,虽历经交涉,迭提抗议,继续力争,促其反省;无如售路为俄方之既定政策,彼将不惜任何牺牲,与日伪妥协。自非我方之反对所可阻止也。

　　自苏联出售中东路价与日伪议定为一万七千万日金以后,即在东京续商细则,我方认为苏联政府仅以一万七千万日金之代价,断送中东路,开罪中国,殊为不值;特由外交部电令我国驻苏联大使馆,本此意旨,向苏联政府恳切劝告;并令告以苏联以国联会员国之身分,一方与伪国作如是之非法交易,一方不啻以经济的武器,赠与侵略者,不特遭中国之反对,且失世界之同情,中国无论如何,对于此举,断难承认,等语,冀苏方最后之反省。嗣据该大使馆电称:"遵与苏联外次约谈,恳切劝告,据彼所述苏联政府之观点,一如往昔。并谓苏联售路,在求免战争,若谓苏联售路未得中国同意,为违反条约规定,则苏联亦将要求中国按照条约,实行管理权"等语。仍与前次答复我国抗议之意,无甚出入,政府为维持一贯政策计,自不能不谋最后之应付。

惟苏方自在东京与日伪继续协商让渡细目协定以来,日苏间对于担保伪方付款,聘用第三国人充公断员,以及其他各项付款条件。自民国二十三年十月起,至二十四年二月止,双方折冲颇久,最后结果,日方允担保伪组织按期付款,苏允不请第三国人为公断员,双方交涉,始告妥协,并决定于民国二十四年三月十一日晚在东京举行草案签字;外交部闻悉,遂于二十四年三月九日,电令我国驻苏联大使馆,照会苏联外交部提出抗议,大意为:"苏联政府不经中国政府之同意,擅向日伪提议出售中东路,中国政府及人民,始终反对,其理由业于一九三三年五月十四日暨六月二十五日两次照会,及历次口头抗议中,缕述在案。乃苏联政府竟忽视不顾,仍进行售路交涉,不日即将成交,苏联政府将其在中东路之利益,转让与第三者,虽自以为措施适当,但中国政府始终认此举为不合法而无拘束力,所有中国在中东路之权益,不因此丝毫受其影响;兹再严提抗议,并声明保留中国对中东路之一切权利。"

该项抗议,由我国驻苏联大使馆送达苏联外部后,苏联政府以其售路为既定政策,始终不因我方之抗议而停止进行,政府为向世界各国说明中东路法律上之地位,苏联政府之无权处分,及中国对非法移转之立场各情事,特由外交部拟具声明书,分送各国政府,其内容如次:"查中东铁路全线敷设于中国领域内,为中华民国政府暨苏联政府共同经营之企业。此路既为东省必不可少之交通工具，其地位之重要，不仅关系中国之经济组织。且关系欧亚两洲之铁路交通；该路系由中国政府供给一部份资本特许敷设，其现有之地位，经明白规定于民国十三年中苏两国所签协定之中，中国既为地主国家，对于该路除根据条约上之权益外，且享有国有之主权。

按民国十三年五月三十一日中俄协定第九条第五节明白规定，中东路之前途，只能由中苏两国取决，不许第三者干涉，依据该协定，苏联政府允诺中国政府得随时赎回苏方在该路之利益。又双力约定，经过一定时期以后，苏联政府须将中东路完全移交中国管理，不宁惟是，中苏两国，在上述协定第四条第二节中，互相约定，缔约国之任何一方，不得订立有损害对方缔约国主权或利益之条约或协定。

兹苏联政府与日本政府暨号称代表中国东北现有之非法组织之人员，进行出售中东铁路之谈判，实属违背上开条款，且不顾中国政府之迭次抗议。现在此项谈判，据报业已完成，该路似不久即将移转。

苏联政府不得中国同意，即欲如此处分中东铁路，显然全系越权之行为，中国政府自应认为绝对不合法而无效。苏联政府容或让渡其在该路之利益与第三者为得计，姑无论该第三者果有其人，抑或毫无身份，中国决不能承认任何方面为该路任何权益之继承人；任何人或任何机关，非经中国明白同意，不得在中国领土内经管铁路，苏联现之之措施，实属直接侵害中国条约及主权上之权利，毫无疑义。

中国政府为不归责于中国之事态所阻，不能执行其中东铁路管理权，此种痛心事实，对于民国十三年协定条款之效力，暨中东路之地位，并无丝毫影响，苏联政府在现状之下，不能处分中东铁路，犹如中国当局与苏联当局实际共管该路时，苏联政府不能予以任何处分也。中国在该路所有条约暨主权上之利益，一如昔日，并未有丝毫之变迁。

中国政府兹特郑重声明，中东路全线既敷设于中国境内又因中国之特许而得有现存之地位，苏联政府无论以出售或其他方式将该路让渡，中国政府及人民，只有认此举为不合法之行为，无丝毫拘束力，且认国际间之谬举,中国政府对此完全保留其权利。"

前项声明书,外交部以二十四年三月十六日随同节略分致九国公约签字国驻华使馆,并分电我国驻外各使,分别在各该国重要报纸发表,俾世界各国人士,共明真相。同时以此项非法买卖,日本政府曾经派员参加谈判,且以公文担任伪组织付款,日本政府对此事所负之责任,至为明显,外交部当即致文日本驻华使馆,除附送前项声明书外,并指明日本政府对此事应负之责任,中国政府深表遗憾等语。乃苏联、日本对我方抗议,始终悍然不顾,我方以情势所趋,在事实上亦无由阻止,而此项非法买卖协定,竟于二十四年三月二十二日举行正式签字,所有中东路一切产业,由南满于签字一个月内,分别正式接收矣。

（录自中央党史委员会库藏史料）

《中华民国重要史料初编——对日抗战时期》绪编(二),第 266—273 页

3. 苏蒙签订议定书与中国政府的抗议

苏联和蒙古人民共和国互助议定书
1936 年 3 月 12 日订于乌兰巴托,同日生效

苏维埃社会主义共和国联盟政府和蒙古人民共和国政府考虑到,自 1921 年在红军的支持下,蒙古人民共和国的领土从白卫军和与白卫军勾结的并侵入苏联领土的军队解放出来后,两国间已存在的永恒友谊,并愿意支持在远东的和平事业,并进一步加强两国间的友好关系,决定将 1934 年 11 月 27 日存在于两国之间的君子协定改为本议定书的形式,规定在避免和防止军事攻击的危险方面尽一切可能方法互相援助,并规定如苏联或蒙古人民共和国遭受任何第三国攻击时互相支持,为此目的签订本议定书。

第一条　蒙古或苏维埃社会主义共和国的领土一旦受到第三国攻击的威胁时,苏联政府和蒙古人民共和国政府约定立即就此情势进行协商,并采取为他们领土的保卫和安全所必要的一切措施。

第二条　苏维埃社会主义共和国联盟政府和蒙古人民共和国政府约定,如果缔约国一方遭受军事攻击时,它们应互相给予各方面的援助,包括军事援助在内。

第三条　苏维埃社会主义共和国联盟政府和蒙古人民共和国政府充分谅解,一国的军队将按照相互协议和本议定书第一条和第二条派遣到另一国的领土内,一俟必要时期已过,将立即从该领土撤出,像1926年苏联军队从蒙古人民共和国撤出一样。

第四条　本议定书共两份,用俄文和蒙文写成。

两种文本同等有效。本议定书自签字后生效,将在此后十年内继续有效。

1936年3月12日订于乌兰巴托。

苏维埃社会主义共和国联盟驻蒙古人民共和国全权代表塔罗夫

蒙古人民共和国小呼拉尔主席阿木尔

蒙古人民共和国部长会议主席兼外交部长　任东

《国际条约集》(1934—1944),第57—58页

《中央日报》社评:抗议苏蒙签订议定书
1936年4月8日

本年三月十二日,苏联与外蒙签订议定书,规定一方受第三者攻击时,其他一方有出而援助的义务。这事我们早有所闻,但颇怀疑其真实性,不意到了昨天,已完全证明前此所传并非虚罔,而且我国外交部也已向苏联提出严重抗议了。我们对苏联这种侵犯我国主权的举动只有惋惜,只有否认。惋惜的是苏联向来主张民族间的平等,维持世界正义,而此次竟不惜违反其从前的态度,破坏我国的主权。否认的是,无论现在外蒙的地位怎样,它总是我国领土的一部分,这不但有历史的根据和世界各国的一致承认,而且民国十三年五月三十一日,中苏两国曾订有"中俄解决悬案大纲协定",其第五条第一项,即规定"苏联政府承认外蒙为完全中华民国之一部分及尊重在该领土内中国之主权"。由

这种根据,苏联对于有关外蒙的事项,只能和我国商量,而不能直接和外蒙交涉,法理如此,情理也是如此。况且互相尊重领土主权,本为国际上的共同原则,而一国之能独立存在,尤恃在能保有其最高无上不可分割的主权。所以我们对于这次苏联与外蒙所签订的不合法的议定书,只有予以否认,而不承认其有效。我外部之严重抗议,实具有充分的理由,亦为任何独立国家所应有的权利。

外蒙毗连伪满,近来因边界上的纠纷,蒙军与伪军时常发生冲突,伪军(国)〔固〕有其后援,而蒙军则不免孤立,这次外蒙与苏联所签订的议定书,表面上虽说是一种互助的协定,而其宗旨当然是由苏联援助外蒙抵御其外来的压迫。关于这点,议定书上也已明白指出,不稍讳言。论其动机与作用,自然不可与民国二十年的日伪议定书同日而语,但苏联抹杀我国主权,破坏条约尊严,实为铁一般的事实,这于苏联的立国精神及中苏两国的关系上,实为重大的遗憾。

中苏两国向来就很和睦,自从前年恢复邦交以来,更是关系好转,昕合无间。去年两国人士,且共同组织中苏文化协会,企图两国文化之增进,以及一切社会事业之提携。乃不意在此亲善携手声中,苏联忽有此侵犯我国主权破坏条约尊严的事发生,我们除却表示遗憾外,希望苏联能自行反省,赶快取消其与外蒙签订的议定书,对我政府的抗议,予以极圆满的答复,至少也应由苏联方面将从前中苏协定中"承认外蒙为完全中华民国之一部分及尊重在该领土内中国之主权"一节,再加以郑重的声明,庶几可以维持两国间从来和善的邦交,而不致使平日为中苏切实携手而努力的人灰心失望。如果苏俄仍一意孤行,置我国的抗议于不顾,或是作一种不负责的答复,则在苏俄既无以自解于国际方面,在我国亦岂能坐视,为保持我们的主权,和维护条约尊严,或将被迫采取其他必要之法律手续。一个国家为谋其生存,在国际法的范围内,有所行动,自然是天经地义,无可非议的。但我们总不希望将来一定要取那种手续,这就要看苏联的最后态度是怎样?

南京《中央日报》1936 年 4 月 8 日

中国外交部向苏联二次抗议

1936 年 4 月 11 日

三月十二日苏联外蒙订立军事互助议定书,四月七日我国提出第一次抗议,声明不能承认并不受其拘束。苏方次日答复,则于领土主权各点,措词既殊闪烁,而于奉俄协定,则谓十三年订立之际,中国无任何抗议,尤属于事实不符。我外交部接到此项答复后,即起草第二次抗议,于昨日(十一日)送交驻中国苏联大使馆。除对于苏联确证中俄协定仍属有效之一点表示阅悉外,更复层予驳斥,指明其事实上之错误,并郑重申明,我国方面,仍维持第一次去照内所表明之态度,兹将是项来往照会(计三件)之全文。披露如下:

我国第一次抗议(4 月 7 日)

为照会事。本月二日准贵大使面交一种文件抄本称,系苏联与外蒙签订之议定书。查民国十三年五月三十一日签订之中俄解决悬案大纲协定第五条,规定"苏联政府承认外蒙为完全中华民国之一部份,及尊重在该领土内中国之主权",外蒙系中华民国之一部,任何国家自不能与之缔结任何条约或协定,兹苏联政府不顾其对于中国政府所为之诺言,而擅与外蒙签订上述议定书,此种行为,侵害中国之主权,违反民国十三年中苏协定之规定,实无疑义,本部长兹特向贵国大使提出严重抗议,并声明苏联政府与外蒙签订议定书,系属违法,中国政府断难承认,并不受其拘束,相应照请贵大使查照,转达贵国政府予以满意之答复为荷,须至照会昔。

苏方答复之照会(4 月 9 日)

本月七日贵代办遵奉贵国政府训令,送交本委员长照会抄件,该照会贵方已于同日面交驻华苏联大使鲍格莫洛夫。照会理由,因苏联政府与"蒙古人民共和国"于本年三月十二日签订议定书,认为侵害中国主权,并抵触一九二四年五月三十一日中苏协定。为此南京政府认为得以提起抗议,兹对于该照会答复如下:苏维埃政府对于该照会所载对苏蒙议定书之解释,不能同意,且对于中国政府所提抗议,亦不能认为有根据,议定书之签订与议定书内各条款,均无丝毫损害中国主权之处,该议定书并不容许亦不包含苏联共和国对于中国及"蒙古人民共和国"有任何领土之要求,议定书之签订,于中国及苏联共和国间及苏联共和国与"蒙古人民共和国"间至今存在之形式的或实际的关系,绝无变更。

苏联于签订互助议定书,认为一九二四年在北京签订之中苏协定并无损害,且仍保持其效力。苏维埃政府兹特重行确证上述协定,就苏联方面言,仍保持其效力以及于将来。

至于形式上是否有权与中华民国自治部份签订协定问题,兹仅须提及苏维埃政府曾与东三省政府于一九二四年九月二十日在奉天签订协定,此事并未引起中华民国政府之任何抗议,且经其承认该奉俄协定与北京协定有完全同等之效力。

同时应予以注意者,苏蒙议定书,并不反对第三国之利益,因其仅于苏联或"蒙古人民共和国"成为侵略者之牺牲,并不得不防卫自己之领土时,始发生效力。

基于上述理由,苏维埃政府以为不得不拒绝中国政府之抗议,认为并无根据,同时并表示深信中华民国政府必能确信苏蒙议定书并不违反北京协定且适合于中国人民及蒙古人民之利益也。相应照请贵代办接受本委员长最诚之敬意。李特维诺夫。

我国第二次抗议(4 月 11 日)

为照会事。关于苏联共和国与外蒙签订互助议定书事,本部长业于四月七日向贵国大使递送抗议照会,声明该议定书之签订,侵犯中国主权,违反民国十三年中苏协定,中国政府断难承认。本月九日准贵大使递到贵国外交委员长致中华民国驻苏联代办照会抄件一份,答复本部长上述去照。

来照谓"苏维埃政府兹特重行确证上述协定(民国十三年中苏协定,)就苏联方面言,仍保持其效力以及于将来",苏联政府于此重行确证认外蒙完全中华民国之一部分,及尊重在该领土内中国之主权,本部长对于苏联政府此项保证,业已阅悉。

惟查苏联政府对于此次苏联与外蒙签订议定书之各项解释,本部长认为并无充分理由,所引民国十三年在奉天所订之奉俄协定,尤不能作为先例。

来照谓,奉俄协定之签订,并未引起中华民国政府之抗议一节,适于事实相反,查该协定在未经该处地方当局呈经中央核准作为中苏协定之附件以前,迭经前北京外交部于民国十三年九月二十五日、十月十一日先后向彼时贵国驻华大使提出抗议,并经中国驻莫斯科外交代表向苏联政府抗议各在案。嗣该协定经中央政府核准,完成法律手续后,始于民国十四年三月间,通知苏联政府,作为民国十三年中苏协定之附件。此项事件,原为贵方违反国际惯例之不合法行为,经中国政府予以纠正,固不得援引为贵方有权向中国地方政府签订任何协定之先例。

此次苏联政府与外蒙签订之议定书,侵及中华民国之主权,与民国十三年中苏协定根本抵触,中国政府对于该议定书,不得不重申抗议,并维持上次照会内所表明之态度。相应请贵大使查照,转达贵国政府为荷。须至照会者。右照会大苏维埃社会主义联邦共和国驻华特命全权大使鲍格莫洛夫。

南京《中央日报》1936 年 4 月 12 日

莫洛托夫致蒙古行政院主席电文

1936 年 7 月 11 日

为贵国十五周年纪念,谨代表苏联政府向阁下致极恳切之贺意。

苏联政府引为满意者,即两国友好邦交开始于一九二一年,迄今十有五载,从未有所变更,借此予蒙古人民共和国安稳发展之良好机会及巩固远东和平。

本年三月十二日所签字之苏蒙互助协定,实足维护苏联与蒙古两国东陲之和平,认为有共同利害之新表示也。

苏联政府,深信贵国于近十五年内,在国家经济上及文化上种种建设所得之胜利,将使蒙古游牧民族之生活与文化益为增高,及使蒙古人民共和国之国家组织更坚强。

苏联行政院长莫洛托夫

外交部情报司编印:《国外情报选编》政治第二九号(总第一七三期),1937
年 2 月 1 日,第 35—36 页

加里宁①致蒙古小呼拉主席电文

1936 年 7 月 11 日

为蒙古人民共和国十五周年纪念,谨代表苏联各民族,向阁下致极诚恳之贺意。我苏联民族对蒙古游牧民众,在蒙古人民政府领导之下,为巩固国家的政体及改造国民经济与发展民族文化事业所进行之各种工作,极为关心,并具莫大之同情。谨祝蒙古人民共和国将来继续胜利,及贵我两民族之利益,及以全世界和平为前提之贵我两国友谊关系,益趋密切。

苏联中央执行委员会主席加(列)〔里〕宁

外交部情报司编印:《国外情报选编》政治第二九号(总第一七三期),1937
年 2 月 1 日,第 35 页

---

① 时任苏联中央执委员会主席。

五、中德关系的迅速发展

说明:蒋介石对德国素有好感,对德国的军事尤为钦慕。他于1927年春派遣代表团赴德国考察访问,并商请鲁登道夫(Erich Ludendorff)推荐一名军官整建广东的军队。鲁登道夫推荐了鲍尔(Max Bauer)。1927年12月,鲍尔在上海拜会蒋介石,详细介绍了他对中国军事和工业发展的设想和建议,受到蒋介石的赏识,聘任他为"高级工业顾问"。之后,鲍尔赴上海、武汉和南京等地考察访问,多次向蒋介石呈上备忘录,就军队建设和经济发展等提出建议。

随着北伐战争的进行,蒋介石与苏联顾问之间的矛盾越来越大,最后终于决裂,鲍罗廷等被驱逐出境,鲍尔乘机建议赴德国招聘顾问,得到蒋介石的批准。

德国政府与北京政府建有正式外交关系,1926年7月北伐战争开始后,德国密切关注事态发展,确立了不干涉中国内部事务、"静观待变"的政策。南京国民政府成立后,德国对华政策趋于明朗。1928年8月,新任驻华公使卜尔熙抵达南京,与国民政府外交部长王正廷签署《关税条约》,正式承认南京国民政府。

外交关系的确立为德国军事顾问来华创造了良好的条件。1928年11月,鲍尔率领助手来华,19日在南京就任德国军事顾问团总顾问之职,德国军事顾问团正式成立。

随着《关税条约》的签订和德国军事顾问团工作的开展,中德关系得到迅速发展,两国间的经贸往来也进入了一个新的阶段。中国不但通过出口原料换来德国大批工业品和军火,而且在军事和工业发展方面得到了德国的许多帮助。这为中国进行抗日战争的准备工作打下了一定的基础。

本章主要资料来源:

戴雄编选:《德国军事顾问佛采而关于整顿中国军队致蒋介石呈文两件》,《民国档案》1988 年第 4 期

张开森编选:《1935 年德国远东经济考察团访华史料四件》,《民国档案》1991 年第 4 期

中国第二历史档案馆编:《顾振等赴德签署中德货物信用借款合同期间与翁文灏等来往电文选》,《民国档案》1993 年第 3 期

戚厚杰、徐志敏选辑:《德国军事总顾问法肯豪森演讲纪要》(上),《民国档案》2005 年第 1 期;《德国军事总顾问法肯豪森演讲纪要》(下),《民国档案》2005 年第 2 期

吴景平编译:《抗日战争前塞克特访华的史料选译》(上),《历史档案》1993 年第 1 期;《抗日战争前塞克特访华史料选译》(下),《历史档案》1993 年第 3 期

中国第二历史档案馆编:《中德外交密档》(1927—1947),广西师范大学出版社,1994 年

郭恒钰等编:《德国外交档案——1928—1938 年之中德关系》,台北中研院近代史研究所,1988 年。

(一)德国军事顾问来华与中德军事、外交关系的发展

说明:北伐战争前后,蒋介石先后聘请多位德国政治、军事、经济专家来华,担任其顾问。这些顾问参与了中原大战等战役和经济建设工作,并参与了中国军队的训练、军事教育等工作。针对当时中国的内政外交局面,特别是中日冲突迫在眉睫的严重形势,这些顾问就中国未来抵抗日本的战略问题,以及军事装备的改善、兵种的配备、军队的训练等提出了一系列意见和建议。蒋介石非常重视这些建议,曾批示要求逐条加以落实。

1. 德国顾问来华

军事整理会议记录
1932 年 1 月 6 日

二十一年一月六日军事整理会议

第一次会议议事录

出席者:朱培德　何应钦　黄慕松　陈　仪　曹浩森

列席者:王石瑜　林　蔚　王　纶　陈启之　杜　□　项雄霄

　　　　童　翼　程泽润　潘　竞

主　席:何应钦

记　录:陈　淇

恭读　总理遗嘱

甲、讨论事项(略)

乙、临时提案

一、(略)

二、军政部提请改定外员顾问延聘手续及约文内容以资遵守案。

决议:军政部统一办理。

《中德外交密档》(1927—1947),第 106—107 页

军政部致兵工署指令稿
1932 年 1 月 15 日

部衔指令　　　　　　　　　　　　　　　　　务字第 530 号

令兵工署署长　陈　仪

为据称各顾问之延聘订约以及核定去留等手续,前悉聆决于国府主席,自移归本部后,其约文应否予以修改,附具合同底稿,签请核示由。呈件均悉。查此案经于本年第一次军事整理会议议决,关于外员顾问延聘手续,决议由军政部统一办理,关于约文内容应即仍旧,暂勿

变更,除分令外,仰即知照。此令。聘约底稿存。

部长 何○○

《中德外交密档》(1927—1947),第107页

魏汉乔关于改进德籍军事顾问训练部队方法之报告

1932年8月11日

报告

二十一年八月十一日　南京严家桥一号

事由。窃生担任军事译述业经四年,对于聘用顾问训练军队,谨将经验所得,略陈所见,敬呈钧座采择。

溯自聘用德国军事顾问以来,已历五载,数十名之顾问所训练之军队,除军校不计外,惟八十七师、八十八师而已。至今八十七师之连教练尚未完成,而八十八师则正开始班教练,进度迟缓,无可讳言。此固由于频年征战,军队缺少训练时间,而其主要原因则实由顾问运用之未尽善也。现在所聘顾问,多分派到各师工作,每师至少须有顾问八人(步兵二名,骑兵一名,炮兵一名,工兵一名,通信一名,重火器一名,总顾问一名)。设欲教练成二十个国防师,则须聘用顾问一百六十多名,以其月薪之高,未免太不经济,兼以我国现在紊乱之局,欲使二十师同时得有训练之机会,亦不可能。故生以为,最好莫如实行下列方法:

一、分班训练

按兵种之特性,各于相当地点设立短期军官训练班,以训练一般下级军官。譬如步兵军官训练班、骑兵军官训练班、炮兵军官训练班、工兵军官训练班、通信军官训练班及步兵重火器军官训练班之类。

二、分期教育

譬如最先召集或师或某军各兵种之军官若干名,分班授以各个教练及班教练,然后遣之回队,以其所受之学,授之士兵,并严定其于一定期间之内完成,其教育期满,则由总顾问偕同高级长官前往校阅,是谓

为二期教育。由此推进,以至整个教育完成。

三、改组训监部,取消顾问处

上述两项,乃关于军队实地教练之事,新式操典之编译、教程参考书之颁布,均与实地教练有密切关系,应当相辅而行者也。假如一方聘用德国顾问,授军队以德式操法,一方又在训部编译诸多唾余及时代落伍之军事书籍,以为官兵参考,殊不免贻人以矛盾滑稽之诮,且南辕北辙,终难达到整军经武之目的。为除斯弊起见,应将训监部思想陈腐之留日派老军官概行淘汰而改组之,同时,取消军政部顾问处,将其译述人员归并之于训部,使其担任一切军事书籍编译整理之责。

上陈三种意见,果能见诸事实,非特无事之时对于训练不生故障,即在战时,亦可轮流抽调后方各部队之军官以训练之。他若进度之迅速、动作之划一、顾问之减少、冗员之淘汰、经费之节省,乃意中事耳。所见如此,是否有当,抑祈鉴察。谨呈

校长蒋

训练总监部中校译述第四期学生魏汉乔谨呈

《中德外交密档》(1927—1947),第107—109页

李待琛拟改良军事顾问之运用以增加效力之管见

1932 年 8 月

关于军队者

(一)主张不使顾问直接教练士兵,而以军官佐接受顾问之讲话,以资转授。

理由

一、士兵之程度太低,稍涉于学术之用语,顾问虽讲解,而士兵未必理会,不如使对军官佐演讲,再由军官佐教授士兵,则顾问可以尽量发挥其所长,而学修者可以接受较高深之学术。

二、因译述员感觉材难,故以军官佐为学修员,较之以士兵为学修员者,有较少之译述员即可敷用。

（二）关于学校者主张亦准（一）项之要领。

（三）关于工厂者主张亦准（一）项之要领。

但须有直接指授工匠之必要时，自应使之直接教育工匠，以期增进其伎俩。

（四）主张使顾问为学术上之发挥，而不使其为事务上之监督或行政上之指导。

理由

学习其特殊之学术乃聘用客卿之本旨，故凡起草计划或编纂军学之某种教程，或为长篇之著述等类之工作，最能使顾问尽量发挥其所长，至于事务上之监督，或行政上之指导，则以未尽谙悉国情之外员，其措施较之出之于本国人员者，或易启扞格难行之弊，若欲吸收西方之美善风气，以改良吾国之弊习，亦可使顾问将其观察之所得，与夫改善之意见，向配属机关之首长建议，以供采择。

附记

此外，尚有二项，虽不关顾问之运用，但于增加顾问工作之效力极有关系，谨陈述如次。

一、凡拟聘顾问时，须将希望之条件具体告之顾问处，例如，"学校希望派一精通弹道学之顾问到校起草弹道课程"或"某部希望派一谙习陆军马事行政之顾问来部起草关于牧马场之章制"等，以便供给与希求适合。

二、须慎选优良之译述员，并极力采用适当之军语。

现时顾问人数既多，开支复巨，顾问之努力工作、成绩昭著者，固不乏人，而工作不力、毫无建树者，实亦不免，似此殊非我政府聘请顾问之本旨。待琛个人探其究竟，实以现时聘请顾问办法诸多缺陷，且各顾问之上，有总顾问处之设，我政府主管机关，不独无遴选人才之机会，并丧失直接指挥监督之权，故关于现有顾问之运用，殊不能敏捷，以收借才异地之效。兹乘开会讨论之便，除提出运用顾问之意见外，为便于运用方法之实施起见，更请改良聘用外员之方法，并取消总顾问名义。是否有当,敬候公决。

提议人　李待琛

《中德外交密档》(1927—1947),第 109—110 页

军事委员会临时会议记录

1932 年 9 月 1 日

九月一日军事委员会临时会议议程

案由　改良军事顾问之运用以期增进效力案

关于本案书面意见共计收到十七件,其号次及提案人姓名如左(以收到先后为序):

(1)刘　光　(2)林柏森　(3)张华辅　(3)章鸿春　(5)周　斌
(6)王景录　(7)陈师许　(8)王敬久　(9)陈　辉　(10)张修敬
(11)李待琛　(12)李　鼐　(13)王　纶　(14)魏汉乔　(15)张治中　(16)吴德芳　(17)王　俊

讨论要点

(甲)缔聘手续与办理机关:

(意见摘要)

一、聘用事宜由聘用机关主持,不必用国府名义缔聘。(见原案)

二、先由聘用机关将需要情形及理由人数期限呈请军委会委员长核准后,再由各该机关遴选适当人员交军政部顾问处办理缔聘手续。(11)

(乙)聘用前注意事项:

(意见摘要)

一、人数不宜过多。(1)(11)(12)

二、人选宜严格考查其专攻之学术是否适合聘用之目的。(3)(8)(12)(15)(17)

三、应以需要为主,其学识经验确实超过一般华员者始可决定聘用。若与国内人员程度等量齐观者可不必聘。(5)(6)

四、应委托驻外武官或公使确切调查是否现役,年轻校官以上之将校并注意其学籍,以为选用之标准,不可依赖顾问个人意见,随便推荐。(5)(7)(13)(15)

五、凡欲聘用之机关可先将希望何项人才之条件具体告知顾问处,俾供给与希求适合。(10)(13)

六、不必限定国籍,宜按需要情形分别物色。(11)

七、宜多聘技术人员。(13)

(丙)立约时注意事项:

(意见摘要)

一、最初试用期可定为六个月,以后继续聘用,每次以一年为度,或按照计划分别规定,不宜一律。(5)(11)(12)(13)(15)

二、优待应有相当限制。(5)(13)

三、名义宜改称某校某队顾问,不必用国府顾问名称,或如技术人员径称为技师、技士。(5)(11)

四、薪金宜由聘用机关支付。(5)

五、合同中应载明完全受聘用机关之支配。(5)

六、现行顾问聘约中第十条之规定事项宜删改。

(第十条……顾问如有疏怠之处,总顾问有权首加警告,如警告后三个月仍未改变,然后向中国政府建议立时辞退之……)(11)

(丁)运用方式:

(意见摘要)

一、宜预定计划俾使用机关常处于主动地位,顾问居于客体地位发表意见或建议。(1)(2)(4)(8)(16)

二、宜集中用于学校或组设各兵种教导队,令其训练造就干部军官或大部用于学校,以一小部分令其担任译述及重要问题之研究,编译各兵种技术教范,不宜令其直接训练士兵。(1)(2)(3)(7)(8)(10)(12)(13)(14)(15)(16)

三、宜按技术种类组设各兵种研究委员会,令其参加研究或建议。

(7)(9)

四、配属各机关应以其学力为主,不必固定于一机关。(8)

五、使用机关应就关于建设上改革上种种必要之问题令其答解或建议。(1)

六、建议案之采用宜先分别审查,参酌国情规定实施程序。(6)

七、所负任务及实地工作宜令本国人员共同办理,以便养成替代人员。(13)(16)

(戊)管理与考核:

(意见摘要)

一、使用机关之主官应负考察全责,每年六月十二日须将顾问成绩报送军政部备核。(11)(13)(17)

二、服务机关派定后不宜时常调动,以免管理困难,费用虚靡,效能低减。(12)

三、到使用机关后应遵守该机关服务规则并于每周或月终提出工作报告,交该机关主管评判审查或规定令其按时陈述改进意见。(1)(7)(8)(9)(11)(15)(17)

四、关于学术科之理论动作宜求统一,并须顾虑国军编制装备,先行制定计划,编纂教材,经使用机关主官同意方可实施。(3)(4)(8)(15)(17)

五、日耳曼人自信心颇强,纠正其计划宜谦和商讨免生误会,致妨效果。(4)

六、参预机密之顾问人数宜少,除优予待遇外,应讲求保持机密之方策。(3)(13)

七、评述人员应完全受聘用机关之管辖,与该机关内职员同等待遇。(17)

(己)职位与权责:

(意见摘要)

一、宜使其为学术上之发挥,不使其为事务上之监督或行政上之指

导。(4)(10)

二、同一机关内有多数顾问时不必另设领袖。(5)

三、总顾问名义应取消,因法令上并无若何根据。(11)

四、总顾问一席若必须设置,其权责应加规定,以免与其他顾问及顾问与顾问之间滋生误解。(12)

(庚)译述员额与军语:

(内容摘要)

一、译述员额宜增至顾问名额二倍或一倍半。(12)

二、译述员宜择有相当军事学识者充任,并极力采用通常习用之军语。(6)(10)

三、顾问名额较多时宜顾虑译述人材并设法加以训练。(2)(8)(12)

(辛)解约及续聘:

(意见摘要)

一、宜以使用机关主官意见为断。(1)(17)

二、在聘期中如使用机关主官认为不能胜任或成绩不良者,可呈请军、训两部处置或申请立即辞退。(4)(11)(13)

(壬)其他:

(意见摘要)

一、所有顾问姓名、专门技能及服务机关宜编印专册分发各机关以便咨询,易于接洽。(13)

二、新典范令及讲义应请多发,使军士人各一部有所参照。(8)

三、改组训练总监部,取消顾问处,将译述人员归并,令其担任一切军事书籍编译整理之责。(14)

(完结)

附:九月一日临时会议附带提案(关于顾问处事)

一、顾问处之隶属:

关于该处隶属译述员中颇有建议修改者,窃以欲解决该处之隶属须先就该处之主要任务加以讨论。即:

（一）办理顾问聘请续聘或辞聘等之手续。

本条事务属于人事范围且向系陈次长承办，故在业务与事实上均属于军政部为宜。

（二）顾问之派遣改调及请假等之承转。

凡派遣改调准假之权，目前惯例属于军委会，而因此连带所生之经费人事诸项则仍属于军政部，故就本条研究，则该处属于军委会、军政部均可。

（三）顾问成绩之收集。

本条与续聘、辞聘、改调有关，如其权属军委会，则该处直属于军委会亦便。

（四）翻译及译述人员之养成。

本条前则为建议案，与各部均有关系，似宜属于军委会，后则为译述人材，系训练性质，似宜属于训练总监部。

合观以上该处属于军委会或军政部均可，然究以属于何处为最相宜，敬请公决。

二、译述人员之养成与甄别：

此项人员须中西文字兼优，且具有相当军事学识，养成不易，然而此后需用日繁责任日重，不可不继续培养，认真甄别可否通过，此项原则由译述处妥筹办理之处，敬请公决。

三、对于顾问建议案之处理程序：

顾问建议案分送之后，每多搁置，由未确定处理程序故也。

（一）由军委会接收，提出常会讨论，附大体意见，交主管机关详加审核，能实施者制定实施方案，报告军委会，由会决定分别令行。

（二）实施方案执行间由会令知主管机关督同顾问届时前往考察其实施成绩与纠正其错误，以书面报告本会备查。

《中德外交密档》(1927—1947)，第110—115页

佛采尔致蒋介石函

1933 年 7 月 7 日

委员长钧鉴:谨呈者。昨接军政部顾问处公函开:奉军政部转奉军事委员会令开,嗣后顾问聘约由各该顾问服务机关长官或指派人员签字等因。奉此,相应函达,即希转知已聘及未到各顾问等由。准此,嗣后德籍顾问聘约悉由服务机关长官或指派人员签字,除即函军政部顾问处转呈军事委员会声明此种办法法律上不能成立外,敢不揣昧,请将左呈各节详加察核而剀切训令,实深感佩。

窃以服务华军之德籍顾问,由钧座招致来华,官佐与军事技术人员,不问资格之深浅,年岁之长幼,俱因钧座之名驰中外,故不惮远涉重洋,愿供驱策,兼之各人愿本其所知所能,效力于中国陆军,以资赞助,是全般德籍在华顾问服务之基础,非仅建筑于法律,实兼建筑于信仰也。其信仰之表示,最要者为,全般顾问参加中国军事之改革。顾问当时应钧座之聘,其华任总顾问之职,为各顾问领袖者,亦以此为先决条件。

钧座事繁,自无暇签字聘约,故派一政府与军事方面大员,而以即军政部次长代行职权,故于签订聘约一层,法律上有明确之基础。惟非此则德籍顾问断不肯数年之久远离祖国,来华任军役。数年以来,关于法律信仰情形,从未发生何种困难①。凡新聘顾问,必在德国方面示以有法律基础之向来通用聘约。惟根据聘约内之明文规定,德籍顾问对国民政府,即对国民革命军,在钧座指导之下,有履行聘约之义务。今后聘约不由钧座所指定之法律人员签订,而由服务机关长官或指派人员签订,则德籍顾问与国民革命军及钧座之信任情形,完全改变,以是不敢赞同。

照新规定,各师长、各校长、各署长等或指派人员,非特对各顾问聘约有签署之权,并且能任意修改,因德籍顾问专为信仰钧座而来,故无人肯赞成此种办法。且各机关长官暨指派人员随时可以更动,事先不通知顾问。即德国政府机关,自顾问来华后,亦渐信仰钧座。因钧座任

---

① 以下缺二十字。

职为总顾问,代表各般顾问之利益,故切实予以援助。若目前变更法律上之基础,深信必无德人来华,当时即失德政府最要机关之国防部援助,断非中国陆军及德顾问在华工作之利,德国政府方面若不予援助,则许多工作必发生困难无疑。

顾问觉军事委员会根据军政部建议而公布之规定,并未虑及凡与外人签订之合同,莫不有法律基础,而对方法律代表人员,须由钧座指定,若照新规定办理,则聘约已失法律上之根据。

日前谒见朱总监,始悉此次变更主动者为军政部,顾问觉军政部方面,对德顾问之工作,完全视为无足重轻,或且不予赞同,显为钧座革新中国军事之阻力。

故惟没用历来聘约原文,且顾问对各德籍顾问与各中国机关之地位不变,悉照从前钧令办理,方能使原有与新聘各顾问之继续工作有益于中国。

欲使全盘德籍顾问得安全工作,明定钧座前此所企图之信仰情形,建议将全般德籍顾问改隶参谋总长即钧座本人,即请指定人员代表钧座处理一切。关于顾问问题,该员即为法律代表,有代表政府及钧座签订聘约之权,而将原隶军政部归李主任鼐所主持之顾问处即改隶参谋本部。

兹建议发如左命令:

一、自本年八月一日起,所有全般德籍顾问改隶参谋总长;

二、从前与德籍官佐所订聘约,悉照从前批准原文办理;

三、派 XX 为委员长关于德籍顾问法律上或事实上各种问题之代表,该员兼有与在德已有草约各顾问到华后签署〔聘约〕之全权;

四、总顾问职权仍旧不变,并另有新令;

五、军政部顾问处改为国民革命军德顾问通讯处,改隶参谋本部①。

……对于钧座个人及中国陆军俱有实用。前此发生之困难,无非

---

① 以下缺二百字。

因中国官长对钧令阳奉阴违,未能积极赞助德籍顾问工作,立场改良中国陆军之故。德国全体顾问俱竭其全般体力智力,以供驱策,然必须各顾问对钧座本人之忠诚,与对指定任务之勤奋,能得各方谅解,予以信任,庶一切工作方有实效。

　　肃此　敬请

崇安　　　　　　　　　　　　　　　　　　总顾问　佛采尔

　　　　　　　　　　　　　　　　　　　　　　　七月七日

　　　　　　　　　　　　　《中德外交密档》(1927—1947),第116—118页

贺耀组致蒋介石密电稿

1933 年 9 月 12 日

　　南昌。委员长蒋钧鉴:密。案准军事委员会办公厅函抄总顾问佛采尔为顾问聘约签署事项诸节,内第五项有军政部顾问处改为国民革命军总顾问通讯处,改隶参谋本部等语。奉批照准等因,一案到部。查军事委员会将次改组,事权尤须统一,如以顾问处改隶钧会,于各部顾问之支配工作之指示更足收统一指挥之效,与参谋本部之职权仅限局部者有间。况钧座已指定朱主任为法律签字代表,朱主任现服务钧会,对于该处之处理尤形便利。可否之处,敬乞电示祇遵。职贺耀组叩。文。No. 1483。

　　　　　　　　　　　　　《中德外交密档》(1927—1947),第118页

蒋介石复贺耀组电

1933 年 9 月 16 日

　　南京。参谋本部贺次长:文电悉。参密。军政部顾问处改隶问题应暂缓议。中正。铣酉机。牯。印。

　　　　　　　　　　　　《中德外交密档》(1927—1947),第118—119页

军事部致参谋本部函

1933 年 9 月 16 日

务军字第九○三号

案查前准军事委员会办公厅陆字第一五八五号函开:奉南昌行营交下佛总顾问函呈一件,并奉委座亲批,函请查照办理等由,为经本部务军字第八六六号函请查照在卷。兹复准军事委员会办公厅陆字第一六○五号函开"'以前抄送佛总顾问对于顾问聘约签署事项建议一案,兹奉谕收回,暂缓发表'等因,转请将原函及附件退还"等由。除检同各原件一并退还,并分别函令外,相应函请查照,将本部前发之务军字第八六六号原函及抄件退还,并转饬所属一体遵照为荷。

此致
参谋本部

中华民国二十二年九月十六日

《中德外交密档》(1927—1947),第 119 页

参谋本部令

1934 年 5 月 18 日

总智字第 13322 号

令本部总务厅

案奉国民政府军事委员会命令开:"兹令各处德顾问,以后改属于本委员长直接管辖,而受总顾问之指挥。除分令外,仰即转饬遵照。此令"等因。奉此,除分令外,合行令仰遵照。

此令。

中华民国廿三年五月十八日

参谋总长　蒋中正　印

《中德外交密档》(1927—1947),第 119 页

军事委员会训令

1934 年 6 月 9 日

国民政府军事委员会训令

公字第 39 号

令参谋总长蒋中正

为令知事。查军政部顾问处,改归本会委员长直接管辖,业经令知遵照在卷。兹规定该处名称为军事委员会办公厅顾问事务处,除任命李鼐为该处处长,并另颁关防官章,饬领启用,以资信守外,合即令仰知照,并转饬所属一体遵照。

此令。

中华民国二十三年六月九日

委员长 蒋中正

《中德外交密档》(1927—1947),第 120 页

克兰为聘用德籍技术顾问事致资源委员会函

1936 年 11 月 16 日

敬启者:根据最近翁秘书长与克兰谈话,翁秘书长曾表示由贵会聘请之采掘技术师,有立即调遣来华之需要,用敢向贵会建议如左:

敝方已物色一博识多能足以适应一切环境之特殊人才,以资聘用。

月薪一千马克。由首程来华之日起至返华抵德之日止计算。来往旅费在外。适当住居及饮食之供给。

生命之伤害之保险。遇有疾病发生,须予以外籍医生之诊疗,担任医药及必要时住院各费。

拟请贵会对于上述数项建议复示同意。此外,贵会拟聘用该技师为期若何,亦请示知为盼。

为贵会便利计,最好由哈卜罗公司与该技师直接订约,然后由贵会向哈卜罗根据上述条件调用,俾双方收付款项手续直接由贵会与哈卜罗公司办理。

此上
资源委员会

克兰谨启

《中德外交密档》（1927—1947），第 120—121 页

列蒲山为愿来华担任顾问事致翁文灏报告

1937 年 1 月 27 日

德国国防部军官列蒲山上校谒见秘书长时所呈之报告

（廿六年一月廿七日）

莱谢劳上将曾赍敝国元首兼总理希特勒及国防部长柏龙白元帅之使命，向委座呈报愿派来华，为中央服务之诚意。列因此获奉敝国国防部命，先行来华听候调遣。

克兰先生亦奉电令引见列于秘书长及委座之前。

列之任务为贡献委座关于国防经济组织之意见，拟请委座分配工作，指定服务领域，俾效驰驱。

敝国柏龙白元帅及国防经济署署长妥玛思上校，令列面达拳拳，并祝委座政躬康胜。

莱谢劳上将尤郑重嘱列代道其钦敬委座矢忠矢信之至诚，仍在德代表委座及中国之立场，继续努力推进一切。

列自知本身任务之重大及来华使命之荣幸，愿尽（棉）〔绵〕薄，无亏职守，敢为委座及秘书长誓言。尚乞委座及秘书长畀予信任，则幸甚矣。

（完）

齐焌、关德懋　谨译

《中德外交密档》（1927—1947），第 121—122 页

克兰为聘请德国参谋官事致翁文灏函

1937 年 2 月 20 日

秘书长钧鉴：近奉敝国国防部来电甚多，日内可一一整理，再呈鉴

阅。今将来电一份,先行呈阅:"所商洽指派参谋军官赴华服务事,此方已照原订计划一一选定,惟国防部甚愿能完全遵照中国政府意见办理起见,拟候中国大员(军政部何部长或陈次长)到柏林,就近面商一一,再作最后规定为妥。国防经济署署长妥玛思。"谨此呈请委座核示为祷。专此

　　敬请

钧安

克兰再拜

二月二十日

《中德外交密档》(1927—1947),第 122 页

军委会办公厅关于委任法肯豪森为军事总顾问致参谋本部公函

1937 年 5 月 7 日

国民政府军事委员会办公厅函

公四字第 0385 号

　　案奉委座手令开:"派法肯豪森为军事德总顾问"等因,除分函外,相应函请查照,并转饬所属各顾问服务机关知照为荷。此致

参谋本部

中华民国二十六年五月七日

《中德外交密档》(1927—1947),第 122—123 页

法肯豪森关于来华德籍顾问任用及管理问题致王文宣函

1937 年 6 月 30 日

总顾问办公厅公函　　　　　　　　　　　　肆字第七四八三号

　　兹随函附上关于德国合步楼工业社派来人员运用之建议一份,并请将派来各员,尤要者为纯粹军事人员,于服务方面,饬令归鄙人节制。

　　窃以用德人担任军事训练或他种工作,不归鄙人节制,似属欠妥。故一切勤务上之动作似由归鄙人指导及监视之必要。除另函军政部长

外,相应函请从速决定为荷。

　　此致

王司长

　　附原文一件、建议一份

　　　　　　　　　　　法肯豪森　印
　　　　　　　　　　　二六、六、三〇

　　附:总顾问办公厅致军政部何部长肆字第七四八三号公函抄件

　　关于合步楼工业社所聘之军事暨技术人员之运用建议

　　一、拟任新式十五公分暨八公分八海岸炮事宜者:

　　(甲)退役海军上层戚蒙生(Kapitänleutnant a. D. Ziemessen)担任该二种火炮专门教练之负责指导员。

　　教授军官射击学、射击法、射击演习及战斗演习之计划及实施。

　　该员直辖人员如左:

　　(乙)退役海军少尉布布里(Leutnant Z. See a. D. Burblies)教操员,担任炮上操作教练、探照灯器材操作、火工暨弹药兵训练。

　　(丙)退役上级军械军士皮劳(Oberstueckmeister a. D. Pierau)担任射击指挥所人员训练。

　　(丁)退役一级上等兵舒里格尔(Stabsgefreiter a. D. Schnittger)担任测远机训练。

　　(戊)退役炮兵机械师劳因(Oberartilleriemechaniker a. D. Rathjen)担任炮兵机械师(军械师)训练。

　　(己)克莱舒乐德(Kleinschrod)担任探照灯器材技术教练。

　　(庚)担任火炮机械之机械长威尔格(Wergen)暨斯皮德列尔(Spindler)二员,勤务上均属退役海军上尉戚蒙生。

　　查此种新式火炮暨附件均系最新之特种构造。故只能由专门人员担任训练,并不得掺杂其他见解,致受妨碍。是以有由海军上尉戚蒙生独立指挥全盘专门教练之必要。

　　查戚蒙生君业经制定最初三月之训练计划,故训练即可开始。

　　但目前汤山炮兵学校所有用于海岸炮兵班、要塞炮兵训练之训练器材,如测远机、装填炮、射击指挥所之辅助器材暨瞄准修正器材等件,宜立即转拨江阴训练班应用。另有迅速建设机械修理厂暨炮械库之必要,最低限度应装置业经到华之两门八公分八火炮于营舍内作教练炮用。

　　关于各教官之译员及居住问题亦须立即解决。各教官暨其译员须绝对居住于营房区内,并非不可能。因该员等之工作,纯粹军事任务,故于实施勤务上有归鄙人节制之必要,即谓鄙人有权监督其勤务,并得对该员等发各种训练上必要之训令是也。

　　此外宜斟酌者,即为目前隶属汤山炮兵学校之要塞炮兵班是否完全移至江阴。查该处之优点首在备有各种火炮,将来亦推行于各路要塞,且能实地训练。

　　二、担任二公分暨三公分七高射炮、探照灯、听音器以及三公分七战车防御炮训练事宜者:

　　(甲)副技士希尔格尔(Meistergehilfe Hilgers)担任三公分七战车防御炮训练事宜,暂宜在兵工署服务。

　　(乙)技师舒尔次(Meister Schulz)担任二公分及三公分七高射炮训练事宜。

　　(丙)克莱舒乐德(参照第一案己)担任探照灯暨听音器训练事宜。

　　上述二员,在防空学校服务,其工作归上校阿特和顾问指挥。

　　三、担任装甲车训练事宜者:

　　(甲)技士哈毕尔马斯(Dipl. Ing. Habermass)。

　　机师劳特尔(Minteur Reuter)。

　　以上二员,先在兵工署服务,然后派至装甲兵团,在该团归教官鲍硕特指挥。

　　四、担任快艇暨鱼雷事宜者:

　　(甲)佛格特(Herr Voigt)。

　　(乙)技士格尔特列尔少尉(Ing. Leutnant Gaertner)。

以上二员,在江阴电雷学校工作,至该二员与意国海军顾问海军少将威纳罗沙间之合作事宜可由鄙人负责妥筹。

附:军政部军务司致总顾问办公厅密函稿(1937年7月13日)

案准贵厅六月卅日肆字第七四八三号公函以合步楼工业社所聘军事人员应归贵总顾问节制等由。准此,正办理间,准军委会办公厅密函,以"奉谕随同新炮来华之德国军官技士十余人,关于其勤务及教练上均由总顾问节制指挥可也,函达查照"等由,过部。相应承请查照为荷。

此致
总顾问办公厅

司长　王〇〇

《中德外交密档》(1927—1947),第124—126页

2.德国顾问对中国政治、军事、经济之建议、报告

佛总顾问整理部队意见书

1933年5月23日

委员长钧鉴:谨呈者:前方状况严重,其源委谅早达钧听,刍荛之见,不容再为缄默。窃以此次作战,受日军最猛烈攻击者莫如中央军队,其忠勇奋斗,极堪嘉奖,但东北军苟遇日人攻击,靡不望风奔溃,事实昭彰,无庸隐讳。愚意其过不在士兵,而其主因在乎官长之素质与营长以上之动作。东北军官长中当然不乏精锐勇敢人才,然遇非优势日军而失利,如斯可见其将校团精神与技能之缺乏。前数星期业经函呈,谓东北军将校团有充分改组与改良之必要,并附呈相当建议。惟此举之能否实现,当然视攻我日军之是否予我时机,为中国民族与陆军前途计,甚冀有此种可能。

按目前已成情况,对于发展全国陆军有数种意见,谨为钧座呈之。上次报告,业将顾问在华北服务期间所得经验分别缕陈。兹将各种迅

速改良建议附于各项批评之后,特将本报告分为三部:

甲、高级指挥;乙、军队指挥;丙、部队本身。

甲项说明:

全般陆军高级指挥所缺少之要件太多,无训练完善之参谋团。目前各司令部充任参谋之人太多,若用少数训练完善具有毅力之参谋,兼实任伍中勤务,谙练下级部队指挥,其成绩自必甚佳。前奉令改组参谋本部,惟须经相当时间,使参谋人员按新途径以受新式训练,然已显著许多进步。必要者为收容出身国外或北平陆大学员,使在参谋本部继续训练,尤要者为在参谋本部经相当服务期间后,即派回部队任营、团、旅长,接近部队,实习指挥方法。非经此种伍中重要实施工作,难于战时要求参谋官对于所发命令、战术或战略之处置适宜。

欲求高级指挥与军队教育俱收实益,窃以两种高级官长宜彻底澄清。

一、只知侈谈理论,而不切于平时实地训练,更不适于战时应用。惜此项人员遍地充斥,有害于军队与指挥者匪浅。

二、阻止用新法改革陆军之人。钧座虽于数年前已决心努力改革以求进步,而若辈偏故步自封,横施阻力。

华北战事已足证明,德人在中央军方面所施用之德国训练与战斗原则完全适当。古北口、冷口方面,华方明白事理,参加战役之上、中、下各级官长,迭向中国军界同人道及,非仅与顾问等言之。向纵深战斗无间,攻防俱成纵深形势——与历向钧座陈述者正同——为军事教育不易原则。许多旧式之高级官长虽甚干练勤奋,惟以为不必另求新法,惟知保存若辈昔日所学于日本或他处之旧法,今日仍可用于训练,此乃莫大歧误。倘钧座及各首领机关,能由高级官长中,择其最干练而又最有用人才,使之传播新精神于全军,则以中国初级军官与士兵人才之良好,必能蔚为干城,与他国陆军齐驱并驾。苟不严厉扫除无用或守旧之高级官长,必为今后进步障碍。深惜顾问系外人,虽极希望熟识多数官长,而事实有所不能,惟冀钧座个人及左右亲信能选择最优人才,予以最宜位置耳。此项建议,苟见实施,则高级指挥之最要之件已具。盖高级指挥部必须有干练之上、中级(将官、校官)官长,战时方能确保成绩优良。

连带声明:军政部于全国陆军极关重要,实有相当改组之必要,且总觉该部人员太多,按其学识不胜所负之重要工作。军政部与参谋本部相似,部员均需择学识最富、能力最佳者充任,庶此项重要机关能任有益工作。

乙项说明:

关于军队指挥应学之件甚多,迭向钧座陈述,并蒙规定进行方针。陆军大学及其他各学校工作俱极勤奋,尤以附近中央军校归徐培根、桂永清两主任所办之训练班为最佳,因两主任干练有为,辅以德籍专任顾问,故成绩出众。

鄙意以为苟有可能,即应设立高级训练班,学期数月,专收旅长以上之部队长官,使之多习新式用兵。此种将官训练班,非仅使学者略循新式用兵途径,兼须学习判断部队是否按新式典、范、令训练连、营、团、旅,各种演习即彼等良好练习时机。训练班毕业后,各员须能讲演新式训练,自拟营以上平时各种演习之想定。创办此项训练班,须按一定计划,用最优之中国教官与最良之德国顾问。设立此项训练班后,不但能熟悉各学员之能力,并能将新训练与用兵之精神普及全国陆军。此外,则中央军校附设之训练班仍继续办理,并将学期改为九月,惟每训练班之学员名额不宜超过五百,附余名额,不如另组一班,另选他员主持。至中央军校循适当途径所造成之初级官长,蔚成良好与健康之军官团,迭经向钧座报告,兹于欣慰之余,特再申叙此次华北战事中央各师之初级官长应战尤烈。

此外则对中国军官之进级方式,不无滋虑,必须每一军官由下至上,历任各级长官,每次必在伍中服务数年,庶陆军与军官团胥受其益。此举迭向钧座陈述,苟不先任下级官长遍充排、连、营、团长各职多年,断不能于短期之内具有高级指挥官经验,无论如何勇敢,亦于事无济。

关于官长任命升迁,原为陆军与军官团首要问题,目前尚无何种明白规定,此固由于政治、军事之未入轨道,将来更有办理之必要。否则,欲求中国军官团有健康之发展与中国陆军之改良,前途必多困难。

另有一事亦与军队指挥有关,即欲求军队指挥之完善,必须有充分之补助品。除上述之官长教育外,必须特种军队供指挥之用,首要者为通信队能于新式交战时,技术上迅速架设完善之通讯联络。中国陆军尚未识此中重要,此次华北战事屡感缺少此种良好通信组织,前线军队指挥各军、各军团,以至军分会,俱应有良好之通信部队。邱局长近年来督率所部筹办成绩不可谓不佳,但以后之发展究宜采分权制式,宜照从前建议,各师自辖通信部队,各师平时演习即宜练习通信队之运用。

且也各独立部队必须有搜索部队,如师骑兵、装甲汽车,亦此次华北战事所得经验。

良好工兵为构筑防御工事等所必要,亦于华北战事证明,欲使各师能独立补给弹药给养,宜逐渐将汽车队永久附属各师。关于办理汽车事宜亦见邱局长炜暨其属员之成绩,惟应注意今后之逐渐分权。按军委会去岁颁行之陆军师编制表,上述各师俱有规定,惟因时间、财政俱无余裕,且因政局不靖,故未能到处实施。此种缺点若能速为补救,必有益于陆军与其战时用途。

丙项说明:

兹论及军队本身,凡实战训练应取之途径,业经钧座妥行规定,派有德顾问,诸师业俱奉行。鄙意凡派有顾问诸师、中央军校暨附设之训练班,以及一般军官团之训练,驯使全国陆军俱按新意旨训练。兹有三点,须彻底改革:

一、步兵射击训练宜大施改良,凡步兵团俱应有打靶场,使士兵有充分之射击训练。凡驻兵城市,俱应建筑打靶场,需费无多,军队并应有时机实施战斗射击。由班始至一营战斗射击演习,另应选择适于训练地形。凡驻兵城市,周围必有地区可以实施新式训〔练〕,惟大小无定耳。官长每程度太浅,不能选获此项地形。另应选择地点供大部演习之用，与南京之汤山相似，有大规模之演习场，方能使各师作实战演习，以应战用。无此种时机，而欲使军队由平时业务骤变战时动作，非常困难，且每易发生更大错误，东北军即显著之成例。平时不过担任守卫、操演诸勤务，若最严重之战斗训练，一切俱按新观察点，几从未问津。

二、新式用兵须诸兵合作，尤要者为步、炮两兵。此次华北战事，日方已明显示我，日军攻击何处，必集结炮兵破坏华军防御工事暨其守兵，然后步兵有飞机与战车掩护，攻击前进，此乃新式用兵。惟各师须有相当之新式兵器，施以新式训练，方有实施上述训练之可能。前钧座拟将最精诸师渐属以新式炮兵，希望努力促其实现，其迟速自以财政为衡。兹建议继续扩张炮兵，使多数精良陆军师按核准之建议，迅速属以炮兵。

三、步兵必须有精利可恃武器，方能于攻击及防御时有良好成绩。此次华北战事，日军复足为之证明。

中国自造武器实不适用，因兵器不良，单独士兵每丧失信任兵器之心，欲施改良，则必须中国制造较良兵器，或直接购自国外。凡纪律、训练俱佳而兵器窳劣之部队，(及)〔反〕不足与内容欠佳而有精良武器之敌相持。据喀连甫斯基报告谓，核每枝步枪与机关枪之全般价目，政府支出之款，反超过于国外购买，而素质反劣。兵器不良，实为陆军自趋灭亡途径。该顾问之报告将转呈钧阅，至该问题应如何改良，业于前函陈述。鄙意该问题真为中国陆军存亡关键，故极宜彻底改良，中国若有武装完善之陆军，即能对新式之敌，如日本者，切实抵抗或击破之。

除上述兵器技术上应予改良外，以后发展中国陆军，宜有充分而经实战训练之空军，自以战斗机负主要任务，所购飞机，宜以敌为标准，即选购世界最良之战斗机（即驱逐机），(如)〔无〕论如何，宜比日机迅速精良，则我方战斗力已略占优势。无良好空军，即陆军较优，而对武装完善之敌如日本者，作战亦难期致胜。

对战车应加注意业由华北战事证明。战车最劲之敌，莫过战车，仅恃抵抗战车武器,难收大效。战车队虽奉钧令编练,惟请深切注意,从速入手。华北战事,日方对忠勇之中央军,总以战车与装甲汽车决战,但成绩并不甚佳,惟东北军遇之,靡不望风而溃。

兹综结上言,申述鄙意,觉中国人民确能练成良好陆军,中国(国)亦应如他国于此种基础上建设陆军,逐渐发展,自有造成强大国军之必要。列兵之人才甚佳,知足而守纪律之中国列兵此次华北应战亦极忠勇,造成新式军官团之人才,亦无虞缺乏。故希望近年来各学校养成之初级官长,必有裨实际显著良好成绩。至部队之如何改良与训练及长官学成之如何促进,直至最高阶级,业经陈明欲求陆军进步,非有巨款不可。否则,从前所历指之缺点,无法革除。

钧座暨军事当局之首要任务,使全国人民暨其首领了解此中意旨,大多数人民俱明了日人欺压中国而有所觉悟,全国人民应有造成强大与良好陆军之志愿。中国苟能于短时期内编成十至十二师纪律良好、装备完善、经过实战训练之部队,则对内对外之政局必随之而顿改旧观。此项意见,业于民国十九年追随钧座在河南战胜后呈明,惟冀政局与时间能容许钧座所赞成之建议,一一见诸实施。区区之意见,尚乞鉴察。

　　肃颂

崇安

　　　　　　　　　　　　　　　　　总顾问佛采而谨呈

五月二十三日

《德国军事顾问佛采而关于整顿中国军队致蒋介石呈文两件》,《民国档案》1988 年第 4 期

法肯豪森关于应付时局对策之建议

1935 年 8 月 20 日

窃以应付时局对策,业于七月卅一日面向钧座陈述,兹特综结各种理想,汇呈钧鉴。惟应先声明者,为职曾驻日五年,故对日本军界有深

切之研究与认识,更信认识日方指挥官战略与战术上理想,及日本陆军之心理。

世界战时,在各战地历任各级参谋长,自师以至方面(集团)军四年半之久,负一切责任,并无间断。尤以 1915 年在俄境,1916 年至 1917 年在亚美尼亚及美索不达尼亚,以及 1917 至 1918 年在巴力斯坦及阿拉伯各地,作战兵力与物资俱与敌悬殊,补给系与连络系数千公里之遥,困难殆达极点,然与兵力、物资俱优,兼后方连络良好之敌相持甚久,且屡获胜利。故差信对此种中国同有之困难取得实地经验颇多,倘获利用,或于钧座不无裨益乎?

一、目前威胁中国最严重迫切者,当然日本。日本对中国之情,知之极悉。其利害适与中国相反,故必用尽各种方法破坏中国内部之团结与图强,至少设法迟延其实现。华方宜求时间余裕,作整军经武之用,故日方益求急进。

日本国内表面虽显分两派:一为军人派,专取最速之军事动作;一为外务省,所取途径,偏重倾向外交上之“和平解决”。然卒之积极派几无在不占先着。中国宜计算日方军人得势,故应规定对付方针,从事准备。

本年六月间华北事件,显示日方军事政策之如何进行。此种政策,适合田中奏案范围,日本新闻纸不断明目张胆声言以“占领黄河北岸,包含山东全省”为今后目标。苟达到此项目标,则山西全省及迤北国境,自必胥陷敌手。日方必先设法不战而必达到此项目的,明知其实力之足恃,故必仍如本年六月陆续提出要求。日方苟愈测华方一味退让,如六月间之对华北事件,则愈知无须冒险,用最后通牒式之空词恫吓,即可如愿以偿,则要求之范围必愈大,而其连续提出也必愈速。至日本外交当局乐于坐观厥成,自是不言而喻。

按屡次申言,深信日方苟遇真实抵抗,则局势迥异。此种抵抗,宜具两种性能,即具实力及理想之抵抗实力,即先造成一种临时积极消极之抵抗力,虽小无妨。设想则政府有坚忍意志,断无不抵抗而即承认敌方要求,沉默接受。鄙意民气即是造成抵抗意志,故不容轻视。苟领袖无此种意志,则人民亦不肯出而抵抗。

抵抗意志必须具有实力之兵备,方有固定之基础。目前中国陆军,固不能担任新式战争,但未若不可用持久战抗敌,迫使〔其〕增加兵力,一切重要莫过于成立虽小而极端新式之国防军。

若具备上述各种先决条件,则日本未必不自知,若再提出要求,难免冒险。所有要求,非用战斗,且非加入强大兵力,不能获逞,且事先绝无把握。

目前战略情况,一旦军事上发生冲突,华北即直受危险,若不战而放弃河北,则长江北岸、南北两干路唯一之横贯连络,极占重要之陇海路暨其重大城市(洛阳、巩县、开封等),起首即陷于最前战区。对黄河防线,不难由山东方面取席卷之势。

由海方之进攻方向有三:即经海州、上海、乍浦、镇海诸处,该三处俱向长江流域,至迤南各海岸、港埠(浙南、福建、广东),一时未必作大战策源地之用。故对海正面有重大意义者,首推长江。敌苟能控制中国最重要之中心点直到武汉一带,则中国之防力已失一最重要之根据,即范围广大是也,于是直到内地,中国截分为二。

因是引起一种设想,起首即将主抵抗线退至沿平汉路之线,所有前地直至海岸,只任局地部队抵抗,而惟固守南京、南昌。此种战斗方式,足使沿海诸省迅速陷落。国外向腹地之输入完全断绝。最要之城市与工厂,俱相继陷落,于是陆军所必需战具迅即告罄,无大宗接济来源。川省若未设法工业化能自造必要用品,处此种情况,必无占胜希望,而不啻陷中国于灭亡。

职意认为,前地部队之抵抗力并不甚大,苟咸知决战地在数百公里之后,则精神不振,战斗力必更减少。即离前地稍远之最精部队,自知孤立无援,必遭失败,则抵抗力起首即蒙不利影响。任战斗之部队,莫不欲最高指挥官在其附近,否则极关重要之个人主动力,连络失其效力,而统一指挥,随之丧失。(世界战时马尔纳河会战,德方即其成例)

日本人至是是否继续进攻,实成疑问,其作战方式,不过驱逐华军,使入川境山地。而惟将已得之富庶地区,从事固守整理耳。

日军作战情形(参照要图,略),大概如左:

第一部,驱伪国之日本军队(两师团),用伪国军队增强,占领河北,破坏郑州之铁道交叉点,于以后作战过程中对我沿平汉路第一主抵抗线之左翼:

第二部(约三师团)兵力,由朝鲜及日本两部占领山东,暨新筑港之东海,先破坏铁路交叉点之徐州,然后占领之;

第三部(约四至五师团),进出长江,攻击首都,沿江向上进至武汉。

对东南各省海岸,日人先占领根据地,用以实施封锁,并作飞行场用。

故参加第一次攻击之日军,计有十师团之谱,适占日本全部现役军之半数。按经验可以计算,此种作战,犹如弈者之先后下子一般,进行颇速。

三、国际政局此时亦有研究之必要,目前异常紧张。列强一时无联合或单独干涉之可能。华盛顿之九国公约,实际早成废纸。中国苟不自卫,无人能出而拔刀相助。中国应竭其所能,〔为〕保全国土而奋斗,必倾全力以自卫,或有遇外援之可能。

若不倾全力奋斗以图生存,则华北全部包含山东在内,必脱离中国,预测伪帝溥仪颇有移回北京之可能,中部必另设政府以南京为首都,准备与日本交涉解决一切。而两广之独立基础,必益形巩固。如是则非特日方"分化与控制中国"之目标可达,且造成他国顾虑切身利害,不得不予以事实上承认之局势。征诸世界战时居民对德国占领区统治(比利时、波兰、塞尔维亚等)之成例,凡能保障其治安、生活,则居民对异族统治虽极仇视亦渐安之。

于内地各省,继续战争,实际毫无用处,非惟无人视为中华民国之代表,并且视为和平破坏人。列强对于在华之经济利益,苟稍获保障,亦只委诸不可知之数而听其自然。

俄国态度须特加研究，法俄互订协定而后，俄方已纾西顾之忧。俄国对于远东问题，虽对日本多取退让，然一旦与日本不能避免战争之时，则贝加尔区及中央亚细亚军事势力未可轻视。

俄国断不坐视日本在中国境内扩张大陆势力，任其由内蒙侵入外蒙，逐渐伸张至西伯利亚铁路之侧面，至少亦须实占外蒙与新疆，(认)〔以〕为先发制人之计。征诸往事，日俄往往发生冲突，卒之俱取偿于中国，问题随之解决，今后或且更甚。

近日世界政局，因义(义大利)阿(阿比西尼亚)冲突，英国亦卷入漩涡。日本目前一若静待该处发生战事，非特英国之羁绊更甚，其余列强亦都受牵制，而义国退出国际联盟，至是殆不可避免，而国际联盟遂失去最后势力。

义阿战事问题，展期至九月初解决，已获时间余裕，此事亦于我有利，须策全力以赴之。

四、冲突时间不能由我秉政者选定，故我方必须设法使所有兵力随时能作最大抵抗。必须利用一切余裕，就大范围部署我之抵抗力。宜分别何者为目前应急处署，何者为固定目标。一切应急处置，俱应按计划就合固定目标。

目前我军所有主力，俱集中于南部。西部宜速抽调可以节省之兵力，分驻各区，使能应作战之用。作战取战略上守势，且在内线主要威胁由东、北两方，顾虑交通路，凡作战所用部队宜集中于徐州—郑州—武汉—南昌—南京区间(参照图二，略)，【旁批：兵力集结地。】由该区可速向各方集中。北方则须掩护陇海路及沿海有关生存之设备。故最初抵抗区务必向北推进【旁批：抵抗线】，是以沧县、保定之线宜绝对防御，为保全通山西之主要交通，不使于初战时即失陷起见，此举实系必要。最后战线为黄河，宜作有计划之人工泛滥，增厚其防御力。【旁批：最后抵抗线】。

山东用局地兵力防御，徐州宜位置预备队，海州宜暂设防御。

东部有两事极关重要,一为封锁长江,一为警卫首都,二者有密切之连带关系。屡闻长江不能守之议,窃未敢赞同。江面虽宽,然究为极隘之水道,航路异常困难,稍大战舰不易机动。下流已有许多窄隘可用,应用方法(游动炮兵、飞机)作有效之封锁。他大尼里峡水面之宽远过长江,海峡比较甚短,虽土国火炮远不如长江炮台之新,然能对最大战舰作有效之封锁。

长江封锁于中部防御最关重要,亦即为国防之最要点,防御务须向前推进。江防须封锁江阴,陆防须利用许多地险及天然便于防御之地形,推进至上海附近。

南京为全国首都,必应固守,故极宜增筑东正面及东南正面之工事。

派往作战之部队,宜酌视情况加入全局需要之处。

次之为南昌、武昌,可作主支撑点,宜用全力固守,以维持通广州之连络。此时广州实为唯一对外输入地点,故增筑该连络线,使具输送力特形重要。

终至四川为最后防地,富庶而因地理关系特形安全之省份,【旁批:最后根据地】宜设法筹备使作最后预备队,自有重大意义。若目前即用作造兵工业之中心,时间空间均不相宜,建设宜完全从新入手,完成须俟五十年以上。目前唯一之连络线为长江,然五百公里之长,系一长峡,不无危险。铁道只能筑于江之南岸,由长沙经贵阳,或直向重庆,再由重庆于江之北岸展至成都、万县、康定,该处实为造兵工业最良地方。由重庆经贵阳建筑通昆明之铁路,使能经滇越路得向外国连络,有重要意义。唯通缅甸铁路末端因地形困难,故目前不能建筑大输送力之铁路,即西安、成都铁路亦有甚大价值。

五、综结言之,就民族、政治、经济、心理、军事上各种情况,俱有前方应战之必要,万不可不战而放弃寸土。军事上反对是说之唯一原因,为若是则敌能完全利用物资上之优势,而中国(应)〔则〕先(放)〔失〕弃敌方连络线长之优点。鄙意以为此说亦非正当,因南北二大干路更要者为长江,俱是为敌之便利输送线,可以充分供给前线之所需,但中国则抵抗力之策源地已经甚少,早就委诸敌手。然防御苟切实准备,则攻者未必能以迅速运到之兵力,一蹴而破我之抵抗。盖我方步兵与机枪比较甚多。根据上项诸项考虑,故关于编制、驻区、教育、补给、防共等项建议分别寄呈钧座及军事委员会者,鄙意亦适用于陆军之编制与驻区。

故必华方寸土不肯轻弃,仿二十一、二年淞沪及古北口等处成例,方能引起与长江流域有利害关系之列强取积极态度。中国苟不于起首时表示为生存而用全力奋斗之决心,列强断不起而干涉。

六、兹特将所视为最紧急之任务,短简申述于后。上文已言,宜分别一种固定计划,是项计划业经规定,并根据是项计划,拟就兵器、弹药之五年计划,及另一种就目前需要随时应付时局之计划,其一切处置,务应适合固定计划,其详如左:

(甲)陆海空军须有有计划之密切合作,据取得印象,三者之间并无充分合作,虽竭力促其实现,迄无成就。

(乙)用现有部队准备抵抗区工事及演习战斗实施,关于此节,业于七月三十一日面呈钧座之《检阅总报告》中短简叙述。是在用步兵数量及其所属重兵器(机关枪、轻迫击炮)之优势,抵消其他兵器之劣势。据所得经验,此层未始不可达到。职前在巴勒斯坦以极形劣势之步兵与甚少之弹药,即用此种战斗方式,抵抗英军一年之久,所有攻击,莫不击退。

(丙)指派适当负责人员,在各正面准备抵抗事宜。

(丁)迅速成立本年内原拟整理之五师,就现有器材,尽量予以新式装备,施以新式训练,并于可能范围内指定受过新式训练之师(如第七师),按要图二分配驻区,第一批为南京、徐州、郑州。

(戊)购办国内不能自造而必不可少之兵器,最要者为江阴附近封锁长江之水雷(一百具),及十二与十五公分各种要塞炮之必要弹药(每炮五十发),购办计划及估价单久已呈阅。

(己)根据同时呈钧座之五年计划,设计兵器与弹药之补充。

是项计划,原系一种固定计划,此时若见实施,须有稳定之进展。应急计划,目前即须入手,就现有设备,增加出品。

其增加之数如左:

步兵弹每月增至九至一〇〇〇〇〇〇〇发;

重机枪　　　　　　　　　九至一〇〇挺;

八二公厘迫击(炮)　　　　　　二〇门;

现有之步兵弹药:

存于军械库者　　　一〇〇〇〇〇〇〇发;

正在制造中者　　　二〇〇〇〇〇〇〇发;

国外定购者　　　　三〇〇〇〇〇〇〇发;

共　　　　　　　　六〇〇〇〇〇〇〇发。

适合十个四团制新式师之三分二各部队所存弹药数量,并未列入,大概可供一月半所需。至以后所需步兵弹药,拟购自国外。绝对应购者,最初为一〇〇〇〇〇〇〇发钢心尖弹。轻机枪存库者,六三〇〇挺,足供二十师之用。

现有一百六十六门二公分机关炮,计有弹四五七〇〇〇发,每炮二七五〇发,合二月至三月所需。一百二十门七公分五卜福斯山炮,计有弹八六〇〇〇发,每炮七二〇发,合二月至三月所需。二十门七公分五高射炮,计有弹一九〇〇〇发,每炮九五〇发。

新兵器(七公分五轻迫击炮及十五公分重榴炮),本年内可以抵华。

空军已大加扩充,惟战斗机似急需增加。

最后则谍报组织之重要,不容置而勿言,前次虽迭经设法,然迄未能作必要之应付。

窃以华方所有新式兵器,从未有今日之充足,故苟以之临敌,我特能用以拒敌方初次攻击,并能用以逆袭,获局部胜利,阻止敌方攻击,如是方足启列强干涉之机。

我方若能以自信心与毅力,入手实施上述任务,深信中国地位于短时期内即可稳固,减轻目前困难与威胁状况。

左列意见,无非贡献刍荛,出全力与真心,备钧座担任建设与维持中国独立之采择,有当与否,仍乞钧夺。

附要图两份。(略)

职　法肯豪森敬呈

八月二十日

《中德外交密档》(1927—1947),第171—179页

法肯豪森建议南京方山不宜群建营房密令稿

1937年7月8日

密函。壹智字第　　号。

案奉军事委员会执一字第八四九号密令内开:"案据总顾问法肯豪森呈称云云(录全文),仰即转饬遵照为要"等因。奉此,查阅于国内有稍大建筑,应先由本部审核,以期与军事互相联系密切一案,曾于二十三年九月案准军事委员会办公厅感已代电即开。已由钧院密令各省会主管机关遵照办理在案。奉令前因,相应函请转陈,重申前令,转饬所属严加注意,以免窒碍,实为公便。

此致

国民政府行政院秘书处

【旁批】查军委会对该校已有训令。

附:国民政府军事委员会密令

执一字第849号

令参谋本部总长程潜

案据总顾问法肯豪森呈称:"窃查方山北坡近已建筑营房者,有战车营及机踏车机关枪连。正兴工建筑者有交辎学校。拟准备建筑者有机械化战车防御炮营、机械化二公分高射炮营、装甲车团团部及交通兵第一营各部营房。职对于机械化部队群集一处,认为非常危险。尤以方山为首都附近最显著之陆地标识,以如此贵重器材屯积一处,若被敌

机轰炸,宁不可惜！此后修筑机械化部队营房,宜预计其使用地点,并尽量避免群聚首都附近,是否有当,理合呈请鉴核"等情前来。查方山高耸平原,势力如孤岛,为首都附近最显著之目标,建筑多数营房,自非所宜。前经令饬,凡有重要建筑,必先经参谋本部审核在案,兹据前情,除令该校凡未动工者,应即停止兴建外,合行重申前令,嗣后任何重要建筑,应先经由该部审核,以免窒碍,仰即转饬遵照为要。此令。

委员长　蒋中正

中华民国二十六年七月六日

《中德外交密档》(1927—1947),第179—180页

3. 塞克特访华史料

高级顾问麦根逊致陶德曼函
柏林,1933 年 4 月 11 日

公使先生:

这桩事情的性质,使我再次选择了私函的形式,这能比采用公文提供更多有趣的内容。

在以往几天里,冯·塞克特将军前来外交部告诉我说,他打算去中国短期旅行,然后经荷属印度回国。这次旅行是魏采尔将军建议的,他希望塞克特的这次旅行有助于加强他在蒋介石委员长那儿有些动摇的地位。

除了上述官方消息外,我还从可靠渠道获知下列有趣的内容。

近来,冯·塞克特将军曾前往此地的中国使馆,表示出对德国军事顾问团在南京工作的极大兴趣。冯·塞克特从中国使馆获知,当他访问南京时,中国政府将授予他高级军事顾问的职位,委托他整编中国军队。考虑到魏采尔将军目前不稳的地位,上述前景并非没有可能。但消息提供者说,还没有向冯·塞克特作出正式的允诺。

另外,正如您自去年夏天以来便知晓的,当时中国政府通过此地的

中国使馆,邀请德国国防部长格罗纳前往中国整编中国军队,格罗纳将军当时拒绝了。也许冯·塞克特在其短暂的东亚旅行期间不会拒绝这一邀请。

不管怎样,我都会告诉您关于这次旅行的结果。

麦根逊

《抗日战争前塞克特访华的史料选译》(上),《历史档案》1993 年第 1 期

陶德曼致外交部电

北平,1933 年 8 月 26 日

机密第 585 号

题目:冯·塞克特将军的中国之行

参阅我于 1933 年 5 月 22 日发出的电报。

应国民政府的邀请,退役上将冯·塞克特今年夏天按计划访问了中国,他肯定获得了许多新印象。对他的来访,国民政府作了十分周到的接待,使他在中国的逗留尽可能地满意。

冯·塞克特在上海受到交通部长朱家骅的接待,并以国民政府的名义举行了正式的欢迎仪式。他先从上海前往杭州,在那儿被当作政府的贵宾款待。然后赴南京,会见了多名重要的中国政界人士,其中有汪精卫。另一方面,没能安排与魏采尔将军会晤,因为他当时正在北平忙于要务。对此,魏采尔将军感到非常遗憾,因为他十分希望能在冯·塞克特应委员长的邀请前往牯岭之前,同塞克特晤谈。

为了塞克特将军的牯岭之行,中国方面向他提供了一艘炮艇。另派遣同济大学的翁济伦教授作为冯·塞克特将军的私人医生。

在牯岭,冯·塞克特被作为蒋介石委员长的客人来款待,并与蒋数次长谈,有几次蒋夫人也在场。据冯·塞克特将军本人称,蒋夫妇对他产生了良好的深刻印象。

然后,在德国军事顾问、退役上校汉斯和交通部沈士华处长的陪同下(在冯·塞克特访华期间,汉斯上校被安排作陪,沈士华则作为朱家

骎的代表),冯·塞克特动身前来北平,并在此逗留了三周。他主要观赏了北平的风景点和近郊,但也视察了中国部队,会见了军政部长何应钦、黄郛将军以及外交部次长刘崇杰。我本人陪同他访晤了外交使团和外国武官,他们都感到冯·塞克特的访问确实是"不虚此行"。

离开北平后,冯·塞克特途经山东返回南京,在山东,他参观了几处历史遗址。不久,他取道香港和广州,准备回国。在广州,他访晤了包括陈济棠将军在内的数位中国将军和政界要人。对此,驻广州总领事已有报告。对这次访问,我将另作一专门报告。

冯·塞克特认为他不应该去日本访问,这一行程是依据指示向他提出的。我猜想,他的决定不仅仅是考虑访问日本会引起中国官方的不满,而且是基于中国之行已经使这位将军耗去了相当的体力,他自己不想再过一个更疲劳的日本之夏。因而他也拒绝延长在中国的访问,蒋介石曾强烈希望他在华多呆一段时间。

另一方面,冯·塞克特将军没有拒绝委员长的如下希望,即请他在一份备忘录中写下访华期间对军事问题的看法,并提出改进的建议。在北平期间,他提出一份很长的备忘录,并通过军事顾问汉斯上校转交给了委员长。冯·塞克特将军把备忘录的一份副本留给了使馆,我已列作附件。

这份备忘录的内容十分吸引人,即使对外行也是如此。它表明了冯·塞克特将军何等精确地估计了中国的政治和军事局势,虽然他只有很短的时间来熟悉这里的情况。他以准确的观察力详细提到了国民政府以及德国顾问过去所作的各方面努力。他是在谈论军队的整编问题。在备忘录的开头部分,冯·塞克特十分明确地提出,正确的途经不是考虑加快建立一支庞大的军队,而是首先应全力建立一支数量少、训练有素而装备精良的部队。中国的军队不是太少,而是太多了。对于那些目前还由各行其是的将领们指挥的士兵,是不可实施训练的。

此外,现行指挥机构的管理,以及军官团在中国军队中的地位,都需要加以改进。军队只能置于一个人即委员长的统率之下,只有在这样的军队的基础之上,政府才能确立起权威。做到这一点的先决条件,就要按照统一的原则来管理军官,不能把他们交由各军队司令和其他将领掌握;军官团必须建立在服从整个国家利益的原则之上,如果必要,还需要有同个人利益相冲突的严酷无情。最高原则是国家利益而不是个人利益。但是,更高级的军官无疑应该不断地独立开展工作,如最近在对日本的战斗中所作的那样。

为了有效地解决现有的缺陷,冯·塞克特提议建立一支所谓的教导旅。教导旅不光是为了训练部队的目的,而且是要对那些中高级指挥官进行追加训练,以弥补他们以往训练的不足,以使他们在能力方面,赶上那些由德国顾问指导下目前在南京培训的年轻军官。用这样的方法还可以最好地解决现存的问题,即由于他们的上级没有受过同样的培训,在南京受训的年轻军官不能有效地带领部队。

冯·塞克特将军希望这个教导旅的组成是:2个步兵团,1个炮兵营,工兵、战车、通讯兵各1个连,1个骑兵中队。他进一步建议,教导旅配备的参谋部中,既有历经战场的年长军官,也有一定数量的青年军官,以用于个人训练。当然,这些部队需要配备足够的精良武器。迄今为止中国兵工厂提供的装备远不能满足需要,因而目前他们将依赖进口的武器,尽管应该在中国逐步建立起他们自己的军火厂。在欧洲军火公司的帮助下,这些军火厂将能顺利建立。

令人感兴趣的是,冯·塞克特在其备忘录的结论中提到了德国顾问们的能力。他也许有理由相信,委员长对德国顾问们的能力和成就并不十分满意。冯·塞克特强调说,他得到的印象是,所有应聘赴华的德国军官都是恪尽职守的;但是,他们的数量和工作效率都还不足以完成重任。也有必要进行组织上的变动。

冯·塞克特向委员长直率地提出了看法和建议。委员长对时局有清楚的认识,可以肯定,他将会接受这些建议的。看来其中某些建议已在贯彻实施,至少有报告说他们已经在南京着手建立教导旅,但目前还不清楚详细情况。

本报告的副本将提供给驻东京的大使馆。

陶德曼

外交部秘书处官员伏克斯的备忘录
柏林,1933 年 10 月 19 日

应冯·塞克特上将的要求,外交部长今天会见了他。冯·塞克特先生向部长报告了他对中国的访问,并说蒋介石委员长已邀请他前往中国担任军事顾问。外交部长向他说明,在目前的情况下,这一做法在政治上对我们是不恰当的,要求他拒绝这个邀请。冯·塞克特先生答应了外交部长的要求。

本件由第四处主任呈送外交部国务秘书。

伏克斯

外交部国务秘书毕洛的备忘录
柏林,1933 年 11 月 8 日

中国使馆代办今日来访。(中略)

最后,中国代办提到了蒋介石对冯·塞克特将军重赴中国整编中国军队一事极为关注。中国代办解释说,不管怎样,对中国人而言,魏采尔将军太过于普鲁士式了,由于他树敌过多,他不再适于现在的职位。为了说明如果冯·塞克特拒绝这一邀请最终会在精神和物质给我们造成多大损害。中国代办还指出法国人正在谋求这个职位,而且德国军事顾问对武器装备的供应也有影响力。委员长十分器重冯·塞克特先生,对他有深刻的印象。根据欧洲人的标准,委员长可被视作具有骑士气质,对他来说,个人之间的信任至关重要。正如当初鲍尔将军前往中国是因为委员长对鲁登道夫本人十分信任,现在塞克特也是这样,只是由于先前对他个人的印象。委员长已经作了决定,塞克特必须前

来中国。不过冯·塞克特将军拒绝了,这可能是因为他的健康状况,也许还因为他的年龄。中国代办要求我们去影响塞克特,至少使他前赴中国。

我要求中国代办坦率告诉我,邀请塞克特只是为了以体面的借口辞退魏采尔。他予以否认,说理由非常简单,就是委员长十分赞赏和信任塞克特。我于是向他说明塞克特年事已高、健康欠佳,他已很难承担如此重大艰巨的任务,我们也不可向他施加这种压力。因为我们认为首席军事顾问必须胜任,其职责的履行不仅需要脑力还需要体力的支出。这些理由没有打动中国代办,他最后向我表示,他与中方其他人所要求的(委员长例外,他希望冯·塞克特留在中国)就是满足委员长的愿望,使塞克特前往中国,即使只逗留几个月。根据他的看法,只有用这一方式,才能保证继续由德国人来担任军事顾问。从他给我的一份电报的抄件来看,蒋介石提议塞克特将由两名将军陪同赴华(中国代办没提起他们的名字,他们是冯·法肯豪森将军和福贝尔将军)。塞克特害怕中国炎热的夏季,他可以在 2 至 3 个月后提出离华,而把陪同他前往中国的两名将军留下。他在德国仍然可以通过这两位将军对中国军队发挥顾问作用。最根本的考虑,就是塞克特前往中国,不要拒绝委员长的要求。

最后,我告知中国代办,我只是刚刚得知自塞克特上次离华以来所发生的这一事情的前因后果。但我将向外交部长提议,请他同塞克特商量,或由我本人与冯·塞克特将军交涉此事。

毕洛

附件:朱家骅部长 1933 年 11 月 2 日致毕洛电报

请您把以下电文转交冯·塞克特阁下:

我于 10 月 28 日发出的电报想已收悉,我刚收到委员长的一份电报,内容如下:"即转知冯·塞克特将军。我希望他本人和他所推荐的两位将军尽快来华。如果冯·塞克特将军不能前来,那两位将军也就无人可以领导他们,我们也就只好取消对这两位先生的邀请。"委员长希望并请求您无保留地来此。计划中的教导旅,已在桂永清将军的领导下开始筹建,他曾在德国留学。对教导旅之下各梯队军官的训练工作,已经全面展开。我请求您立即前来,以便在您的指导下圆满完成所有的工作。

朱家骅

牛赖特[①]的备忘录

柏林,1933 年 11 月 11 日

今天我同冯·塞克特上将谈到了蒋介石委员长的邀请。冯·塞克特先生已从中国代办那里知道此事,他告诉我他必须就能否再度前往中国作出答复,至少是几个月。如果现在他答应下来,只是由于他得知一旦他拒绝这个邀请,蒋介石委员长就会转而求助于法国人,德国在中国的地位就会丧失。

根据国防部冯·莱希劳上校所告知,冯·塞克特上将新的中国之行将得到国防部的批准。

牛赖特

第四司官员阿尔德博格的备忘录

柏林,1933 年 11 月 23 日

中国代办今日来访时,机密地告知我以下内容:

冯·塞克特上将已经原则上同意接受蒋介石委员长的邀请,于1934 年 3 月抵达中国。但在接受邀请之前,他要求委员长允许他率必要的军事助手同行,包括福贝尔将军和法肯豪森将军。

令人感到奇怪的是,冯·塞克特上将没有采纳德国方面的意见,他

---

① 时任德国外交部长。

显然知道这一意见,即福贝尔将军不适宜派赴中国,不应偕其同行。

以上内容已通过梅尔主任转呈国务秘书。

第四司(远东)阿尔德博格

《抗日战争前塞克特访华的史料选译》(上),《历史档案》1993 年第 1 期

陶德曼致外交部电

北平,1933 年 12 月 30 日

机密　第 879 号

题目:在南京的德国军事顾问。

当我收到关于冯·塞克特将军中国之行的第 87 号电报时,我刚同魏采尔将军及其副官汉斯·冯·伯舍基斯特,就他们的下一步计划进行了长谈。

副官告诉我,一段时间以来,军政部次长陈仪属下的一伙人对魏采尔将军甚为怨恨,原因是魏采尔将军直接与前财政部长宋子文安排了某些款额较大的军火合同,从而妨碍了这些腐败的中国将军谋利的机会。

据以往几个月里我从其他方面获知的消息,中国将军们的不满还有别的原因。我听说,魏采尔将军"由于他的生硬态度以及行事的粗暴方式",同中国将军们日益疏远。魏采尔将军只知履行自己的职守,可能多次不顾情面地揭了中国军队腐败的短处,这是那些中国人不能容忍的。我的印象是,在日本人进犯的时候,魏采尔将军被派往北平只是为了摆脱他。今年夏末他从南昌剿共前线回来时,对蒋介石没有接受他为剿共行动所提出的建议大为恼火。此外,委员长多次拆散魏采尔组织的教导旅,把它们派往各个战区,尽管组织教导旅是为了使之成为整编中国军队的核心。魏采尔将军似乎已经逐渐产生了这样的看法,即他在这儿所作的努力最终却成为徒劳一场。但他却没有意识到自己的结局。由于他的地位和影响的下降,他在南京显然已失去了威信,甚至对其德国下属也是如此。

这种局势持续下去,那些恶棍就会伺机报复。他的中国敌手们逐渐更为公开地反对他,并且首次把攻击的锋芒指向他的职位。

已经数度提出要解聘他的副官,有一天甚至毫无根据地指控副官为日本人从事谍报活动。对这一指控立即进行了调查并被否定,但中国将领们却提出了要冯·伯舍基斯特先生离去的最后通牒。该副官对局势的认识要比魏采尔将军清楚些,告诉魏采尔说上述攻击的目标是针对他的,他应当立即提出辞职,除非中国方面正式撤回指控。魏采尔将军没有这样做,他显然低估了这一攻击的严重性。

当我与魏采尔谈话时,他告诉我:他收到了冯·塞克特将军的一份电报,询问魏采尔是否愿意在他手下工作,如果他前来中国的话。魏采尔立即复电"不",如果冯·塞克特抵达中国,他将马上离开。他显然感到不满:冯·塞克特先生是"他介绍来中国的",但却不同他商议就向蒋介石交送了备忘录,尽管塞克特只不过是在几个星期的访华期间,对当地情况有了点表面的了解。

总的来说,迄今为止我完全不想介入有关军事顾问的事务,但请允许我在此对今后的发展作一简要评论。一段时间以来,我一直担心蒋介石逐步与日本人和解的政策会最终导致解聘我们的顾问,我们迄今所做的一切工作都将付之东流。一位军事顾问告诉我,军政部计划把德国顾问逐渐从炮兵中排挤出去。所以,当听说蒋介石打算邀请三位德国将军来华时,我感到格外高兴。冯·塞克特先生也许能够加强德国顾问之间的凝聚,这是他来华的一大好处。而魏采尔将军正在走下坡路,所以目前他已无法做到这点。

然而,对冯·塞克特先生来华的外交和政治方面的后果,我有些担忧。日本人对我们的顾问已习以为常。但是,当冯·塞克特先生来南京主持德国顾问团的时候——尽管只是几个月,日本人究竟会如何反应,则很难预计。他第一次来华时,日本人曾向外交部提抗议。也许这一次会使关系更紧张(但是不同于里曼·冯·桑德的君士坦丁堡之行)。因而我认为,如果外交部打算对冯·塞克特的决定施加影响的话,征求驻日本大使的意见是有益的;如果必要,对冯·塞克特将军的来华给予某种名义,以避免外界产生他是中国政府新任总顾问的印象。

将通过安全途径把此文的副本送至驻东京的大使馆。

陶德曼

《抗日战争前塞克特访华的史料选译》(上),《历史档案》1993 年第 1 期

狄克逊①致外交部电

东京,1934 年 1 月 19 日

机密　第 11 号

致外交部长本人。

驻北平使馆 12 月 30 日第 879 号函已收阅。

冯·塞克特将军的第二次中国之行,将重新激起这里对德国顾问在华活动的不满,从而严重影响德国和日本的关系。我希望外交部长说服布隆堡阻止塞克特的这次行程。外交部长 10 月份与我谈话时,曾打算这样做的。

狄克逊

《抗日战争前塞克特访华史料选译》(下),《历史档案》1993 年第 3 期

牛赖特的备忘录

柏林,1934 年 2 月 8 日

今日上午我会见了冯·塞克特上将,谈论他的中国之行。冯·塞克特先生告诉我,他和他的妻子打算于 3 月 9 日动身前往南京,我向冯·塞克特先生建议,他可以取道美国和日本,我们将承担由此而产生的额外费用。但是,冯·塞克特先生拒绝了这一建议,认为这将占去更多的时间,而且会一开始就破坏他同中方达成的谅解。我又要求冯·塞克特先生,如果他被问及在华逗留多久时,不要作明确的答复,就像

---

①　时任德国驻日本大使。

他去年所作的那样。冯·塞克特先生称,他已经这样做了,他总是这样说:他也许只在中国呆很短的一段时间,但无法预计实际在那里会忙碌多久。至于在酷热的夏季,他肯定会转而前往某个山庄或海滨。

最后,冯·塞克特先生希望外交部给他一封致财政部的信函,说明外交部同意他携带相当于 10000 德国马克的外汇。我答应冯·塞克特先生将给他这样一封信函。

冯·牛赖特

《抗日战争前塞克特访华史料选译》(下),《历史档案》1993 年第 3 期

毕洛①的备忘录

柏林,1934 年 3 月 13 日

日本大使在今日的来访中谈到了冯·塞克特将军的中国之行。日本外交代表从南京报告说,塞克特将抵达那里训练中国军队,用于对日战争。这一报告将引起日本公众的不安,并损害原来良好的德日关系。他要求我作出解释,使他能转告日本政府,以便能够平息舆论的担忧。

我告知日本大使,冯·塞克特将军年事已高,无论如何不可能承担诸如战争准备这样的重任。此外,他也根本没有这样想法。去年他曾前往中国,同目前的传说完全相反,当时他建议中国政府避免任何一切军事纠纷,缩小军队规模,加强军队的纪律,使之适合于警务工作。塞克特根本没有介入中国军队的整编,这可由以下事实为证:去年他拒绝了前往中国的另一次邀请。只是在中方的反复要求之下,他才决定再次赴华,打算只逗留几个月。他的妻子附同他前往,这一事实也证明此行的和平性质。在我看来,中国方面之所以反复要求冯·塞克特再度赴华,为的是较容易地解聘魏采尔将军,他们希望在不伤害其感情的情况下将他免职。他们考虑的继任者,是陪同塞克特的冯·法肯豪森将军。无论在军事上还是政治上,这一人选都不可能被怀疑是为了中国

---

① 时任德国国务秘书。

的对日战备。不要误以为他是军队指挥官,恰恰相反,几年前他是德累斯顿步兵学校的校长,只不过是一名军事教官,既不是前线的也不是参谋本部的军官。大使可以确信,如果我们不能断定塞克特不会介入任何风险的话,我们就不会批准他这次行程了。这一点,在塞克特启程前我们也向他说明了。总而言之,我们的政策是要最有效地制止在远东发生任何一切冲突的可能性。

日本大使对上述谈话表示感谢,并把冯·法肯豪森将军与麦克尔将军作了比较,后者曾多年从事于日本军队的重建。

毕洛

《抗日战争前塞克特访华史料选译》(下),《历史档案》1993 年第 3 期

陶德曼致外交部电

北平,1934 年 5 月 17 日

机密　第 52 号

参阅我于 5 月 12 日发出的第 51 号电。

索洛森的代表告诉我们:

1. 蒋介石已经决定,南京政府军事当局今后将只购买德国军火,塞克特和俞大维将决定购买的细节(军火的种类和数量)。

2. 目前的 24 门 15 公分重型榴弹炮,是德国国防部同意供给中国的,加上每门所附的 1000 发炮弹,总售价为 900 万德国马克。

3. 支付条件:全额付款;4 年赊欠期;自达成合同起开始付款,每 3 个月支付一次;未清偿部分利息率为 7%。关于支付条件的谈判仍在进行中。

4. 在秋天由法肯豪森进行试验之前,将不会进一步购买其他口径的大炮。

5. 常规购买的前景依然看好。

由于存在竞争,索洛森要求绝对保密。

我最近一次在南京时,冯·塞克特先生告诉我,他拒绝接待那些军

火商。看来他不想把大部分采办用于大炮订货上。

陶德曼

《抗日战争前塞克特访华史料选译》(下),《历史档案》1993 年第 3 期

驻华使馆致外交部函

北平,1934 年 5 月 29 日

第 480 号

我很高兴地转呈使馆参赞罗登斯拉格有关塞克特将军的一份报告。

未向东京寄副本。

南京 1934 年 5 月 26 日

塞克特曾两次拒绝了中国政府希望他再度前往中国的要求,只是在第三次,当他同外交部长冯·牛赖特和国防部长商谈后,他才宣布他准备满足蒋介石委员长的愿望。其理由是,如果塞克特不接受邀请,那么法国元帅贝当将出任总顾问,整个德国军事顾问团将被法国军人取代。塞克特离德之前,得到了外交部(外交部长)和国防部(国防部长和陆军总司令)将给予全面支持的保证。在塞克特的要求之下,国防部倾向于同意德国现役军官前往中国供职。约四个星期前,通过伯林克曼中校,塞克特要求派遣三名非现役军官,包括已退役的杜斯特博格中校,但得到的却是要他继续保持耐心的含糊答复。塞克特目前不清楚德国中央当局的态度是否改变;一旦态度改变,要求他再度离华,他将作出答复。此外可以预料的是,由于他的健康状况,在冯·法肯豪森将军熟悉了其工作之后,塞克特至迟将在明年 1 月离开中国。事实上,塞克特的健康状况令人十分担忧。他病得很厉害,以至于一度担心他去世。他给人的印象是重病在身,迄今尚未恢复官方活动。尚未确定是否为恢复健康而离开此地。几天前再次提到了赴加拿大的越洋旅行。塞克特被委以替中国国民政府重建军队。塞克特提出的第一项要求,是训练按近代化原则和以最新装备组建起来的 6 个师。一位 34 岁

的中国师长、蒋介石委员长的远亲，提出了反对案，即要求训练 30 个近代化师。这个方案也许是个阴谋。塞克特的答复是立即提出辞呈。结果，那项反对案不再提起了。

　　关于提供军事装备的问题，在前一份电报中业已报告。塞克特提出，军事装备的采办应集中于一人，他答应委派一名合适的德国人。此人将是克兰先生，他已经抵达新加坡附近，并将直接前来南京。克兰和普劳少校一起，正在促进广州的兵工厂项目。然而，塞克特至今尚未向蒋介石委员长谈起关于实施这些广州项目的情况。

　　我希望对上述消息绝对保密，该消息来自我们的德国军事顾问之一。由于其所处的地位，他对事物总是有准确的观察力。我们还可以提及的是，我们许多较年轻的德国军事顾问已经得到国防部关于立即重建国防军的保证。

未署名

上文校对者：秘书 A. 休顿

《抗日战争前塞克特访华史料选译》(下)，《历史档案》1993 年第 3 期

狄克逊致外交部电①

东京，1934 年 8 月 9 日

第 104 号

致国防部。副本致第四司（日本）。

　　1. 近来日本参谋本部试图与南京的德国顾问团接上联系。此举的政治目的，是要让德国顾问团去影响蒋介石，以达成中日和解。

　　2. 日本参谋本部多次建议由我出面调停，最近一次是日本助理武官在上海提出的，他提出与我以个人名义进行会晤。

　　与南京顾问团的私人接触可以消除日本人的疑虑。我认为，政治背景不应成为拒绝上述调停的依据。如果这一尝试成功了，我们的积

---

　　①　在这份电报中，德国驻日大使狄克逊转呈驻日武官奥特给德国国防部的报告——译注。

极合作将获益。即使失败了,至少我们会被日本人认为帮助过他们。南京顾问团可以自己决定是否建立这种联系,因而不用担心会损害他们。

3. 我希望获得来电指示。我于 10 月初将前往满洲国,届时我能够进行个人调停,并在事先口头告知在北平的公使。奥特

狄克逊

《抗日战争前塞克特访华史料选译》(下),《历史档案》1993 年第 3 期

毕洛致驻日本大使馆电

柏林,1934 年 8 月 13 日

第 87 号

已收阅您 8 月 9 日第 104 号来电。

已与国防部取得一致意见。

消除日本参谋本部对德国军事顾问团的疑虑,当然符合我们的愿望。但是,由您的武官出面调停并不合适。已指示北平与冯·塞克特先生讨论此事,以寻找可能的方式和手段,同在上海或南京的日本代表建立不引人注目的联系。您应要求奥特武官,在接到新的指示之前,不要在该问题上采取任何进一步的行动。

毕洛

《抗日战争前塞克特访华史料选译》(下),《历史档案》1993 年第 3 期

陶德曼致外交部电

北平,1934 年 8 月 20 日

第 89 号

收到您第 62 号电。

参阅我第 86 号电。

1. 塞克特要求驻东京武官不要进行任何调停。

2. 如果日本方面通过我向他提出适当的要求,他准备会见日本武官。

3. 他将事先向蒋介石报告日本人的愿望,并征得蒋的同意。

陶德曼

《抗日战争前塞克特访华史料选译》(下),《历史档案》1993 年第 3 期

陶德曼致毕洛

北平,1934 年 8 月 28 日

尊敬的冯·毕洛先生:现急送呈两份机密文件,一份是我最近同冯·塞克特先生谈话的备忘录,另一份是他随后给我的来函,根据这些文件,看来德国正在考虑同中国进行某种经济方面的易货交易,对此我以前也有所闻。(下略)我一直在担心军方插手微妙的贸易事务。

我将随时报告新的消息。

顺致最诚挚的敬意。

陶德曼

附件一:备忘录(北戴河 1934 年 8 月 19 日)

冯·塞克特上将今日告知我下述消息:

一段时间以来,在沙赫特博士的同意下,德国国社党上层人士一直在计划通过同中国政府达成一项协定,来缓解德国在矿物原料方面的短缺。这项协定的原则如下:

中国将向德国提供所需要的原料,但德国并不对这些原料支付现款。德国政府将在德国为中国政府开设一个账户,中国政府可以用此账户在德国订货(工业品)。克兰先生已被作为德国有关当局的代表派往中国,同中国当局洽商有关方案。他本人(冯·塞克特)已把克兰先生介绍给了蒋介石委员长,以往几天内,正在对方案进行最后阶段的谈判。委员长业已批准,中国政府中其他有关要员也同意该方案。他试图向委员长表明,还需要与广州当局进行谈判。

于是我问冯·塞克特先生,柏林外交部是否被告知该方案,他说他不清楚。我指出,我从驻上海总领事克利伯尔那里对此类方案已有所闻,克利伯尔向杰克先生谈起过相同的方案。我对方案还不太清楚,我

们在对华贸易中有顺差,如果我们采取易货贸易的原则,中国方面可能会要求我们购买货物,其价值等同于我们向中国提供的产品。看来冯·塞克特先生并不十分了解我们对华贸易的性质。他说,在德国,原料供给问题是我们政策的焦点,我们需要价值20亿马克的原料,我们不知道我们能从哪里获得这些原料,我们的问题可能在中国得到解决。我问他涉及哪些原料,他说,我们将能从中国获得高质量的矿砂,还有油料及其他货物。

蒋介石委员长经常对他说,非常希望能从德国购买更多的产品,但他不想同私人公司打交道。两国政府可以参与,这样中国的愿望可得到满足。我回答说,在中国的德国公司是我们在华商业活动的基础。对此,冯·塞克特先生认为,那些公司也许可以间接介入。我告知冯·塞克特先生,我对于才得知这些方案而感到遗憾,实际上这些方案需加以认真考虑。他答称,如果他处于我的地位,他将不会有更多的介入,我也许会从柏林方面得悉进一步的情况。克兰先生将返回柏林,向德国有关当局报告。

于是,我改变了话题。

陶德曼

附件二:塞克特致陶德曼函(南京 1934 年 8 月 20 日)

尊敬的公使:我们所谈判的那项方案没有书面文件。对于所进行的谈判,我曾对克兰先生进行口头指示。他们完成谈判后,他将来此报告,但由于委员长在牯岭忙于别的事情以及前往福建,谈判拖延的时间比预计的要长,克兰现在不可能来此了。他现在必须马上去广州,然后回德国。我等着他几天后就谈判的结果发来书面报告,我将把内容告知您。

顺致诚挚的敬意。

冯·塞克特

《抗日战争前塞克特访华史料选译》(下),《历史档案》1993 年第 3 期

诺博尔致外交部电

东京,1934 年 11 月 1 日

第 128 号

第 93 号来电已收阅。

奥特从"满洲国"回来后,日本参谋本部告知他,原则上欢迎同南京的顾问团建立联系。但是,要日本方面就冯·塞克特先生会见日本武官发出正式要求,也许是由于面子关系吧,目前看来是不可能的。在南京的助理武官本人力图安排与法肯豪森将军的会见(经蒋介石同意)。

诺博尔

《抗日战争前塞克特访华史料选译》(下),《历史档案》1993 年第 3 期

陶德曼致外交部电

北平,1934 年 12 月 1 日

第 120 号

11 月 12 日第 80 来电已收阅。

(1)塞克特说,委员长没有同意(德国)同广州的军火交易。但是委员长知道有关的谈判。今年夏天,克兰试图使委员长明确赞成(德国)与广州的易货贸易谈判,但没有成功。

(2)塞克特进一步表示:"我将等待,看看在下次会晤时蒋介石自己会否提出向广州方面提供军火的事,我将引用柏林来电的内容。我本人不会向蒋介石提起这件事。"

(3)塞克特的谈话给人的印象是:他既不想听到也不愿谈起向广州提供军火之事,他避免对他自己提出的方案承担责任。

(4)法肯豪森与此事没有任何联系,他不赞成向广州提供军火。

(5)涉及塞克特的任何进一步行动,宜由国防部来处理。

陶德曼

《抗日战争前塞克特访华史料选译》(下),《历史档案》1993 年第 3 期

罗登斯拉格①致外交部电

南京,1935 年 2 月 15 日

急　第 4 号

2 月 12 日第 3 号来电已收阅。

以下是冯·塞克特先生的绝密谈话:

"去年 6 月,蒋介石委员长曾对我说,他原则上同意克兰的南京方案。8 月,他授权财政部长达成一项初步协定。今年 1 月 31 日,他再次表示同意,希望该协定尽早付诸实施。2 月 7 日,根据我的要求,他送来一份有他签名的清单,上面开列了中国方面可以马上交付和在下一年度交付的原料。他表示希望克兰于 3 月份来此完成最后协定,并解决所有细节问题。他同意在此地设立一个长期代理机构。广州的兵工厂问题,虽然业已交货,但与上述协定无关。

委员长并没有表示批准克兰的广州方案,且无予以批准的可能,因此我也没有提出过这一要求。除非在不得已的情况下,委员长将不会表示反对——特殊情况下的正式抗议除外。柏林的(中国)公使和商务署的主管,在这里均不被视作委员长的真正代表;尤其是后者,一般被视为中国特权集团利益的代表。我建议,在此地完成谈判之前,暂停执行克兰的广州方案,或者先着手非军事性的工程,如船坞、矿业设备、铁路和港口工程。对这些工程及相应的信贷,不会在此地召致反对。我建议应采取与此地相同的方式,即在广州方面确定能够马上或一年内交货的清单,并开始交货的准备工作之后,再向其提供信贷。

在动身赴四川前与我的最后一次会晤时,委员长希望我向德国政府转达关于把公使馆升格为大使馆的要求。他非常重视德国在此问题上能走在别国之前,将其视作两国间特殊的良好关系的象征。与此相应的,他表示希望德国公使馆或大使馆移至南京。他还提出,希望中国政府能在德国建立一个机构,所有德国与中国的贸易,包括所有德国私

①　时任驻华使馆参赞。

人公司同中国的直接交涉,都须经由该公司进行。我认为最后一个要求值得加以认真考虑。冯·塞克特。"

罗登斯拉格

《抗日战争前塞克特访华史料选译》(下),《历史档案》1993 年第 3 期

陶德曼致牛赖特函

上海,1935 年 2 月 22 日

在克兰问题上,您已经给冯·塞克特先生打了电报。请允许我对冯·塞克特先生的案复作些评论。冯·塞克特先生作为一个军人,我十分尊敬他。但我对军人介人商务,却持怀疑态度。

我在关于克兰方案的报告中已经表示,我认为克兰方案并不重要。中国政府缺乏自由支付的手段。他们将难以组织起如克兰先生所想象的易货贸易。此外,我认为冯·塞克特先生错误理解了蒋介石委员长关于限制德国私人贸易的想法。只是在军火贸易方面,委员长才有此想法。但我认为,在这个问题上我们恰恰应尽力避免把政府牵涉进去。同中国的军火贸易常常会引起外交纠纷,因此,应该把这种贸易留给私人公司。

如果实施克兰—冯·塞克特方案,将严重损害德国的对华贸易。开展对华贸易实际上是我们唯一的自强之途,难道我们希望将其引入死胡同吗? 这就是我对那些远东"新发现者们"的方案的看法。

《抗日战争前塞克特访华史料选译》(下),《历史档案》1993 年第 3 期

陶德曼致外交部电

上海,1935 年 3 月 1 日

第 13 号

新闻媒介详细报道了有关日本人要求以……(此处电文中断)取代德国军事顾问。在同委员长的谈话中,日本助理武官解释说:这是误解所致;日本武官仅仅提出,日本应和其他国家获得同样的机会,以及

不应举行显然以日本为假想敌人的军事演习。

我建议告知新闻界：塞克特原来计划在春季离开中国，现将于3月份付诸实施。

（以下使用密码）

机密。塞克特告诉我，他已向委员长递交了辞呈，并且获准假期3个月赴欧洲。已通知东京。

陶德曼

《抗日战争前塞克特访华史料选译》(下)，《历史档案》1993年第3期

4. 德国军事总顾问法肯豪森演讲纪要

总顾问演讲纪要

1938年2月15日

二月十五日午后八时总顾问演讲纪要

一、参谋之业务

甲、参谋机关之编制　参谋机关应有健全之组织，按参谋本部平时与战时之编制虽早有拟定，然未能一一实施，其中原因甚多，余（总顾问自称）不详悉，亦非余所应与闻者也，但此次林次长所提今后改进之意见，余甚赞同。盖凡参谋机关之组织，须以其国家情形为转移，故各国国情不同，其参谋机关之编制因亦各异。然其主旨均不外乎能使其业务切实达成，而非于名义上徒有几厅几处之设立也。

乙、参谋人员之使命　根据世界各国历史之演进，深知参谋人员之任务在如何协助其长官指挥适宜，及充分达到所负之使命。余充任各级参谋之职凡数十年，对于参谋作业颇有经验，极愿共同努力，藉以协同诸君向此途径迈进，而期达到此目的。

二、参谋之起源

在一百五十年以前，欧洲各国兵力虽极薄弱，但有健全之组织与团结之精神，统帅于作战之前后能以口令直接指挥，无须他人相助，仅设

副官若干人(即所谓左右臂助),以资传达其命令,如当时拿破仑将军是也。直至法国革命时,始将此种制度推翻,采用募兵制度,广集民众参加作战,结果失败。考其原因,全由于部队系临时召集,未加训练,既无军纪之认识,复无团结之精神,指挥官非但不能以口令直接指挥,抑且所下之命令亦难达到各部队,拿破仑将军因当时情形之需要,于是有参谋之设,并有极健全之组织云云。

三、参谋之重要

自拿氏采用参谋制度以后,军队虽多,亦能将统帅之意旨传达到各部队。最初任参谋长者为 Besties 氏,以其才智确能臂助其长官,因获大胜。此后普鲁士亦仿行之,并根据此种制度纠正过去一切错误,果转败为胜矣。

四、参谋人才之养成与运用

在历史上参谋人员确有国家观念者甚少,推其原因,实于缺乏切实训练之故,盖参谋机关(治)〔恰〕如人之头脑,本非独立机关,故普鲁士之参谋部始终附属于军部,至参谋总长尤不宜时常调换,因参谋人才之养成,须经长期有系统之训练与专人监督,故普鲁士参谋总长一席在三十余年之中,前后仅毛奇与另一资深之将官二人充任,且全国动员、指挥、集中、作战等范围甚广,平时须有充分之准备,战时始能运用。而指挥官绝无万能者,故非得助于参谋不可,是以参谋即为指挥官之助手也。无论机关之高低,参谋负有同样之责任,遇事须将其所见贡献于长官,互相研讨,俾可得到适当之处置,长官亦不能以地位关系不予参加意见之机会。考诸历史上长官得助于参谋因而成功者甚多,前后有朴勒史、兴登堡、鲁登道夫诸将军。故普鲁士参谋部主管人事之某将官恒详察其所属各级参谋个性及才能特长,并按照各部队指挥官之个性与才力而选派于各部队,使充参谋长。比如有某军长"勇"过于"谋",须择派一富于智谋之参谋长;如某军长虽有作战经验,但过于谨慎,遇事不能当机立断,则须选派一勇敢果毅之参谋长,以补助其缺点。综上所述,军令部对于全国各级参谋应有良好之组织及统一之指挥,俾全国各级参谋服务意旨得以一致,不因部队长官之意旨有所转移,且幕僚不能随部队长官时常调动,以资熟手,遇长官出差时,司令部一切业务由参谋长代为处理,此系对参谋总长负责之意也,但在军事上之一切荣誉与过失(以下原件缺)

《德国军事总顾问法肯豪森演讲纪要》(上),《民国档案》2005 年第 1 期

总顾问演讲纪要

1938 年 2 月 17 日

二十七年二月十七日(星期四)总顾问演讲纪要

Ⅰ.参谋人选问题

近二十年来以科学发达极速,军事学术猛进,因之参谋人选遂成问题,但其主要原则仍不外左列各点:

1.品格　即人格高尚,性质沉默,态度镇静,仪表大方之谓;

2.知识　即对于军事上各种学术均有湛深研究是也;

3.才能(经验)　即能力或才干之谓;

4.志趣　即志趣高超、坚忍果毅,能贯彻最后效率及目的等精神之谓也。

余(总顾问自称)服务中国多年,对于中国军官之印象极深。据余观察,一般军官都偏重于求知,但对于实地工作恒不免疏忽轻视,即军校教学亦略有此弊,研究战术者虽多,而确能将研究所得运用于实地者则甚少,故指挥官所下命令,其部属往往不能奉行者有之,仅能达成一部分者亦有之,是即缺乏实地工作之经验也。

德国参谋人才(指挥官人才之基础)系择陆军大学毕业学员,派入参谋本部见习后成绩最优秀者充之,故陆军大学乃一高级军事学校,并非专以造就参谋人才者也。兹将其训练学员及选择参谋人才办法概述如下:

一、陆军大学校长与教官人选

校长须以曾任军司令部参谋长以上职务之资深将官充任,教官则

须择战术最优、有研究之参谋充任,但教官最多两年即须调入部队工作,经二三年后再令回校,如此不断互调服务,以收教学之实效。

二、陆军大学入学资格

军官学校毕业学生曾在部队服务六年以上,经其直属长官考核其品、知、能、志之基础,认为均在优等者(即所谓才堪造就者),始得准其报考(此时假定准予报考人数为 800—1000),复经半年之准备(训练),由其直属长官举行极严格之考试(考试包括笔试与实地测验即野外演习,两种均以战术为主),及格者始得入学(假如报考人数为 800—1000,经此严格考试,其可及格入学仅 130 人矣)。

三、学程

共分三个学年,每学年计校课九个月,其中以战术为最注重。部队勤务三个月,最后须参加各种大演习,如秋季会操等。

甲、校课

1. 战术　A. 团　B. 师　C. 军　D. 军以上　2. 参谋业务　3. 兵器 4. 筑城　5. 通讯　6. 地形　7. 机械　8. 空军　9. 海军　10. 战史 11. 国防　12. 军制　13. 化学　14. 数学　15. 经济　16. 外国语文 (每人选习一国文字,最低限度能译述)

乙、部队勤务

兵种互调服务,予以研究各兵种勤务之机会,俾将来能服务任何部队。例如原习步兵者,第一学年即以排长资格派入炮兵部队服务,第二学年派入骑兵部队服务,第三学年派入工兵或其他兵种部队服务,其他兵科亦依此类推。

四、甄别与测验

甲、校课期内每年年终甄别一次,成绩不及格者不准升入第二学年 (假定入学者为 150 人,经此第一学年年终甄别其成绩及格可以入学第二学年者仅得 130 人矣)。

乙、校课期内并每两星期举行野外测验一次。

丙、随时指定日期,作终日之野外训练,并使夜间工作不得入寝及勒令饮酒,酒之后仍须解答各种繁复之战术问题,且限时交卷,以锻炼与测验其脑力。作题既毕,再继续野外,如此陆续举行二三日,以锻炼并测验其耐劳(经此,于130人中,其可及格者仅50—60人矣)。

丁、校课完结,再举行野外演习,并使参加各种大规模演习,然后更甄别一次,择其成绩最优者派入参谋本部见习,其余则仍回原部队服务。

五、参谋人才之选择

陆大毕业,战术成绩最优者即派在参谋本部见习,第一年分配以后不经手而极复杂之业务,并由参谋总长、厅长各出两个战术问题(上半年基本战术,下半年应用战术)令其作答,以资测验(经此测验,于50—60人中,其可及格者仅40人矣)。第二年工作与第一年同,两年终了,再甄别一次,参谋人才即在此中选择矣(至此其及格者仅余20人矣)。

综上观之,经过严格训练以后真正之参谋人才仅占千分之四五,但仍然有不十分健全者,故现任参谋者仍须随时研究军事学术及常行实地见习,俾与科学同时并进也。

Ⅱ.参谋人员任用程序概况

陆军大学毕业并在参谋本部见习及格后,以上尉参谋任用,服务一年后即调任部队连长;服务三年,选其成绩优良者,调回参谋本部升任少校参谋,或派充师部参谋;服务三年后,再调往部队任以营长;俟服务二年至三年,择其成绩优良者,即调任参谋本部处长或军部参谋处长、参谋长;再经服务三年后即调充团长,五年后升任参谋本部厅长,或其他部队高级长官(如师长等职)。

附记:

陆军大学毕业后,如见习不及格不能任以参谋之职者,可就其个性能力任以适当之职,例如擅长数学者可派入测量部队,擅长外国语文者可派为驻外武官,或参谋本部有关外务之职。

Ⅲ.参谋人员分配概况

1. 师司令部一人;

2. 军司令部三人;

3. 参谋本部参谋处六至八人(见习参谋不在内)。

Ⅳ. 参谋人员之待遇

参谋人才之选择如此严格,其身份自属高贵,故其服装另有规定。且因人数无多,工作繁杂,待遇较优,升迁亦快(即停年较短),但此项人员之服务亦非常尽职也。

附参谋人才之成数比例表如次:

假定准予报考者:800—1000;

考试及格入学者:150;

第一学年及格升入第二学年者:130;

校课期内经锻炼与测验其脑力及耐劳及格者:50—60;

陆大毕业后在参谋本部见习第一年及格者:40;

在参谋本部见习第二年及格者:20;

真正参谋人才:4—5。

《德国军事总顾问法肯豪森演讲纪要》(上),《民国档案》2005年第1期

总顾问演讲纪要

1938年2月22日

二十七年二月二十二日总顾问演讲纪要

参谋本部平时之组织

一、组织之概要

参谋本部之组织有平时与战时之别。战时组织乃基于平时之组织而成,而平时之组织又系顾虑战时情形而确定也。盖参谋本部之机关,因任务与其他机关不同,故组织亦必须适当最要者,应依本国国情及邻邦状况或假想敌国而决定,不可模仿他国拘泥成法也。例如德国之参谋部,战前原属于陆军部,担任计划工作,嗣以业务渐渐发展,延至战时遂脱离陆军部而成为军令机关。殆至战后,因受凡尔赛和约限制,又归

并于国防部，改名为军队署（译意），斯即所以随当时情况为转移之一明证也。

二、权限之划分

按一国之军事组织最贵统一，而各军事机关间尤宜密切连系，最忌权限混淆，业务冲突。据余观察（总顾问自称），贵国（指中国）对于此点尚少注意，例如从前参谋本部原有城塞组织，掌全国要塞计划与要塞建筑（技术）事宜，而军政部军务司复有城塞科，办理国内要塞诸事。又如前军委会第一厅之业务，全系参谋本部应有之职掌。凡皆足以使权限混淆、业务冲突，而其结果不特耗费物力，且易互相推诿，甚至一方面有事需人，他方面有人无事，诸如此类，对于业务上之发展影响甚大，亟应加以调整，务使各个军事组织权限分明，各有专司，并宜通力合作，脉络一贯。换言之，即军事首脑部随时可将每个细胞结合为一体，而同时又能化分为若干个体，只期业务进行不因单位分而影响其效能也。

三、参谋部之任务

德国一切重要军事机关均隶属于国防部，即参谋部之上更有总参谋部是也。至参谋部之任务则为：（一）作战命令之实施；（二）战术之运用；（三）战时军、师单位之数量及兵员素质之决定；（四）部队应有之装备及其强度；（五）军、师驻地之规划等。并据此向军政部提出要求，军政部即依据上项要求分别实施。质言之，参谋部为计划机关，军政部负实施责任，彼此互有关连也。至所需经费，必经国会通过，方可支付，但一切军备只要合乎战时需要，务期以底于成。鲁登道夫任参谋长时，为应战时需要，曾有要求增加两军团之提议，终因国会否决未能达成愿望，致影响德国于欧战时之胜利，德国人士至今引为遗憾。故军备苟合乎战时要求，纵使军费预算膨胀、国民负担增加亦所不计也。

四、德国战前参谋部组织

德国参谋部以参谋总长为首脑，下设五局，即等于贵国（指中国）

前参部之厅也。迨至战时,即以此五局长充任五个军团之参谋长,兹将其组织分述如次:

1. 第一局(与中国前参部第一厅同),下设第二处与铁道处。

第二处　主管动员集中。

铁道处　凡修筑铁路必经此处加以军事上之审核(德国因铁道网密杂,故有此处之设,中国铁路尚少,暂无设立此处必要),战时则任作战军之运输事宜。

2. 第二局(与第二厅同)下设第一、三、九、十各处。

第一处　任对俄作战之业务。

第三处　任对法作战之业务。

第九处　任关于对南方诸国(巴尔干半岛)作战之业务。

第十处　任对英、美、日、西班牙等国作战之业务。

3. 第三局(与第三厅同)下设第四、第七两处。

第四处　主管对法国要塞之事。

第七处　主管对俄国要塞之事。

4. 第四局(即第四厅)下设第五、第六、第八三处。

第五处　办理参谋教育。

第六处　承办参谋旅行事宜。

第八处　研究与战术有关之技术(如战车发明后应用何种兵器以抵御之)。

5. 第五局即总务处(与中国前参谋部总务厅同),设处长一人,参谋二人,承办参谋人事,并设雇员若干,办理会计、庶务等事。

6. 直属参谋总长之各处及测量局等。

第一处　研究近代之战史(即新的战史),调查各国军备,研究敌方动员步骤及动员可集中之兵力、战时经济、民情、士气、潮流、特别训练方式。

第二处　研究过去之战史。

第三处　办理谍报事宜(此处为避免邻国注意起见异常秘密)。

测量局　承办测量三角点、印刷、藏图等工作。此外尚有航空测量。按中国幅员广大，将来对于航测亟应积极进行。

又设副官二人，归总长直接指挥。

附参谋部组织系统表如下：

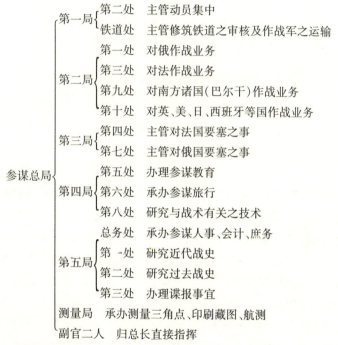

参谋总局	第一局	第二处	主管动员集中
		铁道处	主管修筑铁道之审核及作战军之运输
	第二局	第一处	对俄作战业务
		第三处	对法作战业务
		第九处	对南方诸国（巴尔干）作战业务
		第十处	对英、美、日、西班牙等国作战业务
	第三局	第四处	主管对法国要塞之事
		第七处	主管对俄国要塞之事
	第四局	第五处	办理参谋教育
		第六处	承办参谋旅行
		第八处	研究与战术有关之技术
	第五局	总务处	承办参谋人事、会计、庶务
		第一处	研究近代战史
		第二处	研究过去战史
		第三处	办理谍报事宜
	测量局		承办测量三角点、印刷藏图、航测
	副官二人		归总长直接指挥

五、德国战后参谋部组织

战后德国因受和约限制，于是将各军事机关概置于国防部之下，关于参谋部则缩编为军队署，并将战史、测量、谍报等业务移并于内政部。至典令，其制定、颁布仍属于军队署，而各部队是否遵行，则由军训部考核之。他如射击技术之试验等，亦由军训部办理，军队署内设六处，就中总务处，虽办理一般人事及会计、庶务、文书等，而对于全国参谋之个性、能力、人格之考察及调整尤为主要之任务，必使参谋人选适当，俾真才得以实用，政令可以一致也。

附军队署组织系统表如下：

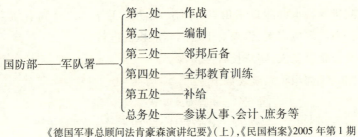

国防部——军队署
- 第一处——作战
- 第二处——编制
- 第三处——邻邦后备
- 第四处——全邦教育训练
- 第五处——补给
- 总务处——参谋人事、会计、庶务等

《德国军事总顾问法肯豪森演讲纪要》(上),《民国档案》2005 年第 1 期

总顾问演讲纪要

1938 年 2 月 24 日

二十七年二月二十四日总顾问演讲纪要

战时参谋本部之组织

一、业务

战时参谋部主管业务概括言之,不外乎作战、编制、训练、情报、补给五项,惟欲使上项业务能按照步骤进行及实施,必须分工。盖参谋部譬如人之首脑,参谋则为其神经系,军队犹如肢体,每遇一事先由主脑下判断决心,然后传达于神经系,以命令肢体发挥其本能,但为互相连系使业务不生故障,顺利推行,是又须合作矣。

二、机构之调整

现在贵国(指中国)国难方殷,欲将现行各军事组织彻底整顿,不特事实难能,亦为时间不许,期在可能范围,将其本来机能加以扩大可矣。依个人意见可将陆海空军置于参谋总长之下,如下表:

最高统帅——参谋总长
- 陆军
  - 第一厅
    - 1. 作战
    - 2. 训练
    - 3. 编制
  - 第二厅
    - 1. 情报
    - 2. 干部之养成(训练)
  - 第三厅　1. 后方勤务(维持前线战斗部队力量)
- 海军
- 空军

依据贵国（指中国）目前状况，似应将海陆空军兵力直隶陆军总司令指挥。换言之，即海空两军只能作陆军的辅助兵种，并宜于最高统帅之下设一总参谋长，以总其成，下设陆军、海军、空军三参谋长，以辅助之，故在战术方面，海空军应在军令部之下，但在补充上仍应有其独立性质。其次，关于炮兵，亦应独立（受军令部之指挥），而军令部除命令之发布及前线战斗力之补充外，其余后方一切事宜应由后方勤务部办理，惟仍须受总参谋长之指挥。

三、驻地之选定

关于军令部驻在地之选定，应随战争发展而变迁，不必驻在名都大邑。例如欧战时，德国统帅部驻在地多在西战场，有时派少数高级幕僚驻东战场，其他军政机关仍在后方办公。其赴前方服务者亦分二部，一部从事战争计划及指挥之策动，一部办理关于公文图表之调制，但二部人员虽在前线，不必驻在一处，其业务方面仍可收指臂之效，如遇最高统帅巡视战区时，各主管处、科仅派员随从襄理而已。

四、军令部之组成

为应现时需要起见，军令部应设一、二、三厅，兹分述如左：

第一厅（作战）　下设一、二、三、四、五处：

第一处　掌理国军作战之最高指挥，并铁道、汽车、航运输送、野战兵员之集中。

第二处　掌理各战区作战事宜及各区情况之判断、要图之调制、地图之颁发与保管，关于各战区须分科管理作战上各事务。

第三处　主管空军作战与陆地防空事宜。

第四处　掌理国境、要塞、江防、海岸防御等事项。

第五处　掌理作战经过、材料之搜集，予以经验上所得之教训，编订成册发给各级官长，俾对于尔后作战可作纠正错误之参考。

第二厅（情报）　下设一、二、三、四、五处：

第一处　掌理总集情报（情报之搜集与判断）。

第二处　掌理国外情报（派遣间谍、收取敌方广播及其普通函件之检查、新闻纸之检讨)。

第三处　掌理国内情报(前线各战区情报之搜集、判断,并对敌国间谍之防范)。

第四处　掌理监督战区宪警,协同办理情报事宜。

第五处　掌理将搜集之情报编辑成册,以作参考或宣传。

第三厅　主管后方勤务,但其职掌系参谋业务之一部,故亦应受军令部长之指挥。

总务处　掌理全国参谋教育、人事及文书、庶务、会计事宜。关于参谋人事及教育殊关紧要,须选择重要人员主管之。

总之,各部分主管处、科对于本身业务范围内之一切情形及其攸关事项均须了如指掌,俾业务推进时有相当之准据。综上所述,乃战时参谋本部组织之概要。质言之,战时参谋本部之组织犹如人体首脑之组成,其他各部队参谋如神经系之分布于全身,各部队如筋肉、肢体之组合。至于各部分之连系及其运用,另篇续讲。

附军令部组织系统表如下:

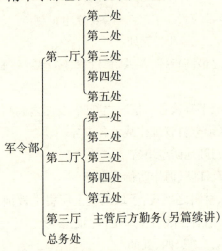

　　第一厅｛第一处 第二处 第三处 第四处 第五处

　　第二厅｛第一处 第二处 第三处 第四处 第五处

军令部｛第三厅　主管后方勤务(另篇续讲)

　　总务处

《德国军事总顾问法肯豪森演讲纪要》(上),《民国档案》2005 年第 1 期

总顾问演讲纪要

1938 年 3 月 3 日

集中全民力量以应付战争

（三月三日于武汉行营大礼堂）

鲁屯道夫所著书中有云"全民战争"上，就是把全国民众所有一切的人力、财力、物力完全贡献国家用于战争之谓，本来"全民战争"这名词是发始于原始时代，现在是复古罢了，并不是新的名词。

考原始时代的民族战争，是不论男女老少大家跑到敌人的阵里把敌人赶走，把敌人打倒，占夺了敌人的地方就算完事。迨后因文化的发展，战争的方法就因之进步改良，可是现在日本的侵略和残杀，这种野蛮举动比较原始时代有过之无不及。

战争当中除歼灭战以外，还有一种封建制度时代的内斗战争，如各方诸侯及宫室皇族等发生斗争等，是现时施行的迂回驱逐等战争，这都是因时代演进的一种战术。

拿破仑恢复歼灭战，他的目的是凡与战争有关系的种种应该全部歼灭之。

普鲁士有一位名将，在百年前出版一种书籍把"战争"二字说得非常透澈明了，凡是研究军事的人都该人手一册，所说"战争"的动机和价值即是政治和外交的工具。但详加检讨统帅的意见，有时也未必会和政治领袖的意见趋于一致。试观过去历史，军事领袖的意志往往超过政治领袖的意志之外，此所以有时军事上的目的达到，而政治上的要求未能做到，于是也会发生不良的结果。最好是国家发生战事时候，担任军事领袖的人兼任政治的领袖，使全国军政大权操于一人的手里，可以指挥如意，不受任何一方面的牵制，否则须有一最高领袖统辖指导全国的军事、政治，务使军事上的措置和政治的要求都能协调一致，不使有偏倚不调的弊病。

拿破仑大家都公认他是军事万能，但是他单用军事的力量，仍不能达成政治的要求，其原因就是因为太偏重于军事方面了。

假使军事、政治两方面都有相当人才去担任,受最高领袖的统一指挥,则其军事与政治的成效必定大有可观。例如普鲁士的威廉第一用毛奇(译音)担任军事,俾士麦(译音)担任政治,使军事与政治两方面协调,不发生任何冲突,同时得以相辅并进,这是极好的先例。

欧战时,德国在军事方面极有把握,但是外交上缺少办法,因当时德国没有相当的最高领袖人物去指挥和调剂军事、政治两方面的缺点,故德国军政两方面意见每不一致,大家各行其是,结果陷于偏重不调而招失败。

军缩会议对于研究应战的能力和方法,经过几个月时间的讨论,先从调查各国服兵役的人数几何、可以制造军用品的原料几何两项入手,结果对于各国所有原料一项无法调查统计。此外,对于各国人民的心理,及各国国内的舆论更是不易调查,然而上面的几项都与战事胜负的结果有极密切的连带关系,因此各国仍非常重视。

参谋本部对各部队应战能力,平时应考察清楚而后战时可以支配使用,否则如对自己部队不能估量它的战斗力量,那就谈不到应战。同时担任政治领袖的人尤其要认清时机去指导或结束战事,否则虽一时胜利,结果终不免有失败的危险。

去年七月间发生卢沟桥事变,其时日本对中国的初意并不想发动大规模的战事,它的目的只想攫夺华北一部或全部的政权,后来战事日渐扩大,东战场方面,中国军队忠勇激烈的抗战,屡次以日本重大的打击,当中国军队退出上海的时候,日本政治家要是有远见卓识的话,就应该在这时机想法结束战事,但日本军权太大,一切偏重军事,政治家恐亦无可如何,于此可见日本军事、政治的不协调,将来日本军事上的失败就好从这上面看出来的。尤其中国军队耐苦和忠勇的精神都比日本强甚,这亦是值得大家乐观的。

再说到全民战争的重要性,不仅是使全国民众要服兵役,且在各部任指导责任者,如制造军器、运输船舶、经济给养各方面,当全国总动员时,应该都要有齐一前进的精神及协调,不使任何一部份感受牵制,同时物质方面要和敌国保持均势,且进一步要比敌国达到优势才好。

　　总之,当战事发生以后,军事方面要以全国力量来应战,外交方面要明白军事方面有几许战斗力量去应付国际情况与变化,尤其是军事领袖无论在战时或平时都要明了各方情况,以适应现况的需求和变化而领导及处置一切,以争取战事之胜利。

《德国军事总顾问法肯豪森演讲纪要》(上),《民国档案》2005 年第 1 期

总顾问演讲纪要

1938 年 3 月 8 日

二十七年三月八日总顾问演讲纪要

研究战史之价值

　　按战史一科极关重要,如研究得体,可据为尔后作战之参考。历来名将对于此种学识,不仅研究,并且著述,如腓力大王、拿破仑、毛奇诸人皆是也。因之战史一科遂随时代之演进成为军事科学。现在各国不独陆军大学视为紧要功课,即一般普通大学亦无不重视,恒当作一种技术研究,军备强大国家更有战史之储藏,惟研究此课不能仅凭教授,仍须各自钻研。而选择战史书籍尤不可拘泥崇拜某一英雄,或妄加批评,无论为公家(如参谋部所著)或私人所著(即指挥官等所著),均应以身历其境,并适合战斗实况为准绳。本人在欧战担任参谋职务时,曾将每天所得情况分给各部队参谋四十人,令其判断,决心处置,连续五天共得二百答案,惟统观答案均未得本人同意,推原其故,一面由于当时兵器进步,一面未能将战史研究所得移于实地也。故研究战史非仅研究某会战之经过即为满足,要在其战略与战术方面分别研讨,而于当时指挥官对于情况如何判断,所下决心如何,处置是否适当,尤须反复研究,综合探讨,以期得一合理答案,俾资参考。

　　有一部战史书籍名曰《考勒(译音)》,系研究歼灭战的一部伟大著作,其内容完全以图表方式撰写欧洲战争历次会战之真实情形。当时用兵方式不外:(一)梯次配备;(二)迂回攻击;(三)包围攻击。最初

彼此均采用包围攻击,以达歼灭敌人之目的,及至一九一四年德军侵入法境,仍沿用此项方式。如第一图(略)。

其后德军以瑞士(中立国)作为左翼依托,但因正面莱茵河边法军要塞坚固,难以突破,因而假道比国作广大之迂回攻击,以期速战速决。如第二图(略)。

此外,如英军因奥军战斗力薄弱,将正面配置少数兵力,而以主力集结于右翼,向奥军左侧攻击,使奥军因感受侧背威胁不得不将其战斗改变,招致莫大损害。如第三图(略)。

故研究战史最重要的基础在拟定作战计划时,应顾虑左军正面及两翼在地形上有无据点或弱点,并本此原则研究敌方正面据点、侧面支撑点,以判断其攻守动静,务期在开战之前,即使敌处于不利之形势,遭遇被动的打击,至敌之后方交通尤须加以破坏,并以最大机动性改变战斗正面,使敌顾此失彼,穷于应付(倘兵力过大,占领地带过宽,改变正面殊感困难,尤其中国地区辽阔,如兵力配置过长,改变正面殊不易易)。是以草拟此项计划贵乎细密周到,以补战史书本之不足。其次,兵要地理于战史研究上亦颇关重要。在普奥、普法以及世界战时,各交战国均先将敌我地形详细绘图,作为计划准据。在欧洲方面幅员较小,地形又不甚复杂,尚无若何障碍之点,但在中国幅员既广,地形又极复杂,就中如稻田一项,几乎到处皆有,其障碍作战影响甚大。

此外关于游击战,在拿破仑远征俄罗斯、罗马、奥大利时即见采用。当时奥军常用游击战牵制法军,予英军出击拿氏机会,法军因之感受侧背威胁。但就经验上言,只用游击战远不够满足战斗的要求,该游击战仅可牵制敌人,予本军作战的补助,而驱逐敌人仍有赖于主力战争也。余(总顾问自称)意中国应在山西西部与山东南部控置若干兵力,利用游击战争袭击日军,以策应津浦、平汉方面,俾予敌以首尾之夹击。

还有持久战,以此种战法拿破仑极善运用,兼以当时各国兵力甚弱,不堪一击,更予拿氏发挥持久战的机会,而各国统兵官卒因之疲于奔命。现在中日战争中国颇可采用,以消耗敌人军实,待机反攻,歼灭日军。

　　总之，吾人研究战史是在探索其历次会战胜败原因，俾作参考，至作战时仍须灵活运用，千万不可将战史合盘抄袭，所以担任战史之教官必须严格选择，而教授时尤须详为讲解，期于运用，不能仅仅讲读一遍，致受教者囫囵吞枣不知活用也。本人感觉过去研究此课者往往拘于成法，甚至伪造情况，作成想定，致结果不能活用，失去研究真意。譬如此次中日战争，日军将主力攻击大场，华军此时除应在大场正面拼力死守外，并应于南翔、江湾方面予以出击，使敌感受侧背威胁，不敢冒险攻击大场。当时该方面将领似忽于持久战争之原则，致大场不守（如第四图）。此点今后可为殷鉴也。

《德国军事总顾问法肯豪森演讲纪要》（上），《民国档案》2005 年第 1 期

总顾问演讲纪要

1938 年 3 月 10 日

二十七年三月十日于武汉行营人礼堂

一、陆海空军协同作战之指导

　　陆海空军之对敌作战，其性质虽各不同，其杀敌效果之目的则一，且其同以陆地为根据地亦一也，故陆海空军根据地之掩护保存，务宜特别注意，慎防敌人之袭占与破坏。至统一指挥，为作战之基本条件，胜负系之，尤不可忽。

　　假如英日一旦发生战事，其后方联络与输送胥赖海军，而空军则为补助兵种耳。

　　当一九一四年英德海战，德海军力量并不强韧，但不断以少数海军出击，破坏英之海上联络线，使英国不得不移其海军主力于英法海峡之南，以取得法国之联络，而阻止德国在北海之出击。德之阻止英军向北增援，不肯使用海军主力者，原为保存海军实力，然英在海岸之联络交通线仍未断绝。此即德国之错误，故作战时如认为确有相当胜利把握时，虽以全般兵力加入，亦所不惜也。

此次日本在海方面之作战,其陆海空军均取密切合同之动作。迨中国退出上海后,据余(顾问自称)观察,日本空军之使用已不甚适当,因其分割使用,成效殊鲜,且每得不偿失也。

空军之任务应以援助地上战斗为目的,如独立空战须空间小而飞机多,获得制空权达到空中优势,以多数驱逐机制压敌之轰炸机,使敌不敢以空军对我地上作肆意之轰炸,故我军事指挥官应随时控置相当空军于战场附近,而就近指挥之。

现时我国空军应以援助或掩护前方部队作战最为重要。其次则掩护后方城市,如兵力余裕时,亦可积极行动,飞往敌之后方根据地轰炸破坏之。

二、作战部队之区分

因战事之扩大与战线之延长,得按敌情、决心、地形数者划分战区,苟对统一指挥或不免稍有困难时,可限制其统辖单位,如战区司令长官之下不得超过六至八个集团军,集团军下不得超过六至八个军,军以下不得超过八个师,师为战备单位,不可分开作战,当世界战初时,各国每军统辖二师,迨后即以师为作战单位,盖师以下不可分割故也。

师以上单位本可随时增减,然于统一指挥上每易发生障碍,可于联军作战时觇得之,此种障碍不特在政治方面,即各国人民心理之不同,亦其原因,如世界战时,英军不肯分开作战,脱离其本国司令官之指挥,迨联军失败后,方感到统一指挥之重要,始设置联合军总司令指挥,英、法、比各军于是乃得合一作战矣。

中国现分六个战区,而于各战区之上复有统一指挥之机关,如某战区因战事失利发生其他影响时,则此指挥机关可令其他战区补救之,是即表现统一指挥之精神,且随时有协调之必要。

一九一四年德以主力军向马尔河前进,斯时西战场战事进行甚为顺利,旋因俄军深入东普鲁士,德军受其威胁,乃由西战场抽调二军团赴东普增援,遂使德军在西战场战事失败。又当奥军攻意,俄复攻奥,奥于是不得不将攻意军力抽向东方,而攻意之目的不能达到,可见任何一地如发生缺点，其影响所及，遂能牵动全局。

日本对中国作战，恒以看出中国弱点，即以全力攻击，如津浦南段我取攻势，则敌于津浦北段当亦采取攻势，敌如在晋军事得利，则我第一战区受其威协，现敌正以重兵移晋，故我其他各战区均无大战，然我其他各战区正应乘此机会同时进攻，始合协同作战之旨趣，所谓攻其弱点是也。至对各战区统一指挥，则尤为先决条件耳。

中国第五战区居于长江、黄河之中间，依其形势乃一独立战区，其主要任务应绝对阻止敌人之占夺徐州，而第三战区之主要任务，应绝对阻敌人由江南岸地域进取南昌之企图。至第一、二两战区从前有分开两区之必要，依现势观之，应竭力防守黄河之线，不妨并合为一较易指挥。

三、各级幕僚对作战见解应一致与贯通

军令部为全国高级指挥作战机关，对各战区有令动作协调及转移兵力之职权，并须控制强大兵力为总预备军，而适当使用之。但各战区对此预备军不得随便移动使用，同时军令部可按现时情势，将各战区扩大与缩小或取消之。

各战区须密切合作，不特对本区情形应当明了，即对邻接战区及全般情况亦应认识清楚，而后可以指挥自如，克敌致果。各级参谋尤须有一致的远见与眼光，顾虑全般动作，始合乎参谋人材之要求。

玛尔河（译音）会战，德以第一军围攻法巴黎，当时运用甚为巧妙，旋因抽调一军团向右翼进攻，即于此抽调处发现空隙，法人乘之，德遂失败，是当时该军之指挥官及一般参谋人员未能顾虑全般情况有以致之。

作战、情报、补给，此三者应有相互密切之联络，故军令部之第一厅长每天至少应与各战区参谋长或参谋处长互通电话一次。第二厅厅长对派出情报人员及各战区主管情报者每天至少亦须互通电话一次，而后方勤务部对各战区主管补给人员每天亦应互通电话一次。如此则高级军事机关之主张可以推行至各区，而军令部对于各区之意见与情况，亦有真确之认识,而作适当之处置。

根据历来经验,各战区如有错误之处,军令部应随时予以干涉矫正之,如作战部队有不合机宜之处,军令部得直接纠正,不必经过各战区之转折,恐致迟误时机。

总之,作战之先决条件,须先有统一之见解,再依据此见解而统一动作,统一指挥,此为军令部应行达到之任务也。

　　　　《德国军事总顾问法肯豪森演讲纪要》(上),《民国档案》2005年第1期

总顾问演讲纪要
1938年3月17日

二十七年三月十七日总顾问演讲纪要
最高指挥官对工作计划之实施

军令部为最高军事指挥机关,对战略预备队之集结与时间,及全般兵力之配备等,务求达到协同之目的,而其最要者为明悉敌情及其兵力与战地形势,此三者实即最高指挥官实施工作计划之主要条件,宜深加注意。

战争之目的在以统帅之意志,如何能达歼灭敌人而获战略上之胜利,然欲实现此意志,则舍情况判断不为功,盖知己知彼而后可以百战百胜也。

根据徐厅长(培根)三月十六日在《大公报》发表对中央社记者之谈话,敌人之逐次增兵,其原因在轻视中国,对中国整个之战斗力估计错误,盖因其物质方面较中国优,故其最初判断以为征服中国毋须强大兵力即可成功。徐厅长此项谈话对敌我之战力与战略判断清楚,故余(总顾问自称)亦甚表同意。

日本对中国因海军之优势而获得制海权,中国有极长之海岸线,无相当海军力量控制之,故日军在任何海岸均可登陆,使中国穷于应付,到处受制,是为中国国防上之弱点,但苟能于重要之海岸及敌人最易登陆之地区集结相当兵力以防御之,俾敌不敢长驱直入,亦是补救之

方法。

在淞沪方面,当中日战争开始时,日军最初本不愿作主力战,但因中国重兵死力相拼,故敌不得不以主力相对付。外人评中国在淞沪作战每以数倍于敌之兵力相拮抗,此种比例方式作战殊不值得,但中国在精神上之所得及淞沪之战绩已博得全世界之荣誉与尊敬,其价值较所失则又超过十百倍矣。

淮河方面,日军亟亟有渡河北进之企图,但中国预备队由合肥推进后,敌感受威胁,非特不能渡淮北进,且窘退淮河以南而陷于停顿状态中,故战事之胜负其关键并不单在器械之优良,而在指挥官之能利用适当时机及兵力,向适当方向进击之,始能获得胜利,如上述日军之窘退淮南者是。

中国自大场失守后节节失利,至今形势之能好转者,盖得力于运动战,此种战术极利于中国之地形,一面与敌正面作战,一面用游击队在敌战线之后方袭击而破坏之,最后更由军令部控置总预备队于相当地区,而支援之故未有不感受威胁而穷于应付也。

日本对中国之企图,其目的本有限制,即以现况测之,敌不过欲占领山西全省、黄河北岸及山东各地区,造成极广大之根据地,再图进攻我黄河南岸,故中国无论如何须设法阻止而妨碍之,不能任其占领黄河北岸,如万一一旦放弃,后欲图恢复殊非易事,但欲阻止敌之南下,非在北岸控置强大之兵力,坚确保持晋南及豫北不可,如专在南岸沿河岸防守,定难生效。盖黄河虽称天堑,因系弯长河流,绝对不能为安全可靠之障碍物而阻敌不进。例如,欧洲多脑河较黄河障碍尤大,尚不能阻止德军之进渡,可为明证。

现在中日战线既远且长,中国应将预备队控置于各战区,以为应援,或集结适中地点,如在武汉三镇附近地区,俾随时可向各战区输送。中国军队出发时,行装极简,行军力较欧洲各国强大,惟机械化部队因交通不发达,仅限于少数之铁道、公路可以运动,不若欧洲各国交通发展,到处可以到达也。

当输送大军时,须用多数之载重车与弹药等,目标亦大,其行动易被敌军察知,但欲使敌人认识困难,须施行疑兵方法以欺骗之。例如甲地筑飞行场,同时于乙地亦同样动作,使敌人难于认识。又如军队行动多用夜间行军,且于不重要方面以少数部队昼间循环往来,使敌侦察错误等是。

再如一九一六年德军在意边境,对非主攻击方面特意以无线电话不断向各级部队传布命令,引起意军之极端注意,于是意军用种种方法窃听德军之无线电,误认为机密,致对德军真正攻意之处疏于防范,而致败绩,即其明证。

余(总顾问自称)阅外报,见关东军有一声明,谓中国是很大的一块湿地,日军现已进入泥泞,不可拔足的地方不宜再往前进,然敌欲向后退亦不易办到,我军宜乘其陷于泥泞之机会,而牵制之,攻击之,歼灭之,万不可让敌安全退去,深盼中国军事当局力以注意。

《德国军事总顾问法肯豪森演讲纪要》(上),《民国档案》2005年第1期

总顾问演讲纪要

1938年3月22日

三月二十二日总顾问演讲纪要
高级指挥与中级指挥

一、各级指挥之方式

作战指挥大别为:(一)最高指挥;(二)高级指挥;(三)中级指挥。三种分述如下:

最高指挥乃属军令部之职权,前次已详述之。高级指挥系决定战场内之作战方略(战略),如在战区内各集团军、军团等之指挥是也。中级指挥系将作战方略见诸实施(战术),如军及师之指挥是也。惟军、师乃属战区长官之指挥,故最高指挥及师之指挥机关(军令部)对各战区下达命令,只可以训令方式指示,其大要不宜代为细密规定,俾各战区长官对所属军、师之指挥,得有伸缩运用之余地,但必要时对某

军或某师特别事件,仍得以训令直接指示之。

各战区长官部奉到最高指挥机关命令之后,应按其指示之要旨,参照目前情况详加研究,然后再对所属下达适当之命令。

最高指挥机关应掌握必要之总预备军,按战况之需要适时增援某一战区,惟此种增援,仅就战略观点上决定大要,使归某一战区长官指挥。至于该总预备军,在战术上应如何使用,宜由战区高级指挥部决定之,故各战区对增援之总预备军,应依据当时敌情、地形、任务为适宜之纵深配备,以期适合战术上之要求。

战斗指挥必须注意兵力、时间、空间三项,在未与敌交锋乃至作战过程中,关于敌我兵力应予以确实比较,而时间与空间,对于尔后作战上是否协调,亦需周密计划,善为运用,务使互相联合为要。

例如世界大战一九一四至一九一五年,当时因双方战线皆有依托,无法施行包围战术,其可采用者,唯中央突破战术,但以彼此装备精良,势均力敌,致最后结果均未达到预期胜利,如当时装备稍有强弱,其胜负正不可逆料也。此次日军侵略作战,屡以突破取胜,即其明证,盖日军之优胜在物质,而中国军队之装备尚未能达现代化与敌军势均之程度,故此点极应注意,在战术上设法补救。

二、包围战术之要诀

今后对日作战,应采用包围战术。其实施方式不外:(一)战略的包围;(二)战术的包围。所谓战略的与战术的包围,不过包围地区之大小与时间之迟速而已,通常包围手段恒采取一翼攻击或侧背攻击。

依目前山东南部作战情况而论,若派一师或二师兵力袭击德州,对于津浦北段正面之敌不生若何影响,应该攻击点选在敌后方二百公里,只能牵制敌人增援部队,切断其短时交通而已,此种包围可谓为战略的包围。

又依现在山西方面及鲁西方面之日军而言,其战线延长,已达千余公里,此种战法不循正轨,且违反战史惯例,盖敌军兵力有限,无论如何绝对不敷配备,我军对敌深入晋北部队,应毅然决断毫不迟疑的集中主力,对敌军个别包围,迎头痛击,以达各个击破而扫荡之目的,此种包围可谓为战术的包围。

但对敌施行包围时,须用兵力强大,指示其主要目标及前进方向,且对于时间、距离之计算尤须精确,否则仍难达到包围之目的。盖敌人行动随时变化,并非固定不移也。例如日俄战役辽阳会战,日军除由正面积极攻击俄军外,并派有力部队袭击俄军右翼,企图威胁其侧背,迨日军到达时,俄军早经有计划的退却,结果仅与俄军之后卫稍事接触,考其原因,系日军未能将时间距离计算精确,以致徒劳往返而已。如第三图所示(图略)。

三、淞沪、津浦会战之回顾

查去岁淞沪之战,日军集中主力向大场进攻,当时我军除在大场尽力死战外,并应于南翔方面施行主攻,同时以广福方面为助攻,使敌感受侧背威胁,藉解大场之危,当时虽定此项计划,惜因时间不许,未能实施,殊为遗憾。如第四图所示(图略)。

又近来日军在津浦北段战法,系以重兵对我军要点取得小的楔子方式,向我军突然攻击,期达其突破企图。我军为应乎战况,宜用包围战术以达歼灭该敌之目的。至包围手段,如在临城正面积极进攻,牵制日军主力,同时并派遣相当兵力由金乡向济宁袭击,以阻敌增援部队南进,而切断其后方交通,更以优势兵力由台儿庄向临沂方面进击敌之左侧背,并派遣预备队增援正面是也。如第五图所示(图略)。

四、最高指挥机关应注意之事项

当拟定战斗序列及战略计划时,地图精确与否关系颇大。按欧洲各国指挥大军所用军图,概以八万分一或十万分一为标准,盖此种地图精确,将各种兵力描绘其上,呈请最高指挥官阅览时即可一目了然,如到实地,根据情况以下判断决心及处置发布命令等,亦不发生错误。但中国地图往往与实地错误甚多,且比例尺甚小,所用地图有在百万分一以上者,试问此种地图若按战斗序列将各种兵力描绘其上,何能醒目?往往骤然一看,似乎敌人已在我包围之中,究诸实地,误差极大,最易贻误戎机，关系非浅，今后对此宜亟力改正。

再者，中国将校有对于持久战真意尚多误解，致应付作战往往不能互相策应。所谓持久战者，按时间而言固然长期作战，但非故将战期延长而坐失机宜，故须采用纵深配备，地区长大，纵有一线被敌突破不致波及其他阵线，且各线部队尚能彼此策应，协同动作也。

更有进者，最高指挥官须将本人意志贯注于各个官兵脑海中，俾全体士气旺盛，均有果敢直前之勇气与决心，而各级指挥官尤应本不惜牺牲、一往直前之精神实施战斗，决不可稍存依赖。因后方虽有强固工事，足资御敌，致决心不坚，突起移动之幻想。至各战区之友军，务须协力合作，互相援助，不可因友军方面战况紧急稍存观望，致召各个击破之危机，推欲补救此缺点，仍须赖最高指挥机关洞明事机，指导有方也。

《德国军事总顾问法肯豪森演讲纪要》（上），《民国档案》2005 年第 1 期

总顾问演讲纪要

1938 年 3 月 24 日

三月二十四日总顾问演讲纪要

筑城之意义

构筑工事之要点约有二种：（一）关于技术上；（二）关于战术上。今所研究者为战术上之工事构筑。盖无论为永久或半永久筑城，或临时工事，均系战术上之一种工具，即藉以阻止敌人、掩蔽自己之建筑物也。故自有战争以来即有此种构筑，而筑城方法随时代之演进、战术之发展逐渐进步。惟是纵有坚固工事，若扼守不得其人，仍等于虚设，必须善为利用，一面藉以抵御敌人，一面发扬自己火力，方不失筑城之本意。至其种类，简言之可分为下列数种：（一）城墙；（二）堡垒；（三）掩体；（四）要塞。而要塞又分为海岸要塞、江防要塞、陆地要塞三种。但无论为何种筑城，务须注意侧防设备，否则仍难显其价值，兹分述于下：

（一）城墙

按城墙工事，古代发明，各国皆然。不过不及中国之伟大，惟长城

工程成一线式,究于现代之战术上无甚裨益,良以现代战术上之要求,筑城不在一线式,而在据点式,且须工事密布,巧于利用地形。在战术上有正面火力与侧防火力之别,在筑城上亦应正面坚固并设备侧防机关,方为适当,否则不特易受侧背威胁,甚至不能扼守。又对于纵深配备,尤须注意。例如南京城门泰半均设有几重,即此意义。以故城墙建筑方式关系于战术上之进展,非常重要。

（二）堡垒

在二百年前法国有一技士曾发明以科学建设国防,其意即构筑堡垒,以少数兵力制止优势敌人之进击,各国因此种构筑颇适于战术要求,遂相率采用,至今仍袭用之。其构筑型式,不外三角、四边、五边及环形等式,就中尤以环形式者警备城市多采用之,其周围通常约七十公里内有种种建筑设备,极其完善。惟此种种堡垒无论其形式如何,终以目标显明易受敌火力集中,且一面击破,全部无用。尤以环形堡垒,世界战后,各国咸认系过去工事不适采用,故经始时不宜连贯,为避免此弊,按各种形式分为基本小单位,选择重要地区,构成据点,如是既可减少损害,复可向前推进。

古代作战攻者用矛盾,防者用甲胄。嗣后火器发明,改用枪炮,现今进步,用装甲战车,但战车虽具有运动性,可用为攻击利器,若防守方面,构筑坚强工事,仍不生若何影响。惟兵器既如是不断发明,防御工事自不得不随同改进,相沿至今,遂有外线之构筑,即用许多各个工事构成工事群,散布于广大地区,并可作互相侧射之阵地。譬如南京防守工事,将外线构筑推延至句容之线,即其一例,此种构筑可以名之为工事区,惜上海退出后未经利用,致未能显其价值。

（三）掩体

掩体有机关枪掩体及掩蔽部之别,而掩蔽部又分为轻掩蔽部与重掩蔽部,要皆保持兵力、器材,至必要时而使用之,并藉以避免受敌火力之压制,惟构筑时必须注意侧防。更有两点务要顾及,即:(一)射孔之开设;(二)不可拘于视界开展,应力求射界宽阔,盖射孔如开设适当,不特火力发扬,且可施行侧射。又选择掩体之位置,最忌置于山顶,其次,选在山腹亦非所宜,最好选于山麓附近。盖选在高地,我由远方能看见敌人,但目标暴露,敌人炮火从远方亦能对我射击,且死角甚大,敌易接近。若选在山麓,射界开展,可以消灭死角,且须设备侧防,用交叉火力瞰制前地。如左图所示(图略)。

至于掩蔽部,有轻重之别,胥视其构筑强度如何而定。轻者可以抵御枪弹及破片,重者并可抵抗野战炮弹。中国现在所作之掩蔽部,显皆属于轻者。按重掩蔽部,德国有可容步兵一团者,其工事悉以钢骨、钢板、青石子、三合土等材料构成,强度极大,所费不赀,竟达德金数万元。

四、要塞

要塞系筑城之一种,并同为战术上之一种工具,其构筑亦略同堡垒,故可谓为野战筑城,亦可谓永久筑城。拿破仑曾谓攻击要塞手段与攻击野战工事相同,足见要塞攻防亦即阵地战也。其种类可别为:(一)海岸要塞;(二)江防要塞;(三)陆地要塞三种。按海岸要塞,本与海军舰队相依为用,故欲警备海岸,仅凭要塞仍不可恃,必须海军先占领制海权,其次辅以海岸要塞,方可无虞。惟中国海岸既长,且缺乏海军,际此情况,自不得不注重海岸要塞,但仍须辅以潜水艇、快艇及空军等,方得保其威力。例如广东海岸极其弯曲,若果于该方面所筑要塞,辅以空军及配备潜水艇、快艇等,则敌舰队不特不易登陆,且欲求接近海岸恐亦难能,惟艇炮威力究不及陆炮之大,只期阻止敌舰不能突然侵入我要塞炮火有效射程之内,则目的达矣。惟敌舰具运动性,其目标活动无常,若要塞炮台仅装置曲射炮,则因弹道弯曲,射程较短,除敌舰逼近海岸处,仍难命中,故须配置大口径之平射炮,射程远大,由远方射击敌舰为要。关于炮位选定,亦甚紧要,通常平射炮概置于山顶附近,而曲射炮以置于山腹为宜,俟敌舰迫近海岸时,方使用之,且须配置守备队,以资掩护。如左图所示(图略)。

此外为阻止敌人登陆,须于要塞四周遍布小口径炮及机关枪,设置侧防机关及障碍物等。为防备敌机空袭,须配备高射炮及高射机关枪等。

关于江防要塞及陆地要塞,在战术上之价值及其构筑要旨容另续讲。

《德国军事总顾问法肯豪森演讲纪要》(下),《民国档案》2005 年第 2 期

总顾问演讲纪要
1938 年 3 月 29 日

三月二十九日总顾问演讲纪要

陆地要塞与江防要塞

一、陆地要塞

新式陆地要塞之工事区,系随时代之演变与技术之进步而构成。世界大战时,要塞战对于战略战术上发挥效能甚大,如法国威尔登要塞,最初其本身设备亦系旧式,因在战略意义上其位置密迩重要城市,且随时代之需要和兵器之改良、技术之进步,迭经革新,成为新式强固之要塞。德军即用四十二生的口径大炮制射,未能予以破坏。当时该要塞不仅在战略上占有重要意义,即在战术上亦能发挥极大效能也。按要塞系固定式的庞大建筑物,且无运动性能,故其所在位置必须有相当依托,如依托中立国或隘路、河川等。例如法国东部毗连德境各要塞,其正面临近莱茵河,右翼依托瑞士,左翼依托比国,致世界大战德军因法国国境要塞正面强固无法侵入,不得已假道比国攻入法境。战后法国重整马其诺防线,仍然依托瑞士及比国,并要求比国准将此线延长至荷兰边境,以防德军侵入,可为明证。按要塞战之目的在:(一)俾动员部队有余裕时间得以集中;(二)减少野战军防御兵力,并藉以牵制敌军。其开始作战规模颇小,须赖野战军为后劲,以期协同作战,互为利用,尤应目光放远,于附近地区构筑补助工事,使野战军在转移攻势前利用据点抵御敌人,并免前线部队发现后方筑有强固要塞,不存依赖之观念而无斗志。

通常构筑要塞必须利用天然障碍作为依托,并设法阻敌迂回攻击,

但一切工事均系战术上一种工具,因此于隘路附近应筑相当工事,如江浙等处大小沼泽星罗棋布,河流纵横如网,应于桥头附近构筑桥头堡。又如南京、武汉等处重要渡口构筑强固隘路堡,以资御敌。当我军攻击敌军时,控制必要兵力扼守桥头堡、隘路堡,俾先头部队有开进展开之便利,后续部队有整备之余暇。若在背进时,亦应布置相当兵力,以资掩护,俾本军得以整顿,有企图反攻之机会。总之,要塞于攻防上均有莫大之补助也。然障碍之利用乃有时间之限制,自有战史以来绝无专门利用天然物为障碍得以永久防敌侵入者,譬如黄河河流障碍虽大,须在沿岸各重要战略地带控制相当兵力,始能阻敌侵入,且须于重要渡口构筑强固堡垒,以补助之。尤应于黄河北岸集结强大之兵力,牵制敌军,使其疲于奔命,无力南侵。同时相机转移攻势,以达歼敌之目的。盖自来防守河川,须在对岸派遣有力部队活动,方可使敌军不能渡河,若专在一岸死守,而河川流区甚长,敌军未有不渡过河者。

　　二、江防要塞

　　基于战略要求,我军现时作战必须巩固江防,其唯一手段须利用要塞。查长江障碍颇大,为阻止敌海军浅水兵舰与陆军偷渡起见,对于要塞之编成必须详细计划,尤其炮兵使用应特别注意,须知江防要塞、海岸要塞其性能略有不同,因海岸要塞炮台射击有一定方向。江防要塞因江流甚长,炮台射击须由江面下流最初发现敌舰时起至敌舰经过炮台前面并越至后方均能射击,否则防线颇长,敌舰可利用跃进手段而超越之。是以炮位必须增多,射程更宜加大,并于两岸安置炮位,互相侧射,阻敌舰攻击。如左图所示(图略)。

　　又为避免敌舰施放烟幕弹强行偷渡,应在江面敷设水雷,或沉船江中作阻塞线,且布置各种障碍物于我炮火有效射程之内,无论昼夜均能阻止敌舰侵入。查诸位有参加江阴和江宁要塞工作者,对于上述情形必能明了。依经验而言,颇难选定适当地点,使阻射线与炮火射程得以协调,如此次马当要塞,其阻塞线选在炮位阵地后方(此系主管阻塞线者不能与主管炮台建筑者协调),即其一例。须知阻塞线之目的:(一)

阻止敌舰于我炮火有效射程之内,使其不能侵入;(二)使水雷炸毁敌舰同时,炮台守兵即以炮火集中射击敌舰,使其沉没。再防江更须防陆,双方巩固则要塞始能发扬优越之威力,未有陆面空虚而江面要塞能孤立独守者,此次江阴要塞在战前曾经考虑江防与陆防之设备,若战时果能派有力部队坚守锡澄阵地,则江阴要塞可保无虞矣。

三、主管要塞之机关

关于要塞构筑之数量与强度,位置之选定,构筑之方法等,必须根据本国国力与邻邦兵备,假想敌国状态及兵要地理情形,并战略战术上之要求,详为计划,缜密研讨,然后付诸实施。其主管计划机关,战时属于军令部,平时属于参谋本部。在技术方面,一般的由工兵人员担任,但计划机关对于构筑要塞之要求,除原则上应给予技术人员明确指示外,并应规定详明之细则,例如在江苏太湖及长江间构筑工事,应分别指示在太湖某地区,或长江某地区,其强度如何、炮位多寡、守备队若干等各事项,决不可仅示节略,含混其词,致实施者无相当之准据,故参谋机关在计划某区工事之先,应派战术及技术各项专门人员(步、炮、工、通讯及工程技术等人员)会同实地侦察,予以相当时日,精密研究。通常侦察二公里地区,每人必须一日时间,始能任务完毕。此外,如工事应需之材料及若干时日完成,均应注意及之。然后将研究结果用五万或二万分一比例尺绘图立说,作成计划。其构筑程序:(一)简单安全构筑,系将工事草创,作初步的构筑;(二)加强构筑,乃就初步已成工事予以增强及增筑,系将各种工事如炮兵阵地、机关枪掩体、观测所、掩蔽部等全部构筑,连成大网,成为完全工事。尤其掩蔽部必须普遍设置,并应乎国军编制及作战需要起见,将工事地带分区构筑,俾野战军进入阵地时,不致分割建制,得以协同动作。例如步兵一连工事,应先构筑二个重机关枪掩体,适合战斗上之要求。凡步兵一连采用纵深配备时,其工事编成应照此办理,若隐蔽掩体强度增大,可以减少数量,其避免敌火损害程度亦随之增高。其次,于工事区必要地点尤应设置障碍物,阻止敌于我有效射程之内。

四、我军过去构筑工事之错误

查此次中日战争中,我军所筑工事均应先筑散兵壕、交通壕,在淞沪、津浦作战完全本以此原则进行,惟此种构筑法极易暴露目标,受敌炮火瞰射,且其工事地区并非永久筑城地带,无需此项耗材费时之举。通常构筑步兵阵地时间须在步兵开始攻击之时,否则我军阵地暴露,被敌军炮兵发觉,早在敌炮火威力制压之下矣。当世界大战时,防止敌之步兵攻击,泰半构筑机关枪阵地,步兵则利用弹痕地射击敌人。又工事若无掩盖,其效用甚微。目前武汉方面所筑工事早经初步完成,敌机容易发见,且无掩盖材料,不能加强构筑,此种工事对优势装备之敌攻击无甚效力。

构筑工事在运动战固应纵深配备,而阵地战尤应注意纵深,使其成为强固据点与支撑点,即利用天然障碍或人为工事,巧妙布置是也。淞沪会战我军构筑许多据点式工事于独立家屋及显明目标附近时,且集结主力与敌周旋,结果乃予敌炮火良好目标,致受莫大损害者屡见不鲜,此后对于工事编成必须注意掩蔽目标,其纵深横宽尤应适当配备。若步兵一连可分为三排,筑成数个据点,倘敌人由某部分突破攻入,其他部分可以互相侧射,构成火网。如上图所示(略)。野战军除利用工事外,对于地形地物皆可利用,淞沪战时姚(子青)营利用宝山县城墙抗拒日军达数日之久,惟因我军兵器较劣,不能将各战区利用(成)〔城〕墙之敌予以击破,足见我国城墙虽经千余年历史,仍有利用之价值。但阵地只能作战术上的一种工具,若纯粹依赖工事,绝无战胜的可能,必须在战术上取攻势防御,始能转守为攻,转败为胜也。

我军构筑工事多未注意侧防机关及警戒阵地、前进阵地等,故我军本阵地前方无有掩护阵地,在开战初期,我本阵地位置即被敌人发现,招致敌军炮火集中射击,损害甚大,遂致阵地不守。我军每次退却时常宣称阵地被敌破坏移转新阵线,查其原因,乃在本阵地无侧防机关及前进阵地、警戒阵地等,既无纵深配备,故工事一旦被敌炮火破坏,遂致无法挽回战局,反之若系纵深配备,布置适当,强度增大,战地指挥官具有坚决意志与部下绝对服从,必能发挥工事之效能而获作战上之胜利。

《德国军事总顾问法肯豪森演讲纪要》(下),《民国档案》2005年第2期

总顾问演讲纪要

1938年3月31日

三月三十一日(第十二次)

高级司令部命令之下达法

高级司令部之组织及其工作前已言之,但命令之下达亦甚紧要,今特再述之。盖各级司令部当下令时,对于命令之精神及其要点最宜注意,因高级参谋机关如人体之首脑,各级司令部之参谋如其神经系,凡人体每一动作由脑部发动,至于肢体必经过神经系为之传达,最高统帅部之意旨欲传达于各军、师亦然,必经过各级司令部之参谋为之传递,故各级司令部之参谋皆等于人体神经系之一部也。惟据余(顾问自称)与各集团军及军、师参谋谈话之经验,观其行动多数类似各该司令官之书记,察其原因,殆每一司令部所设之参谋员额过多,而业务分配又无专责,往往不能各尽其所长。余意各级司令部之每一参谋均为其各该长官之助手,应各指定工作,分工办理,各负其责,且自最高统帅部乃至军、师司令部均应分科设处,俾各级司令部之参谋有时因工作上必互取连系者,仍能脉络一贯,通力合作,而军令部为提高参谋之地位与人格及确保其联络,更应明白规定,以期一致,藉收指臂之效。

中国军、师以上之高级长官往往于战时身兼数职,此点余未敢赞同。盖战时军、师以上之高级长官职责繁重,对于本身一职能尽责任已属不易,苟身兼数职,则对于所属指挥难以精神贯注,影响作战实非浅鲜。又炮、工兵等之特种兵团决不可使其独立作战,应附属于步兵使用,俾与诸兵联合指挥统一之效。余曾闻有某炮兵指挥官对人夸曰:某次战役未失一炮,然究其实际,乃未与步兵协同,(预)〔留〕在后方。又有一次某通讯兵团长亦同样对人夸言,考其究竟,其电信悉在后方,固未向最前线架设。凡此种种,军、师以上之高级长官均应注意及之。

其次，高级司令部有时因避免敌机空袭将其位置选设于偏僻地点，致距离战线过远，对于尔后战况变化及其发展不能适时予以处置，尤其对于预备队之派遣，往往因情况不明不能适当使用，致徒费兵力，迨阵线一旦被敌突破，无法增援挽救战局，过去淞沪会战即犯此弊。而特种兵因此不能协同动作者更为最大缺憾，例如炮兵变换阵地，有时因高级司令部相距过远，未能适时报告，影响所及，致使友军及有关部队预定之战斗计划皆成理论，甚至蒙重大之损害。

下达命令方法在陆大课程中颇为重视，惟终以假设之固定情况藉作研究性质，仍多偏于理论，倘以其研究结果移诸实战，未必尽合，盖实战时情况往往瞬息万变，因之作战命令必随状况之变化适时到达，俾作战部队有所准绳。当起草命令之先，尤应置身敌方及我方，就当时实地状况切实着想，然后下达适当命令为要。

至于军令部对于所属各战区下令，只可由训令方式，不必代为细密规定，俾各战区于运用上有伸缩余地，此点上次曾已述及。例如军令部意旨为防止敌在青岛登陆，下令某战区担任此种任务，则下令词句仅示知其主要企图，令其防止敌在青岛上陆可矣，至于应用何法防止，不必细密指示。又如某战区欲令其右翼向枣庄包围，亦仅示其包围目的可矣，至如何包围，则受令之军、师自可本此意旨定其目标而实施之，下至团、营、连、排莫不皆然，不过所下命令总期适合当时状况，使作战部队能以实施为第一要义。此外，命令下达后，受令者能否了解意图，并其处置如何，有无疑问，起草命令机关之参谋均应注意及之，代为实际设想，故须派一参谋驻于下级机关，即所谓联络参谋，俾对于命令用电话或笔记下达时，可随时代为解释，此种办法战时很多用之。

又，下令时须顾及各部队之战斗力。举凡其兵力强弱、素质良窳、兵器精粗以及士气振否等项，均须注意。例如淞沪会战，各部队当战况激烈时，有能支持一、二日者，亦有仅抵御几小时者，是皆由于军队战斗力之强弱不同，故抗战能力有差别也。下令机关之参谋对于此点应特加顾虑，且对于作战部队之师长，其个性、人格、学识、才干尤须彻底明了,庶可取长舍短,适当使用。

在持久战如须下令退却时,不宜示明持久战或且战且退之字样,应令其于某时期内坚守某阵线,如当退却时,除掩护部队予以一般指示外,其他退却部队只可指示其退却时机、方向及地区等项,至于"如遇优势之敌则向某方面退却"推想未确之词句绝对不可提及,故下令者如发现某种危险或接到不利情报时,务以冷静头脑加以判断,决不可立时轻信,而对有利情报亦只可信其十分之一,仍须善为判断,适当处置。就经验上言,凡主观意志坚决、精神镇定、头脑冷静者,其胜利之算较多,否则失利。例如世界大战马恩河会战,德军主将接到协约军情报,因未用冷静头脑确切判断,遂致意志动摇而遭失败,可为殷鉴。

《德国军事总顾问法肯豪森演讲纪要》(下),《民国档案》2005 年第 2 期

总顾问演讲纪要

1938 年 4 月 5 日

四月五日　星期二(第十三次)

陆地测量

一、地图在军事上及政治上使用之价值

平时陆地测量,吾人多未加注意,须知地图精确与否,关系作战指挥颇大,现值鲁南战况紧张,今后调制地图,应随战争之进展予以适切之革新,俾图上描绘与实施地无异。换言之,使阅者一见图上即如履实地也。德国各级参谋对于地图均须特别研究,名将如毛奇者,即测量地图出身之一员也。查地图之需要,不仅限于军事使用,例如在内政方面,划分国境、省、县疆界及自治区域;在财政上,土地经界整理,征收地税;在交通上,如铁路、公路之修筑,邮政、电报网之设置;在经济上,如矿产、农业之开发,水利之举办等,均须依据地图。他如个人旅行及航空线站,亦需准据地图,不过军用地图较之其他部分应用之图特别精确耳。

欧洲各国关于制图业务均集中于中央政府统筹办理,而制图之历史泰半有一百年之久,逐渐进步改良,成为精确新式地图。在德国所用

军事地图,其比例尺多以二万或五万分一,照德国全国面积五十万平方公里计算,每百平方公里制图一张,全德国需要五千张地图,但每张地图测制成功,每人约需时一年。若以一百人工作,必须五十年方能调制五千张地图。查中国全国面积有一千三百万方公里,每百万方公里制成一地图,需要十三万张,若以一千人制图,必须一百三十年方能完成工作,试问在一百三十年过程中,其地貌、地物恐早改旧观矣,但就军事立场上言之,果能将各战略要区测绘四百万方公里地图,已敷应用,较之德国全国地图已超过八倍之多,欲完成此巨大制图工作,惟有改用航空测量,在最短时间将地物、地貌以航空摄影方法迅速完成,较为便利。

二、主管地图之机关

余意目前必须将陆地测量与航空测量工作集中军令部统筹办理,若全国各机关需要地图,必须备价向军令部购买,果能如此,以售图收入与支出比较尚有盈余,可惜一时不易办到。我国近年来各方设立许多测图机关,如黄河及扬子江水利委员会、导淮委员会等,其所测之图均甚精确,不过彼此重复,虚糜公帑,故须划一,统由军令部陆地测量总局办理,设各部会有要求测量所需地图者,亦可由陆地测量总局代办。又如参谋本部陆地测量总局过去航测底板大都束之高阁,未能制成,殊为可惜。此后关于地图之比例尺应规定为五千分一、二万分一、二万五千分一、五万分一、十万分一数种,分类调制,以应急需。

三、地图在战略战术上之效用

军用地图须分两种,其效用如下:

(一)战略地图,系将本国国境线、战略地带完全测绘,其比例尺在德国通常用三十万分一制成地图。若中国自广东省起至绥远省止用一百万分一比例尺绘图一张,只能将重要道路、河流画出,如欲将重要城镇画出,必须采用五十万分一比例尺。查欧州各国战略地图所用比例尺,德国用五十万分一,法国用八十万分一,苏联则用一百万分一。

(二)战术地图,系将在战术意义上各地区地物、地貌完全绘出,各级军官当实战时,基于战术上之要求,判断情况,配备兵力乃有所准据。

其比例尺以二万分一或二万五千分一或五万分一及十万分一等数种，斟酌采用。

过去淞沪会战所用地图，因比例尺甚小，致地形全貌未克现诸图上，欲将淞沪地区二百五十万方公里地形完全测绘，必须用十万分一比例尺制成二万五千张地图。

四、三角点在测绘上之重要

通常测绘地图，在技术上虽有陆地测量与航空测量之区别，但图根点均应于全部测量之先详细测定，俾作尔后测绘之标准，其最精确之法厥为用三角测量。先将地面图根点之真高方位测定，以后再行碎部测量，为使地图切于实际，其碎部测量亦有用三角测法者。按中国若采大三角测量，至少须用三百个图根点，从前仅有五十五个，经近年努力之结果，增至二百个。今后应乎实际需要以能增至四百个为最良，至于航空测量，除依据三角点外，尤应注意起讫地点及其方向。

五、测量机关之组织

测量机关之组织如下图：

```
                        陆地测量—测 ┌ 1. 野外测量工作
                        三角点及碎部 └ 2. 室内审查工作

                                    ┌ 1. 专管飞机摄影
                        航空测      ┤ 2. 洗刷影片并修正错误
                                    └ 3. 将影片制成图
军令部—测量总局
                                    ┌ 1. 将航测影片图、陆地测量图与实地之对照
                                    │ 2. 注记航测陆测、地貌地物之名称制成精图
                        制图        ┤ 3. 地图之发行并关于航测陆测地图之解释及
                                    └   其讲解材料之汇集
```

六、测量精度之标准

从前测绘一张方桌大之地图，每人需时一年始能完成，自航空测量发明后，其制图效率顿形增加，在陆军大学对于航空测量应彻底研究，俾战时能于瞬息间读解航测地图，判断地形及敌情。须知军用地图之测绘，其精度在适于战时之运用，不在描画之美丽。例如军用图之方

格,系用等边见方形,其目的如下:(一)作为地图放大缩小之标准;(二)能于方格区域内指示及计算射击之距离与地区;(三)容易了解地面之幅员。至于普通地图使用方格之目的,则在经度、纬度之确定。依此推计,则近于南北两极切线之方格极窄狭,而近于赤道切线之方格极宽大,若依此法用于军图,非特不合要求,抑且不切实用矣。如图所示(图略)。

七、调制地图应注意之事项

描写地貌、地物,须以种种符号在图上分类绘出,例如绘画高地用二万五千分一或五万分一比例尺,应用瞰视方法以曲线投影等式绘于图上,并注明高地标高或倾度,以资明显。又如关于战略战术上重要之城市、村镇、河流、铁道、公路、森林、桑园等地物,应分类详细描绘,尤其稻田、夏日用水,对于步兵战车攻击难以通过(春天种麦无水)。此外公路上之桥梁载重量、河流之流速、河幅之大小、河床之深浅及其方向,湖泊之面积、深浅、淡水、咸水等,均应详细注记,以便指挥作战指导计划及实施之准据。自中日战争发生以来,余观察我方所用地图,因不精确影响作战颇大,今后调制地图应注意以上各件颇为重要。凡优良之指挥官,须用精确之地图,始能发挥其指挥之效能。惟战时各级官长,除参阅地图外,尤须实地侦察,按现地实状对照地图以修正图上之误差,盖注重实地指挥及侦察,以养成认识现地之能力,确实判断,巧于利用为主旨,故勿须专赖地图也。

《德国军事总顾问法肯豪森演讲纪要》(下),《民国档案》2005 年第 2 期

总顾问演讲纪要

1938 年 4 月 14 日

四月十四日(第十四次)

军事输送

甲、铁道输送

一、铁道在军事输送上之价值

军事输送之意义不以后方输送为对象，而以战区输送为前提，其主要(主)〔手〕段厥为利用铁道。世人有以飞机发达影响于铁道输送为虑，但在经验上其效力甚微，例如西班牙内战，政府军之根据地马德里虽被国民军三面包围，但未被包围之一面仍可利用铁路输送军火、给养。又如我国沿海各海口虽被敌军封锁，亦可利用粤汉铁路发挥输送效能，尤其在敌机不断轰炸之下，其输送力并不因之减弱。依敌机所投炸弹每百公斤一枚计算，每次投弹一百枚，其炸弹重量虽有十吨之多，对于铁道破坏之效力甚小(因投弹命中公算极小或未爆炸者)。在事实上，因敌机投弹破坏较小，而我方随破随修，修复能力较大，且恢复速度出乎意料之外，由此可证明铁道在军事输送上一般之价值矣。

二、铁道建筑之强度

铁道输送力之大小，除依机械技术是否优良外，而路基之稳固、铁轨之坚强与否关系输送力特大。例如京沪铁道经近年之整理，其路基、轨道十分稳固坚强，技术、机械亦颇精良，较之浙赣铁道建筑简单者，其输送力为大。如正太铁道，轨道虽系窄狭，但因路基稳固，其输送力亦颇不弱，须知铁道输送力之大小不以机关车之速率为转移，而在建筑强度之增高也。今后建筑铁道，按军事及国防意义上，军令部须会同铁道部办理，以期适合战时之要求。欧洲各国铁道大都建筑双轨，其输送力较单轨铁道为大。中国现仅单轨铁道，故避免行车拥挤计，甲车站与乙车站其距离宜短，并多设待避轨道停放列车，以资调剂而免行车猬集。

三、车站应有之设备

车站待避轨道之数量，应依该车站在铁道全线军事上及政治、经济上之重要性而决定之，大凡重要车站，其待避轨道必多，反之，虽少无碍其他。如煤栈、水塔、转车台、材料厂、格纳库等，设备须特别充实。又月台之建筑不但数量宜多，而在应用上须特注意质及形的要求，按步兵上下车可用普通月台，若炮兵及机械化部队装卸，须设备特别月台，在列车正面之一头可以使重量炮车等由特别月台上下列车。如图所示(图略)。

四、车辆之种类

车辆数量之多寡关系输送颇大,其种类有机关车、客车、货车数种,而机关车又分为:(一)重机关车,其速率较小,牵引力特大;(二)快机关车,因其车轮颇大,速率较高,但牵引力小;(三)轻机关车,其牵引力不大,速率亦小,仅能在短距离拖曳数辆车厢,在平时运输亦可使用客车。迨至战时,货车用途较多,尤其平面车辆适于军事输送,应增数量,以利军运。每车之载重量应在百吨左右,重机关车之体重尤应有三百五十吨,以应事实之需要。

五、行车时间之分配

行车时间之分配必须顾虑各线之长短、车辆之多寡、机械技术之良否,精密计划,适宜分配,以策安全而利输送。例如在一千公里长之铁道以四十个列车由起点向终点开行,每二小时开一列车,每列车之速率每小时为二十公里,则第一次列车由起点开出可于五十小时内到达终点,在五十小时内可以继续开行二十五个列车,依此推计,若以四十个列车输送二十个师,在八十小时内全部列车即可开出矣。又如在二百公里长之铁道,其机关车有二十辆足符应用。换言之,铁道越长,其机关车与客货车之数量亦宜随之增加也。

自中日开战以来,我军铁道输送未能充分使用,其最大原因在管理军运者无适当计划,且各军部队随意干涉路政,擅扣列车,其结果使车辆多数拥挤前方,而后方待运军队及军火给养等无法运往前线,予敌机良好目标肆行轰炸,所受损害实非浅鲜。是以行车时间之计算,关系输送至深且巨,亟应详为计划,严厉执行。其行车时间之分配法如左图所示(略图)。

六、保障行车之安全

铁道路基之稳固、机械技术之精良,固能保障行车之安全,但行车严密之管理尤为保障安全唯一之手段。考察各国列车之行止,均由车站负责者对操纵列车技术员给与开行路笺,为保障安全之准据。例如甲站开往乙站之车,业经持有路笺开出,此时由丙站开到乙站之列车必须停止,俟甲站开出之车将路笺交与乙站后停止,则前由丙站开到乙站之车方能向甲站开行。全路各站如此反复施行,则撞车危险不致发生矣。

七、运输司令部应注意之事项

战时运输机关须受军令部之指挥,其司令官必须派富有学识经验之参谋官充任之,例如利用铁道运输军队及军械给养等,当下令先应查明列车运行之时间,依据路局之答复何日何时有列车若干、开到何处车站,待命装运,然后下达适切命令于该开机部队,其沿途一切行车事宜统由铁道运输司令部派员负责管理,各该部队官长不得干涉路政,随意有所要求,妨害行车次序而致延误。大凡战时,铁道输送机关因车辆不敷分配,欲求充分满足野军之用实属难能,故部队官长只能接受其支配,不宜多所要求也。又如输送大批人马物品,必须区分车站装载,不宜猬集一车站,以致列车拥挤。例如由郑州输送第十、第十二两师前往徐州,须令第十师在郑州登车,其开车时间依照一、三、五、七、九等单数字钟点,令第十二师到开封登车,其开车时间依照二、四、六、八、十等双数字钟点,俾各列车顺次开行,不致发生拥挤冲突之弊。如图所示(图略)。

乙、汽车输送

一、汽车输送之要点

关于汽车输送,欧洲各国因道路网之密布、机械之进步,当欧战时曾大量采用,收效极大。中国重、轻工业落后,输送工具缺乏,且道路建筑尚属幼稚,以有限之公路利用多数汽车运输实属不易,加以路基不固,未铺石子,一旦天雨,路面泞泥,汽车被阻,尤为困难。至以汽车行驶时间与铁道相同,应有周密之计划,通常汽车开抵目的地后,应即按次开回原处,在道路状况许可时,其往返路线各走一道,以免让避不开。如左图所示(图略)。

如顾虑前方需用汽车,非至不得已时,不可将汽车猬集前线。查淞沪战时,我军因大批汽车停放前线,致退出苏州河时阻塞道路,拥挤不堪,使许多重兵器不及运走,遗弃战场,损失颇大。此后输送机关务须特别注意。

关于水道输送容后续讲。

《德国军事总顾问法肯豪森演讲纪要》(下),《民国档案》2005 年第 2 期

总顾问演讲纪要

1938 年 4 月 19 日

四月十九日　星期二(第十五次)

军事输送及其补给

一、水道输送

现中国沿海海口因被敌封锁,即有船舶,亦无法从海道输送。日军挟其优越海军取得制海权,其对华作战之增援补给均以利用海船运输,惟船舶输送力之大小,恒依吨位之多寡、速率之高低、航续时间之长短如何以为断,故判断敌国战时动员、集中之时间,除陆空输送外,应以此为原则。例如月前我方接到情报,敌军以六师团之众由海道增援津浦北段作战,拟在青岛登陆,如果属实,我军可以空军在海上或敌上陆之狭小区域内肆行轰炸,亦可稍阻其运输舰之行动,但对敌军运输舰之数量及其吨位之多少、速率等加以研究后,始悉敌军同时运输六师团决无此种运输能力,故该项情报判断可决定其不确实。

查日本全国船舶总吨数为二百五十万吨,统计一万吨船只约有二十艘,七千至一万吨船只约有一百五十艘,四千至六千吨船只约有三百三十艘,二千至四千吨船只约有三百艘。日本系一岛国,工商业发达,其对海外商品运输应需大量船舶,且其船只亦疏散于海洋各地,并非集中一处,在经验上仅能将其总吨数三分之一约七十五万吨船舶参加对华军事输送,最大限不过一百万吨而已。又因其船舶构造多系运货商船,若供军运,必须改造装置。换言之,其载货甚多之船用于运军,其力未必很大,在沿途航行中因无遭受我国海军威胁之顾虑,可以自由输送,但抵青岛后,其兵员、马匹与夫机械化部队因无多数之适当码头,起

卸登陆殊成问题。若就经济上言之,一个工商业国家以三分之一船舶集中使用于军事,如此巨大之损失,恐非日本国力所能负担。

中国之长江流域在铁道网尚未建立完备之时,对于军事输送确有相当效用,但有利亦有害。质言之,华军固可用长江输送,在被敌占据地区之航线,敌人亦可利用耳。若在鲁南、晋北作战,我军随时可对铁道交通线加以破坏而切断之,如长江航线一旦被敌占领,实难彻底阻塞,使其不能航行也。

二、航空输送

吾人回忆,苏联于一九三六年在苏波边境之比水波城秋季大演习中,曾经利用飞机输送强有力的部队至假想敌军之后方,以降落伞着陆,袭击敌军,使其侧背感受威胁,遂至全部崩溃。此举在战术上、军制上实开现代军事革新之新纪元,无怪欧美观操之陆海空军武官相顾愕然,各国参谋本部人士闻之亦惊叹不置也。

通常最大轰炸机一只,其载重与容积量能输送步兵一班,每队轰炸机能输送步兵一排,十五中队轰炸机可以输送步兵一团。但在战时以此巨数飞机输送军队,究以人力、物力方面势所难能。中国目前在人力、物力方面,仅能利用飞机将敌军后方交通线施行破坏,期与游击队协同动作而达破坏交通线之目的,其消极的在使敌短期内不能修复利用,积极的在当战况紧急时,一时阻敌前进或增援,以便本军之行动。若在水道方面欲施行破坏、阻敌侵入,颇不容易,如在江阴、镇江等处敷设水雷及沉船阻塞水线,事实收效极微。若在滦河方面将其铁桥彻底破坏,必须数月之久始能修复。又如当津浦线战况紧急时,我军曾将济南黄河之铁桥破坏一小部分,结果敌人在短期内建筑应用桥而通行。依兵要地理情形言之,济南之黄河铁桥应彻底破坏,郑州之黄河铁桥破坏一部份即可,因其南岸地形甚高,可以瞰制北岸也。按战术上防御河川,必须在河川之对岸控置相当兵力,始能有效。至于破坏时机,征诸经验,往往非失之过早,即失之过迟。例如淞沪会战在南翔、苏州等处破坏铁道、公路桥梁未免失之过早,致使未退之部队发生拥挤及混乱之弊,而广德、宜兴、南京方面乃失之过迟,反为敌人利用。

三、补给

(1)弹药准备

战时补给之范围包括兵员、枪炮、子弹、给养、医药等项,兹就弹药一项而言,果能予以适当补给,则帮助作战颇大,但战时给补之数量应于平时详细计划、充分准备,其所需之数量应分批施行。例如一师平时准备以每月计算,应有作战四日耗消之弹药基数。查欧战前所定每日之弹药耗消基数如下:每支步枪八十发,轻机关枪一千五百发,重机关枪三千发,轻炮、迫击炮八十发,重炮四十发,各兵种每月有四日作战之耗消量,即以四乘之,其得数即每支枪、每门炮在一月内应耗消之弹药量,但实战时仅以上数使用事实上当然不敷,此不过平时所预定之基数而已。按平时储存弹药,应依本国国力及其军需工业出产量与国外购入量为储存基数之标准。例如兵员随身携带及部队携带作战四日应需之弹药为第一批,储存后方国境线上、战略要点;作战四日应需之弹药为第二批,储存后方工业中心;作战四日应需之弹药为第三批。合计三批弹药基数则有十二日作战应需之储藏量矣。其次,野战军之弹药耗消量亦不一定,例如战况紧急方面之部队消耗必多,战况沉寂之部队耗消较少是也。

(2)弹药输送

查目前我军在山东方面作战应需之弹药量及弹药之重量如下:

步枪弹—37,000,000＝1.114 吨

重炮弹—00,078,000＝400 吨

野炮弹—00,053,000＝350 吨

　　　　00,2200

　　　　00,4000

手榴弹—00,450,000

关于弹药重量、体积,必须详细计算,俾输送时有所准据。按火车之载重量及其容积均有一定之限制,而汽车亦然,且重量与容积有时不

能一致。例如汽车一辆最大之载重量能装载步枪弹一百三十箱,因其所占体积较小,致车内尚多空隙。又如以重炮弹一千一百发装载于汽车之中,其容量虽无问题,而重量颇大,非汽车所能负担,故计算车辆之搭载同时应注意容积及重量,方免顾此失彼之弊。至于以大车或徒手夫役输送,尤须详细计算其负重能力,以期平均分配。以上所讲乃补给方面应注意之事项,故主管后方勤务之机关,平时对于弹药及军需之运输,例如火车、汽车、船舶、大车、挑夫等之输送能力,由起点至终点所需之时日及各种车船、人力之数量应详细调查、缜密计划、确切规定,迨至战时付诸实施,期无遗憾也。

《德国军事总顾问法肯豪森演讲纪要》(下),《民国档案》2005 年第 2 期

总顾问演讲纪要

1938 年 4 月 26 日

四月二十六日总顾问演讲纪要(第十六次)

武器问题

一、武器在军事上之重要性

武器虽系技术机关之业务,同时武器问题乃参谋机关业务中之一重要部分,因武器关于军事上之要求,其设计构造务经参谋机关精密审核,而非技术机关所能包办。所以然者,因武器之发明与改进,不仅技术上之革新,势必牵涉战术、筑城、军制、交通、通讯等项,随武器之进步而改革旧观也。例如,在自动武器未发明之先,战斗时以散兵线为一线,且间隔较小。迨自动武器发明后,在战术上散兵线改为前后左右重叠配备,成为数线,且间隔亦大,因之战斗正面扩大,遂致步兵班成为战斗最小单位,须能独立作战。又如自炮火威力加大后,永久与临时筑城亦随之增高抵抗强度。自战车发明后,在军制上为增加步兵营之战斗力,其编制、装备顿形扩大。自部队采用机械化、摩托化后,在交通、通讯上及后方勤务上遂起莫大之变化,尤其飞机发明后,使战斗方式由平面战变为立体战,使时间上无昼夜之分,空间上无前线、后方之别。以

上种种均系参谋机关应悉心审查之事项,尤以敌我武器之比较为决定适宜计划之准据,可知近代武器在军事上其重要性之一(般)〔斑〕矣。

二、武器使用之沿革

在昔石器、铜器时代,兵器之简陋固无论矣。迨至铁器时代之兵器,攻者用矛盾,防者用甲胄。泊乎火器发明,攻防兵器焕然一新。依最近三十年来步兵所用武器只有步枪,近以事实需要,步兵已有几种兵器使用于战场。查使用步枪之目的,一在掩蔽身体,二在发扬火力,但在纵深阵地其能发扬火力者,最初系用炮兵,嗣因对敌机关枪、迫击炮仍然不能彻底破坏,且炮之体重甚大,欧洲各国多将此项重炮装载于自动车上(中国因缺乏器材事实上颇难采用),于是列强相率研究威力较大、体重较小之武器,结果始有十八年式步兵炮之出现,此项步兵炮除教导总队仅有外,全国各军尚未配属。查该炮优点,威力极大,运动便利,不受地形限制,并于任何情况之下可以拆卸驮载,能使其机械化、摩托化也。

三、武器与军制之关系

在此次中日战争经验中,对于我军现有之部队编制及其配属兵器,应在量的、质的方面予以调整,而期实用。例如每个步兵营应配属机关枪一连(机枪八挺)、迫击炮四门,每个步兵团应配属轻榴弹炮一连(炮六门),俾战斗时攻守咸宜。吾人研究日军兵器总以比较我军为优,但在此次鲁南台儿庄会战所俘获战利品之武器,并不如想象之优良。我军现时所使用之机关枪虽然是二十五年以前的马克沁式,但在实战时并不很坏,无论世界各国军事技术专家时刻欲求一种精良的机关枪,翻来覆去仍旧不离前式,仅改头换面而已。上述之各种兵器若各部队中完全具备,另加上步兵新的兵器,使用上似觉不甚方便。又在历次会战中,各部队不但欢喜使用手榴弹,且在近距离战斗及白刃战时获得绝大的效果。

四、防御战车应备之武器

现日军在各战区常使用战车突击我军,为防止敌之战车横行起见,今后各部队应增加防御兵器,如战车防御炮等,但依现势仍难实行。查我军现用之七厘米九口径步枪,若配以钢心弹射击,可以破坏敌之装甲战车,即此次台儿庄俘获敌之战车,现正以钢心弹试验中。

欧洲各国因道路网之密布,其耕种地均能集团使用战车。我国因交通不便、地形复杂,使用战车机会不多,效能较少。例如防御战车兵器,列强均系机械化,我国因受物力及地形限制,防御战车炮之运动殊感困难,为避免兵器重量过大及要求兵器威力增高计,最好使用榴弹炮,因其威力强大、运动轻捷,能于任何情况之下发扬火力,抵御战车。而榴弹炮口径最小者为二公分炮,但在实用时,对于坚固之战车是否生效仍属疑问,故以采用四公分五或四公分七口径之战车防御炮较为适宜,战时须每营携带两门防御炮跟进,即可阻敌战车攻击,如此则国内毋须配属战车防御炮矣。

五、使用炮兵应注意之事项

我军步兵师多未配属炮兵,间或有之,亦系旧式,实战上并不适用。在淞沪及津浦会战中,常感觉缺乏炮兵及步炮协同。又,我军对敌人精锐部队战斗,当我炮兵射击命中公算较大时,敌人往往停止进击或退却,由此可知炮兵射击精确关系战争胜利甚大。其次,炮兵观测所未能推进前线设置,以致不能修正偏差,且与步兵线距离较远,步炮不能协同,均为极大缺憾。今后各师必须附属若干永久性之炮兵,以期适时运用。

查鲁豫等省之地形不但能使用山野炮,并可使用重炮。现我军各师中亦有较好之炮兵,因其未以机械化补助运动,不能获得时间上之余裕,以致不克适时变换阵地、发扬火力,予敌重大之打击。当步兵战斗时,固需要曲射炮摧毁敌人潜伏阵地自动火器,但平射炮之使用亦颇重要,尤其新式两用炮既可平射又可曲射,故用途极大。

依战术上,重炮必须附属军司令部以便适时转移、各别使用,在构造上,重炮重量通常不能超过一千四百公斤,若要威力加大、重量减轻,实际上殊不可能。按大炮射程远者,其重量必大,若重量轻者,其射程必小。余观察中国军官每偏于要求火炮之射程加大,譬如前次参谋本部对外国购进重炮,要求射程为十五公里,其意以为日本重炮射程仅十三公里,我重炮射程须多超出二公里,不知射程增大,炮管口径亦当增大,而炮之重量随之增加,其运动性则比日军炮为小矣。

是以十五公里射程虽大,但实际上恐无多大用处,因距离甚远,观测不易,且通讯电话线常有切断之虞,与其在 15 公里后方盲目射击,无宁将炮位推逾前线射击为愈。在经验上炮火有效射程多在中距离左右,若在远距离射击,命中公算颇小。

六、武器口径之划一与弹药补充之关系

战时各种枪炮所需弹药之基数前已详述,但使用特种兵器时应顾虑尔后弹药之补充。在军需工业幼稚之中国,对于特种兵器弹药之补充实感困难,凡自造或购买各种武器时,应充分储备弹药,以备补充,尤其各种武器口径不同,补充更为不易。例如我军所用迫击炮口径有 80、81、82 数种,若以 80 口径炮弹补充 81 口径迫击炮,虽能勉强可用,但影响命中极大,反之若以 81 口径炮弹补充 80 口径迫击炮,其炮管即有爆炸可能,今后无论自造或购买各种武器,军令部必须根据枪炮寿命注意弹药补充,并于可能范围内务使全国各种武器口径划一,以便战时弹药补充容易。

七、我军目前应否配属战车

自中日开战以来,日军在东西北三战场曾经使用战车,异常活动。因我军对防御战车知识尚未普及,防御兵器亦未完备,故日军一度获得良好成果,但经最近鲁南会战结果,觉得防御战车方法较战车攻击力量为优。在西班牙内战中亦有同样之感觉。须知使用战车掩护步兵攻击固属良法,但先决条件必须有质优、数量众多及以空军为先导,强大炮兵为后援,并在地形上不受如何限制,方能发挥极大效能。

试问以上诸种因素,我军能否具备? 不问可知。以前作战,敌人虽经使用战车得若干便利,惟就目前人力、财力上及战术经验上考查研究,关于战车兵器亦非绝对需要。如有则尽量使用,如无则不必起而效

尤,盖现代战争仍以准备大量火炮发扬威力为主要也。

关于防空、防毒容后续讲。

《德国军事总顾问法肯豪森演讲纪要》(下),《民国档案》2005年第2期

总顾问演讲纪要

1938年4月28日

四月二十八日(第十七次)

武器问题(续)

在事实上,每名步兵所携武器之重量,不能超过该兵体重三分之一,例如该兵之体重为六十公斤,则携带之装具最大限不能超过二十公斤而已。现时兵器种类繁多,必须事先研究适当重量,应乎实际需要。曩昔步兵携带装具非常简单,近以战斗方式日新月异,步兵除荷枪实弹外,并携带钢盔、防毒面具、手榴弹、口粮、衣物、土工器具等,因之背负重量骤形增加,若在机械化、摩托化部队尚无若何问题,否则势必影响部队之战斗力与运动性也。

甲、防空

一、部队防空之方法与时机

关于部队防空问题,现时尚未完备,在中日战争未发生之前,余早经考虑,认为不易解决。在欧洲各国因道路网密布,空间很小,其高射兵器一切装置又系机械化,故机动性极大,是以部队运动完全在防空掩护之下,若遇敌机袭击,高射兵器随时放列,立即射击。例如一师兵力运动,其行军长径假定为十二公里,若在此行军长径中三公里处与九公里处分别配置高射兵器,然后依部队之推进,适时将高射兵器逐次利用机械运动,以跃进方法随部队跟进,如此不断施行,则部队行军完全在高射兵器掩护之下矣。但在战斗时,务须将高射兵器转移前线。如左图所示(图略)。

二、防空兵器之种类与性能

中国因道路不良,且以高射兵器均未机械化,运动性极小,通常七

公分五与七公分一以下之高射击炮,若无机械补助运动,其效用极微。依最小口径二公分七或二公分之高射炮而言,在欧洲均系机械控制,尤其飞机速度日益增大之时,而高射击炮苟非机械控制,不仅转移困难,而且影响命中公算。我军目前所用之小钢炮如苏罗通,不能认为最好高射兵器,现时已经发明十三公厘口径之高射机关枪,其威力颇大,重量与二公分口径高射炮相等,惟该机关枪枪弹系实心弹,在射击时若不命中飞机重要部分(如发动机油箱方向舵等),仍然不能击落毁坏,故仍以使用二公分口径之高射炮,装填富于爆烈性之榴弹发射为宜,因其引信迅速、爆炸力大,一经命中飞机任何部分,即行毁灭。在法国曾经采用,获得相当成果。但此项榴弹若在空中不能命中目标,殆落地后碰炸,必定于本军有所损害,于是改用空炸信管,在相当射程之内自行爆炸。他如十三公分、十公分、八公分五等口径之高射机关炮,其机械非常复杂,使用时操纵者必须技术娴熟、经验丰富,始能发挥相当效能,若使用附有精良指挥仪、照准仪之最新式高射机关炮,能以适时控制其效力,尤其伟大,但价格过高,购置不易也。

三、射击飞机之方法

通常射击飞机,务须依据天候明暗、风向及飞机高度、速度等,精密计算,确实瞄准,方有命中把握。假定在日暖风和天气,飞机速度每秒为一百公尺,飞行高度为四千公尺时,若以高射机关枪射击,其子弹每秒飞行速度平均为四百公尺,则瞄准点应在飞机飞行方向直前一千公尺,方能命中。如左图所示(图略)。

若飞机偶然不循原方向飞行,变为左右上下飞行,则上项假定不能适用,此时操纵者必须利用测远仪器,不断测定敌机距离,以使修正射击。查日机每于低空轰炸时,若察知我军附有高射兵器(炮),必速即飞行中空,其胆固小,其愚可笑。须知精良高射炮之有效射程恒在中空,反之低空或高空其射击命中公算极小也。

按我军现在高射炮尚未普及之时,每师恒以重机关枪两连(枪八挺)担任防空,事实上殊感不足,必须增多数量,构成火网,始克有效。

倘若射击高度不同之飞机,其瞄准点除依据飞机高度、速度与子弹速度三者精确计算、照准射击外,其命中公算必依其高度之多寡而定。例如以机关枪两挺射击二百公尺与九百公尺及一千公尺不同高度之飞机,在射击圆弧半径之内,其射程远者必较射程近者之命中公算为大(如左图所示)。且以射弹与射弹之距离为十公尺,而飞机身长为二十公尺,至少有二弹可以命中机身也。

乙、防毒

一、瓦斯之种类与性能

最近鲁南会战,中日报纸互相指摘使用瓦斯,依余推测,日军亦不致使用瓦斯(中国当然未用瓦斯)。在一九二五年日内瓦万国和平会议决议列强在战争时不得使用瓦斯,当时各国及日本虽未签字,但彼此早已默契。依欧洲大战使用瓦斯经验,均系在阵地战时为多,迄今使用瓦斯之历史尚属幼稚。查瓦斯之种类甚多,惟一般使用者有:(一)催泪瓦斯;(二)喷嚏瓦斯。此次鲁南会战中日军或许使用此种瓦斯。按十余年前,列强对要塞战已见采用,藉以减少敌人战斗力,此外有毒性最烈之瓦斯,其主要者有绿、黄、蓝三种瓦斯,绿瓦斯其臭味颇大,人若呼吸在一时三十分时间内便可死亡。黄瓦斯若衣物、树叶沾染立即便能燃烧。蓝瓦斯人若呼吸,其肺部立即窒息,至于死亡。

二、使用瓦斯之方法与时机

施放瓦斯之方法常依风向放射或炮弹放射。其放射之时机,当欧战时均在阵地战使用,否则本军易遭波及危险,但放射之效果恒视目标有无一定之面积及瓦斯数量之多寡、时间之准确与否以为断。例如若要消灭敌炮兵一连,假定其占领阵地为一百平方公尺,而风向亦非逆风,如以七公分口径炮射击,必须连续发射一百发瓦斯弹。十公分口径炮射击,须发射五十发瓦斯弹。十五公分口径炮射击,需发射二十五发瓦斯弹,始能瓦斯充满,达到目的。惟若不使用曲射炮射击,则发射之弹数必须增加四倍,因此本人判断日军在鲁南会战不致使用瓦斯,尤其用炮发射弹数过多,不特炮之寿命缩短,且战斗力亦因之减弱也。但此次日军虽未用瓦斯,而我军以后于战场上仍须严密注意,以防万一,而免危害。

《德国军事总顾问法肯豪森演讲纪要》(下),《民国档案》2005 年第 2 期

(二)易货贸易与中德经贸关系的发展

说明:1935 年 2 月,德国政府组织了以克朴为团长的远东经济考察团来华访问考察,希望了解中国商业经济状况并寻求增加中德间贸易往来的办法。克朴氏在上海发表了长篇讲话,阐述了新计划下的德国经济政策。代表团此行还负有接洽今后中德双方继续以原料换军火的"易货贸易"实行方法的秘密使命。这些资料对研究此期中德关系及双边经济贸易颇具价值。文中克朴氏在沪演讲稿系由原英文稿翻译而成。

1. 易货协定的签订

奥托·俄普夫拟《发展中德贸易意见书》及中方之研究报告

1935 年 2 月

Otto Wolff 发展中德贸易意见书

Otto Wolff 近已与中国订立关于玉山南昌间铁路建筑材料供给之合同,又与中国当局交涉于中国设立汽车制造厂。凡此诸端均是证明该氏对于与中国国民政府成立信用贸易关系甚为重视。彼意以为如果双方对于以后合作之条件及方式能达到较深之了解与同意,则对华之信用贸易不难遵循已有之途径而扩大其规模。中国欲实行其建设计划,必须大量输入机器及其他生产工具。但因资本缺乏原料及半熟货输出之减退,以及银币贸易受世界市场之影响,建设计划之实行殊多

障碍,而德国则适居其反,正亟图增加其工业制造品之输出,保持其购买外国原料及半制造品之能力,苟两国通力合作,互济供需,实为两利。

德国工业发达,技术进步,对于中国建设所需之机器及其他生产工具均有供给之能力,欲对此项供给加以长期之通盘筹划实非难事。苟能使德国对于援助中国建设之贸易,力矫私人商家各自为政之弊,而作整个的计划,则中国所欠货债不难以交换方法抵还之。中国可以供给多种德国所需之物,如桐油饼、饲料,若干种矿物如锡、钨等。

此种长期的整个的大规模货物交换范围广大,事类繁杂,欲交易之畅行无阻,则非设立专门之管理机关不为功。购用德货者将不仅为中国之国有企业而遍及于地方机关或私家企业,同时中国供给德国以作交换之货物亦必于中国市场各处廉加采集。此种事务似可组织一资金团(Konsortium),由中国政府、中国工业界(尤以制造或贩卖输德货物之厂家)及中国各银行共同参加。同时德国方面亦由工业界及银行界共组同样之资金团以利贸易之进行。

Otto Wolff 曾以德国工业集团领袖之资格于过去十年中与苏俄订立各种供给货物合同,以作经济复兴之用。战后首与俄国成立大规模贸易者,彼为第一家。彼与苏俄成立之第一次贸易为与 AEG 共同贷出之一万万(马克)借款,以后数年成立之贸易额尚远过此数若干倍。同时彼亦曾与德国之工业组合共同对土耳其及罗马尼亚成立巨额之贸易。

就此种种丰富圆满之经验,同时又以其在德国经济界兼有大实业家及金融家之领导地位。该氏乃有上述中德合作之想,其规模与前此之对俄贸易相埒。但该氏认为于实际进行之前,应首先亲自就地作一考察,遂有于今冬赴华游历之意。此行虽已通知德国政府,但彼乃纯以私人资格,并未负有任何官方委托。欲使此行能达其目的,彼必须预先确知中国国民政府方面领袖人物愿与之接洽,当面接□于不使中国政府接收任何拘束条件之下交换意见,以解答如何进行中德经济合作之问题。

柏林

九月七日

《中德外交密档》(1927—1947),第199—201页

孙拯拟《Otto Wolff 发展中德贸易意见书研究报告》

1935 年 2 月 6 日

查近年经济的国家主义盛行,各国咸注重资源自给,同时对于殖民地之产物亦予以奖励或优惠。以我国主要出口品而论,如茶,如蛋产品,向以英国为最大市场。而英自渥太哇会议以来,对于此等货物增加歧遇,并一再限制其入口数额。又如花生等油类子实,亦为出口大宗。近年因法、义诸邦极力奖励非洲属地此类物品之生产,其对欧销路,亦渐有被侵夺之势。此外,如桐油,如丝,如棉织品等,各国亦在力求自给或处激烈竞争之中。环顾出口品销路,荆棘丛生,用以往放任办法,势将使国计民生日趋穷困。惟我国若纯取自给政策,其势又不可能,盖我国富源之开发工业之建设,非赖外国资本机械及技术之援助不可。国际贸易,日就穷蹙,则接受外资之能力,日见减少。更由财政上言之,今日中央税收,关税最为重要,贸易减少,则度支益形竭蹶。又况我国近数十年经济之发达,实赖贸易及移民为其主动力。沿海省份,赖丝类之输出及对国外移民之日众,增加其富力。而此等富力,更为内地经济发达之基础,全国经济,成一连锁。而以上海为其中心,工业皆集中于此,中央握此经济之中心,用能促进政治之统一。今如出口之路杜绝,内地产品不能外销,则内地既无输出之品,自少输入之力。为维持人民生计起见,不能不设法谋经济自给之途,以本省之出产,供本省之销用。近年各省盛倡经济统制经济自给者,其原因不外于此。亦正由国际之间因投资之断绝与贸易径路之阻塞,不能不盛行经济的国家主义也。长此以往,听其自然,势必酿成全国经济上之分裂,而经济上之分裂,更促进政治上之分裂,履霜坚冰,不可不惧。欲加挽救,非一方面发展国内

贸易,同时极力维持对外贸易不可。故由经济、财政、政治三方面言之,我国维持及扩充出口贸易皆应极端重视。而维持或扩充之道,除对于币制及税制奖励金等注意外,要采取互惠贸易政策,即非一方面先增税或设限制进口办法,以为交涉之初步。然后提出互惠条件,订结互惠商约以保持出口品之销路不可,各国目下莫不取此政策。我国对大多数国家皆为入超之国,彼之所求于我者多,我之所求于彼者少,交换条件宜在有利之地位。而当局所以逡巡踌躇迄未敢轻于尝试者,或虑强邻横暴,以此为妨彼之经济集团政策而加破坏,同时本身准备亦未充实也。

欲打破此种环境,则设立一种工商业之联合组织使为私立法人,对国外行交换办法,实为有效之政策。盖政府之设施,可成为外交上之问题,而商家之交易,则可视为私人行动,诿为非政府之所能过问也。

Otto Wolff 所提议组织资金团行交换贸易之办法,实适合我国之需要。惟我国向为无组织之国,而目前政治势力亦未完全统一。欲网罗一切与输入输出有关系之公私事业成一整个组织,似非一时所能办到,且政府加入亦有上言之顾虑。或先组织一较小之团体,网罗一部分有关系之事业及金融机关,先行小规模之交换以积经验,同时作各种组织之准备,以期逐渐扩充,较为稳妥。他国亦有先行局部交换者也。

综上理由,对于 Wolff 君似可答以当局确有意思愿与接洽,至于详细条件,容俟其来华接洽之后再行详细研究。

孙拯　谨拟

《中德外交密档》(1927—1947),第 201—202 页

外交部致实业部的咨文

1935 年 11 月 11 日

案据驻德使馆迭次来电,以德政府现组织远东各国经济考察团,以前任纽约总领事 Kiep 氏为该团团长,将于年内经坎拿大绕道日本来华

考察。该团来华任务,除调查中德商务经济关系并将该国经济商务现状面告该国使馆及商人外,闻尚拟与南满铁路订立交换大豆及机械契约等情,当经本部电令驻日使馆对于该团在日活动情形,密予注意,并将来华日期探明报部去后,兹据复称,该团团长 Kiep 及团员 Knoll 等,已抵东京,尚有德国国立银行董事 M. Rosenbruch 十一日可到,现 Kiep 等正与日方交换意见,并协商增进贸易办法,二星期后即将来华,先赴东北平津京沪等处,再往南洋暹罗考察,日本对该团异常注意,朝野极表欢迎等情,除分咨财政部及全国经济委员会外,相应咨请贵部查照接洽为荷。

此咨

实业部

兼署外交部长汪兆铭

民国廿四年十一月十一日

《1935 年德国远东经济考察团访华史料四件》,《民国档案》1991 年第 4 期

郭秉文致吴鼎昌函

1936 年 2 月 6 日

达铨部长勋鉴:

德国经济考察团团长克朴 Herr Kiep 暨团员罗声白等来华考察,业已抵沪。当以该团此次来华,外间甚多传说,故尤特予注意。昨晚在德总领事欢宴席中,与之晤谈甚久。经一再试探,克朴力辩此来无政治作用,完全属于商业,谓德国在东方既无殖民地,亦无他种野心,不愿牵入东方政治旋涡,外传种种,纯系出自日俄两国之离间挑拨。自称以下列三事为任务:

一、考察中国经济商业状况。希望可多购中国之原料,如农产矿产品等(矿产品锑钨铜铁铝均要),同时亦望中国多购德国之机器。

二、宣传德国之经济新政策。

三、接洽中国以后向德国购买军火之办法(此点须严守秘密)。

并称将赴北方考察,回南拟再入都晋谒蒋院长云。兹将克朴预备今日在国际问题研究会与中国国际贸易协会欢迎会中之演讲词奉阅,至克朴留沪期间之我国公私方面招待接洽事项,现亦帮同接洽,并以附陈。谨肃　祗颂

钧安

郭秉文　二月六日

《1935年德国远东经济考察团访华史料四件》,《民国档案》1991年第4期

外交部致实业部的咨文

1936年2月21日

关于德国远东经济考察团来华事,兹据本部驻平特派员代电,以"据该团团长 Kiep 氏今面称:此次到日到'满',意在谋贸易之纠正,曾提出办法,能否实行,尚属疑问。又德国对华贸易,极易推广,因中国所产之原料如棉花矿砂等物,均为德国所切需,而中国发展工业,亦需德国之制造品。俟中国政府经济建设计划完成后,中德贸易前途,尤觉未可限量"等语。查上项谈话与该团长在京时所谈者同,除分咨财政部及全国经济委员会外,相应抄同原代电咨请贵部查照为荷。

此咨

实业部

外交部长　张群

民国廿五年二月廿一日

附件:照录本部驻平特派员程锡庚筱电

南京。外交部部次长钧鉴:德国经济调查团团长吉甫公使(O. C. Kiep)昨日到平,今晨来访。据称:"德国因维持马克汇兑,使对外不致落价及现金不致流出之关系,对外贸易以出入口平衡为原则,近以各国贸易多有限制。此项原则不独以对外全体贸易为单位,而须以对各个国别贸易为单位,德国与日本同为工业发达国,且同为原料缺乏国,故彼此竞争甚烈,而彼此能交换之货物甚少。东三省所产之大豆确为德

国所需,但东省所需之制造品已为日本所垄断。致德国因碍于汇兑关系,对于大豆亦不能多数采购。此次到日到'满',意在谋德国与伪国贸易之纠正。曾提出办法,俾由正金银行向德国中央银行购存马克备付德国出口到日到'满'各项货物之用。而此项存款即以德商在'满'所购大豆应付货价抵还。如此则伪国为维持大豆贸易起见,必须向德国购买货物,而德国购买大豆可无现金流出之虑。但此项办法提出后,仍在考虑之中。能否实行,甚为疑问。德国在远东绝无政治意味。所谓日德同盟及承认'满洲国'等情,均系无知者造谣,实无其事。惟德国对中国贸易极易推广,因中国所产之原料如棉花矿砂等均为德国所切需,而中国发展工业亦需德国之制造品。俟中国政府建设计划完成后,中德贸易前途尤觉未可限量"等语。谨闻。锡庚叩。筱。

《1935 年德国远东经济考察团访华史料四件》,《民国档案》1991 年第 4 期

上海市商会致实业部代电

1936 年 2 月 27 日

南京实业部钧鉴:案于本月廿七日据本市绸缎业同业公会函称:据山东河南丝绸组函称,阅二月廿一日新闻报载有克朴在津演讲一题,内叙德国经济考察团克朴、罗森卜二十日赴南大参观,并商谈如何发展中德贸易等问题。平津考察毕,已由津赴青,定二十六日乘机来京谒当局辞行返德一则。同时并据德国商行报告,兹有德国大使克朴及银团主持特派经济代表来华调查中国经济状况及谋中国贸易上进展。可能该代表先由沪至京,向中国当道接洽经德国颁行统制经济外汇以后,进口贵国河南府绸即受阻碍,几无贸易之可能。今急宜趁此时机向贵国政府请求在此次中德订立新约时,须刊入该货以适度的改善,并有种种优越地位,方可使德国进口河南府绸复兴可能。况该府绸乃贵国出产品之一,想贵国政府必乐于扶助贵商以谋将来该产品畅销德国。再,此次中德订立新约之前,应不容忽视该请求之事。试述德国及中国出口之贸易竟成四与一之比,今宜速即向贵国政府请求该事,以便该代表在京

时向其提出谈判等语到组。窃查近数年来,吾华对德贸易日趋衰落,就吾府绸一项而言,在昔运销德国年可二三百万元,现时只存百分之十,年只二十万元。衰落情状,不堪回首。果如德商报告"经德国颁行统制经济外汇以后,贵国河南府绸受其阻碍,几无贸易之可能",则吾府绸今后对德方面销路,必致完全消减,既于国家出口数量大受影响,而于人民生计关系更巨。言念及此,至堪忧心。惟查我国府绸行销各国皆系制作正式衣料,乃属实用货物,非同其他消耗奢侈品类,可比衡之互惠条约。德方允宜许以优越之地位,使其畅销不受阻碍,现在该国经济考察团来华考察之际,彼进口之德商尚且关怀如此,则我出口之华商痛痒尤切,更应努力以进,请求吾政府当局郑重注意,对该团提出要求关于府绸在德地位之改善,尤其在此次中德订立新约之前,应请我政府当局对德提出下列要求三点:(一)中国河南府绸以及山东安东之府绸乃属中国野蚕真丝织造,质地坚韧耐穿,取价低廉,早经各国许为世界最经济之物料,德国应减轻其进口税饷;(二)中国土产之河南山东安东府绸,乃属中国绸类中之最次等最粗劣者,价格低廉,迥异中国其他绸货,并非奢华物品,完全实用货物,德国不得混列进口奢侈类之内;(三)中国河南山东安东出产之府绸对德运销,德国不得限制其进口之匹数,许以优越之地位,予以畅销之机会。如此,于德之销路不致绝灭无存,或亦可以冀其复兴。窃思我政府当局对于国内各项工商关怀素切,扶助不遗余力,于吾出口贸易挽回利(员)〔权〕之府绸业当必特加重视。俯如所请,以上维国计而下裕民也。拟请贵会迅予函请上海市商会转呈外交实业二部,恳切请求务达目的,并乞早赐批示以慰群望。特函奉达至祈查照,即予转呈,至纫公谊等情。据此,事关国产外销,亟应予以维护,理合转恳钧会迅予分呈外交实业两部俯赐鉴核,准许按照前开三点向德要求,务达目的,维国绸而利民生,至深感戴等语到会。查吾国对德输出日趋衰落已如上节所述,当兹世界厉行统制贸易管理外汇之际,更应于条约上努力请求挽回之策。查民国十七年中德补充条约第二条本有"两缔约国应于最短期内以完全均一及平等待遇之原则为基础,开议商订通商及航海条约",距今业已九年,迄未着手办理,以致吾国对德贸易不能收确实保障之效。当廿三年十二月德人增加花边进口税之际,属会计及于此曾有电陈外部。嗣后是否进行未奉行知。兹据前情,势难再缓,合再电请钧部鉴核,俯如该公会所请,即日商办,以资挽救,实为公便。上海市商会叩。感。

二十五年二月二十七日

附:实业部给上海市商会的批:感代电悉。业经据情咨请外交部查核办理,既据分呈,仰即遵照外交部批示办理可也。仰即知照。此批。

《1935 年德国远东经济考察团访华史料四件》,《民国档案》1991 年第 4 期

蒋介石为组织中德易货机构致翁文灏手令
1936 年 2 月 13 日

翁秘书长:

物物交换之机关应即组织,并与中央银行信托局协商决定,从速成立。

中正

十三日

《中德外交密档》(1927—1947),第 235 页

2. 易货贸易与德国军火输入

武器交易

瑞士索罗通公司的代表请求陶德曼在与南京政府进行一项"纯粹武器交易(价值二千万马克的炮)"中给予积极的协助。蒋介石已决定,只买德国武器,并且由冯·赛克特和俞大维决定武器种类和数量。

依陶德曼之见,这种武器交易从经济和政治立场看都是一项失误。必须立即建议回到过去的不保护武器交易的政策——特别是鉴于日方相应的威胁;德国军事顾问,尤其是赛克特,也对贸易持否定态度,并认

为其前景不佳。

德国外交部支持陶德曼的观点并指示他，"就像目前一样不积极协助武器交易"。国防部同意这项指示，但要求公使馆最好目前暂时不要去妨碍交易。

莱茵金属/索罗通公司和克虏伯/波弗公司在野战榴弹炮交易中形成强烈竞争，以致陶德曼担心，德国在华商业将会因此面临伤害。德国外交部请国防部尽快促成两大公司之间的协议。如果德国政府认为莱茵金属公司应获得这个订单，克虏伯公司则将在其他军火交易中(已列举说明)得到优先权。

谭伯羽受俞大维之托从中国驻柏林公使商务科在一九三四年九月十日通知军械部，莱茵金属公司的野战榴弹炮交易已成交，与莱茵金属公司进一步订约仍有可能。在作决定时最重要的考虑因素，主要是尊重德国军械局在军事科技上所给予的指导，而去帮助德国工业。

莱茵金属公司为顺利进行商务，申请国家亏损担保。德国外交部第四处出于政治理由而予以拒绝：尽管德国的行动可由瑞士索罗通公司的转运来掩护，但仍会被指为违反战争武器条例而使此掩护徒劳无果，因为索罗通公司尚无能力生产该种十五厘米榴弹炮。同意国家亏损担保将使德国面临困境，盖日本必会对此项武器供应提出抗议。在中国内战中向南京供应武器只能给号召联合抵制德国再次提供口实。此外，此项武器交易不依现款交易之常规，也是值得忧虑的，这事是经济和财政上的过大冒险，必须将之看成是商务上的错误。

德国经济部长沙赫特(Schacht)请德国外交部收回顾虑，否则此事将提请希特勒裁决。希特勒"已然表明其坚定立场，不允许此项交易进行"。但是，在与沙赫特的一次谈话中，希特勒却同意他的"调和方案"：一九三五年不得进行该项交易，但他保留此后的决定权。一九三四年十月二十日，莱茵金属公司通知德国外交部，她已收回与中国另一项武器交易中要求德国出口保护的申请，并放弃保证。

《德国外交档案——1928—1938年之中德关系》，第163—165页

何应钦为购德军火价格事致翁文灏函
1935 年 11 月 24 日

咏霓光生勋鉴:接奉大教,敬悉一是。关于中德以货易货、定购军械一案,本部虽以承办半年,但尊处代表与德所订条约,其内容迄未得知,尚乞惠寄副本一份,以资研究。又,其交来之各项军械,迄今不知其价格,亦请将当时在德定购之货价单抄赐一份,以便计算总价,并藉可与他国价格比较。又,当定购军械时,本部未派军官参加,致此项物品间有与中国国情不甚相合之处。此次克兰先生回国。本部将派员与之同行,以便前赴德国,实地考察各项军械之制式是否合用及价格是否公允等等,请转呈委座核示,并盼见复为祷。专此奉复

敬颂

勋绥

弟何应钦拜启

十一月二十四日

《中德外交密档》(1927—1947),第 233—234 页

何应钦为购德军火价格事致翁文灏函
1935 年 12 月 23 日

咏霓先生勋鉴:十二月五日及十日手示敬悉。关于向德订购之各项械弹,据徐司长培根报称:其总价格估计已超过一万万马克以上。按照赴德代表顾振等在德所订之条约,对于付款,有下列三条:一、订货时,付款价百分之三十;二、装船时,付款价百分之四十;三、在上海交货后,付款价百分之三十。故目下按约付款,对于订货之款,约需三千余万马克,此款已由信用借款项下拨付二千二百万马克,日内尚须拨付一千万马克。至于已运华之械弹,计有:

二公分高射炮十二门;三公分七战车炮六十门;三公分七高射机关炮六门;七九重机枪弹五百万粒;七九钢心弹二千三百万粒;三七平射炮弹十四万二千颗;二公分高射炮弹三万六千颗;探照灯九架;听音机

六架;钢盔九万五千顶。此项已到华之货,应付之款项,尚未接到通知,俟到后再行奉告。专此

　　敬颂

勋绥

弟何应钦敬启

十二月二十三日

《中德外交密档》(1927—1947),第234—235页

顾振等致翁文灏电

1936年2月26日

　　迥晨访塞顾问及国防部经济厅长陶默斯。陶系德方接洽专员,据称,德政府已组织一国营公司,专司中德合作事宜,与我国政府所设专司机关商洽办理,凡我国所需物品,嘱即开单,俾彼方得早日筹备等语。未提及对于我国希望所办之事。午后,克兰来催清单,云凡所要物品均可开列,不限于一万万元之数,以后需要,尚可随时续开。惟次晨须将清单交陶,以便开始讨论,并得择急尽先供给等语。因于今晨开单交陶。共分五项。第一项,防空部分。照带来原单开列,并注明一月三十日电内所开急需运华各项。第二项,江防部分。仅开列被动防御部分,照钱秘书长附注之数开列,攻势防御部分未开。又,一月三十日电内所开急需各项亦分别注明。第三部分:声明关于步空军需用物品单以后随时续开。第四部分:中国建设国防工业基础之设备,俟与此间专家研究后,再妥拟计划呈候核定后补开细单。第五项:开发农矿所需机料,俟洽商后再定。陶答复,第一项系德国军队急需物品,各厂正在赶造,德政府当增加定造数量,以应我国需要。惟于七五高射炮等能力薄弱,德军现已用八八口径等语。经讨论后,渠允与德专家将我方所开之单重加以研究,俾我国可得德军现用最新之器械及一切附件。第二项江防之单,亦已交海军专家研究后再定。关于一月三十日电开急用之品,成品者即运,不敷者赶造,俟查明后答复。第三项步炮空各项成品存货

甚多,我方开单即可充分供给。第四项已派定专家与我方接洽。第五项俟后接洽办理等语。粤方毒气材料事,据陶称,德政府已于二月十四日径电复委座,并云该项材料并未运去,此后除由德方国营公司与我国中央接洽供给军用品外,商人不得私售。惟关于商人已订而尚未完全交货之合同,政府未便干涉。今日午后,见国防部长。渠表示欢迎,并望合作成功,日内即介绍见希脱勒等语。综观德政府对于我国中央合作,确具诚意,并希望甚切,因德国向他国不易取得原料,又生产过剩,以巨量工业成品供给我国,亦即维持生产,藉此促进二国更亲善关系。故对于数量限度及偿还时期不甚注意。我国所索物品愈多,以后可望得我国原料亦愈多,对于我国矿产开发需时,亦能谅解,并加援助。我国如能利用时机,取得大批国防器械及建设各统系之各项国防工业及开发农矿各业,自属极有益之事。须注意者:一、须从速组织一专司机关,对于应办各事均从速推进。二、我国既不须付现,得巨量之军火,现时购办军火之款似可划作建设国防工业及开发供给德国农矿各物所需现款之用,因机料虽可向德赊取,而建设事业在本国工料仍须现款也。此次开单内未列钢厂及电料机器厂等所需物品,因俟计划拟妥后均可列入四、五二项。关于一、五两项办理情形及第三项在目前应否补开清单,均乞呈明委员长示复,以便遵办。顾、郦、凌、王。有。三号。

《顾振等赴德签署中德货物信用借款合同期间与翁文灏等来往电文选》,
《民国档案》1993 年第 3 期

顾振等致翁文灏电

1936 年 2 月 27 日

三号电计达。今午见希脱勒总理,表示愿以德国工业品与中国原料交换,并愿扶助中国实业发展,中国政府一切需要,可与德国政府接洽,无须再与该德商公司接洽。见开卜勒,亦表示愿赞助中德经济合作。观此间情形,德政府确决意与我国合作,并供给大批物品,克兰云价格可照各厂售与德政府之价,利息不拘,可极低廉等语。有电请示各点,乞速复为感。顾、郧、凌、王。有。五号。

《顾振等赴德签署中德货物信用借款合同期间与翁文灏等来往电文选》,

《民国档案》1993 年第 3 期

翁文灏等致顾振等电

1936 年 3 月 9 日

各电关于军火一点,现由何部长草拟总单,经委座核定后,即电达。又,委座致白龙倍电乃另一事,与兄等所接洽者毫无关系。至兄等接洽事,此间所有致德文电自当奉请转达。再,钢厂正在进行,拟请德方介绍一轧钢厂专家,最好对全部钢厂亦有经验来华二月,帮同筹备。文〇、昌〇。佳。三号。

《顾振等赴德签署中德货物信用借款合同期间与翁文灏等来往电文选》,

《民国档案》1993 年第 3 期

顾振等致翁文灏电

1936 年 3 月 14 日

二、三两电悉。克兰屡询钨砂究何时起运若干,乞电复。振。寒。七号。

《顾振等赴德签署中德货物信用借款合同期间与翁文灏等来往电文选》,

《民国档案》1993 年第 3 期

顾振等致翁文灏电

1936 年 3 月 17 日

克兰交来钨铁溶炼厂设备清单。计开:一千八百开维爱电溶炉三座及附件,一五吨行动五十公尺之起重机一具,所有电气机料、压辗及其他机件、全厂设备由德方代制,惟房屋场基及一切转运费用均须由我方担负,总价一百十八万三千六百九十九马克。据克兰云:因翁秘书长电催此项机器甚急,业于二月初向厂家定购等语。在设计决定后第四月可开始交货,第七月完毕。价格系照厂家售与德政府之价,商家只获利百分之一五,先由德国防部审查价格,再由审计院复核签证,我国亦可派员审核。以后定购其他物品,亦照同样办法规定价格。此种定价方法是否合宜,乞示复。又,清单内无发电机器,附近有无三相五十周二千二五伏四千五五基罗瓦特之盈余电力可用,否则尚须另购发电设备,盼详示。上述钨厂设备每日可产七成五之钨铁十吨,又所开全部价格于本月三十一日前有效,过期或有变更。并闻。顾、酆、凌、王。九号。

《顾振等赴德签署中德货物信用借款合同期间与翁文灏等往电文选》,《民国档案》1993 年第 3 期

翁文灏等致顾振等电
1936 年 3 月 19 日

近据探报,德国仍供给广州兵工要器及制造毒气物品,委座甚诧异,已详电克兰,请其切实声明,并将电稿抄送兄等。此事极重要,请兄等向德政府说明,如不守信约,则所商势须停止。如愿合作,须各具诚意。洽商结果,盼电示。另有致程大使电,请译交,兄等可即访,并略述此次使命。文○、昌○。皓。五号。

《顾振等赴德签署中德货物信用借款合同期间与翁文灏等来往电文选》,
《民国档案》1993 年第 3 期

翁文灏等致顾振等电
1936 年 3 月 19 日

钨砂二百吨,已购妥,一个月办定,可起运。纯锑在接洽中。德国运华物品亦盼早发。中国现最急需者,除前次电达者外为二公分高射炮一百二十门,附必需之观测器及炮弹三十六万发,盼于二个月内起运。余为:(一)械弹:七九钢心弹三千万粒,三七坦克炮一百二十四门。附炮弹十二万四千发,十公分五榴弹炮六十门,附全副观测器又炮

弹六万发。(二)建设兵工厂械器:二公分炮弹厂每月能造炮弹三十万发之机器,七公分至十五公分口径炮弹厂每月能造七五炮弹四万发、一○五炮弹一万二千发、一五炮弹五千发之机器,无烟药及炸药厂每日能造五吨之机器,以上各项可分三年运来。(三)战车:四吨轻型战车十五辆、八吨中型战车十五辆、二吨半小型战车十八辆、汽油车六辆、载重车十二辆、二公分战车炮弹一万五千颗、三七战车炮弹一万五千颗。(四)江防要塞用十五公分带防盾长射程要塞炮七门,编为二台,同上弹药三千五百发。全用爆炸弹,又射击指挥器材全份。(五)海军用十五公分猛烈开花弹四百五十颗,用前撞碰炸引信同上一百五十颗,用前撞计时引信送药六百发,另配钢壳十公分五猛烈开花药弹九百发。用前撞碰炸引信同上三百发,用前撞计时引信二公分七练习药弹三千发。此单与前开各单稍有出入,惟盼以此单为主。在德接洽情形如何,请赐电详示为荷。文灏、昌照。皓。四号。

《顾振等赴德签署中德货物信用借款合同期间与翁文灏等来往电文选》,《民国档案》1993 年第 3 期

顾振等致翁文灏电

1936 年 3 月 21 日

德政府交来货物信用借款合同底稿要点如下:(一)孔部长与克兰前年八月二十三日所订之合同(以后称旧合同)由德政府承受,本合同即作为旧合同之附带合同;(二)货物信用借款总额一万万马克;(三)德委托(Deutsche Gold Diskonto Bank)经办借款手续,华政府亦须指定经办互换货物付款银行;(四)借款年利五厘以外无折扣、佣金、手续费等;(五)本合同对于旧合同第十七条补充如下:甲方用挂号信通知乙方要求公断并于信内即指定公断代表,乙方须于甲方挂号信发出之日起三个月内指定公断代表,否则,受甲方正式司法机关判断。又,两方公断代表不能推举第三最后公断人时,由德经济部长、华财政部长商订之;(六)文字以德文为主。以上各点,除第六点俟交涉后再行

报告外,其余各点,似尚无不合,可否签订? 又,关于第三点我国指定何银行经办互换货物付款手续,均乞示复。又,借款年利,克兰提议四厘,德国家银行要求六厘,国防部长主张不得逾四厘半,最后,德政府各方面同意年利五厘,恐不能再低,合并声明。顾、酆、凌、王。马。十号。

《顾振等赴德签署中德货物信用借款合同期间与翁文灏等来往电文选》,
《民国档案》1993 年第 3 期

顾振等致翁文灏电

1936 年 3 月 22 日

关于广州军火、毒气问题及其他与弟等在此间交涉有关事项,请委座及兄等对于驻华德大使馆、柏林德政府及克兰等勿再有直接表示,如有意见,希能由弟等转达,由弟等负责交涉,一二日内弟等即有详细报告。现德政府颇为不满,有决裂可能。弟等观察此事,似颇有误会,正在调查事实,以便详细报告,深望两国间不再发生更大误会,有碍邦交前途。顾、酆、凌、王。养。十一号。

《顾振等赴德签署中德货物信用借款合同期间与翁文灏等来往电文选》,
《民国档案》1993 年第 3 期

顾振等致翁文灏电

1936 年 3 月 23 日

关于广州军火、毒气事,弟等今晚即有详细报告,德国防部长已有电致委座,请转恳委座于未接弟等报告以前缓复白龙倍。又,复电由弟等转交。顾、酆、凌、王。梗。十三号。

《顾振等赴德签署中德货物信用借款合同期间与翁文灏等来往电文选》,
《民国档案》1993 年第 3 期

翁文灏等致顾振等电

1936 年 3 月 23 日

　　钨铁厂大体可接受,机器及价格请守竞兄就近审核。南昌电力现只有一千瓦之盈余,据言一年后能扩充至四千五百之盈余,发电设备不必另购。再,钨铁厂之装置及初期工作宜请一德国专家来华。文〇、昌〇。漾。六号。

　　　　　《顾振等赴德签署中德货物信用借款合同期间与翁文灏等来往电文选》,
　　　　　《民国档案》1993 年第 3 期

顾振等致翁文灏电

1936 年 3 月 24 日

　　关于广州军火及毒气物品事,前接二月齐电,于到柏林后,即与德政府及克兰交涉,其答复已于上月有日三号电报告在案。近接皓五号来电,又询及此事,查克兰与广州之关系内容,曾由渠于去年十一月十三日用书面报告翁秘书长,又,与克兰有关之国营公司(HAPRO)现归国防部管辖,该公司对于广州之态度,现由国防部于二月十四日经德驻华大使馆转电委座声明在案。目前,德政府接其驻华大使电,云委座表示,因克兰最近接济广州军火、毒气物品,故不能信任,中德合作,势须停止,并不知我国政府有关发给克兰勋章之事。故白龙倍今日又由塞克脱将军转电委座,声明,对于广州已供给之物品,总之,克兰以前及现时之德国营公司,对于广州供给之物品,始终未越去岁十一月十三日报告书及国防部长今岁二月十四日致委座之电之范围以外,并在实际上,尚不足克兰于去岁十一月十三日报告书内所载之数量,国防部经济厅长向振等郑重声明,广州所需毒气材料,全部仍存德国,归国防部保管,在未得委座许可之前决不将任何军火材料交与广州。振等之意,德政府既已屡次由国防部长及国防部经济厅长郑重声明,决不致有私供广州军火及毒气物品之事。德政府愿与我国中央合作,并有远大之用意,详情俟振等返国后面陈,决无私与广州接洽之意。克兰接翁秘书长电后,即报告国防部,同时德驻华大使电亦到,白龙倍初颇失望,以为两国无合作之可能,惟现时明了我国方面必系因接不实之报告,发生误会,显系有人从中破坏,故又用电向委座声明实在情形,仍欲继续原有政策,切实合作。国防部已训令各德商,对于中国任何方面所需军火,须报告国防部,经国防部许可后,方能供给,而国防部则在未得我国委座许可以前,不许德商供给中国任何方面军火。德政府合作之诚意,不能有较此更切实之表示。我国内如有向委座作关于广东及其他省军火之情报者,应出具切实之证据,俾我国政府可依据此项证据,向德政府正式交涉。如妄言耸听,或蓄意破坏,贻误国事,查明后,似应予相当处分,以儆将来。现德政府对于驻华大使及其他德人亦正在侦查中,如报告不实,及有从中破坏情形,白龙倍主张予以严厉之处分。此间情形,望之较切。振等与国防部职员无日不相见,故望我国对于德政府关于振等交涉之事,一切电报,均由振等转交,俾于转交以前,可向本国用电贡献意见,以免发生误会。克兰据振等观察,系德政府办理特务极重要之人,深得其政府各首脑之信任,其目的不在供给军火,渠竭力赞助与我中央合作,对于振等交涉之事,出力不少。此次经各方攻击,颇觉受屈,望善辞慰奖为盼。又,查克兰与广州原订兵工厂合同,计价五百四十万,系逐月分批付给现款,与对于我国中央办法不同,且数目悬殊。克兰表示,对于广州,虽曾代计划此兵工厂,除业经于去岁十一月十三日正式报告外,从未供给任何军火,合并附闻。顾、酆、凌、王。梗。十五号。

《顾振等赴德签署中德货物信用借款合同期间与翁文灏等来往电文选》,
《民国档案》1993 年第 3 期

翁文灏等致顾振等电

1936 年 3 月 26 日

马、养电均悉。合同各点,弟等大致赞同,惟须向委座请示,现委座适回奉化,二三日内即返京。再,弟等致程大使电,暂可不必转交。又,去年开交克兰之石油钻机急需应用,盼于两个月内运华。文〇、昌〇。有。七号。

《顾振等赴德签署中德货物信用借款合同期间与翁文灏等来往电文选》,

《民国档案》1993年第3期

顾振等致翁文灏电

1936年3月26日

陶德曼向德政府报告,委员长否认我政府曾予克兰勋章之事。故克兰大为丧气,向弟等表示,渠对于中德曾作十二分之出力,而结果如此,实无脸接受经委员长否认之勋章。陶报告中并云,见咏霓兄时,咏霓兄曾表示以下各点:(一)据情报,(Hapro)公司仍接济广州军火。(二)此次中德接洽事,柏林华大使馆并未知悉,因克兰不欲谭伯羽参加。(三)俞兵工署长反对此次接洽之事。(四)中国只能交出极少数之农矿原料,德政府须准备长期以巨额之工业品赊与中国。(五)收买农矿品所需之款权属财政部,咏霓兄本人不能负责。详考陶之报告,显系欲德政府灰心,所称详情多有不实,乞正式否认,由弟等转交。顾、酆、凌、王。有。十七号。

《顾振等赴德签署中德货物信用借款合同期间与翁文灏等来往电文选》,

《民国档案》1993年第3期

顾振等致翁文灏电

1936年3月26日

我国各方向德国购买军火,上月,国防部经济厅长陶默斯曾有关于商人已订而尚未完全交货之合同,政府未便干涉一语,于二月有日三号电报告在案。当时弟等曾嘱陶调查各商所订之合同,陶允照办,惟陶于本月初赴瑞士三星期,故于一日始交来调查所得中国各方已订合同之军火单如下:(一)宋哲元订购步枪及手枪子弹共一千万粒,三公分七防坦克炮五十至一百门及子弹。(二)满洲需要手枪弹五十万粒。

（三）广东订购机关枪,未声明数目。（四）广西订购步枪二万五千枝。
（五）华南部(未注明何处,现正在调查中)需要少数步枪及步枪子弹。
（六）上海方面(似系代中央订购)要炸弹、千里镜、高远测量器、剪形千
里镜、测量盘等。（七）柏林华大使馆商务部订购浮桥材料。以上各合
同,如委座欲将任何合同取消,停止未交之货,现国防部亦可命令商人
照办,在未得委座示复之前,除商务部所订之货外,现国防部已命令各
商暂缓交货,其余各项应否照交,乞即示复为盼。顾、酆、凌、王。有。
十八号。

《顾振等赴德签署中德货物信用借款合同期间与翁文灏等来往电文选》,

《民国档案》1993 年第 3 期

翁文灏等致顾振等电

1936 年 3 月 23 日

梗电悉。白龙倍电示收到。委座适不在京,俟返后面陈。此事既
经德政府郑重声明,当不再有误会。接洽各事,仍盼积极进行。白龙倍
及克兰处并请先代达。文○、昌○。宥。八号。

《顾振等赴德签署中德货物信用借款合同期间与翁文灏等来往电文选》,

《民国档案》1993 年第 3 期

顾振等致翁文灏电

1936 年 3 月 26 日

皓四悉。如以此单为主,则由华携来之单及一月三十日由伦敦转
来之单内所开防空、江防及海军各项是否悉行取消? 又,皓四单内第四
项带防二字后为"盾顽",似系错误,乞查复。顾、酆、凌、王。有。十
九号。

《顾振等赴德签署中德货物信用借款合同期间与翁文灏等来往电文选》,

《民国档案》1993 年第 3 期

顾振等致翁文灏电

1936 年 3 月 26 日

佳三、梗六、有七均悉。下月德拟派专家数人来华,代为计划钢厂及其他工矿业,以后一切机器装置及初期工作均由德专家办理,至必要时,并可派各专门技术之工人来华,一切物价,拟由王、凌会核。石油钻机约可即运,询明日期即电告,详细说明书已收到,为 Rotroy Drill,较原要之 Able 钻机优点甚多,当嘱将说明书随物品寄运。顾、酆、凌、王。有。二十号。

《顾振等赴德签署中德货物信用借款合同期间与翁文灏等来往电文选》,

《民国档案》1993 年第 3 期

翁文灏等致顾振等电

1936 年 3 月 28 日

来电均悉。一、委座返京,已面陈柏龙白来电及兄等报告,顷由委座径电柏龙白表示欣慰,并请与兄等继续洽商。二、误会既经说明,请兄等对克兰面慰,勋章确经授给,彼此应以国事为重,共同努力。但德公使陶德曼既出此事,大概应请德政府注意。以上各事,亦经面陈孔部长,彼对此事极愿促进。三、中国各省向德购买军火,应请德政府随时报告中央,不重要之物品似可酌量允可。已面陈委座同意。四、中国钨砂日内即可起运,德国物品亦应尽早运来,提早实行,亦可减少误会。五、与德政府签订合同事,请将草案全文电示,核定后即可签字。六、一月三十日由伦敦转交之单开防空、江防各项,仍应接洽。七、中国拟办各工业所需机械及专家人数,容下月中旬电告。文○、昌○。俭。九号。

《顾振等赴德签署中德货物信用借款合同期间与翁文灏等来往电文选》,

《民国档案》1993 年第 3 期

顾振等致翁文灏电

1936 年 3 月 30 日

九号电悉。借款合同稿由克兰以德文径电尊处。有十七号电报告陶德曼向德政府电称情形,如有何项不实或与委座及咏霓兄原来语气不符,仍乞电复。又,对于克兰,似仍由咏霓兄电慰,于克面子较好。振至迟于四月七日赴德南部医治血压,四月马日离德返华。借款合同除以德文为主一语外,可否照签? 又,我国定何银行经办借款手续,均乞速复。顾、郢、凌、王。艳。二十一号。

《顾振等赴德签署中德货物信用借款合同期间与翁文灏等来往电文选》,
《民国档案》1993 年第 3 期

郢悌等致翁文灏电

1936 年 3 月 31 日

一、德国陶使报告,态度紧张,广州事国内误会既已消释,望即来电安慰德方,尤其盼翁先生专电克兰,并将特别温慰,并对陶使之报告加以解释,以祛疑窦。二、湛然兄此次工作努力,重以病待休养,亟盼早日完成任务,转德南部就医后即行返国。梯等尤盼公等速核定合同电复,以便签字。三、此次与德经济合作为非常之机会,幸勿失之交臂。郢、凌、王。陷。二十二号。

《顾振等赴德签署中德货物信用借款合同期间与翁文灏等来往电文选》,
《民国档案》1993 年第 3 期

翁文灏等致顾振等电

1936 年 4 月 1 日

(一)军器方面,除皓电所开者外,应加钢盔帽二一八四九九个,每个约价十二元,所要各品德国能否供给,皆请从速切实答复电告为要。再,江防要塞各件现暂不需要。(二)驻德使馆商务处与莱茵厂接洽各事,可照常进行,并请督促办成。(三)各建设事业所需机械及专家人数数日后即可电达。（四）湛然兄留德期间，最好延长一月，以竟全功。（五）克兰尚未将合同稿电告。请洽催。（六）我方建设部分由资源委员会担任付款及上海发运由中央银行信托局担任。（七）合同如不能以中文为主，最好中德文并重。文灏、昌照。东。十号。

《顾振等赴德签署中德货物信用借款合同期间与翁文灏等来往电文选》，
《民国档案》1993 年第 3 期

顾振等致翁文灏电

1936 年 4 月 1 日

克兰代定油钻机四套，小外管五寸七，用柴油机，又抽油设备二套，深三千八百英尺修理机器一套，共价七十四万马克，介绍工程师及工头来华薪一千二百及八百马克，煤田钻机二套。小外管五寸七，深二千六百尺，共价十五万马克。以上各件，已造好，不日起运。各项机器式样大约与董鲁程所拟（八零零）说明相类。又，二百公里三十五磅铁道何地何用，乞示。又，炼钨铁一吨需电一万 KWA，并附闻。又，合同译文，昨已电告，不再用德文拍发。顾、鄷、凌、王。东。二十五号。

《顾振等赴德签署中德货物信用借款合同期间与翁文灏等来往电文选》，
《民国档案》1993 年第 3 期

翁文灏等致顾振等电

1936 年 4 月 4 日

（一）世电合同已呈奉委员长核准，除"德文为主"应改为"中德文均为主"外，可即签订，并致欣慰之意。（二）有电各省军器事，广州订机关枪若干，请询示，广西步枪盼暂勿交，宋哲元事正查询中，原则上可核准。文灏、昌照。支。十二号。

《顾振等赴德签署中德货物信用借款合同期间与翁文灏等来往电文选》，
《民国档案》1993 年第 3 期

翁文灏等致顾振等电

1936 年 4 月 7 日

德国防经济厅电询广东省政府曾向德厂订购民间防空所需之防毒及毒气侦察器材料，计值十万马克，应否现货供给等语。委员长谕，如仅为防御之用者，准照送。但如有攻击用品，在未经商定前，不可供给等语。请即转洽为荷。文灏、昌照。阳。十三号。

《顾振等赴德签署中德货物信用借款合同期间与翁文灏等来往电文选》，

《民国档案》1993 年第 3 期

顾振等致翁文灏电

1936 年 4 月 7 日

东、支电悉。振身体甚好，事毕后返国。宪拟于本月文日离德返国，竞拟同行。应可于一二日内签字。皓电第五项海军炮弹系用何种炮身，请详细说明。余俟续陈。顾、酆、凌、王。二十六号。

《顾振等赴德签署中德货物信用借款合同期间与翁文灏等来往电文选》，

《民国档案》1993 年第 3 期

顾振等致翁文灏电

1936 年 4 月 7 日

合同因德方仍坚持保留"以德文为主"一语，正在交涉中，尚未签字。钨砂究何日能在九江或上海交货？德方因我方屡次表示交货日期，迄今仍未照办，颇生怀疑，乞即示知确切交货日期，以便转达。又，从九江或上海至德运输可由德自理。顾、酆、凌、王。阳。二十八号。

《顾振等赴德签署中德货物信用借款合同期间与翁文灏等来往电文选》，

《民国档案》1993 年第 3 期

翁文灏等致顾振等电

1936 年 4 月 8 日

（一）二十六号电悉。因尚有事接洽，诸君请暂缓回。（二）德国币制复杂，合同内所言马克系指何种，盼约定见示。（三）谭伯羽呈委座称，装甲汽车十三辆，价格已由每辆十万减至六万二千马克，内半数用较廉外国存款马克付款，车上之二公分机关炮系莱茵厂出品，轻机关枪采用捷克式，以上各件可会商专处，即日分别订购等语。奉委座谕电德国详商即速办成，此事请即与商专处接洽速办。又，车上应配无线电收发报机，亦盼洽办。（四）探油及抽油机可接受，但不必请德工程师来华。（五）炼钨所需电力，正接洽中。（六）历次所商军器，德方能否供给，何日起运，均盼速复。（七）钨砂二百吨，已到上海，即可起运，余五百吨亦已收齐。余容续闻。文〇，昌〇。十五号。

《顾振等赴德签署中德货物信用借款合同期间与翁文灏等来往电文选》，

《民国档案》1993 年第 3 期

顾振等致翁文灏电

1936 年 4 月 8 日

借款合同已于今日签字，"以德文为主"一语已删除，请转陈委座，并恳委座电谢希脱勒、白龙倍及沙赫特。又，请咏霓兄电谢克兰对于此事出力，故有完满结果。顾、酆、凌、王。庚。二十九号。

《顾振等赴德签署中德货物信用借款合同期间与翁文灏等来往电文选》，

《民国档案》1993 年第 3 期

顾振等致翁文灏电

1936 年 4 月 10 日

（一）钻油机第一架自本月起陆续运输，七月底重要部分可到上海，以便装用。余三架年内可全交。德方仍劝聘请德工程师及工头各一人来华装配及教练使用，以免因不熟悉此机器而发生较薪工更巨之糜费。(二)钨砂德方已通知美最时接洽运输,已到上海之二百吨及已收齐之五百吨乞嘱经办者予以充分协助,俾得速运而增加信用。(三)钢盔已嘱速备,惟德方询问尺寸,乞示复。德军用尺寸大小三种,俟询明后电闻。(四)商专处向莱茵厂订购之物品已转嘱该厂赶造速运。(五)我国中央所要各项机器,德方均能供给交装日期。(六)省有所要军火,已正式通知德方广西枪枝勿交,广东枪械须查明数目、暂勿交,宋哲元方面所要之物品,在未经委座同意以前,亦暂勿交。据答复均可令知各厂照办。惟已造未交之货,须由中央购买,以免商家损失。又,广西枪枝并不好,中央是否拟买,乞示复。(七)阳十三防毒气物品已遵照正式通知德方,经允照办。(八)庚十五宪文离德返华,一切由渠面陈,竟可俟至本月底启程。借款似以国家马克为单位。谭伯羽经办之装甲车俟悌以武官名义向商专处询明后再由代表团与国防部接洽办理,因现时代表团工作未便向大使馆发表也。(九)陶默斯经济厅长对于我国异常热心,以后一切事务在德方均由其一人主办,此次合同签字亦经出力不少,拟请转恳委座颁给勋章,以资奖励。(十)灰日起至删日德政府放假,代表团暂停工作。顾、鄘、凌、王。灰。三十一号。

《顾振等赴德签署中德货物信用借款合同期间与翁文灏等来往电文选》,
《民国档案》1993 年第 3 期

翁文灏等致顾振等电
1936 年 4 月 13 日

(一)借款合同已签字,甚慰。已由委座电谢希脱勒、白龙倍及沙赫特,又由灏电谢克兰。(二)陶默斯处请先道谢,勋章俟商定后可授给,其授给白龙倍等四人之勋章,国民政府已发交外交部寄往柏林,约一月后必可到。(三)运华各件起运时间请洽定见示,急需军器并盼早运。(四)钢盔尺寸以合于华人头部者为宜,请就近洽定。(五)陈济棠来电谓,德政府所言订购防空毒气材器无误,中央允可照送,以后如订他物,并盼续报。广西所订枪枝,中央是否拟购,应俟委座返京后询明再复。(六)钻油工作可请德工程师一人来华。文〇、昌〇。元。十六号。

《顾振等赴德签署中德货物信用借款合同期间与翁文灏等来往电文选》,
《民国档案》1993 年第 3 期

翁文灏等致顾振等电

1936 年 4 月 13 日

关于本年即须开始建设之各种重工业,除钨铁厂设备、采油及采煤钻机已向德方接洽妥当外,其他所需机器作最后决定如下:(一)钢铁厂可依照守竞兄带去之设备单,将来出品每年钢轧二万六千吨,钢条钢箍角四万七千吨,钢丝八千吨,钢皮镀锌钢皮及镀锡钢皮一万九千吨,分两年或三年完成。(二)废铜炼厂可依带去之设备单,将来每日出品电铜二吨。同时,提炼氧化锌,拟一年完成。(三)铅锌矿厂可依带去之设备单,惟须添设新选砂厂,此项选砂厂设备,俟专家来华后决定。拟一年完成。(四)酒精厂可依带去之设备单,拟一年完成。(五)煤矿设备机器可依照带去设备单,分两年完成,第一年仅需单中之第二、第三及第四项。(六)淡气厂将来出品每日亚莫尼亚二十五吨,无水硫酸五十吨,酸铔七十五吨,硝酸十六吨,此项淡气厂分两年完成。其设备俟专家来华后决定。(七)电线厂可依照带去之设备单,分两年完成。(八)电泡及真空管厂拟增加出品每年为普通电灯泡一百二十万只,收信真空管十八万只。十瓦以下小电力真空管十万只,五十瓦至五百瓦中等电力发信真空管四千只,请就近与德专家商定设备单,并配可供六个月用之生产原料,拟以一年完成。(九)添设电池厂及电信厂,电池厂将来出品每年为手电筒用小干电池一千万只,电话用大干电池二千万只。电信厂将来主要出品为大小广播无线电收音机五万部,磁石式电话机三万部以上。以上两厂拟一年完成,其设备亦请就近与德专家商定,可配可供六个月用之制造原料。(十)锡矿电炼厂可依照带去之设备单,拟一年完成。前述各项建设,现在急需之专家为:(甲)钢铁厂二人,务必对钢铁厂整个设计及轧钢厂与热处理有经验者。(乙)铝、锌、铜选砂及冶炼专家各一人。(丙)淡气厂设计专家一人。(丁)机器厂设计专家是否需要,请守竞兄决定。将来各厂正式设立时,当请德专家来华帮同担负技术上责任。而各厂机器在德制造时,此间亦得派专家赴德实习与考察。以上种种情形,请即与德方切实磋商,并盼全部成功。再,带去设备单中之铜矿选炼厂、锰矿电气绝缘品厂及水电厂均须待至明年开始建设,暂可不必接洽。文○、昌○。元。十七号。

《顾振等赴德签署中德货物信用借款合同期间与翁文灏等来往电文选》,
《民国档案》1993 年第 3 期

顾振等致翁文灏电

1936 年 4 月 19 日

关于一月三十日及三月皓四电所开军火单,除高射炮须俟二十日方能答复,海军用十六公分开花弹经于歌二十六询问须问何种炮身,请询示复。又,钢盔及兵工厂设备容后报告外,兹接德方答复如下:(一)七九钢心弹可即交一千万发,余二千万发六个月内交齐。(二)三七坦克炮可即交二十门,余一百另四门按月分批于一年内办齐,炮弹照单同样比例交货,此项炮可用载重车或马牵行,载重车在不平之地亦可驶行,第一批二十门拟即配用载重车一百另四门是否悉配载重车,抑有若干门须用马牵行,乞示复。(三)十公分五榴弹炮有二种,一种系第十六号炮,射程九公里,德军队现虽自用,不久即改用新式之第十八号炮,射程十公里半,我国如用第十六号炮,可即交二十门,余每月五门,如需用第十八号炮,须俟至明年一月起,每月交五门,炮弹照同样比例。(四)战车现德国只用一种,系六吨车,装机关枪二具,可即交四辆,余十一辆二个月交齐。应否增订数目,乞示。(五)军用载重车后部用皮带系牵引大炮及装载弹药用,有大、中、小三种,可拖十四吨,八吨及四吨半之重量,该车本身重量十四吨、十一吨及七吨,此项载重车之重量与我国国内之桥梁之载重力有关，究以何种为适用，乞示复。(六)江防十五公分炮，旧式者射程十七公里，三二月内可交七门，观测器等附件于五个月内交齐，炮弹全数可即交齐。新式炮射程二十公里，如即订购，可于明年二月起，每月交二门。(七)鱼雷快艇三个月内可交五艘，余六个月后每月一艘，母舰德海军只造一艘，须自用，如定造，须一年半交货，据云，此项母舰至非重要。(八)江防水雷可用 RAVE，顾问二年前提议之式样，须定制，简单者，五个同时齐放，平时不便检查，八个月内可完成，较好者，可每个单放，又可随时检查，须十五个月方能造齐。以上各项，可否即行定购，乞分别示复。各项物品价格悉照德国防部自用付与厂家之价格，我国可派员审核价格。清单尚未开出，因(一)上述各项问题未决定前不便开单，(二)如须定造水雷等，价格在现时尚不能预定，惟商家获利不得过百分之五，一切已详筱七号电。合并附闻。顾、酆、凌、王。效。三十二号。

《顾振等赴德签署中德货物信用借款合同期间与翁文灏等来往电文选》，《民国档案》1993 年第 3 期

顾振等致翁文灏电

1936 年 4 月 19 日

元十七号悉。已开单交德方分别研究，均须俟德专家抵华妥商后方能决定。又，机器厂元电仅提专家，未及厂本身是否即办，若须办，竟意开单交德方时，该厂制造能力改为每年汽车一百辆，自行车一万辆，其余航空部分，俟以上计划成后再加，乞示复。铣十八之电厂早已请德方计划估计，尚未接复。遇十四每基罗瓦八十元，意义不明，乞详示。又，第一架钻油机倘在内地用，此间可交直驶汉口之轮，或在沪装卸，乞速复。顾、酆、凌、王。效。三十三号。

《顾振等赴德签署中德货物信用借款合同期间与翁文灏等来往电文选》，《民国档案》1993 年第 3 期

顾振等致翁文灏电

1936 年 4 月 19 日

各项物品订购数量、交货时期及如何规定价格方法于日内应可悉行解决,其余问题,如工厂计划及审核每项物品价格均非一时所能办理。开滦已屡函电催询归期,弟至迟应于五月六日离德返国,守竞兄亦同行。振。效。三十七号

《顾振等赴德签署中德货物信用借款合同期间与翁文灏等来往电文选》,

《民国档案》1993 年第 3 期

顾振等致翁文灏电

1936 年 4 月 19 日

已定钻油机四架,原一律只能钻至三千八百英尺,近据厂方云,凡油层深度未确定之处,最好备有大机,可钻较深之层,他国油层有深至一万尺以上等语。此次所订四机,内二机尚未制造,应否可改大机,可钻至六千五百英尺,在必要时,增加附件,可钻至一万尺。惟价格亦须增加百分之四十。请裁夺。又,查美俄等国钻油之前,先行测探所用两种仪器:(一) TORSICN BALANCE;(二) FIELD SEISMOGRAPH。德国ASKANIA 厂具有最新式者供给美俄,经与接洽,拟两种各订一具,应否,乞示复。顾、鄷、凌、王。效。三十六号。

《顾振等赴德签署中德货物信用借款合同期间与翁文灏等来往电文选》,

《民国档案》1993 年第 3 期

翁文灏等致顾振等电

1936 年 4 月 20 日

钨铁厂机器大约何日起运,何日到华,装置共须多少时间,何日可正式开工,请即向德方一询。再,德方对钨铁需要情形,请相机打听,但于我方供给数量等,不必说得太具体。又电厂事,此间所发十四号、十

八号两电,尚未得复。请从速见告。文○、昌○。哿。二十号。

《顾振等赴德签署中德货物信用借款合同期间与翁文灏等来往电文选》,

《民国档案》1993 年第 3 期

翁文灏等致顾振等电

1936 年 4 月 20 日

中德互换物品实行办法须经商定:(一)中国运物至德由何机关接收,(二)运德物价为 FOB 抑 CIO 以上二节,皆请询示。再,德物定价除军火外,其标准与手续如何,亦盼电复。文○、昌○。号。二十号。

《顾振等赴德签署中德货物信用借款合同期间与翁文灏等来往电文选》,

《民国档案》1993 年第 3 期

翁文灏等致顾振等电

1936 年 4 月 21 日

三十三号电悉。兹逐项答复如下:(一)机器厂拟先办轻机械部分,本年即须开始建设,请守竞兄开单交德方,汽车方面,国内别方面正在积极进行,本会暂不举办。(二)钨铁厂约需用电四千五百齐罗瓦特,每年每齐罗瓦特南昌电厂索价八十元。(三)探油工作在四川钻井,可交直驶汉口之轮。文○、昌○。马。二十号。

《顾振等赴德签署中德货物信用借款合同期间与翁文灏等来往电文选》,

《民国档案》1993 年第 3 期

翁文灏等致顾振等电

1936 年 4 月 22 日

三十四号、三十六号两电均悉。兹答复如下:(一)轻轨铁道系为将来厂矿铁道建设而用,暂时不必决定。(二)钻油机照中国地层构造三千八百英尺即已够深,可不必改订。(三)(TORSICN BALANCE)及

（FIELD SEISMOGRAPH）可各订一具。文〇、昌〇。祃。二十四号。

《顾振等赴德签署中德货物信用借款合同期间与翁文灏等来往电文选》，
《民国档案》1993 年第 3 期

翁文灏等致顾振等电
1936 年 4 月 24 日

三十八号电悉。兹答复如下：（一）依据四千五百（KILOWATT YEAR），每（KILOWATT YEAR）南昌电厂索价八十元，又，南昌煤价每吨约十二元。（二）钨铁厂设备可增加五万余马克，俾得制造（KALDI-UMCARBIDE）。（三）机器厂轻机械部分设备即请守竟兄酌定，就近与德专家商讨。（四）中央是否承购广西步枪，俟委座返京决定。（五）接宋哲元电，否认曾订德国军火。究竟如何，盼复。（六）广州订购机枪共若干架，请询示。（七）三十二号电各点，俟何部长核拟，再经委座决定后，即电达。（八）钨砂二百吨已起运，又五百吨已交齐，不久亦即起运，两次共付价一百二十万一千五百元，价格均较沪市价为低，请转告。文〇、昌〇。敬。二十六号。

《顾振等赴德签署中德货物信用借款合同期间与翁文灏等来往电文选》，
《民国档案》1993 年第 3 期

翁文灏等致顾振等电
1936 年 4 月 29 日

效三十二号电敬悉。（一）七九钢心弹请如拟订购。（二）三七坦克炮请如拟订购，可用马车牵引。（三）十公分五榴弹炮以十八年式为宜，盼能提早交货。（四）二公分炮弹厂及七公分以上之炮弹厂等机器希早订购。（五）鱼雷快艇八艘请如拟订购，除每艘配备鱼雷三个外，应另加鱼雷二十四个。又，母舰一艘，仍需定购，盼能提早交货。（六）江防水雷，可单放又可随时每个检查水雷暂定二百四十个，附件俱全，盼能提早交货。又，布雷艇一艘，请订购。（七）此外各事须委座日内返京后亲自决定。再,为电达故,深盼兄等能暂缓起程。再俟二星期,当可告一段落。(八)项由德苏罗通工厂代表开来价格如下:(子)二公分机关炮二百门,各附弹三千粒。总价六百九十七万七千马克。(丑)三七坦克炮二百门,各附弹五百粒,总价四百万马克。(寅)七五随伴炮二百门,各附弹五百颗,总价八百万马克。(卯)十公五榴弹炮一百二十门,各附弹四百颗,总价九百三十万马克。(辰)以上四种炮之附件,观察具等,总价约三百万马克。前述五项价值可分四年交付。此等条件,似可为兄等议价之参考,故以奉阅。(九)炼钨铁计划拟改分二步进行,可先订每日炼钨铁五吨之设备。(CALCIUMCARBIDE)设备亦可酌改。文○、昌○。艳。二十七号。

《顾振等赴德签署中德货物信用借款合同期间与翁文灏等来往电文选》,

《民国档案》1993 年第 3 期

顾振等致翁文灏电

1936 年 4 月 30 日

关于规定价格办法,已商得柏龙白同意,可由渠以国防部长名义问委座作一函声明:(一)华政府所需军火,均照德国防军自用最新式供给。(二)价格与德政府自付厂家者相同。(三)军火以外物品价格亦与德政府自用所出之价相同。(四)华政府订购物品,每项由德国防部签证,其品质及价格以一、二、三项之规定相符。我国现需各项物品可否照以上条件签订,乞即示复。顾、酆、凌、王。四十一号。

《顾振等赴德签署中德货物信用借款合同期间与翁文灏等来往电文选》,

《民国档案》1993 年第 3 期

顾振等致翁文灏电

1936 年 5 月 1 日

防空炮二公分口径现可交十二至二十四门,各附子弹三千发。三公分七及八公分八口径皓四电内未开列,惟国防部劝我国可购四门试用,八八系德防空高度射击有效之炮,二公分及三七炮系对于飞机低飞袭击时之用,二公分炮虽应多要,八八炮为防御重要地点,似亦不可少。自本年十月起,以上各炮可每月供给若干门,确数均于下星期三才能决定。又,钢盔可即交一万具,余二十一万六月内交齐,可否照订,乞示复。顾、酆、凌、王。东。四十二号。

《顾振等赴德签署中德货物信用借款合同期间与翁文灏等来往电文选》,

《民国档案》1993 年第 3 期

翁文灏等致顾振等电
1936 年 5 月 2 日

四十一号电敬悉。(一)规定价格办法四项均甚赞同,请嘱柏龙白即照此意致函委座说明。(二)湛然、守竞二兄即极愿回国,自亦甚佳,俾可面商一切,但此后接洽未知以何方法为妥。中国方面,当可由力全兄继续接洽,德国方面此后由何人接洽,均请电示。(三)报传德日已订密约,未知确否,对于中国意义如何,兄等可否以私人名义探询。如有所闻,并盼见示。(四)德经济厅长陶默斯中国将授给勋章,又,克兰久无来电,未知是否因前次事略有误会,请妥为说明。盼仍努力。文○、昌○。冬。二十九号。

《顾振等赴德签署中德货物信用借款合同期间与翁文灏等来往电文选》,

《民国档案》1993 年第 3 期

翁文灏等致顾振等电
1936 年 5 月 3 日

关于军火者,兹有两点续告:(一)六吨战车请如拟订购,惟每战车须装三七口径炮一门。如不能装,亦须装二公分机关炮。再,六吨战车马力匹数,请即电示。(二)江防十五公分能射二十二公里之新式炮及一切附件与夫每两门炮应配一套之指挥仪及炮弹之价格,请即询明电

示。文〇、昌〇。江。三十号

《顾振等赴德签署中德货物信用借款合同期间与翁文灏等来往电文选》，

《民国档案》1993 年第 3 期

翁文灏等致顾振等电

1936 年 5 月 4 日

四十二号电悉。二公分防空炮一百二十门附观测器及炮弹三十六万发可即订购，惟盼提早交货。三公分七及八公分八防空炮俟委座返京决定后再达。钢盔可即订购。文〇、昌〇。支。三十一号。

《顾振等赴德签署中德货物信用借款合同期间与翁文灏等来往电文选》，

《民国档案》1993 年第 3 期

顾振等致翁文灏电

1936 年 5 月 5 日

希特勒总理代表德国赠委座宝剑一柄，于今日正式面交代表团带回，乞转陈，度请委座电谢。顾、酆、凌、王。微。十三号。

《顾振等赴德签署中德货物信用借款合同期间与翁文灏等来往电文选》，

《民国档案》1993 年第 3 期

翁文灏等致顾振等电

1936 年 5 月 6 日

请订购八公分八高射炮八门，附指挥仪两套及炮弹二万四千发。又，三公分七高射炮六十门，附观测器及炮弹十八万发。又，七九步枪弹一万万发。文〇、昌〇。鱼。三十二号。

《顾振等赴德签署中德货物信用借款合同期间与翁文灏等来往电文选》，

《民国档案》1993 年第 3 期

顾振等致翁文灏电

1936 年 5 月 6 日

鱼三十二号电悉。二公分及三七高射炮德军均以载重汽车牵引，不能用马，已订购汽车牵引，是否合宜？七九步枪弹需用 SS 或 S，如需参用，各若干？艳二十七第三项十公分五榴弹炮如用牵引汽车，每车重十一吨，于中国桥梁恐不相宜，可否即用马牵引。顾、酆、凌、王。麻。五四号。

《顾振等赴德签署中德货物信用借款合同期间与翁文灏等来往电文选》，

《民国档案》1993 年第 3 期

翁文灏等致顾振等电

1936 年 5 月 7 日

四十三号电悉。德国运来军器，已陈明委座决定不使他国顾问或武官查验，请转告放心。四十五号、五十号两电均悉。制造钨铁事，请兄就近查询欧洲各国销路及进口关税之规定，俟考虑后再行决定。五十一号电悉。(一)请如拟订购六吨带机枪之战车十五辆，并请查询有无战车连搜索用之小型战车。再，战车连应配之其他车辆亦盼询明电复。(二)请订购四吨半之装甲汽车十五辆，其装甲厚度及马力匹数盼询明电复。五十二号电悉。此间真正需要之专家已详七十五号电。为：甲、钢铁厂二人，如无二人，先来一人亦可。铝锌铜选砂及冶炼专家各一人，淡气厂专家一人。至地质采矿，我国均尚有人可用，暂且不必另请专家，以后如有必要，再行商聘。五十四号电悉。七九步枪弹用 (S) 式，十公分五榴弹炮用马牵引，至二公分及三公分七高射炮用马或用载重汽车，俟请示委座决定后再电达。文〇、昌〇。阳。三十三号。

《顾振等赴德签署中德货物信用借款合同期间与翁文灏等来往电文选》，

《民国档案》1993 年第 3 期

顾振等致翁文灏电

1936 年 5 月 8 日

凡奉准各项军火均已订购,有即可装运者,已嘱德方运交资源委员会,由资会与美最时接洽接收后,再请委座发交其他机关,应如何办理接收不引起外界注意,乞卓裁,并直接与美最时商订办法。顾、酆、凌、王。庚。五十五号。湛然兄今晨离此。王附闻。

《顾振等赴德签署中德货物信用借款合同期间与翁文灏等来往电文选》,

《民国档案》1993 年第 3 期

顾振等致翁文灏电

1936 年 5 月 26 日

梗十五系备兄等核转委座之电,弟等尚有私见,备兄参考。(一)德政府与我中央合作成功,不再私与广州发生关系。(二)我中央如不再与德政府发生关系,则以后德政府与广州合作,予以信用借款及技术或军事知识之援助,我中央将无法阻止。(三)广州现系用现款购货,如德不供给,亦可向他国购办,苟不断其向德购货之路,而由我中央利用与德政府合作之关系,随时限广州能得之物品,似较为有效。(四)中央能得德政府之协助,不限于一万万马克之信用借款、德政府尚拟与我作范围更广之经济合作,一万万马克借款似系合作之起点,德政府似有意进行组织运输公司等机关,并愿予我国以各种军事知识及技术上之协助。(五)中德合作,我政府如认为有利用之价值,则不应失此时机,现时无其他各国肯与我国有同样之合作,又现时无他国(?),时机一失,德政府灰心,恐以后再无机会。(六)国际间情势,德政府非不明了,现正研究去除困难之方法。(七)弟等到德后,绝对未向德方谈及政治,惟德方谈及政治问题时,弟等告以此行职务只限于经济范围而已。顾、酆、凌、王。有。十六号。

《顾振等赴德签署中德货物信用借款合同期间与翁文灏等来往电文选》,

《民国档案》1993 年第 3 期

德国"东亚经济考察团"的报导,
标题是《判断中国局势的进一步材料》

内容:

1. 与蒋介石之谈话

2. 财政部长孔祥熙之声明

3. 与中国兵工署长俞大维博士之商谈

4. 德国海外公司的国外信用来源

5. 中国银行年度报告

关于1:在"东亚经济考察团"成员与蒋介石和中国外长的会谈中,很明显:(a)中国对日德友好关系不持否定态度,(b)可能存在的德国—满洲协定对中国只是一个"面子问题",因为国内民众情绪高昂,政府表面上必须持强硬态度,而不能沉默地容忍一种有利于加强日本地位的政策。

关于2:财政部长孔祥熙坚定地支持改善外贸平衡,并要求由政府直接或间接地控制进口。这将强迫达成贸易平衡。

关于3:希望这次会谈可以使目前存在的问题得到缓和。

关于4:德国海外公司有可能为筹措业务资金而向德国公司贷款;扩大外汇价位风险中的黑尔摩保险,可以提高该种非德国内部的信贷额。

关于5:宋子文在中国银行年度大会上的报告。据此报告,德国去年在输入国家中占第二位。

补充1:与蒋介石和外交部长张群于一九三六年二月十三日和三月二十三日在南京的会谈记录。考察团团长基普(Kiep)向蒋表示:希望扩大与中国的外贸,并强调德国贸易毋宁重中国而不重日本。蒋并不会反对与满洲可能签订的贸易协定,只要这个协定不带政治后果。基普强调,有美德日联盟的传闻起因于敌方宣传,尤其是德国只向中国出口武器。蒋:若德国与日本保持良好关系,则正是合乎中国愿望的。

在与外交部长张群的会谈中,基普回答了德国想派代表至满洲之事是否属实的问题。基普说,该代表将只具有技术组织的和经济的职能,因此与国际法意义上的承认满洲国没有任何关系。只会向新京派遣一名贸易代表,而没有领事代表。张对此表示满意并强调,这对中国是一个"保全面子"的问题。此外,他还表示希望中德建立更密切的政治合作关系。基普指出,他认为张群所指的可能是一种德国的"调停活动"。

补充3:基普关于一九三六年三月二十一日与俞大维博士和中国驻柏林使馆商务专员陶博士,以及当时军事顾问负责人冯·法肯豪森(V. Falkenhausen)将军会谈的记录:会谈主题为"克蓝交易",亦即克蓝对广州提供武器。根据俞的陈述,南京没有人知道此事。但克蓝坚称,他已向南京解释过其交易企图,甚至因此签订了条约,但对此俞和陶都一无所知。最后双方确证,"各方均不知情",同样情况也发生在将供予广东的"瓦斯设施"计划上。

经济考察团向冯·法肯豪森建议,他应该在德国军备订单问题上与南京使馆的商务专家合作。冯·法肯豪森应该要求,减弱德国公司间在中国的竞争,并由德国的总部来管理。就中国人看来,这种竞争会使价格压低至可允许的程度以下。

2. 法兰克福中小企业委员会主席请求德国外交部对中国的局势作判断。因为一家有缴纳营业税义务的保险公司在资产负债表中将一项负债款额归类为"中国战争风险"。德国外交部重申,中国依然面临战争危险,并且主要是尚未排除"共产党"的危险。

《德国外交档案——1928—1938年之中德关系》,第75—77页

3. 中德关于工业、交通的合作

李景枞关于中德合办飞机制造厂事致蒋介石呈文
1934年6月

委员长钧鉴:敬陈者,关于中德合办航空机身及航空发动机制造厂

合同草案,业经与德国荣格赐航空器材制造厂代表商议完竣。都为三十七条,大致尚与我方有利无害,而对于应由德方负责担保(一)可以养成我方技术人员,(二)可以使能独立自行制造两点,尤为难能可贵。但其中亦有数点,似仍未能尽满人意。经奉孔部长谕,应于晋谒钧长时,详晰缕陈。兹敬胪列如左:

(一)我方希望机身制造厂及发动机制造厂均能于最短期内设置完竣,德方则认为,我国基本工业及技术人员均尚缺乏,对于新式材料之应如何应付及巧妙机件之应如何制造,倘非从新训练,殊不足以收功效,故坚持必须按照所拟订之三年航空机身及四年航空发动机之制造计划循序渐进,否则,不愿担负养成中国技术人员及保其必能独立自制之责任。

(二)我方希望对于合办之工厂所制之飞机,须有随时更改式样之可能,德方则认为,时至今日,航空制造事业已达相当心境,况彼方所提之式徉,实为荣格赐工厂目前最新颖、最优良者,在最近两三年内,除局部偶有改进更新,按照合同规定,均须自动告之我方,以便仿制外,深信不致再有其他式样之发明,且每次更改式样,筹备设计,动需经年。故为便于按步进行及训练人材起见,主张在最初两三年之内。除非遇有特别原因,而为技术所可能,不再多所改弦更张。

(三)我方希望,因此合同之签订,可以获得制造德国境内任何飞机制造厂之任何式样之权利,但德方则认为,各厂固有各厂之制造方式,但亦有各厂之制造专权,是否均愿供人仿制,须经特别商洽,即德国政府亦不能以命令强之。故对此只允担任竭力设法使合办工厂亦能仿制,而不能负绝对责任。

以上各点,屡经景枞秉承财政部部长孔,交通部部长朱意旨,一再向德方竭力樽俎,而始终不能得其同意者。是否可以准予勉强照德方之意见签订合同,以及合同中所规定之三年购买总额共须关金一千五百万元一节,是否不嫌过巨之处,理合检同合同草案一份,陈候钧长核示祗遵。

李景枞谨呈

李景枞关于中德合办飞机制造厂合同事致孔祥熙函
1934 年 6 月

庸之部长钧鉴:敬启者:关于中德合办航空机身制造厂及航空发动机制造厂合同草案中未尽满意各点,奉谕应于景枞晋谒蒋委员长时详为面陈,并由张秘书度、李秘书耀煌、吴秘书敬安等出示关于本案所签呈我公之九点意见。复经景枞与之详加讨论,金以第一第二两点,应候关系长官决定,第四、第六两点,已征得德方同意照办,第九点则因德国情形与别国不同,曾据德方宣称,因迫于事势,绝不能有所幸就。故以上数点,均无庸再向蒋委员长请示。其第三、第五、第七、第八各点,为由景枞缮具节略,另列三点面陈蒋委员长请示。奉谕,除购机总额应改为一千二百万元,即每年约四百万元外,其一二两点不成问题,第三点无妨再与德方一谈,如仍不肯迁就,则不必强其所难,厂址决定后,即可将合同签字等因。遵于回沪后复与德方商洽,据称,购机总额改为一千二百万元,自应同意,惟将来发动机工厂成立时,对于发动机,须另有相当添购,方足以维工厂之工作而利人才之训练。关于第三点,仍只能竭力接洽,而不能负绝对责任等语。除已电陈蒋委员长鉴核外,并谨附抄节略底稿请鉴察。再,张秘书等所列九点,业经签陈,已有陈案,故不附列。

顺颂

崇安

李耀煌等为解释中德合办飞机厂合同各款内容致孔祥熙呈文
1934 年 6 月

关于中德合办飞机厂合同第十七条免除捐税一节,第十九条军事委员会保证一节,及第三十一条第三项海牙国际法院代选仲裁人一节,昨奉垂询,并谕解释。兹将当日交涉经过为钧座陈之。

（一）第十七条免除捐税一节。

职等曾提出异议,但据李景枞先生转述,德方不允许取消,一再磋商,始加入"于可能范围内"数字,以保留我方主权。再,厂方恒恐我中央政府或地方政府随时增加捐税,故其所开货价,如须计算捐税,往往将货价特别提高,超出现在捐税数目之外。职等恐德厂制造费之负担,我方仍须由财政部筹划,以为增加货价,即增加财政部负担,是以未曾坚持职等主张。

（二）第十九条军事委员会保证一节。

职等仅消极提出异议,确未提出积极主张,盖恐取消军事委员会担保后,对方要求中央银行担保,似于对方反属有利。

（三）第三十一条第三项海牙国际法院代选仲裁人一节。

职等当时亦认为不妥,主张由中国法院院长代选。惟据李景枞先生转述,德方绝不能同意。职等以公断人不能解决时,方能转选仲裁人问题,公断人不能共同推选仲裁人时,方有海牙国际法院代选仲裁人之问题,以为此条之应用机会甚少,是以未曾坚持修改。

职等奉职无状,不敢掩过饰非,既蒙钧谕解释,用敢将实情沥陈钧裁以及自省,盖加审慎以分钧座之劳。

抑职等尤有不能已于言者,职等对于德厂合同,认为不能满意者,尚不止以上三点。然职等所处困难情形,容有为钧座未能尽悉者,用敢附述如后:

（一）职等奉命磋商时,全部合同业已拟就,更改已成之合同,比诸事前之磋商,难易悬殊当在洞鉴之中。

（二）每次讨论合同修改时,李景枞先生必声明,如非关十分重要者,务请不必修改。盖我方修改太多,对方恐亦将要求修改之处。

（三）李景枞先生为交通部方面之代表,合同为交、财二部合订,职等不能事事单独坚持。

（四）职等所提出重要问题数项，除三年定货数额由三千六百万元改为一千二百万元外，其余各项，据李景枞先生自述，一经其向蒋委员长解释，俱邀免予修改。职等以重大者尚可如此通融，次要者必将更难坚持。

（五）问题愈多，磋商时间愈久，合同业已一再修改，同时，蒋委员长又迭电催订，深恐旷日持久，又蒙贻误军机之咎。

以上为职等所处实在困难情形，不敢藉此诿过。因蒙温谕解释，故敢冒渎上陈，敬乞垂鉴。

谨呈

部长

李耀煌

张　度　谨呈

吴敬安

《中德外交密档》（1927—1947），第 387—389 页

张度为中德合办飞机厂选址等事致孔祥熙签呈

1934 年 7 月 11 日

谨签陈者：关于德商飞机厂事，德代表司得赐（Stery）及赖士（Rasch）二人前曾往重庆谒蒋委员长。据其回沪称，蒋委员长力主在川省境内设立，虽经该代表沥陈种种，均不容稍有变更云云。该厂既经决定设在川省，自当早日计划，以利进行。该代表又称，德厂应有董事九人，其中中国董事应有六人，拟由财部、交部及航委会指派二人，除财部两人请钧座早日派定外，并恳电知航委会指派二人，并以其中一人指定为总经理等语。职答以事关国防整个计划，应以得人为前提，不必如此分配。惟其请电航委会派人一节，拟请照电蒋委员长转知航委会照办。

是否有当，敬候钧核。

职　张度　谨签

七月十一日

《中德外交密档》（1927—1947），第 388—389 页

李耀煌等审核中德合办飞机厂合同致孔祥熙签呈

1934 年 8 月

奉谕审核中德合办航空器及航空发动机制造厂股份有限公司合同,兹将审查意见,列举如下:

重要各点:

(一)荣格赐飞机厂为制造运输飞机之先进,全金属机即其首先提倡。各国飞机之发达,多受其影响,惟军用飞机,因战败条约限制,久不能制,非其所长,闻其在俄所设之厂,则尚可制造军用飞机,前嘱其设法将该军用飞机之图样及制造方法等,俾得备用。据称,不易办到。缘俄德国际情形转劣,及俄国监视甚严。前以其在瑞士亦设有制造飞机之厂,并造军用飞机,嘱其向瑞士方面觅取图样,已允照办,但至今尚未寄到。此应行陈明者一。

(二)按照所拟合同,德方股本国币一百万元,代中国政府垫缴股本一百万元,共二百万元,均得以工厂设立上及设备上暨公司营业上所需用之物品作抵,不知究竟用于设立及设备上者共有若干,甚关重要,似应订明。再,除设立及设备上所需之款外,尚余若干,能否足供营业上周转之用,如其不足周转时,由何方负责筹款,此可以研究者二。

(三)按照所拟合同,公司自合同发生效力后至迟四个月内,即须开始筹备航空器制造厂之设立。再,十二个月内,即须完成该厂之设立。又,自航空器制造厂开始制造之日起,即须开始筹备航空发动机制造厂之设立。然而,公司届期若不能履行此项规定,似应由德方负责。此可以研究者三。

(四)再按所拟含同,工厂设备以能制造飞机若干架为度,然而,工厂届期时不能制造如规定之飞机架数时,应由何方负责,亦未据规定。此可以研究者四。

(五)按所拟合同,有中国政府在三年内,向公司订购其出品之义务。而对于售价未有限制,似应根据实际造价,加以限制。此可以斟酌者五。

（六）按照所拟合同，公司对于德方订货无延期付款之权利，政府对于公司有无延期付款之权利，亦未定明。现在正与义方磋商之条件，相去甚远。此应行陈明者六。

次要各点：

（一）合同第三条对于开始筹备设立发动机制造厂之日期虽有规定，而于其开始制造之日期未有规定，似应修正。

（二）假如政府愿造荣格赐式外之德国飞机，是否有权令公司承造？再，公司将在何种条件下造？合同均未有规定，似应注意。

（三）合同第十九条有"定货单签订后，款项应分月平均交付"，但未订明分若干月交完，似应修正。

（四）按合同规定，条文发生异议时，应以中文为准，则中文条文文字允宜斟酌至当。查所拟合同文字，显系由德文翻译，其间有可以斟酌之处甚多。即如工厂所造者，明系飞机，而曰"航空器"，又曰"航空机身"，似应修正。

以上条陈意见，是否有当，敬候钧裁。

谨呈

部长

李耀煌
　　　　　　　　　　　　　　　　　　　　谨签
张　度

《中德外交密档》（1927—1947），第390—391页

张度等呈孔祥熙《关于飞机合同报告》
1934 年

关于飞机合同报告

关于飞机合同，在钧座北上前，奉谕从速磋商，限本月十日就绪，遵即约李总经理景枞会商。当时，因德方新到技术人员对于原拟草案尚欲推翻，双方相去益远，只得由李总经理再与磋商，先保存原案不动。最近，由李总经理交来复经磋商之合同底稿，除文字及其他可以修改者

业已照改外,尚有以下十余点未能同意。究应如何办理,仍乞钧裁。

（一）公司虽可制造荣格赐外其他方式之飞机,但须经德方之同意,并须在德方可能范围之内,方能仿制,是其可能性甚属有限。故职等主张,仿义商办法,联合各厂合办,则此项问题自可解决。且闻德国亦有此种主张。如荣格赐果肯罗致,当非绝对不可能。但据李总〔经〕理云,此举恐办不到,即现在之规定,已经与荣格赐若干磋商,方有此结果。

（二）公司仿制荣格赐方式飞机,亦仅以规定于计划书内者为限（实则两种）,其他式样之创制费,如尚无着落,则公司仍须付给,其数目若干,未经规定。职等以此项条件对于德方太宽,最低限度,亦应仿美厂合同规定,如政府向公司定购若干架,或若干架之之材料,即可免付创制费。李总经理已与接洽,尚未能办到。

（三）按照合同草约规定,多则十六个月,少则十二个月,方能完成第一期飞机厂之建设,三年方能完成飞机厂之全部建设。换言之,厂之建筑及设备,须三年方能完工。至于发动机厂,则须俟飞机厂第一期建设完成后五年内方能完成。其理由为,技术人员未训练至相当程度时,虽有相当之建筑设备,亦等于虚设,故分期进行,意在节约资力。言之虽似有理,然三年之期未免过长,必谓中国技术人员虽在德国技术专家指导之下,非俟三年后不能制造全部飞机,未免言之太过。且建筑与设备不全,对于训练上亦殊感不便。职等虑其因鉴于在苏俄设厂之失,故意延长设厂之时间,以防变化,故主张缩短期限,但李总经理以为德方对于此点,颇为坚决,不易更改。

（四）职等主张另加一条,声明荣格赐飞机与荣格赐发动机不必互相配用。盖恐有较好之发动机时,政府因受配用荣格赐发动机之束缚,而无自由选择之余地也。此点德方坚执不能增加,盖按其计划及合同规定,政府于三年内每年向公司定购之总值,其百分之四十应属其发动机也。

（五）按合同规定,事实上,两年内仅能仿造两样飞机,如欲制造其他荣格赐式(荣格赐式外者尚未计)飞机,或须在两年之后,或须在工厂制造能力范围之内,或须为机务上所可能者,方能仿造。然鉴于厂之建立及设备须经三年方能完成,则所谓制造能力范围内一语,亦等于画饼充饥耳。

(六)三年中,每年政府须向公司订购在银币一千万元以上,少亦八百万元以上,约等于厂之最大生产能力。然事实上,所造飞机仅有两种,且在初一、二年中,厂之建筑及设备亦尚未完成,以若大之代价,仅购得大部分在德造成之飞机两种,似非计之得者。刻正在磋商减少,结果如何,尚未可知。

(七)按合同草约规定,全年所订之货,应于六个月前订定,并即开始付款,但分为十二个月平均付清。届时约为半年所订之货交货之时,政府不独不能延期付款,并须于交货半年前预付半年所订之货价。就政府利益言之,每年订货之总值,既在一千万元或八百万元以上,而付款条件又如此之苛,虽对方不肯更改,然职等终未敢苟同。

(八)合同以国民政府财政部及交通部为一方。职等以为,国民政府对外应为整个的,财政部与交通部并举,似属不妥。不如即简便以国民政府为一方,而财政部部长或交通部部长代表签字。否则,仅举财政部或交通部亦无不可。

(九)中国政府对方系为德国荣格赐厂及奥托俄普夫厂。据李总经理云,奥托俄普夫厂之加入,系因去年荣格赐厂经济情形不裕,不独荣格赐垫给中国政府之股款由奥托俄普夫厂垫给,即荣格赐厂亦须依赖奥托俄普夫厂财政上之接济。今年,荣格赐厂已不需奥托俄普夫厂之接济。李总经理之意以为,中国政府之股款,如不需对方垫给,即可令奥托俄普夫厂退出。渠以为,奥厂远不如荣格赐厂之易于接洽也。职等以为,此事关系财政,未敢擅作主张,是以尚未解决。

其他问题,尚有再加研究之处,容后再陈。

谨呈

部长孔

李耀煌
　　　　　　　谨拟
张　度

《中德外交密档》(1927—1947)，第391—394页

孔祥熙为中德合办飞机制造厂事致蒋介石密电

1934 年 10 月 1 日

蒋委员长钧鉴：密。奉卅机牯电敬悉。承嘱增购弗力特二十架，自当遵办。德厂合同于艳日签订，业已电达在案。德方责任规定于合同之内，并不因为向其借款与否而增减，且奥托俄普夫公司如任其加入，将来订货时，我方所付代价必较其不加入为高。盖德方多一公司加入，则我方不免多受一层损失。况奥托俄普夫公司对于铁部购货之经过，印象甚为不佳，更不得不严予严范也。因尊电提及克厂德方借款一点，用将取消奥托俄普夫加入合同之理由胪陈钧鉴。弟孔祥熙叩。东二。

《中德外交密档》(1927—1947)，第406—407页

张度关于中德合办飞机制造厂组织情况致孔祥熙签呈

1934 年 12 月 26 日

欧亚航空公司李总经理景枞面称：中德飞机制造厂组织亟待进行，约举三点请为转陈核示等语。所举三点如下：

(一)董事九人人选

李总经理拟请财政部、交通部、航空委员会各指定三人。

(二)款之来源

按照合同，中国一方担任股款二百万元，该款固可视工作需要分期缴纳，然预算二十三年度至少须缴纳七十万元，二十四年度七十万元，二十五年度六十万元，如何拨付，李总经理拟请钧座示遵。

(三)公司总经理及各组主任、副主任人选应由何方派人，李总经

理拟请钧座核示。

以上为李总经理征询三点。职答复须候钧座晤蒋委员长商洽后再定。可否之处，敬乞钧裁。

职　张度　签呈
十二月二十六日

《中德外交密档》(1927—1947)，第 407 页

陈庆云为中德合制飞机种类问题致孔祥熙函
1935 年 4 月 11 日

庸公部长赐鉴：中德合办工厂，因选择飞机种类及增加各厂联合问题，以致停顿多日。此次在沪，李景枞兄前来催促，庆云鉴于空军草创时期，一切设备均感缺乏，对于制造工厂之设立，尤属刻不容缓。然因经济及技术问题，势不得不与外商合资经营。渠辈以牟利为目的，自难就范。重以合同既经签订，如因选择飞机种类及联合各厂问题而将进行经年之事一旦停顿，似属可惜。综上原因，似应亟设法补救，免再稽延。鄙见对于该厂每年订购四百万关金一节，拟不予明确规定，或减为半数，视其将来所制之飞机进步若何，始决定制购之多寡，则该厂对于技术或能设法改进。最近，又奉委座电令，该厂如能制造比较新式飞机，则准照约进行等因。云意不如仍继续进行，虽目前不能达到各厂联合制造之目的，要亦可以以一部分技术助我空军之发展也。我公以为如何？即祈察核见示为祷。专肃

祇颂

崇祺

陈庆云启
四月十一日

《中德外交密档》(1927—1947)，第 407—408 页

张度等为修改中德合办飞机制造厂合同事致孔祥熙签呈
1935 年 5 月 10 日

查中德飞机制造厂合同应行修正者,计有两点:

(一)能制造荣格赐以外之各种式样飞机。

德方承认此点,惟对于制造权及图样等问题,仅允负责交涉,不肯预先规定办法。据称,因对于其他各厂,无拘束之权。关于此问题,议定书之条文,已经陈庆云处长签字同意。

(二)原合同第二十条第三项,对于公司付德方之款项,许其不受任何汇划及外国货币输出之限制。

查意厂合同,亦有此项类似之要求,其原因为,合同规定付款以关金计算,厂方深恐届时不能自由运用。职等以特许免除,似有未便,故要求更改条文。但条文虽可更改,厂方对于保障运用资金之用意,仍不能变更。职等持之愈坚,厂方怀疑愈甚。再就条文深切研究,所谓汇划及外国货币之限制,亦殊含混。汇划在上海金融为一特列名称,并非汇兑。至外国货币之输出,则更属仅有。条文文字虽与用意不符,然合同既以中文为本,我方将来根据条文文字解释,亦有伸缩之余地。厂方既不能变更原意,则不如仍保留原条文不改为妥。

以上两点,可否照办,敬乞钧裁。

谨呈

部长

职张度、李耀煌　谨签

五月十日

《中德外交密档》(1927—1947),第408—409页

李耀煌等呈报孔祥熙中航器材厂发起人会议情况
1935 年 9 月 26 日

谨密呈者:查关于中国航空器材制造厂股份有限公司订于本月二十日在上海开发起人会议一节,曾于本月十八日呈报在案。兹该会议

业于该日下午五时假上海仁记路九十七号欧亚航空公司举行。计出席代表为:陈庆云(卢维溥代)、李景枞、许建屏(李耀煌代)、李耀煌、卢维溥、(李)〔蔡〕士崇、司得赐、赖士·瓦尔特(娄霖滋代)、娄霖滋等十人;推李景枞为临时主席,其议事日程为:(一)报告经过;(二)讨论章程;(三)选任董事监察人;(四)临时动议等四项。兹检同议事记录一件,呈乞鉴核备案。

此次发起人会议,业已遵照选任钧部所指定之许建屏、李耀煌,航空委员会所指定之陈庆云、卢维溥,交通部指定之李景枞、蔡士崇等六人为中方董事。所有董事长一职,按照《中德合办航空机身及航空发动机制造厂股份有限公司合同》第二十一条之规定,应由董事会就中国董事长中以三分之二以上之多数推选之。又,按照合同第二十三条之规定,"董事会以全体董事三分之二以上之多数,选任一中国人为总经理"。现此项董事会不日即将举行,所有应行推选之董事长一人、及选任总经理一人,拟请即由钧部分别指定,以便交中方董事提交董事会,共同推举选任。除由各部分代表分别呈报各该主管长官请示外,理合密呈,恳乞训示祗遵。实为公便。

　　谨呈
部长

许建屏
李耀煌   谨呈

二四年九月二十六日

《中德外交密档》(1927—1947),第 410—411 页

李耀煌为中航厂股份有限公司章程补充条文致孔祥熙签呈

1935 年 9 月 26 日

再谨陈者:查中德飞机制造厂公司章程,虽经发起人照例通过,实应呈请钧座核准。查该章程所拟订各条文,除照我国股份有限公司法章规定者外,其他各点,皆依照中德合同原则加入,似无不妥。此外,尚

有两点,为法章与合同所未规定者。即:

(一)该公司拟设总办事处于重庆,分办事处于上海;

(二)修改章程须五分四之表决权通过。

应否照准,尚候钧裁。

又,查合同规定有监察三人,除德方及交通部已指定一人外,尚有一名,即请钧座指定,似以稍有法律学识者为较宜。

至于董事长与总经理人选,责任重大,经煌向中方发起人提议,应先由财、交、航三方各请蒋委员长指定,然后中方一致照举,已得交、航两方一致同意。似此应否电陈委座之处,谨候钧裁。

职李耀煌　谨签

二十四年九月二十六日

《中德外交密档》(1927—1947),第416页

中国航空器材制造厂股份有限公司董事会议事规则
1935年9月

一、董事会议由董事长或董事三人以上之请求召集之。

二、董事长应于开会前一星期将议事日程、议案、理由、地点、时间用书面通知各董事,如遇有紧急情事时,上述之一星期期限得缩短之。

三、各董事于接到开会通知书后,如有提案,应于开会前四日,将提案六与董事会秘书,以便转送各董事,及继续编入议事日程。

凡未列入议事日程之每一临时提案,不为出席董事所反对,得议决之。

四、董事会会议须有董事七人出席,方足法定人数。

五、董事会议主席由董事长充任之。

董事长如因故不能出席时,得由按第六条之规定指定董事中之一人代任之。

六、董事如因故不能出席,得委托其他董事或本公司常任法律顾问代表出席。

前项委托,应以函电为之,并应交由秘书存案。

七、每一董事不能同时代表一人以上之其他董事。

八、董事会会议之议案,以出席董事过半数之同意议决之,如可否同数时,应由主席取决之。

九、董事会会议遇有必要时,得请本公司监察人出席表示意见,但无表决权。

监察人出席之通知,由董事长或董事之提议为之。

十、董事会会议记录,由董事会秘书为之,如秘书因故请假,董事长得临时指定一人担任之。

十一、董事会会议记录,以中国文字作成之,但董事会秘书应于事后译成德文,分送德籍各董事。董事会会议记录印就后,应一面立即分送各董事查阅,一面于下次开董事会议时,由秘书当众宣读,如无异议,即由董事长签名,作为正本,交由秘书保管之。

十二、董事会会议之权限如左:

甲、执行股东会议所议决之事项;

乙、召集股东会;

丙、关于公司重要职员之任免事项;

丁、关于其他依公司章程规则及公司法之规定,凡为董事会议应为及得为之一切关于公司事务之议决。

十三、本规则如有修改事宜,应由七人以上之董事出席,以三分之二之多数决议之。

十四、本规则自董事会决议日施行。

《中德外交密档》(1927—1947),第414—416页

陈庆云为中德合制飞机种类诸事致司得赐函
1935 年 12 月 16 日

径启者:查照中德合办航空机身及航空发动机制造厂股份有限公司合同第十七条第六项之规定,所有第一制造年度应制之物品种类及

数量,应于合同核准日予以确定。嗣因贵方提出之种类未能完全满足敝方之希望,故复有议定书之签订。现在,此项问题既经解决,而根据合同所组织之中国航空器材制造厂股份有限公司又已成立,则第一制造年度应行制造之物品之种类及数量,自应予以确定。除已由云于十一月二十六日将第一制造年度拟制之 EF 五十四号式者五十四架及 K 八十五号式者二十四架及其备件约各百分之十五而向该公司董事予以确定外,相应并函贵代表查照。至各该种类之性能,除应以议定书附单之规定为依据外,遇有更新部分,无论巨细,并请按照合同第一条第一项及第十三条第一项之规定查照办理为荷。

　　此致
荣格赐飞机制造厂代表司得赐君

十二月十六日

《中德外交密档》(1927—1947),第 421 页

克兰为中德合办轮船公司事致翁文灏函

1935 年 10 月 31 日

克兰奉翁先生书译文

齐焌谨译　十月卅一日　南京

　　咏霓秘书长勋鉴:敬启者。关于中德轮船公司之发起,谨摅呈如左:

　　去岁在牯岭与孔部长会商互换合同时,孔部长曾提及:倘中德两国能合组一内河、沿海、海洋轮船公司,使两国互换合同之利益充分表现,实有甚大意义。

　　克兰对此问题曾于去岁归国后与敝国关系各方,尤以与敝国领袖之特派经济专员开卜勒先生作较切近之商讨。

　　开卜勒先生实已承认此事之重要。并在原则上表示同意。开卜勒先生并将此节通知“汉堡美洲”及“北德”两轮船公司之主要代表,亦获有了解同意之表示也。

此时所应决定者:中德轮船公司应以何种方式开创成立耳。克兰所欲建议者"北德"及"汉堡美洲"两公司,以必要之"海洋船只"为投资方式;中国轮船公司以"内河沿海船只"为投资方式,二者差额由中国政府投资抵消。因中国国家之投资,足以监督中国股东,为益非浅。德国之上述两轮船公司早有德国国家之大部分股份在内,足为成例也。

如此组合计有左列主要股份:

中国国家政府。

中国轮船公司。

德国国家政府。

"北德"及"汉堡美洲"轮船公司。

倘中国政府方面对于此项计划尚感兴趣,则中国代表团之财政专员于行抵柏林时应对此问题加以商洽,似有必要矣。专此奉布。敬请勋安

克兰谨启

十一月一日

《中德外交密档》(1927—1947),第451—452页

克兰为中德合办钢铁厂事致翁文灏电

1936 年 1 月 16 日

克兰奉翁秘书长电译文

廿五年一月十六日由柏林拍发

职　关德懋　谨译

翁秘书长勋鉴:兹为钢铁厂事,特电陈梗概,以为昨电之续。敝国国防部国防经济厅拟向先生建议如左:因钢铁厂计划之原委托书内容颇与实际相去甚远,似以候敝方矿冶钢铁专家代表团到华后,协同贵国专家将此项不切实际之处加以整剔,较为合宜。敝国代表团俟贵国代表团莅临敝国后,即可首程来华。委托计划之实施,自易着手并可迅速

进展。关于实施委托之前部工作,敝方已于此时积极推进矣,为尊方权衡利害,克兰敬请先生容纳上述意见也。

为推进敝方前部工作起见。并恳先生迅予寄赐为冶铁炉所需用之铁砂、焦炭及炼焦原料之煤各一百公斤,惟此项煤铁样品,须以新开出之平均原料,未加选择,未曾堆置者为合。此外由矿地取出时,即须直接装入铁箱,锡封完固,使不透空气,并请由上海美最时船公司寄运来德,各项原料之化验结果,亦请惠予一份。敬颂

勋安

克兰

谨按:

一月十六日克兰来电,系建议钢铁厂计划之原委托书,候德方矿冶钢铁专家代表团至华后会同我方专家整理,方易实施,并请我方寄予矿砂、焦炭原料,以资化验等由。一月卅一日来电系请我方寄钨砂样品为计划铁钨制炼之用,此外请示如供给新式采掘器,是否同意。钢铁厂计划俟德方专家代表团到华会同我方专家整理实施,可否邀准。今兹来电所称"第二部分委托,我方所予说明,颇欠完整"一节,似即指钢铁厂计划而言。关于军器一节,该电声明无书面根据,请我方电告需要各件,俾国防部能于代表团到德前,从容准备供给等语。

塞克脱将军一月十五日来电,系代表德国防部请示钨砂装运日期。

职附注

关德懋　印

《中德外交密档》(1927—1947),第427—428页

翁文灏致克兰电稿

1936年1月16日

克兰先生:中央对于合作事,诚意进行,但近接报告,广州方面于去年秋冬间收到由德国运去极重要之毒气材料,甚为诧异。究竟德国政府对中央合作之后,对广州取何方针? 以后是否继续供给军用物品于

广州,必须切实详细说明电告,以便转呈。翁○○。

二五年一月十六日

《中德外交密档》(1927—1947),第 472 页

克兰致翁文灏电

1936 年 1 月 16 日

一月十六日柏林发

翁秘书长钧鉴:十六日电计邀青察。前此粤省交付克兰之一切委托,曾于十一月三日报告书中详尽陈述,想在洞鉴中矣。粤省委托,除北江河兵工厂,其实施内容亦经缕陈处,其他各项委托,均由粤省同意,归于停顿。今后关于粤省或其他各省之一切委托事项,敝政府首须问明中央,此外原定供给粤省之毒气制造机(或简称毒气化合设备),迄今并未实行供给。钧方所得消息,全与事实不符,克兰谨恳求钧方信任,克兰决不致作损及中央与委座威信之举动也。

敝国国防部有关于京粤现状之情报,其内容俟明日电达。此项情报,究与现状事实相去几何,倘荷示复一二,敝国国防部当甚感激也。

克兰

《中德外交密档》(1927—1947),第 472 页

克兰致翁文灏电

1936 年 1 月 17 日

一月十七日由柏林发

翁秘书长钧鉴:十六日电谅邀察览。敝国国防部接有中国情报,内容如次:

京粤两方因华南军火事,争端再见。中央政府已要求港政府,一切非中央许可之军火,不许通过。目前,中央确有管领内海之权力,并能阻止粤省海运,惟私运贩卖,仍有大好时机可乘耳。

粤省实业计划,发展甚速。

湘省日趋于粤省控制之下,粤省政府力已浸及长沙省垣,所有锡铝矿产悉收为粤省掌握中物,来阳煤矿亦为粤省省军占有,并由粤省开发。此外,尚有煤矿三区,第一区在耒阳境内,第二区辰州以北,第三区耒阳境内,统为粤省占有,或归其监督。据闻,第五区(衡山附近)之占据,不久亦将实现。辰州之锑矿、衡山之钨矿,亦均为粤省所有。

共匪危患,几完全扫除。粤省仍北进无已,目前似为军事目的,准备现金及较京方优越之组织。

香港到有美国军官十四人,据云为粤省而来。

《中德外交密档》(1927—1947),第 473 页

翁文灏致克兰电稿
1936 年 1 月 30 日收到

克兰先生鉴:一月十六、十七两日发来电均悉,并已报告委员长。德国对于中国各省委托事项,须先问明中国中央政府,如不得允许,则不执行,尊意甚是,务望实行。来电所云粤省政府势力已浸及长沙省垣各节,纯系误传,并非事实。对于德国国防部长、经济部长、经济代表及兄,中国政府已决定授给勋章,中国代表除顾振君已先出发者外,其余酆悌、凌宪扬、王守(竞)〔竞〕及秘书齐焌,已于一月二十一日由上海启程赴德。对于钨砂,中央已决专设机关管理,不久可以成立,成立后当即购砂,三月间定可起运,兹先寄上少数钨砂,为计划制炼铸钨之用。中国所需要之军器及工业用品,除前已开送者外,兹已拟定品目,托代表等到德国洽商。此项交换办法,中国代表诚意愿为实行,毫无问题,惟盼德国将应运中国之物品起运日期,早为切实电示,俾弟与中国各机关接洽较有根据,庶可早告成功也。翁○○。二十五年一月三十日。

《中德外交密档》(1927—1947),第 473—474 页

克兰致翁文灏电

1936 年 1 月 29 日

一月廿九日由柏林拍发

翁秘书长钧鉴：廿八日电谅邀察览。尊电已奉到，谨致谢忱。关于中国任何一省委托敝国事项，首须经过中央同意，始得实行一节，敝国政府绝对同意，克兰已亲将此点商诸敝国领袖之全权经济代表威廉·开卜勒先生，彼亦完全同意。贵国代表团并将正式获得敝方关于此点之同意答复也。

敝国国防部对于尊电批判京粤消息一节，特表感谢。关于此点，亦将与贵代表团共商办法，以消弭将来误谬情报。

此次中央授勋名单，敝国领袖之全权经济代表威廉·开卜勒先生暨现役师团司令官诺辛劳（莱谢劳）将军两氏本荷选入，竟复落选，而以里宾特罗甫将军为代，敝方同人及克兰逖闻明令，同声遗憾，良以开卜勒先生及诺辛劳将军对于贵国关系，常有特殊之努力，其裨益贵国之处正非浅鲜，而二人权位勋望亦较里宾特罗甫将军为高，倘万一可以设法，务恳容纳拙见，仍将二人补入授勋名单之内，里宾特罗甫将军之授勋，虽较迟行之亦无伤也。

贵代表团莅止后，一切当感觉极端圆满，克兰连日奔赴接洽结果，敝国领袖已指定国防部令同沙赫特博士为中德合作事业之负责人物，克兰敢信将来贵代表团在敝国商洽后所获结果必有以使委座满意，则委座前此知遇之恩，克兰庶几获报答于万一矣。

克兰叨荷荣宠，亦予授勋之列，愧无微效，曷敢当此，以往纵有努力之处，亦克兰职份所在，义不容辞，若开卜勒先生及诺辛劳将军真于两国有大功耳。谨电布复。敬颂钧安。

克兰

《中德外交密档》(1927—1947)，第 474—475 页

翁文灏致克兰电稿

1936 年 3 月 19 日

克兰先生：

中国政府对于物物交换事已诚意进行,乃近又据探报德国供给广州兵工要件及制造毒气等物,如果属实则我等所商各节势须停止。究竟德国供给广州者系何物品于何时运往,此后是否续运,请兄从速详电蒋委员长切实声明并将电稿分抄德国政府及顾振先生备查。又在广州送军器之 Hapro("合步楼")系何人主持? 德国政府何以不能管理,亦盼见示。又物物交换事已由委员长大略告之德国大使。翁○○。

廿五年三月十九日

《中德外交密档》(1927—1947),第 475 页

翁文灏致克兰电稿

1936 年 4 月 1 日

克兰先生:迭接柏龙白将军及顾振先生等来电,已向委员长详细说明,甚为欣慰,极盼兄继续协助,俾所商物品交换各事早见成功,勿以一时误会有所介意,并盼与顾君等切实见面。翁○○。

克字八号　　　　　　　　　　　　　二十五年四月一日

《中德外交密档》(1927—1947),第 475 页

克兰为解释德粤合作生产武器事致关德懋电

1936 年 2 月 13 日

克兰来电　廿五年二月十三日拍发

职　关德懋　谨译

克兰今日由国防部闻讯:据德使陶德曼来电内称委座质问克兰在粤建设兵工厂及毒气厂等事,并称委座曾直接向克兰提出质问,克兰已明白答复并无制造毒气机器供给粤省,惟中国方面似不以克兰可信等语。此电用意何在? 尊方对于克兰何疑之深也。

敝国国防部将为克兰据实答复并解释克兰向未供给粤省以毒气机器,倘未经委座许可,以后亦永无供给粤省之可能。

所有关于民国廿二年克兰个人与粤省所签订委托之内容均为委座所深悉,并曾剀切呈明于去岁十一月十三日交由翁秘书长转呈委座之粤省工作经过之总报告中矣。此报告系君等译述,仍请君晋谒委座,面呈原委,并代克兰解释:所谓制造毒气之基本机器,迄今并未有一件供运粤省,今后如无委座许可,亦永无供给粤省之可能,粤省无此机器亦绝无制造毒气之可能,伫候示复。敬颂

时安

克兰

《中德外交密档》(1927—1947),第 476 页

柏龙白为说明德粤关系致蒋介石电

1936 年 3 月 24 日

德国国防部长柏龙白来电　　廿五年三月廿四日柏林拍发

职　关德懋　谨译

交由塞克脱将军　转发

蒋委员长钧鉴:据陶德曼大使电称于晋谒钧座辞行时,钧座曾谓倘克兰对于粤省供给仍无间断,则予对于顾振、齐焌等代表团之接洽毫无兴趣。

查兵工材料之经由哈卜罗("合步楼")供运粤省者,须经钧方同意始能实施,业经本年二月十四日电呈原委,谨此再度引证。关于哈卜罗为粤省建设者,系一小规模之兵工厂,月制轻炮十四门,轻迫击炮九门,此外炮弹三百发,迫击炮弹二百发。此项合同系于(民国廿二年)一九三三年签订,当于次年(廿三年)八月中曾由克兰报告钧座,并于去年(廿四年)十一月十三日在京交由翁秘书长转呈钧座之报告书中详述始末矣,绝无军器及毒气制造设备供运粤省。

哈卜罗名称系敝国国营公司,其业务进行,统由敝部指导。

敝方窃料陶德曼谈话中必有误会发生,谨恳迅予将下列各点电示明白:即由鄙人认可之克兰计划仍获钧方完全信任,顾君代表团仍负钧座使命磋商委托并签订借款合同也。

柏龙白

《中德外交密档》(1927—1947),第476—477 页

蒋介石复柏龙白电稿两件

1936 年 3 月—4 月

1936 年 3 月 28 日电稿

塞克脱将军转交

国防部长柏龙白将军鉴:三月二十八日来电已悉,并选接代表顾君等报告接洽经过情形。此事既系承先生明白说定及切实办理,足见德政府与中央诚意合作,甚为欣慰,所有交换事仍请即与顾代表等切实洽商进行,凡经中国中央政府所承诺者,自极愿诚意实行也。蒋○○。

廿五年三月廿八日

1936 年 4 月 3 日电稿

塞克脱将军转柏龙白将军勋鉴:克兰先生提议之经济合作计划,余甚为信任,以前有人误报供给广州之说既经兄于三月二十四日来电说明并无此事,并据顾振等详细报告,足见德政府对于中国诚意合作,余甚欣慰,即希与中国代表顾君等继续洽商,俾早日成功。蒋○○。

柏字三号　　　　　　　　　　　　　　　二十五年四月三日

《中德外交密档》(1927—1947),第477—478 页

德国国防部国防经济厅为广东订购防毒器械事致蒋介石电

1936 年 4 月 4 日

德国国防经济厅来电　　廿五,四月四日柏林

职　关德懋　谨译

蒋委员长钧鉴:广东省政府曾向一德国厂家订购为民间防空所需

用之防毒及毒气侦察器材,计值拾万马克,该厂应否将其现货供输,务乞迅予示遵。国防部国防经济厅叩。

顾振等致行政院秘书处报告两广、冀察各派系购德武器情形密电
1936 年 5 月—6 月

5 月 1 日电

据陶厅长面称:经确切调查,广州机构仅询价,未开数量,广西及宋哲元所要物品在发觉时实际尚未开始制造。国防部已训令各厂不许制造,并未提及系因我国中央请求云云。特闻。顾、酆、王。四十四号。

6 月 5 日电

顷接陶默斯电称:广西步枪原订一万五千枝,近欲增订一万枝,并子弹五百万发。现发觉商家已将三千枝请运,正在途中。本月份商家尚拟续运五千枝。惟我中央如可承受广西合同,并赔偿商家损失,则国防部可令商家在途中之三千枝及照合同内以后应续交之枪枝全数改交中央,如何? 乞即示复。现商家已知中央不许供给广西军火,如迫其对广西不履行合同,恐实际上未必能代守秘密。又广东仍在磋商订购机枪,数目未定,又火药六十吨。德商不得德政府许可不能交货。惟广东仍将向比国及捷克订购。余面详。顾、王。歌。六十一号。

附:翁文灏致陶默斯电(1936 年 6 月 8 日)

柏林。陶默斯先生:此间接顾振电,询广西订购步枪已有三千枝起运,应否改交中央等语。此项枪枝自应全数改交中央。又,广西及广东订购之步枪、机枪及子弹均请勿交,并盼随时将该二省所订之军械种类、数量电示,以便确定办法奉告。翁文灏。

廿五、六、八

军委办公厅抄报有关广东制毒工厂情报致军政部兵工署函
1936 年 7 月

抄军委会办公厅来函

　　案奉交下蒋鼎文冬恭代电一件，内第四项为关于广东方面制毒情报，奉批密抄知俞署长。等因。相应密函抄达，即希查照为荷。

　　此致

俞署长

　　附抄密件一份

抄蒋鼎文冬代电(1936 年 7 月 2 日)

　　密报

　　第四项　　琶江建造兵工厂规模宏大，经年尚未竣工。最近又再建化学药厂，专制毒气及防毒面具，最近已由德国先后运到此项制造毒气机器贰佰陆拾叁箱。据出卖制毒机器之格兰公司职员云：此项机器所制出者为一种液体汁，其毒性可以维持三月，且可透过极厚之皮鞋，触之殊难医治。粤当局对此极为重视，预计旧历年度应有此项毒器出品。

《中德外交密档》(1927—1947)，第 479—480 页

谭伯羽报告两广购德军械事致翁文灏密电
1936 年 7 月 29 日

　　极密。并请转翁秘书长：使馆得外部电：据报李白以泰和公司名义向禅臣洋行订购各种军械，总值过三百万元。先付一百万，已交货一部分。究竟有无其事，希严查禁止云云。使馆即交本处密办，查得(HAPRO)之在华出面人即系禅臣洋行，此次仅知(HAPRO)经售毛瑟步枪一万枝，已运去二千五百枝。最近广东事件暴露，Thomas 即令运粤军械暂行停止，其余详情尚未探得。应如何电复外部，请酌夺示复。羽。廿九日。

《中德外交密档》(1927—1947)，第 480—481 页

翁文灏为谭伯羽电告德桂军火交易事致钱昌照函
1936 年 8 月 1 日

乙藜吾兄大鉴:顷接俞署长大维转来谭专员伯羽来电一件,兹将原电抄寄,即请查照代复为荷。顺颂

勋安

附抄原电一件

弟　翁〇〇　敬启

八月一日

附:①俞大维致翁文灏电(1936 年 7 月 30 日)

咏霓先生秘书长赐鉴:顷接柏林谭专员伯羽来电一件,兹将原电录抄寄奉,敬祈察照为祷,专此。敬颂

勋安

附抄电一件

弟　俞大维谨启　印　七月三十日

②谭伯羽致俞大维电(1936 年 7 月 23 日)

查广东在莱因金属厂只订购十六式十生的五轻榴弹炮、十六式七生的五野炮及十八式迫炮等,全部工具均由 HAPRO 洋行经手,图样闻系德兵工署供给,并在莱因金属厂聘定装配领工一人、工匠五人。该项拟于正月间启程,并随带十生的五轻榴弹炮壹尊。余容续查,再行奉闻。谭伯羽。二十三日。

③翁文灏复俞大维电稿(1936 年 8 月 1 日)

大维先生署长勋鉴:七月卅日大函附抄谭专员来电均敬收悉。此事因案册不在此间,业已转送钱乙藜兄查照代复矣。知注并闻。复颂

勋绥

弟　翁〇〇　敬启

八月一日

④钱昌照代翁文灏批复(1936 年 8 月　日)

一、谨按李白以泰和公司名义向禅臣洋行订购步枪军械事,即代表

团在德濒行及途中屡次有电请求委座可否由中央承购之广西步枪一事,至谭专员电中所称:此项军火系目下关国防部管辖之哈卜罗公司经售于广西者,则谅离事实稍远(哈卜罗公司现为德国国营公司,禅臣洋行系普通商行,闻禅臣洋行之军火部人员以前与克兰私人关系甚深,谭专员之电大约亦基于此)。此时若根据谭专员之电文措词向克兰诘问,犹如当日代表团在柏林以供给广东毒气材料事之旧话重提,与大事有损无益。

二、自代表团返国,国内将广西步枪事搁而未复,德方国防部请中央承认之请求,至今德商究已运去交去多少,此时应否向德方询问,与上节所论不同,为另一事。

三、此事何以我国外交部忽而有密令交驻德大使馆探询此项军火事? 事实经过不甚清楚,目前最好请向外部当局直接解释此种不无复杂之处,并请外部系铃解铃,即电驻德使馆,对原案不必深查。谭专员之电亦可复云:此事情形外部已明了,另有电致德使馆知照矣。

⑤钱昌照致翁文灏密电(1936 年 8 月 3 日)

牯岭。大林路翁咏霓兄鉴:密。东函敬悉。关于粤省购械事,可否由兄就近一询克兰,再行拟复,如何? 乞电示。弟昌照。觉。印。(南京)

《中德外交密档》(1927—1947),第481—483 页

六、加强与英美合作

说明：伪满洲国的成立反映出南京国民政府依赖国联解决中日争端的外交策略未起到预期效果。在日军的猛烈攻势下，华北的形势日益严峻。为了给发展经济、建设国防营造一个有利的国际环境，为抵御日本侵略争取时间，南京国民政府改变了原先的外交方针，在国际社会广泛地开展活动，尤其注意加强与英、美的合作，并将对国联的工作重心由寻求对日制裁转变为争取对华经济技术援助。时任南京政府行政院副院长兼财政部长的宋子文对欧美等国进行了长达四个月的访问，不但赢得了美、英、意、法等国对中国在道义上的支持，还与美国签署了5000万元的棉麦借款，密切了中美经济关系。宋子文欧美之行的成功以及在南京政府的努力下各国政府积极援助中国的活动，使野心勃勃的日本极为不安。1934年4月，日本发表旨在排斥第三国势力、独占中国的《天羽声明》，反映出日本与英、美在华利益矛盾日益凸显的事实，引起英美等国的广泛关注。1934年下半年开始，中国由于白银大量外流发生了严重的金融危机，使得中国不得不进行币制改革，放弃银本位制，以摆脱困境。为了控制中国的货币乃至经济命脉，美、英、日三国在中国的币制改革中展开了激烈的争夺。拥有最大在华利益的英国出于对中国金融崩溃的担忧，最先介入南京政府币制改革方案的制订过程。然而由于自身缺乏经济实力及美国操纵白银价格等因素，英国企图通过币制改革控制中国金融的希望最终落空。为获取新通货稳定运行的储备金，南京政府与美国签订了《中美白银协定》，使得中国货币实质上与美元挂钩。该协定客观上有助于币制改革后国内金融秩序的稳定，而美国的在华经济优势亦随此大增。

本章主要资料来源：

United States Department of State, *Papers Relating to the Foreign Relations of the United States*(《美国外交文件》，以下简称"FRUS")，1933，Vol. 1，Vol. 3，Far East；1934，Vol. 3，Far East；Japan，1931－1941，Vol. 1，1936，Vol. 4，Far East

W. N. Medicott and Douglas Dakin ed.，*Documents on British Foreign Policy*(1919－1939)(《英国外交政策文件》，以下简称"DBFP")，Second Series，Vol. 20(London：Her Majesty Office，1984)

Kenneth Bourne and D. Cameron Watt ed.，*British Documents on Foreign Affairs*：*Reports and Papers from the Foreign Office Confidential Print*(《英国外交文件集》，以下简称"BDFA")，Part Ⅱ，Series E Asia，Vol. 43，China，University Publications of America，1994

财政科学研究所、中国第二历史档案馆编：《民国外债档案史料》(第十卷)，档案出版社，1991 年

中国人民银行总行参事室编：《中华民国货币史资料》(第二辑)，上海人民出版社，1991 年

南京国民政府《外交部公报》

[美]约瑟夫·C. 格鲁著，蒋相泽译，陈宏志、李健辉校，《使日十年》，商务印书馆，1992 年

《申报》1933 年、1934 年。具体为：1933 年 5 月 24 日，6 月 16 日，6 月 18 日；1934 年 4 月 29 日

《外交月报》第 3 卷第 5 期，1933 年

《东方杂志》第 32 卷第 20 号

《国闻周报》第 10、11 卷。具体为：第 10 卷第 24、25 期；第 11 卷第 17、18 期

吴景平译《李滋罗斯远东之行和 1935—1936 年的中英日关系——英国外交档案选译》，译自《英国外交政策文件》第 2 辑第 20 卷，《民国档案》1989 年第 3 期。

（一）宋子文欧美之行

说明：1933 年 4 月中旬至 8 月,行政院副院长兼财政部部长宋子文对欧美诸国进行了长达四个月之久的访问。5 月 6 日,宋子文以出席世界经济会议华盛顿预备会议的名义抵达美国,8 日与罗斯福总统会晤,19 日与美国总统罗斯福共同发表《罗斯福—宋子文联合声明》,28 日中美签署《棉麦借款合同》。6 月 12 日在伦敦举行的"世界货币及经济会议"上（简称"世界经济会议"）,15 日宋氏作了大会发言,阐述中国政府对世界经济危机的态度及中国开放的经济政策,并介绍了南京国民政府在发展经济和健全制度上的成就。7 月 22 日,作为世界经济会议的成果之一,包括中国在内的主要用银国和主要产银国签署了《白银协定》（详见本章第四节"英国与币制改革"）。宋子文欧美之行的另一个主要目的是推进国联对中国的技术援助与合作,在宋氏的努力下,国联召集英、法等国成立的委员会通过决议,派遣拉西曼为联络员,帮助中国开展技术合作。宋子文欧美之行所取得的各项成果,引起了日本方面的高度重视。本节以选译的若干外交文件为主,反映宋子文与欧美各国政要的会谈内容及其成果,兼及报章杂志所反映的宋子文此行在日本引起的强烈反响。

1. 为遏制日本侵略争取欧美诸国的支持

霍恩贝克与宋子文及施肇基谈话备忘录
华盛顿,1933 年 5 月 16 日

宋先生和施先生如约来访。表面看来,这次来访的目的是商讨庚子赔款里美国份额的支付问题,这是宋先生通过杨格先生（Mr. Arthur YounG）提出的问题。中国公使询问我们近期是否有什么来自北京的

信息,霍恩贝克先生向他介绍了我们掌握的最新消息(今晨接报)。霍恩贝克先生利用这个机会表明,我们还收到了两份有关中美商业及外交关系的电报,他还介绍了这两份电报的内容:第一,一份电报称,去年8月我们驻南京领事馆送至外交部的有关出售小麦的文件似乎被弄丢了,南京正在寻找这份文件;第二,我们获悉南京的实业部正在鼓励中国人模仿美国的专利或取得专利权的物品。在透露这个消息后,霍恩贝克先生建议,在进入"议程"中涉及的其它问题之前,也许财政部长愿意就此提出一些问题。

宋先生回答,他最关心的问题是中国北方的局势。他说,日本人正在迅速逼近天津。中国人民正在奋力作战,在过去的两周里伤亡人数已达到 3 万,其中有 2 万伤亡是在过去几天时间里发生的,他们的物资即将耗尽。他想知道各大国是否对此无能为力。

霍恩贝克先生说,他已注意到中国军队正在进行大规模抵抗,而日本军队的推进并没有像他们所预期的那么快;他说战争还在继续,并且造成了如此多的流血事件,这令他以及所有的美国人都感到遗憾;他问宋先生有否考虑过大体采取何种措施,既是他认为可行的,又能使各国采纳而改善现在的情形。宋先生显然还未仔细考虑此事。他说他认为各国尤其是美国、英国、法国,可能还有意大利,也许会采取"一定的反对立场"。接下来的讨论以施先生的建议结束,他认为美国政府就中国政府代表与总统谈话发表公报时,应当对现政府对远东政治局势的关切有所表示;即便不提,他表示美国政府也应该声明,其不赞成敌对状态和流血事件在该地区持续发生;他接着说道,全世界尚未就中日冲突发表任何声明,本届政府亦是如此——有的只是尚在候任期间的总统在就职典礼之前关于条约不可侵犯的表态。

霍恩贝克先生说他会将谈话写成备忘录,提请国务卿关注这些问题。

而后谈话转移到中美关系中的某些未决议题上。(参见单独的备忘录。)

S. K. 霍恩贝克

FRUS,1933,Vol. 3,Far East,pp. 325−326

霍恩贝克提交的备忘录

华盛顿,1933 年 5 月 19 日

5 月 17 日周三晚上,我与宋子文先生和中国公使长谈了一次,期间我们就中美两国及世界范围内关心的一系列问题进行了非正式的讨论。

会谈结束后,宋先生问我,除上面我们已经讨论过的问题之外,美国在中美关系领域是否还有什么特别关心的问题是需要他专门考虑的。我回答说:我想到一系列问题,有的我们已经探讨过,有的则尚未触及,我们希望把它们提供给宋先生;我认为其中的有些问题可能不值得他花时间考虑;我将准备一份备忘录记下一些问题。

远东事务司随后撰写了一份备忘录,在宋先生离开那天我将它交给了他。备忘录副本附后①。

斯坦利 · K. 霍恩贝克

若干当前关心的中美关系问题备忘录②

华盛顿,1933 年 5 月 19 日

1. 美国的诉讼。诉讼委员会事宜。

2. 中国军队持续占用美国教会的财产(尤其是在汉口领区内)。

3. 中国海关专员在惩罚违反关税规定的人员时,墨守陈规但有失公平的趋势愈演愈烈。

在最近的一个案子中(发生在龙口),由于恶劣天气,运输过程中产生废料未按照海关规定执行,属于索克尼吸尘器公司(the Socony

---

① 即下文《若干当前关心的中美问题备忘录》。

② 远东事务司司长 5 月 19 日交给宋子文——原注。

Vacuum Corporation)的整船煤油被扣留并出售。

4. 希望在飞机购买事宜中没有歧视现象。

5. 伊克沃被杀案(山西省)

辛普森被杀案(甘肃省)。

在伊克沃被杀案中,仍有罪犯未被逮捕并受到惩罚。

据我们所知,在辛普森被杀案中,至今还没有人受到惩罚。

FRUS,1933,Vol.3,Far East,pp.527-529

赫尔①致詹森②
华盛顿,1933年5月20日下午1时

171.5月19日总统和宋子文先生面向新闻界发表了一份共同声明,内容如下:

"在我们会谈即将结束时③,我们双方都满意地表示,我们已就解决当今世界面临的重大问题所需采取的实际对策,达成共识。

我们一致认为,没有政治安宁,经济稳定就无法实现;只有居于军事上可以裁减兵力的世界,经济上的敌对与制裁才有实现之可能。我们热切希望和平能得到保障,为了实现这一目标,亟愿军缩措施能够尽快实施。与此相关,我们自然地将关注转向远东地区严重事态发展。过去两年来它扰乱了世界的和平。在那里,两个大国的军队处于破坏性的敌对行动中。我们相信,现在世界所有国家都在为重建政治和平、经济发展做着努力,为了使之成功,这些敌对行动将很快终止。

我们完全同意,必须去除目前国际贸易所面临的不合理障碍,必须整顿目前金融及货币的混乱局面。我们由此认为,白银作为东方贸易的重要通货,提高及稳定银价实属必要。在其它许多复原中国和世界

---

① 时任美国国务卿。

② 时任美国驻华公使。

③ 中美双方代表的对话于5月9日、10日举行;见5月10日、11日霍恩贝克所撰备忘录。

的经济生活的必要措施上,我们的意见也高度一致,并且我们都下定决心,尽力解决世界经济会议和军缩会议上的诸种问题,以使之取得成功。"

请将此事告知南京,并用函件转发给东京。

赫尔

FRUS,1933,Vol.3,Far East,pp.336–337

宋子文在美表示中国决不放弃满热

1933 年 5 月 24 日

我政府纵处严重的局势,财政地位依然稳固;他日脱离日本侵略危害,定能偿付一切债务。[纽约]中国财政部长宋子文本日在美国外交问题研究会发表演说,谓日本向称中国时局混乱,实属不确。日本此言,徒用以掩饰侵略行为而已,实则混乱局势,仅可于日本侵袭或日本阴谋所及之地见之。中国政府虽遭遇重大困难,其地位仍属牢固。计自一九三二年二月至一九三三年三月,日本再度进攻中国,因须出而抵抗,自必增加军费,而其财政仍能收支适合,且在世界经济衰落,大多数国政府预算均感亏空之时,有此成绩,未始非难能可贵。吾人所当记忆者,尚有其他事项:例如一九三一年之水灾,银价之跌落,日本侵略致信用之减少,皆足增加中国政府之负担,而满洲富庶之地,为日本所攫取,而为吾人所勇不放弃者,又足减少中国之收入。至于江西省之共党,则因日本之侵略不能如期扫荡。凡此种种,皆为友邦人士所当了然者。中国政府为应付困难,采取三种办法:一,停止建设事业;二,调换国内公债、修改海关税则,以增进税收;三,继续努力节省军政费。宋部长又谓世界虽感经济恐慌,然中国公债依然升涨。最后谓一俟中国脱离日本之侵略,免除因不宣而战所耗之金钱而得恢复繁荣时,则中国必能偿还其一切合法债务云云。(二十二日哈瓦斯电)

[纽约]中国财政部长宋子文今夜在此间中国协会欢迎宴演说,希望现方开会与行将召集之世界大会议,将能商得协定,使今后战争与侵

略俱成不可能事。渠未见满洲与热河之争执,有早日解决之象。且料华北之抗战为时必久,因中国政府当无有敢签订承认丧失领土之条约,故宋氏又说明日本所以获胜之易,因中国财力不充、维持中央政府比购买战具尤为重要也,并谓南京国民政府虽未将国内尺地寸土悉置管理之下,但除日人侵略与阴谋所造成之混乱地方外,全国远离混乱之境。按此次演说与午间及外交讨论会之演说大致相同。演说毕,名小说家布克夫人称誉宋氏维持中政府财政安定之政绩,切劝美人共起反对一切侵略。今夜系克拉伐兹主席、施肇基公使与国务副卿杭培克①亦在座。宋氏现定本星期秒以前启程赴伦敦。(廿三日国民电)

　　　　　　《宋部长在美表示中国决不放弃满热》,《申报》1933 年 5 月 24 日

西蒙致蓝普森电

伦敦,1933 年 6 月 19 日

爵士:

　　我今天与宋博士进行了一次长谈,待他从巴黎返回后我们还打算会面作进一步交流。在我们的谈话中,他向我全面阐释了中国的政策,并提出了一些想法,他们在前几日他与亨奇曼先生(Mr. Runciman)②的谈话时已记录在案。有关英国对华政策,他表明,他本人对我们的友好毫无疑虑,但自满洲事件始中国的民意有时会因我们未对日本采取更强硬的方针而不安。我向他表示,他所理解的我们的态度是正确的,而他所说的那些敌对的看法则是没有道理的。据我在日内瓦的观察,中国代表团花了大量的时间作宣传,我有时认为他们想象能够用不受欢迎的方式争得英国政策的支持。的确,我甚至不得不将我的某个讲话的正本用电报发出,以抵制那些误导民众的报道。宋博士承认其中存在某些误解,但表示日本人在日内瓦同样也在大造舆论,对此,我回答

－－－－－－－－－

　　①　即霍恩贝克。
　　②　汇丰银行上海分行经理。

说,不管怎样,日本人没有那种手段。对于宋博士和我自己而言,当务之急是依据事实处理问题,而事实是,英国对中国和中国人抱有最大的善意,并且英国与中国关联密切、商业利益巨大,这些都需要相互的友好关系来维系,宋博士对此也表示认同。

接着,宋博士询问我,可否告知他英国准备将以何举动显示她的同情与支持。他说,他最近的美国之行使其确信,如英国愿意协作,美国政府准备对日本施加经济压力(他不愿使用"制裁"一词)。我告诉他,据我的了解,美国的态度绝对与他的印象不符,我有足够的理由相信美国决意不通过任何方式卷入远东事务。事实上,我们与美国人在日内瓦已从各个方面建立了紧密的合作,目前据我所知,说我们被甩到一边儿或者美国在某些情况下采取更为主动的方式是没有根据的。

我请宋博士告诉我,他所说的经济压制(economic pressure)指的是什么,并指出,在本国,任何明确实施的经济压制都需要通过法律途径,而这种政策是不可能用于应对有碍重建东方和平的趋向的。针对他提出的英国政策之实质的问题,我说道,我和国会及驻日内瓦的官员们已经解释得很清楚了。从一开始,我们便支持李顿调查团报告,并且我们已经表明我们致力于扮演国联的忠实成员。国联之外的行动完全是另一回事。我们既然是国联的一个成员,就应当依此实施我们的政策。

3. 之后,宋博士在我的要求之下,讲述了近来中日冲突的情形,以及他对将来发展动向的估计。对于热河抵抗如此迅速地瓦解,我表示震惊。他认为,一旦日军越过长城,将很快威胁到英国的商业利益。我同意他的意见,但说这并不表示我们并不关心中国在长城以外的抵抗。他认为日本占领在将来意味着什么?宋坚持认为,无论军事行动如何变化,中国的抵抗都不会动摇。考虑到你最近发来的有关中国外交部长态度的几份电报(第 680、704 和 705 号),我向宋博士询问,是否有迹象表明那种主张面对既成事实并寻求与日本达成协议的意见越来越多。他否认了此事,但是在我看来,在之后我们的谈话中,他暗示在某些地方这种心理状态正在滋长,因为他说他打算尽全力抵制这种想法。

4. 至于中国的金融地位及其责任,我提醒宋博士,中国目前尚有一千一百五十万的铁路贷款和预付款未偿还。中国没有任何一条铁路偿清了此项债务,而这是影响中国在伦敦及其它地方的地位的极为不利的因素。此外,尽管此前的负债已偿清,但五、六月份的庚子赔款仍未交付。而后者更为严重,因为它是以中国的关税作为担保的。宋博士郑重地向我保证,中国无意失信。宋博士还向我诉说了他建立一个公司来推动公共工程的计划,他打算在中国募集其中一半的资金。他已与美国主要的金融家商讨过此事,他还提到了拉蒙特先生(Mr. Lamont)。这也是他此次在伦敦主要讨论的问题,例如与查尔斯·阿迪斯爵士(Sir Charles Addis)①会谈。他暗示,四国银行团已无法适应当今中国的情况。这件事我并未接着往下细说,希望之后会面再详谈,不过我询问他,这个中国公司是打算自己承担公共工程,还是作为一个金融机构运转。我总结认为,宋博士还未制定确切的后续办法。

5. 我们商定,在宋博士访问大陆归来后,再见面深谈。

约翰·西蒙

西蒙致蓝普森电

伦敦,1933 年 7 月 4 日

爵士:

我今天与宋博士做了进一步的交流。他计划于本月底去罗马和柏林,而后将乘船转道美国回国,

2. 他进一步阐述了自己对于中国公司的设想,在早前我们的谈话中他曾提议建立这个机构。预计注册资金一亿中国元(Chinese dollars),其中一半由中国募集。他希望英国方面能提供余下的部分资

---

① 汇丰银行伦敦委员会主席,以及四国银行团英国小组组长。由英、法、日、美四国的银行家在 1920 年 10 月 15 日组成银行团,以便在对华借款上相互合作——原注。

金,并称他丝毫不怀疑能从欧洲大陆上筹到钱。中国看中她与英国的商业和金融关系,并且十分希望保持并加强这种联系。对此,我自然而然地回答他,若中国铁路能更努力地偿还拖欠我国的债务,将会对此事大有帮助。

3.宋博士接着将话题转移到出口信贷上,我从中得知他已与亨奇曼先生和科尔维尔上校(Colonel Colville)谈过此事;他表示希望在他离开英国之前,再同他们见一面。当时我再次表示,我们关心的自然是中国能够提供的担保;最近中国向美国借的那笔五千万美元的贷款,中国不是抵押了大量这样的担保吗?他回答说,他希望与英国达成的购买项目是机械、铁路设备等等,它们本身就是资本资产,而向美国购买的棉花、小麦之类的商品则是不能作为担保的消费品。对于我的疑问,他回答说,他设想的赊购年限应该是三至五年。他表示,尽管出口信贷司(the Export Credits Department)并未对此事表示好感①,但对于双方而言这都是一笔好买卖。

4.话题转到政治问题上,宋博士表示,他十分确信日本对满洲的控制早晚会被动摇,因为中国人民绝不会接受日本人的统治。他理解我们全心全意关注的更多的是本土问题,但是希望英国的远东政策能有长远的眼光,当时机来临时,我们应该大胆地站出来支持中国。我表示,英国政策旨在当好国联的成员,而国联已不遗余力地谴责日本。我重申了在我们第一次会面时所说的话,表示国家的单独行动完全是另一回事,而我们认为我们的行动自始至终与国联保持一致。宋博士评论说,中国人坚决反对银行团的一个原因在于,考虑到近来日本的举动,由美、法、英与日支持的联合组织无私地帮助中国的设想变得十分

---

① 在伦敦期间,宋博士还曾与首相、贸易委员会主席及其它部长会面。他提出一项计划,即在英国出口信贷担保司的帮助下,由中国向英国进行8,000,000英镑的采购。他坚称,重建中国经济的唯一途径是鼓励贸易,并建议成立一个由中国和其它经济利益相关国家组成的国际经济委员会,以保证中国政府购买物资。这些悬而未决的问题的讨论细节归档于2717/10,F.O.371/17135—6的文件中——原注。

荒谬。他表示,他与美国商定的贷款并不是以银行团的模式,因为它与公共问题无涉,我认为他希望外国的金融界能有相应的态度。他对自己将瑞德集团(Lazard Brothers)指定为中国的代理商感到十分满意。

约翰·西蒙

DBFP,Second Series,Vol. 20,pp. 24-26

朗①所撰宋子文访意备忘录

罗马,1933 年 7 月 15 日

中国财政部长宋子文博士昨日到使馆拜访。他已同墨索里尼会面,并于昨晚离开,前往巴黎及柏林。

他谈到日本对中国的侵略,将其定义为日本长期以来的国策,并称日本渴望占据整个中国、俄国临海的三个省以及太平洋上的系列岛屿。他表示,日本有统治世界的野心,世界上的其它国家迟早不得不起而阻止她。他说墨索里尼对他说,自己也持这一看法,意大利将会适时地抗议日本的侵略。他说法国政府也向他表达了同样的看法,法国也会在合适的时机表明自己的立场。不过他说英国反应非常迟缓,不肯表明自己的态度,并说这是"美国的问题"("an American Problem"),他说,英国认为这是美国该管的事。因为美国在太平洋地区有着至关重要的利益,且这是与日本利益连在一起的,所以美国应该带头提出抗议。宋感到,英国将效法美国的做法。

他表示,满洲的人民憎恨那里的日本人,日本终将不得不从满洲撤军,就像他们被迫撤出山东一样。

FRUS,1933,Vol. 3,Far East,pp. 371-372

---

①　Breckinridge Long,时任美国驻意大利大使。

霍恩贝克与戈舍龙①谈话备忘录

华盛顿,1933 年 8 月 8 日

戈舍龙先生致电并称,法国大使馆已注意到报纸上发表的声明,了解到宋先生正在国内并已拜访总统,我感觉他们希望我能将这次来访的情况告知他们。

我表示宋先生正在返回中国的路上,并且,怀着自己与总统那次交流的愉快回忆,还在赴欧途中的他便希望并期待着在回国途中再次拜访总统。我对他说,宋先生昨天已来访,我不知道他们讨论了什么问题,但是从我早前与宋先生的谈话看来,我想此次谈话内容应与宋先生在法国时与法国政府的高级官员的谈话内容一致。宋先生关心中国的经济发展,并且致力于吸引国际上对经济发展的兴趣。中国和美国之间并没有在"协商"什么。我认为我们可以将宋先生对海德公园②的造访看作是礼节性的;当然在所有这样的场合,各方讨论的或许都是涉及"大政方针"("high policy")的问题。我表示,宋先生努力低调而迅速地往来于各地;他昨夜离开纽约后计划直接横跨大陆;他似乎尽力不处理任何公务,在路途中避免任何新闻宣传。戈舍龙先生说他将会把所有这些信息当作机密对待。

之后,我借着戈舍龙先生致电的机会表示,正巧我想问问戈舍龙先生是否看到上周报纸上的声明,大意是,日本政府已"周知"各国政府,其对国联向中国提供技术援助的努力有所不满。戈舍龙先生说他确曾看到那些报道。我问他,我是否可以知道日本人有没有在这个问题上向法国政府提出抗议。戈舍龙先生说他未接到相关通报。我说,如果大使馆能将此事作为一个非正式的质询,告知日本有否接洽过法国政府,我将非常感谢。戈舍龙先生说,他想大使馆很乐意查出此事。(注意:他并未问日本政府有否找到我们,我也对此只字未提。)

---

① 戈舍龙(Gaucheron),美国驻法使馆一秘。
② 海德公园(Hyde Park),纽约州一小镇,罗斯福总统故居所在地。

戈舍龙先生感谢我回答了他的问题,谈话就此结束。

斯坦利·K.霍恩贝克

FRUS,1933,Vol.3,Far East,pp.506-507

2. 与美国磋商白银问题及出席伦敦世界经济会议

霍恩贝克撰美中代表谈话备忘录

华盛顿,1933 年 5 月 10 日

5 月 9 日上午十时在国务院的会谈。

出席人:国务卿,皮特曼参议员(Senator Pittman),沃伯格先生(Mr. Warburg)[①],特格韦尔先生(Mr. Tugwell)[②],陶西格先生(Mr. TaussiG),布列特先生(Mr. Bullitt),霍恩贝克先生,中国代表团团长[③],中国公使[④],贝先生,魏先生,杨格先生。

国务卿阐释了美国政府对本次会议目的和基本范畴的设想。

沃伯格先生阐释了美国政府在货币问题、物价水平和货币方面的看法。

沃伯格先生在讲话结尾表示,我们欢迎中方代表发表看法。

在中方代表们磋商片刻之后,宋先生说他预备发表看法。他说,中国的关税政策一直是合乎财政规律的,而非贸易保护的。中国的关税理论是自由贸易。在关税问题上,中国完全赞同美国。我们将在共识基础上开始会议。

转到货币问题上,宋先生说,中国的前景与其它国家不同。在中国,白银是国内商业交易的标准货币。其它国家则是从国际汇兑的角

---

① J. P. 沃伯格(James P. WarburG),美国银行家,时任曼哈顿银行董事会副主席,罗斯福总统的财政顾问,伦敦世界经济会议美国代表团的财政顾问。

② 雷克斯福德·特格韦尔,农业部长——原注。

③ 宋子文,中国财政部长——原注。

④ 施肇基——原注。

度来看待白银。从某种程度上说,中国在货币流通中贬低了白银的价值。他们希望看到银价稳定。汇兑的波动是有害的。宋自己并不认为银价上涨会减少中国的出口。但是,一些人不同意此点。他非常重视酝酿中的产银国和用银国之间的会议。印度的白银仍然像达摩克利斯之剑一样悬于市场之上。他希望了解我们对于稳定银价的建议。

沃伯格先生说:使银价恢复到与其价值相应的水平。我们认为,以现在的美元来说,最终这个价格也许应该是 60 美分。

施先生说,在汇兑中,8 美分的出入就是很大的差别。皮特曼参议员说,作为一种商品,白银的价格一直都有些低于其应有的商品价格。我们可以对一些银行说:以 25% 储备金率论,五分之一应为白银。如果在交易过程中,白银被用完,则以黄金补充。趋势将是银价高于物价指数时存入、低于物价指数时取出。我们可能最终会认同以商品价格而论的正常价格。会有一个平衡的因素。这是设想,细节还没有制定出来。

宋先生问题:我们可否先不赞同这个大原则? 皮特曼参议员说,我们可能会放弃使货币贬值的政策;大家都赞成这一点,以及使铸币恢复到原来的成色。

接下来宋先生和沃伯格先生就储备金如何实施进行了讨论。杨格先生问白银占储备金的五分之一应当如何定义,答案是:"市场价值。"

施先生问印度方面怎么看待此事。沃伯格回答说,我们不知道;但是有迹象表明他们可能会同意;毕竟,"他们有责任";如果他们同意每年出售不多余×百万盎司的白银,就可以证实此点。

接下来就印度白银进行了讨论。

皮特曼参议员说明了他去年使国会通过的法案,并阐释了他对处理印度白银的看法。

宋先生说,中国是唯一一个大量将白银作为货币的国家,是以此为目的的唯一真正的消费者,他问到:难道中美不能亲密合作么?

皮特曼参议员谈到了一个主要产银国和用银国之间的协定。

宋先生说，银价低贱而毁了每个人的生意，一定不符合印度的利益。

皮特曼参议员表示同意。他说，如果美国与中国签订一个互惠协定的话，很可能会有巨大的价值。他说，我们应当放开妨碍白银回升至其原有价值的限制。他预料在英国和印度方面不会有麻烦。

至此，皮特曼参议员建议休会，以便让中方有时间认真考虑我们向他们表达的主张。

至此休会。

斯坦利·K. 霍恩贝克

FRUS,1933,Vol. 1,General,pp. 521-523

霍恩贝克撰美中代表谈话备忘录

华盛顿,1933 年 5 月 11 日

5 月 10 日下午 3 点 30 分在国务院会谈。

出席人：皮特曼参议员，特格韦尔先生，布列特先生，霍恩贝克先生，费斯先生(Mr. Feis)，中方首席代表，中国公使，贝先生，魏先生及杨格博士。

皮特曼参议员问，宋先生是否可以首先发言。

宋先生说，从中国的角度出发，他们急于看到银价稳定。他们与美国的立场有很多相通之处。关于最低储备金问题，部分使用白银的可能性是很重要的。但是，如果这种用途只是有选择余地的，我们无法估计其效果。如果某些国家保留超出法定要求的黄金，对于白银的影响将很难说。关于辅币贬值，他们更赞成复位。（皮特曼先生评论说，大家都赞同此点。）宋先生继续说道，由此产生的效果难以估计。中国赞成在产银国和用银国之间订立协议的想法。印度有可能会容许白银自由流通，而不会实施出口税。我们向他表示这是不可能的。但是我们想知道每年提供的数量是多少。

皮特曼先生说，印度可能会要求五年之内每年出售五千万盎司：印度的计划本来是出售四亿盎司,她已经售出一亿五千万盎司。

宋先生说:控制价格以便让印度不愿出售。中国注意到,美国正在酝酿通过一立法,授权美国以贷款方式按每盎司五十美分接受二亿盎司白银。他询问此事。

皮特曼先生作出解释。他说,这个法案今天已经通过。借方可能会也可能不会使用它。我们不能指望靠它来减少白银在市场上的流通。宋先生问,除英国外,这对其它国家有何影响。他说,从长远看,中国吸纳白银的能力是显著因素。因此,改善中国的市场将增加吸纳白银的能力。他问参议员,是否认为世界各国达成一协定,银价就会骤然上升。

皮特曼参议员解释说买卖过程与稳定银价问题有关。

宋先生问杨格先生有什么看法。

杨格先生强调稳定银价的好处,因为银价的波动会影响并可能降低中国的贸易总量。

皮特曼参议员说,所有人都意识到在交易物中我们必须将白银纳入考虑范围。

特格韦尔先生说,我们并未发现很多不同意见。皮特曼参议员提到某些恒定的因素。

宋先生想知道,是否可以就生产征税。

皮特曼参议员表示怀疑。这项产品的大部分都是副产品。他提到过去矿业的经验。提高白银产量的努力并不十分成功。多年下来的平均产量表明白银是稀有金属。

宋先生提到在纽约市场上囤积的七千万盎司的白银。

贝先生说近来从中国装船的白银量巨大。

宋先生表示,如果不对这些白银供应做任何处置,抛向市场,可能导致银价下跌。

贝先生询问了有关五分之一的白银储备的问题。他感到,储备必须维持在实实在在的五分之一以上。为了防止有的国家不愿意参与,是否有什么收紧绳索的补救办法?

皮特曼先生说,的确存在一个授权政府购买五千万盎司的法案。也许,如果没有完美计划的话,美国政府将与印度政府达成一项协定。印度政府也许会同意按照某个特定价格每年向我们出售五千万盎司白银;美国同意在一定时期内,譬如五年内,接收这笔白银,并且双方同意限制熔铸银币。

布列特先生说美国对于白银并不存恐惧。

皮特曼参议员说我们有八亿盎司的白银通货。

皮特曼先生说百分之二的白银储备是否能促进美中间的汇兑关系?

宋先生回答:"可以。"

贝先生说,(银价——译者注)稳定有利于同中国的贸易关系。

宋先生说,曾有一段时间的白银恐慌。中国将银价抬升。这是印度实施进口税之时。他希望可以结束这个阶段。我们希望有所收获,——但经济会议可能无法达成此目的。

皮特曼参议员提到了他两年前提出的解决办法。他说四个国家控制着银价。他解释了所发生的事。他认为再也不能容许这种事情发生。如果没有处理此事,五六个国家可以自己召开一个会议以控制局势。他还提到中国遇到的困难。他相信,中国可以发展出一个巨大的市场。他引用经济学家有关国际汇兑(交易)的理论。他说,在一个具有先驱性的国家,这个理论并不适用,而中国就是这样一个国家,因为,在国际贸易中他们并不单纯依靠他们所卖的东西。

宋先生说,尽管有各种揣测,但白银的低贱价格已迫使中国无法购买许多需要的东西。

有人建议皮特曼参议员将宋子文介绍给他在参议院的同事,特别是银行及货币委员会。皮特曼参议员希望宋先生能回答一些参议员们总是问到的问题。

皮特曼参议员说,除了解决白银问题外,他希望能满意地看到其他

问题可以在伦敦得到解决，

布列特先生说，即使会议完全谈崩，美国都将尽最大努力恢复其与中国的贸易。

皮特曼参议员说由于等待经济会议，美国政府的举措被延迟推出。胡佛总统主张我们必须等待，因为一两个对于协定的成功签订至关重要的国家还踯躅不前。当参议员出发赴中国之时，新闻界声称美国政府认为应该由比美国更有兴趣的某个国家召集会议；当他抵达中国时，新闻界声称美国认为中国不是召集会议的合适国家。

宋先生说，他希望就中国的关税做一个说明。中国将要做一些改变。新条约订立的时候，日本阻挠了中国，迫使她不得不就若干商品订立了为期三年的互惠协定。该协定将在 5 月 16 日到期。中国计划提升原本被互惠条款限定的税率，以便与已列入的其它商品一致。这将主要影响到棉制品、橡胶、渔业商品及其他此前日本所关心的商品。他们希望美国政府可以理解其措施的精神。

宋先生说，他今天要召开一个新闻发布会，记者会问及白银，他怎样回答较为可取呢？

皮特曼参议员说，他认为这四个问题会被问到：你们是否希望银价稳定？对中国商业将有何种影响？对美国商业将有何种影响？（原文如此——译者注）布列特先生解释了我们关于关税及手续的一些想法；多边和双边条约的混合使用；最惠国条款，等等。他说可能会有例外。这是一个开放的问题——可以辩论。在原则上，我们支持无条件最惠国条款。双边条约的谈判必须在此框架下进行。如果有异议，那就有问题了。

接下来是一些关于最惠国条款的讨论，施先生、布列特先生、杨格先生和费斯先生参与其中。

皮特曼参议员说，布雷肯里奇·朗先生①建议最好能找出异议所

---

① 美国驻意大利大使——原注。

在,然后制定相应的准则。

在一些有关其它杂项的议论之后,会议结束。

斯坦利·K. 霍恩贝克

FRUS,1933,Vol. 1,General,pp. 523–526

世界经济会议开幕

1933 年 6 月

世界经济会议去岁七月九日之洛桑协定,旋由国联组织专家准备委员会两度开会,原拟去冬召集,以故迁延。至今年三月美总统罗斯福招请各国代表至美京预商,遂决于六月十二日在伦敦开会。于远东战云密布,国际多事之秋,果已如期开幕。值此各国苦于经济恐慌,国际间几成敌对局面,竟能集六十六国代表于一室,筹谋对策,打开僵局,其结果虽将未必尽如所期,要亦一空前盛大之集会也。

主要国家代表　　此次参加国家共六十六国,而苏俄不与焉。各国代表均已前后抵英,兹志其主要各国代表团名单如次:

中国——宋子文(行政院副院长,财政部长),颜惠庆(驻俄大使),顾维钧(驻法大使),郭泰祺(驻英大使)。

英国——麦克唐纳(首相),张伯伦(财长),海尔山(陆长),西门(外长),杜玛斯(自由领大臣),肯里夫李斯特(殖民大臣),仑西曼(商长),伊利亚特(农长)。

坎拿大——班纳特(总理)。

南非——海文加(财长),斯末资(法长)。

爱尔兰——欧康诺莱(教育部长)。

美国——赫尔(国务卿),毕德门(上院外交委员会主席),麦克瑞奥德(下院外交委员会主席),雷诺兹(上院财政委员会主席),考森斯(上院银行委员会委员),考克斯(上议员),毛瑞森(上议员),巴鲁齐(银行家)。

法国——戴拉德(总理),彭纳(财长),开劳(上院财委会主席),

彭考(外长),萨劳(殖民部长),葛义(农长),赛尔(商长),费洛特(航长),斐丹诺特(经济次长)。

德国——纽拉斯(外长),胡根堡(经济部长),克罗锡(财长),萨赫忒(国家银行总裁),克罗曼(汉堡市长),凯勃勒(副市长),郝希(驻英大使)。

日本——石井菊次郎(前任外相),松平恒雄(驻英大使),深井英五(日本银行副总裁),伊藤述史(帝国事务局长),斋藤博(驻荷公使),津岛寿一(驻英财务官)。

意大利——荣氏(财长),沙维曲(外次),阿斯葵诺(工部次长)。

比利时——西姆斯(外长),加斯巴(财长),弗兰克林(内长),哥特(财政专家),兰奇和芬(内次)。

波兰——柯克(财长),巴兰斯基(波兰银行总裁),法杨斯(银行会长)。

捷克——贝尼斯(外长),波斯毕西尔(国家银行总裁),多瑞基克(商长),弗里德曼(商部司长)。

罗马尼亚——狄杜勒斯柯(外长),马德吉路(财长),米起拉曲,维劳。

奥地利——道尔佛斯(总理),卜瑞曲(财长)。

西班牙——尼考尔(前经济部长)。

希腊——泰尔达瑞斯(总理),麦克希诺(外长),罗夫多(财长)。

挪威——莫温克尔(总理)。

拉忒维亚——萨尔奈斯(外长)。

土耳其——鲁西狄(外长)。

会议议题纲要　此次会议协议事项,自去年年底至本年初,业经专家准备委员会决定,故其范围有一定界限,兹将其纲要列左:

一、通货及信用政策,㈠自由国际的金本位可以恢复之条件,㈡恢复以前应行之通货政策,㈢金本位之职能,(甲)政府与中央银行之关系,(乙)金准备,(一)准备率之减低,(二)金汇兑本位,(三)其他金节约方法,(四)金准备之分布,㈣银问题。

二、物价,㈠物价与生产费间之不均衡,㈡恢复均衡之方法。

三、资金移动之再始,㈠外国汇兑制限之废止,㈡现存债务,(一)短期债务,(二)长期债务,㈢资本之移动

四、国际贸易之制限,㈠经济的原因及其影响,㈡汇兑管理,清算协定等,㈢间接保护主义,㈣制限撤废之可能性。

五、关税及协定政策,A 关税政策,㈠一关税增加之停止,㈡关税低减,㈢关税问题之特殊的局面,㈣手续方法,B 最惠国条款,(甲)恒久的例外,(乙)暂定的例外。

六、生产及贸易之组织,㈠经济协定,㈡小麦,㈢其它生产品,㈣运输问题,上列各问题,仅及财政及经济两问题,财政问题,包括货币信用、汇兑、物价、资本移动等,经济问题,包括生产、关税、贸易等,其目的要不过打开现在世界恐慌之重重难关。

……

各国意见一斑　此次经济会议,集各资本主义国家于一堂,因经济组织与事实趋势上,有不可避之矛盾与冲突,故各国各怀私心,思利己以制人,以致形成悲观空气。今一述各国态度于次:

中国政府表示愿与各国合作。十二日我代表宋子文对记者谈谓,对于经济会议表示乐观或悲观,均属过早。设令经济会议失败,经济的国家主义将应运而生。氏对于干部委员会之组织表示满意,认其能够代表各方意见焉。宋氏颇注意银价问题现与各方讨论中。

日代表团对于解救现时世界商业压迫一点,主张自由贸易,及铲除国际间自由贸易之障碍。至于经济抵制之问题,将由日本代表团首席代表石井相机处理。如其他各国赞成缔结一普遍税则之协定时,日亦将加入。又日政府对于中国排货及印度阻碍通商自由,认为有违反此次经济会议之本质的精神,故对上述问题,将披沥日本之立场,尤其对于中国之排货问题,决定提议由国际上予以禁止之案,以期作制一种国际的协定。关于此问题之提案时期及其他提案方法等,决一任石井

之斟酌焉。

美国朝野对于此次会议,当在华盛顿举行预备谈判之际,美国方面极为重视。然及会谈移到伦敦,美国议会因不欲赋与大总统关于战债及关税处理之权限,于是对于会议之前途遂视为悲观。美政府部内,如与经济问题有重要关系之莫勒氏,最近并感觉为打开世界经济之凋敝,而采取国际的协力政策为错误。而发表打开经济凋敝之问题,乃大部分为国内之问题。此外各新闻纸对于此次会议,亦均发表不必注意之论调。一般预测此次会议成就之事业,不过予英美通货以事实上之安定及使国外汇兑交易之制限缓和等而已。如欲使国情迥异之六十六国聚合一堂,而缔结予以一律拘束之协定,实为不可能。

战债问题英美已获切实妥协。其办法为英国将六月十五日到期之债款,缴付一部分。然后由美政府尽在一九三三年十二月一批战债问题,作通盘筹划。所付部分将在百分之五左右并付现银焉。

法政府以稳固通货为法国始终忠于金本位之必具条件,故反对通货减值,尤反对黄金之人为的重行分配。法国关于关税政策,在根据相互办法,减低关税壁垒。至于战债,法国仍主张下次之偿付,必须为最后一次之偿付,而非为账面上一笔付款云。

德在会议中将要求予以出口之便利,俾克服关税障碍。关于此点,德国之唯一理由,为如其债权国不予此种便利,则其偿付外债,将受严重之影响。德国商务专家坚称,德国之商务平衡,只可用奖励出口之方法云。

俄国当局认世界经济会议将不能减轻世界之繁杂病症。因时间之前进,资本家之矛盾,亦日益深刻,虽有会议及善意之互相往还,亦无能为力。苏俄亦如其他各国,在保卫其一己之利益下,旁观该会议之进行。俄方认为世界经济会议,如其可能,决将使苏联代受一切之罪过也。

荷兰政府之金政策,将视伦敦世界经济会议之结束为转移。大局颇有希望焉。其他各国尚未具体披露,容后再志。

宋子文阐明中国地位

1933 年 6 月 16 日

经济会议今晨十时三十四分续开大会时,因英美对于六月份战债已臻同意,会场空气顿有显著之进步,麦唐纳因事未到,比外长希孟主席,葡外长达麦泰演说,声明一俟国际货币汇价规定之后,葡国即将回复金本位,但葡政府仍保留决定葡币所含黄金成分之权(十五日国民电)。

中国财政部长宋子文继之登坛演说,谓中国挟与世界各国合作共觅解决世界经济危局的永远方法之诚恳志愿前来参加此会,当前问题诚属困难,但若应以正直之精神与必要之决心,则此难题并非为人类所不能解决者,与会者负有重大责任。盖成功之报酬与失败之惩罚,皆未可计算也。大会失败,不独将延长憔悴景象,且将使负有管理世界之责者,丧失信用;大会成功,则将导成更大而更稳定之繁荣时代云。宋氏继于陈说中国准备与他国合作之政策大纲,及中国所能提出之特殊贡献时,言及中国地位中之主要原素,谓他国生产过剩,而中国则生产不给,发展不足,及购买力薄弱。试以中国之发展与美国相较,中国仅有铁路七千哩,而美国则有二十七万五千哩,中国有汽车大道二万哩,而美国则有三百万哩,其他工商业发达之形式,亦复彼此悬殊。中国对外贸易固已增多,但以其人口计之,仍属甚微,查在一九三二年仅达国币四十万万元之数字耳,参加此会之国家,有对外贸易每户扯计约及英金一百五十镑者,而中国则每户仅七先令左右耳。中国者,乃天然利源虽未开辟,但甚丰富,而人民勤劳奋勉,占世界人口五分之一之国也,中国地位如此,今后将如何乎? 第一,中国生活程度如果提高,如吾人所欲为者,则其购买力不独可吸收举国自己工业之出产,且可为世界最大之商场,而成繁荣新时代中之极大要素;第二,中国有最大可能的机会,供中外资本之生利的运用,想世界政治才能定能觅一方式与方法,而符合孙中山总理一面巩固中国政治与经济独立,一面供给西方资本与工商业以有利的发展范围之主张也。宋氏继言中国在政策与行为上之贡献,谓各国第一工作,在各自稳健设立其自己制度,第二工作,在与他国合作一种稳健的世界政策。在毋庸细述之各种困难中,中国确有理由以某种成绩自诩。中国现政府得人民之赞助,已使一九三二年收支预算相抵,且对于整理内债已告成功。宋氏继言曰,余非欲诸君由此推论,以为吾人能注意一九二七年国民政府成立以前中国所借之各种外债,其中确间有未履行者,然中国政府既已在国难内患世界经济恐慌及外敌侵略之秋,不借外债,克自支持,则他日此种困难一部成全部销灭时,中国之清偿其正当债务,固非不可能事,亦由此可知矣。中国已成就复筑一九三一年大水所毁长江堤岸之大工程,监视此工程者,有中国技师四千人,而其所指挥之工人,有时达一百四十万人,堤长五千里,工程颇固。一九三二年虽有大水,迄未为患,前年四千三百万人所集居之区域,为水淹没,去年则农作丰收矣。国联对此难题,曾予中国以技术上有价值之襄助,而在其他经济问题上亦多所扶助,此乃可欣然陈述者也。宋氏旋言及银问题,谓西方现感受货币价值逐日波动致碍及对外贸易之困难,而思在此大会中有以解除之,中国实亦有此同样困难,因中国货币虽属金类物,然银价在其对金币与非金币之关系中有剧烈之波动也,银价现甚低落。渠个人希望在他种物品以金相较价值涨起时,银价亦将涨起,渠以为银之稳定的价值,较诸银价之涨高更为重要,故渠希望在谋取金币之稳定时,亦当为银谋取稳定,盖银乃中国数万万人民之通货,且亦印度民庶甚有关系之物也。宋氏继略述中国所愿采行之合作方针,谓中国有少数人,其他亚洲国有多数人,咸信亚洲无须效法他人,而西方亦无足畏,并主张西方技术与东方生活低程度之合并,以为如是可夺取世界市场,且藉“亚洲为亚洲人之亚洲”,及所谓“亚洲门罗主义”之名义,而屏绝西方人合作,实则此种主义与吾华人国际往来之观念相反。吾人不欲采用此种主义,吾人且将反对国家或地方之孤立,此为吾人政策,此为吾政府发展中国销费力之一定方针。吾人欲改造国家,俾可提高其生活程度,经济之发展,与吾国利源之开拓,乃吾人时常所最注意者。吾人欲以可增邀国际合作之方法成就此目的而获其益,吾人欢迎西方资本与技能,并愿维持可不阻止外货入境之理财政策。中国自解脱不合时宜的条约限制,而恢复其完全关税自主之权以来,今已数载,中国迄未用此自由以建筑保护性质之关税壁垒。不仅此也,中国且欲视世界为一个经济单位,庶各国可依最适合其人民本能及其能力性质之边线而谋发达,中国殊不欲采行经济自给之空谈也。中国税则较他国税则大都为低,国税之征收,纯为国家收入起见。凡知中国直接税之困难者,当知中国关税之所以为重要也。中国对于贸易并未加以如限额等之限制,银价虽跌,政府虽因此而感困难,然亦未采行汇兑上之限制。吾人将遵守不作人为的限制之政策,盖确信吾人于此不独可增加与世界之利益,且可推进余顷所言经济发展政策后所有之广大社会与政治旨趣也。中国自信根据此种原则,以进行其改造,当可在其进行中获取最大可能的襄助,而成一个新的大市场,其潜蓄之销费力,或可为促成整个世界的真正与永远恢复之要素。

《申报》1933 年 6 月 16 日

3. 推进国联对中国的技术援助与合作

詹森致国务卿

北平,1933 年 3 月 30 日

294. 前几日,法国公使通知英国公使和我,他的政府告诉他,宋子文请国联委派拉西曼①赴中国考察,调查中国引进国际合作以实现重建的条件,这是李顿报告中所提出的重建中国的建议,并且国联已向法国、英国及美国政府传达此事,希望从各自的驻华公使处听取意见。法国公使问我们是否已接到给出意见的要求。他表明,尽管此要求让自

---

① 路德维希·W.拉西曼,国际联盟卫生股波兰籍负责人——原注。

已感到不安,但他已向其政府表示不反对此事。英国公使和我表示,并未接到这个要求。

我希望美国政府没有被要求在这件事上发表意见。我认为,拉西曼并不是这项工作的合适人选,因为 1931 年 9 月他在国联与中国代表的密切关系会使日本人对他有看法。

FRUS,1933,Vol. 3,Far East,p. 494

国务卿备忘录

伦敦,1933 年 7 月 14 日

中国驻苏联大使①来电讨论中国经济发展计划的提议,这一提议是遵循着已故孙逸仙博士勾勒的轮廓制定的。其中包括改进通讯方式,恢复中国信用,以及重建经济与金融的其它事项。

为了上述目标,中国政府试图从不同国家选择一些杰出的人士,使他们提供建议和咨询。这个委员会将研究上述计划中的各种具体设想。

我向他表示,我很乐意特地向我们政府汇报,提起他们注意此事。

他交给我一封宋博士的来信,他正在罗马。为了支持上述计划,中国驻苏大使在最后提出了承认苏联的问题,并诚恳地认为,如果得不到美国的承认,苏联极有可能最终卷入与日本的特殊关系之中。我向他表示,华盛顿对此事正在做严密地考虑,并且对所有事情都心中有数。我确实评论道,最近英国人的经验并不那么令人鼓舞。

FRUS,1933,Vol. 3,Far East,pp. 494–495

颜惠庆(在伦敦短期逗留)致赫尔

伦敦,1933 年 7 月 14 日

目前正在罗马的宋博士请我以他的名义,将以下信息转达给阁下:

---

①　即颜惠庆。

"在我有幸与总统和阁下您所作的谈话过程,我解释了中国政府快速推进中国经济重建计划的愿望,以及将这个重建计划建立在中国和其它与中国的经济发展有关的国家合作的基础上的期望。

"有鉴于此,我得出结论,认为第一步是建立一个由中国人和其他国家成员组成的咨询委员会,以便为中国政府提供最佳办法与最佳执行方案。我在文后所附的邀请信草稿中详细描述了此委员会的性质及目的。

"我计划邀请几位贵国的卓越公民,以及法国、英国、德国及意大利等国的人士,充任这个委员会的成员。

"我相信,贵国将对中国为其重建所做的努力抱有同情,并且将会为这些努力创造有力条件。

"我正在与 T. W. 拉蒙特(Mr. T. W. Lamont)①先生讨论上述问题,正如您所知,他一直以来都对中国事务十分关心。

"我打算在近期到伦敦与您更充分地探讨此事。"

附件:宋子文起草邀请信草稿

一段时间以来,中国政府都在寻找加强中国与外国利益合作的最佳办法,以便秉承已故的孙中山先生设想的蓝图,切实地实现中国经济发展计划。

我国政府认为现在就是发起一项计划的有利时机,并相信它应该以经济企业的发展(尤其是交流方式的改进),先从已具备某些条件、最有发展前景的领域开始,然后再系统地铺开。

我国政府还希望,能从重建中国的信用着眼,重新评估中国现有的债务,其基本立场是使其信用体系与中国的地位和资源相称。

我国政府确信,从实际作用范围和间接影响范围来说,此种性质的经济重建事业将为中国和其它国家带来裨益。它能够使中国的生活

---

① 纽约 J. P. 摩根公司(J. P. Morgan&Co.)合伙人,新四国银行团美国方面代表——原注。

水平得到普遍提高,同时其结果是,既提高了中国的购买力,又使中国现有的债务问题得到更为妥善的解决,此举比其它任何方法更加有效。

为了上述目的,我国政府希望从国内外具有声望和经验的人士那里,得到建议和咨询;并且计划邀请所附名单①中所列出的人士,组成一个这样的咨询委员会。我希望,这个委员会适时地研究各种具体计划,我期盼我们能够由此开始审慎地从各个方面推动经济向前发展。

我写信邀请您加入这个委员会,并且诚挚地希望通过这种方式,您能将您的宝贵意见提供给中国政府。

让·莫奈先生(Monsieur Jean Monnet)②已接受我的邀请出任这个委员会的主席,他很快就会抵达中国。为了让委员会迅速而卓有成效地展开工作,我们将为他提供一切便利条件。

FRUS,1933,Vol.3,Far East,pp.495-497

阿维诺(Avenol)③致赫尔外交备忘录④
巴黎,1933 年 7 月 14 日

刚刚由国际联盟行政院立的对华技术合作特别委员会的第一次会议,将于下周二在巴黎召开,该会旨在规范、协调国际上不同类型的对华援助。由于 1931 年 5 月蒋介石主席和宋子文便向国联行政院提出了这样的援助请求,对华援助在过去几年中已有所发展。作为该委员会成员,即将派代表赴巴黎参加会议的国家有:英国、法国、意大利、德

---

① 此存档文件中未附名单——原注。

② 法国银行家——原注。

③ 时任国际联盟秘书长。

④ 国际联盟信息股(Information Section,League of Nations)的美国成员亚瑟·斯威策(Arthur Sweetser)代表国际联盟秘书长,在伦敦将此文件交给国务卿。复件于 7 月 16 日传至国务院。

国、捷克斯洛伐克、西班牙、挪威及中国。

自中国最先提出请求的两年以来,国联和中国的技术合作广泛展开,并发展出有益的非政治性的合作的可能性。有鉴于此,行政院认为,采取措施协调不同类型的合作,通过加强各相关国家之间的联系与合作以使其更加规范化,将是一项明智之举。在此期间,为数众多的技术专家,或作为国联官员被委派到中国,或接受中国政府自己的邀请前往中国。目前,有十多位这样的官员在中国,他们分别是卫生、土木工程、农业、丝织、行政、电话、电报及教育等方面的专家。

周二在巴黎召开的将是这个新的委员会的第一次办公会议,其有两方面目的:指定一名技术联络官,以及拟订今后需要组织的工作大纲。技术官将驻在南京,负责直接协调专家们的工作、定期向委员会提交报告转达中国政府的提议、向委员会请求或推荐新专家的人选。制订此工作的发展纲要是本委员会的目的之一,它将坚持全面的国际参与及非政治性的基本准则,并确保广泛参与。

委员会已被授权与其它国家合作完成此工作,而其中美国是我们尤为看重的。倘若美国政府对此表示赞同,委员会将会非常高兴地邀请一位美国代表出席周二的会议,并且十分乐意以任何形式发出所需邀请。如果美国接受委派代表的原则,委员会将千方百计地安排细节问题。

这项对华技术合作为李顿调查团报告书大力倡导,并经国联大会报告[1]批准(美国亦接受此报告[2]),诚为具有国际影响的大事。我们希望,美国作为国际联盟处理中日争端的顾问委员会的成员,能够以某种形式参与到这个技术成分更多一些的委员会中来。

尽管秘书长深知,仓促提出此邀请给贵国带来的麻烦,但如果贵国

---

① 关于 1933 年 2 月 24 日发表的大会报告,参见国际联盟公报(*Official Journal*),第 112 号增刊,第 56 页——原注。

② 见 1933 年 3 月 11 日晚 8 时发给驻瑞士公使的第 86 号电报,FRUS, 1933, Japan 1931–1941, Vol. 1, p. 117——原注。

政府能够予以答复,他将至为感谢。

FRUS,1933,Vol.3,Far East,pp.497-498

代理国务卿致在伦敦的国务卿

华盛顿,1933 年 7 月 16 日

145. 您在 7 月 15 日下午 9 时从富勒(Fuller)①处发来的第 138 号无线电报尚未收到。

这是我们第一次得知国联设立该委员会。过去两年来,国务院不时收到有关您所提及的合作的信息,但是美国政府之前从未被要求参与其中。鉴于这个邀请来得很仓促,准备时间较短;加上该委员会召开会议的目的,似乎是打算就对华合作事宜采取进一步的、更加明确的措施,而此事在过去两年中基本都由国联推动,国务院倾向于认为,此举意在寻求我们的支持,但此项目未征询我们的意见即已启动。因此我们可以顺势表示同意,并使之成为我们的一个贡献。不过也可能并非如此。国务院认为,在了解内情之前,我们参与其间或做出承诺时应当避免显得过于笃定或引人注意。因此,我们建议,如果阿维诺没有意见的话,通过非正式的邀请,安排一位巴黎使馆的人员以非正式观察员的身份参加会议。他将报告开会情况,而国联在具体执行这个已启动的对华合作项目时,也将会寻求美国的协作,到时我们的政府可以依据对这个项目的性质及内容的更加全面的了解,再决定是否要合作。顺带说明,国务院原则上赞成此种合作主张,并倾向于相信,如果合作顺利实施,项目效果令人满意的话,那么对各大国减少远东地区矛盾之源的建设性努力而言,这个项目要比近年来游说的其它所有可能方案都更有希望。

---

① S. J. 富勒(Stuart J. Fuller),国际联盟鸦片及其它危险麻醉品顾问委员会(Advisory Committee on Traffic in Opium and Other Dangerous Drugs)美国籍专家代表——原注。

为了上述目的,国务院建议您给巴黎使馆发电报,指示马里纳①或斯科滕②在取得邀请后出席委员会的会议。

菲利普斯

FRUS,1933,Vol.3,Far East,pp.499–500

詹森致代理国务卿

北平,1933 年 7 月 24 日

618.有关国务院 7 月 21 号中午发出的第 252 号电文。事涉我 3 月 30 日下午 5 时发出的第 294 号电文。我认为,拉西曼和国联的计划将会引起日本的怀疑与反对,因此国联的努力注定要失败。

詹森

FRUS,1933,Vol.3,Far East,p.502

4. 日本朝野对宋子文欧美之行的反响

霍恩贝克与日本驻美使馆参赞(竹富)

华盛顿,1933 年 7 月 25 日

我们就"巴拿马日本间谍"一事交换看法之后,竹富先生(Mr. Taketomi)表示,马里纳先生上周参加了国联在巴黎召开的会议,日本使馆想了解此事的消息。霍恩贝克先生说,国联秘书长在这个委员会开会的前两三天表示,欢迎美国派一名代表参加;在这个完全非正式邀请的基础上,我们也非正式地表示我们希望派一名美国官员出席,而后我们派出马里纳先生作为非官方、不参加讨论的观察员前往。深思片刻后,竹富先生问:"那么美国政府在此事中所做只会是这些吗?"霍恩贝克先生说,对于他无法断言美国政府未来的态度或行动,但是到目前

① J.西奥多·马里纳(J. Theodore Marriner),使馆参赞——原注。
② 罗伯特·M.斯科滕(Robert M. Scotten),使馆一秘——原注。

为止美国政府所做的仅止于此。竹富先生接着说,大国们似乎在着手援助中国的计划时将日本排除在外,日本人民对此有所不满;而此事要想得到日本的同意几乎是不可能的,它成功的希望也很渺茫。霍恩贝克先生表示,他从报纸中得到的印象是,日本刻意放弃参加该委员会的此次会议;如果能知道这个问题的准确情况将非常有意思,他也十分愿意了解此事;当然,大体上就这个已经持续数年的项目而言,日本作为国联成员国以及其理事会成员,对国联秘书处在此事上所采取的各项措施是十分清楚的,而且至少是表示赞同的(至少直到最近是如此)。然后,竹富先生对日本人的心理和气质长篇大论了一通,并说日本人民认为现在大国们参加对华援助的时机尚不成熟。他们这么做对日本不利。一段时间以来,蒋介石和他在南京的亲信已表现出与日本和谈的意愿,而宋子文及其亲信却不愿与日本达成协议;一旦大国们援助中国,日中之间将更难达成协议——除此以外,中日问题现状无法改善。霍恩贝克先生说,国联的努力显然只限于提供专家,他们的作用是帮助中国实现经济和社会的发展;这个计划似乎是无关政治的,其目标是为中国的秩序和内在的进步打好基础。竹富先生说确实如此,但是它不可避免地要产生政治影响。他接着提到美国政府给中国的借款①:他说日本使馆已认识到,严格说来这是一笔"赊购"("credit"),且构成一个实在的商业交易行为,他们已向东京如是汇报,但是在日本国内人们将它视为对华"借款"("loan"),认为其支援的是中国、针对的是日本。霍恩贝克先生表示,使馆对这项交易的正确评价让他很高兴,但竹富先生所说的日本人民的态度让他感到抱歉。他想知道,日本政府是不是不愿纠正日本人民在此类事情上的错误印象。竹富先生说,日本政府时常感到,很难让日本人民接受政府对事情的看法或结论。竹富先生接着将话题转到日本人的心理上:他说日本人民对中国十分关注,而日

---

　　① 金融复兴公司(the Reconstruction Finance Corp.)6月4日发布新闻,宣布向中国提供五千万美元贷款,用于购买美国的棉花和小麦——原注。

本政府被排除在任何援华行动治外，都是他们无法容忍的；事实上，日本希望能与中国达成和约，而世界不要再在这个问题上难为日本。霍恩贝克先生问，他是否能询问日本对和约内容的想法。竹富先生说，日本想跟中国讲和。霍恩贝克先生又问，这是不是指以现状为基础的和平。竹富先生回答说是的。霍恩贝克先生问南京政府态度如何。竹富先生说，蒋介石想要讲和，但宋子文和其他人不愿意。他说，宋子文正在尽力鼓动全世界反对日本、四处寻求金融援助，这样面对中国人民，他能将它等同于在政治上支持中国，从而推动反日活动。而后，他突兀地问，美国政府提供中国五千万美元借款时，是否得到借款收益不用于政治目的的"明确保证"。霍恩贝克先生回答，众所周知，这项交易要求中国购买美国的棉花和小麦，而南京权威部门已通过决议，规定这五千万美元不应用于任何政治和军事目的。竹富先生又问我们是否有任何"保证"。霍恩贝克先生表示，如果这个"保证"指的是一个绝对的保障的话，那是不可能达成的：在这类事情上，无论交易双方是谁，都不得不依靠一些诚信。竹富先生表示赞同。他转而提出国联努力援助中国的问题。他说它是不明智且不合时宜的。霍恩贝克先生问竹富先生，他认为全世界应该做什么。竹富先生回答，全世界应该停止此事。霍恩贝克表示，国联致力于此事已有数年时间，而国联已有一些专家在中国，而最近国联所做的显然只是协调那些专家的工作：从而赋予这个项目某种动量（momentum）；当事情有了动量，就会有变量（alternative）：可能是在方向上有些偏转，也可能来一个刹车，或是试图完结了事；竹富先生认为应该做什么？竹富先生说，此事应当"被终止"。他认为国联应当不理会这件事，就算国联坚持，美国也应当放手不管。霍恩贝克问，这样是不是等同于，全世界为了服从日本的感情和意见以及（或者）政策，要放下自己的主张（这几乎是所有国家的一致意见），抛弃自己帮助一个重要而人口众多的民族——中国的愿望及付出的努力，而这个民族正挣扎于无数对他们而言全新的难题。竹富先生说，确实等同于此。

接下来,竹富先生谈了有关政府职责的一系列心得,他特别谈到外交官员的责任,尤其他们在民意方面维护有益于国内外和平与安宁环境方面的义务。霍恩贝克先生表示完全赞同他的观点。

S. K. 霍恩贝克

FRUS,1933,Vol. 3,Far East,pp. 502–505

日本朝野对于我国棉麦借款等措施之态度(节选)

(二)日本朝野对于技术借助之反响

一　日本外交当局与国际联盟之态度

日本外交当局对于七月八日,举行于巴黎,以对华援助积极政策为目的,"关于中国技术合作,联盟理事会特别委员会",所拟定之决议,顷以如下严重监视的态度,注其结果究将如何,上列委员会系由英、法、德、意、挪、西、捷克、墨、华等九国代表组织而成,日本因已退盟,而苏联则以尚未加入,故皆未令与会,但美国代表则以旁听者之资格,被请参加焉。日本外交当局,对于国联之技术合作,现在所采取之态度如下:

为使中国文化之开发,国联可与技术援助一节,前于一九三一年五月间,国联理事会,附议对华援助问题之时起,即已肇始合作之端,当时日本理事会有以下之主张,即属:"上列对华援助应以限定纯然技术的事项为绝对之条件,及本件须理事会统制之下实行之",因此,在于日本方面,对于根据本届理事会特别委员会所决议,国联之对华援助,忆及一九三一年五月间之理事会,乃严重监视究竟是否仍以本来之主旨为原则而履行之。假若国联在于其对华援助政策上,过于深入而超出本件当初之目的,生有如彼政治策动之际,当即按照业经通令驻外各大使转达各该国政府之训令,日本根据退出国际联盟之根本方针,对于关系国联国之对华政治运动,以及由于该运动而可再行发生反满抗日之工作,毫不踌躇于行使最为有效适切之实行手段,以资抑制此事于未然。

国际联盟之态度

日本政府前于七月十八日，曾致国联新任事务总长阿倍欧氏，表明日本政府态度之警告，近闻国际联盟业经答复，大致如下：

一，对华合作委员会，业经事有前例，而其活动之性质及范围，当然止于技术的限界之内，故此日本政府之抗议，并无理由可以接受。

二，关于拉西曼氏之态度，当然可以促其注意，万勿涉及政治范围，但并无承受日本政府指示之必要。日本外交部接得上列答复之后，关于其对策正慎重考虑之中，但日本如有竭力阻止国联对华援助之坚固决意，则此后以中国问题为中心，日本政府对于国际联盟之关系，恐将再度趋于紧张也。

二　石井子爵之新使命

世界经济会议日本首席代表石井子爵，原拟闭会之后，可即归国，但于七月十九日，忽然接奉内田前外相之训电，内开"会议闭会后，望即周游欧洲各国为盼"等语，为此石井子爵遂于七月二十八日，自伦敦启程，以一月为期，先往瑞典挪威等国，然后自北而南，依次周游欧洲大陆各国，始再归日。石井子爵欧洲各国之访问，适在吾国宋子文氏活跃之后，故颇惹外交界之注意云。

石井子爵周游欧洲各国之用意，据日人所推测，大致若左："石井子爵在于欧洲各国，与其政治家，实业家，及其他各方面之人士，友好甚多，而其外交手腕至足与以全副之凭信，故此日本政府乃令其于一月之中，周游欧洲各国，藉之可与各该国之官民，作多面的折冲，以资努力于保持退盟后，我国（日）与欧洲各大小国间之合作。外交当局对于石井子爵，所以有如上之期待者，缘于国际联盟于日本退盟之后，仍作不承认满洲国之决议，企图自正面加以否认。此外趁宋子文、张学良两氏赴欧之机会，英德法意等主要欧洲各国，乃皆一律拟即采取对华积极援助政策，日本鉴于某种情势，故令石井子爵周游欧洲各国，俾将此等关系国要人之谬误使其更正，并劝告幸勿助长远东搅乱之导因云云。"

日本代表伊藤述史氏，对于石井子爵之周游欧洲各国，曾有谈话如下："宋氏利用国联之排日的倾向，业已成功实力以上之外交，至为顺利,彼之外交今后究将实质的发展至于何处虽为疑问,但以中国之富源及其市场为饵,而将国联及欧洲各主要国之当局者,操纵手之腕,颇为綮丽。石井子爵追迹而往,欧洲各国之周游,虽堪注目,但石井子爵之消极的旧式外交,究竟是否可将灿烂显赫,宋子文氏外交之足迹,洗刷净尽,颇属疑问也等语。"

三 杉村氏之来华及其谈片

杉村阳太郎氏曾任国际联盟事务次长,对于国联内部情形,颇深熟悉,日本政府近自吾国借助国联技术,成立合作以来,颇为重视此种形势之推移,故已特派杉村氏,作为无任所公使,前来吾国而与有吉公使合作,奔走于中国反满抗日空气之打开。兹闻杉村氏,近因宋子文氏业经归国,而国联卫生部长拉西曼氏亦来抵华,昨于九月十一日,当即启程来华,现已行抵大连,不久应即南下去沪矣。

杉村氏动身来华之际,在于车中,所发表之谈话如下:"国际联盟对于中国,委派合作委员,英国亦任命熟悉国际情形之华都勘氏为驻华公使,美国及其他各国,乃又或者借给款项,或者售给飞机,欧美各国于兹遂又再度注目于中国。英美对华政策,纯系表面上佯作中立的色彩之机关,暗使各小国参加之,其活动似乎极为公平,但英美则隐藏于背后,竭力互相联络而操纵之。日本亦将毫不踌躇而有所活动之矣。英美前于满洲事变之际,虽曾豫料日本势必入于穷途,不料日本出以全力顽强抵抗,遂致英美亦陷于无可如何状态之中。宋子文亦深知此种情势,故此中国之对日态度,或左或右,皆不相宜,一筹莫展。本人似如一张白纸,将作明镜之职务而赴华,将来抵华之后,与宋子文及其他南京政府要人,务使竭力设法会晤,十月上旬即将相会于上海。拉西曼等人,亦拟会见,加以忠告,促其注意万勿作离乎常轨之策动,而使远东之事态,无故恶化。中国今后对于日本,究竟将出于何种态度,亦视英美之对华及对日之政策如何,方可决定,因是英美之态度,殊堪注意。余(杉村)至迟十一月末,当即归日也。"

(三)日本社会对于国府要人之反响

一　蒋介石竭力抗日之明言（大阪《每日新闻》八月二十一——二十三日）

日本社会之中，对于国府要人行动之反响，似以大阪《每日新闻》上海特派员吉冈文六氏之所言，颇为详尽，兹按原文全译于下。

日本读者诸君，容或尚未注意，七月十日史宛孙海军部长，扩张海军之声明，一经在于世界每日画报发表之后，处于其所支配下哈瓦特系之报纸，恰值哈瓦特氏旧金山登岸之同时，岂非群起而鼓吹大海军论耶！哈瓦特氏之结论，乃系"蒋介石对于日本抱有敌意，因此，日本与中国争斗之旋涡，暂时之间，纵不扩大，亦难缩小。如彼之华北停战协定，并非制造解决日华纷争之机缘，不过属于今后恒久继续深刻的争斗之序曲而已。对于此种争斗，除却美国海军军力之外，另无可以发言者，是以美国需要最优势之海军"。似与美国之海军扩充论，遥相呼应，在于中国亦发生军备扩张之运动，空军建设三年计划亦诚恳的有所讨论之。据此言之，至于一九三六年为止，中国可有军用飞机一千架。此项计划，究竟可否实现，固属另一问题，多数抱有悲观之论调，但在于现实上，中国之飞机热一时勃发，停战协定之后，不足两月，已有飞机四十架，入南京政府之手，情势似将继续订购，乃系事实。若将此种事实推演之，则蒋介石扩张军备，真意何在，可以知之。显系以日本为侵略者，以之作为假设敌国，而事军备之扩张。对于欧洲各国，拥有多数债权之美国，理论上对于欧洲各国何用扩张军备，故此美国之扩张军备，系为对日作战，至属明了，蒋介石对此则确信而不疑，于是心中一面期待一九三六年之来日，一面对于美国之扩张海军，抱有极大之期望，自其明快的答复哈瓦特氏一语之心情观之，即可洞悉。彼容或抱有不知何时，即与日本以一击而将东洋之支配权，揽归其手中之梦想，亦未可知。彼乃属于极端之现实论者，时或似可视为头脑或有缺欠，怀抱奇矫空想之人物。蒋介石回答哈瓦特氏之一语，言虽简单，但南京政府之对日方针，可谓言之尽矣。余（吉冈）自国民政府成立以来，即居南京，虽经注意其所言动，宋美龄、宋子文尚且难以忖度捉摸之蒋介石，关于对日问题,今竟如此明了,溢于言表,实系曩所未闻者也。

　　万宝山事件发生之后,日华关系陡变险恶以来,蒋介石关于对日问题,保守沉默,缄口不语,汪兆铭、孙科、罗文幹冯玉祥胡汉民诸人,争相怒号对日政策之时,彼乃视同鸡鸣犬吠,闻而并不介意,默默然在于南昌行营则实行共产军之讨伐,在于保定则实行中央军队之整理等事以避之。彼乃素奉凡作不到者则口中不言主义之人。中国政治家军人之中,似乎唯有彼之一人,属于先行而后言者,为此益愿探询守口如瓶之蒋氏,其所怀抱之对日方针究竟如何,因其缄默而不宣,于是所谓彼之对日方针者,日人乃作各种之忖度,任意拟定之矣。或者乃曰蒋介石之心中,愿与日本握手;或者又曰彼系彻底实际的人物,现实的人物,故此与日本争斗,则中国不能建设,颇易明了,认为不知何时即将抱有亲日情感,余(吉冈)以为此乃极大之错误,日本之外务省,竟作与此相近之蒋介石观者,似亦颇多。但事实果如何软?观彼对于哈瓦特氏之所问:"蒋将军对于日本,拟言和软,抑竭力与其抵抗软",明快的予以回答之"当然抵抗",余(吉冈)惟信彼之心中,唯有燃灼于抵抗之一途。余(吉冈)一闭目,甚至想像蒋介石乃系复仇之念炎炎燃灼之恶鬼,事实上日本藐视其人之际,彼正念念不忘复仇,并急作各种之准备。蒋介石于华北事变之前后,起用久经隐遁于杭州二亲日派之黄郛,派往北平,又令留学日本之何应钦,驰赴北平,复将殷汝耕、李择一等亲日派之日本通送往北方去矣。汪兆铭代理蒋介石,对于日本盛倡所谓"一面抵抗,一面交涉",过于愚痴之言论。视蒋介石为亲日之侪辈,一闻此言,于是遂以为蒋介石之真意,乃在于与日本之提携。黄郛一派之登台,若自黄郛等视作亲日派日本人士之眼光观之,虽然或以为蒋介石似乎全面的对日转变方向,但如仔细察之,黄郛等人,不过徒供南京政府用作一种工具,以资救济燃眉之急而已。黄郛等人宛如泡影之存在,燃眉之急一过,当即倾覆。停战协定成立不足两月,张学良之归国运动,即发生于宋子文等亲美派及旧东北将领之间,并迫请蒋介石将其召回,是乃明证。张学良在于欧洲,特别在于意大利,果能成功于大规模之飞机借款，则蒋介石将以之作为礼物，而迎其归国为空军司令，并拟设新航空部以位置之，此乃庐山会议所决定者也。自日前庐山会议以来，采用黄郛、汪兆铭等人之意见，而倾向于与日本之合作，固属事实，但仍可视之为究系属于避免日本之锐锋，一时权宜之计。总而言之，由于华北时局而上台，所谓黄郛、张群等亲日派之人士，在于今日之南京政府，其存在纯如泡影，况如殷汝耕、李择一等，所谓对日经纪人之一派，对于南京政府，又何足道哉。如此之辈，曾经参加中国方面停战交涉委员之末席，仅此一事，亦可谓侮辱日本矣。因此蒋介石之起用黄郛，仅系制止华北之时局，其意并非在于抵抗之中绝，不过属于长期抵抗之巧用而已。长期抵抗！长期抵抗！国民政府所有之政策，皆系围绕此种根本思想而树立者也。

　　既知蒋介石对于日本之根本感情，复明了南京政府之大势，又知汪兆铭黄郛一派势力之微小，表面的或一时的姑不具论，则南京政府对日政策之干流，如何流法，理当可以知之，此种干流之流法，乃系一面围绕长期抵抗之旋涡，而一面流去。宋子文系属亲美派之首领，执排日派之牛耳，业如上述，今日之南京政府，除蒋介石之外，若言富有实力之政治家，实无出宋子文之右者。蒋介石之军事政治手腕，与宋子文之财政政治手腕之合作，在于既往乃系南京政府危而复安，仍然存在之理由，在于将来属决定南京政府运命之元素。宋子文并非大众政治家，颇有诚实的事务家之风度，不取媚于民众，彼之所信即努力推行之，彼之所以视为近代政治家而得外国人信用之故，厥在于不作谎言，思想绵密，具有现代的理智之各点。顾维钧、王正廷及其他驻外公使即使耗费数年恐亦未能办到之事件，在于宋氏仅以数月之外游，即已成功，而且仅宋子文一人外游之效果，不只获得较诸国联开会当时尤佳，欧美各国之同情，岂非甚至造成日本欲逃而不能，排日援华之空气耶！彼乃南京政府之首领，久已夫毫无容疑之余地，前任公使重光氏，颇理解宋子文之为人而尊敬之，甚至颇有肝胆相照之情势，当时熟稔宋子文之人士，迄今似乎尚以为宋子文并非排日家。如彼之人物，何以在于南京政府，竟变成今日顽强执拗之排日家，虽可谓此系时势之力之所产生，但究系彼之理智，彼之善于算计，彼之政治眼光，有以造成之。自今日中国之大势算计，彼之结论，第一乃系与日本提携之举，其意即属国民党及国民政府之灭亡，此乃彼向世界，以大确信，公开的放言者也。在于世界经济会议之席上，彼曾忘却其为一国之代表及国民政府责任者之地位，以及所在之地点亦不稍顾，请闻其呼号之所言："远东之情势，今后恐将为世界忧虑之根源，但此乃纯由于日华之关系，假使中国政府与日本之间，已达政治的谅解，南京政府恐于二十四小时之内，即将不能生存。"再于出席世界经济会议之后，彼即赴法，与法国外交部长会面之席上，彼亦以"中国苦于日本不绝之侵略，日本将来恐仍继续其侵略而不已，南京政府如果颠覆，则长江一带共产军即将跳梁，与中国关系甚深各国在于长江之权利，岂可为其所搅乱乎"，锐之锋刃，撩掠法国之外交部长矣。宋子文已如此向世界公言，与日本绝对不能妥协。近日美国之归途，道出日本，或将要求日本之援助，似乎亦有拟将请求日本之情势，但日本必须备有不为宋氏所藐视之洞察力，实属必要。自今日世界经济状况观之，在于中国之市场，排斥日本之举，彼确信仅以此事，即可博得各国，特别英美两国之同情。彼之此种硕见，程度如何固然不无问题，但可谓确乎中的，伦敦经济会议终于无效，各国关税之壁垒已渐加高，各处经济之封锁的提携亦颇坚固，故此世界所余之自由市场，岂非仅有唯一之中国市场欤？且中国市场对于英美及其他资本主义之国家，视作市场上之重要，岂非理当较前倍加耶？炯眼之宋氏，在于渡美之前，自已为揭示排日家之招牌，专诚前往热河，彷徨于抗日第一线，其理由并非如世人之所谓行同儿戏，或只由于情感之作用。作为渡美之准备，彼颇欲获得抗日之招牌，由于前往热河之举，在于英美之前，可使公认其为排日家，而且更由于以日本为目标，所施行排日的关税之提高，购得美国之信用，棉麦借款于是始得立即成立也。

　　华北停战协定及庐山会议后，国民政府之态度，与华南排日的关税率之提高，一见似颇矛盾，但今后南京政府之对日方针，换言之，蒋介石宋子文所合作长期抵抗之方向，似可视作业经有所决定。停战协定自日本方面观之，已经消除华北政权紊乱"满洲国"治安之忧虑，但自南京方面视之，乃系国民政府之地盘，黄河以南之各省，日本行使武力之机会，得以防止之实效，日本颇重视于停战协定之精神，姑不待言，此种精神理应延长至于国民政府治下之全部，此乃日本之希望，但中国则以协定仅限于军事协定，不喜约定含有任何政治的意义于其间，实在言之，蒋介石及南京政府政治家胸中之真意，乃系利用至今与南京政府之政治，毫无关系之黄郛作为工具，在于北平附近俯首，而将其代偿则取之于日本实力所不及之南方。因此以黄郛为中心之政权，任何处皆系离开南京政府之主义与方针，而服缓冲之职务，换言之，只要可以制止日本武力之侵入，即已甚佳。详细观察华北政权之内部，实含有向来与国民党系统迥异之政治家，其所施行之政治，亦与国民党政治稍有不同，蒋介石之用意何在，观乎此则可知之矣。反复言之，黄郛政权任何处皆系蒋介石之工具，以此即视为蒋介石之对日反省运动，是乃极大之错误。果于停战协定之前后，南京政府乃于南方，以一大暗示，加于日本之身上，北方俯首于日本武力前之代价，乃取偿于南方，对于日本之经济力，起始加以一大当头棒，即属拟与日本对华贸易以打击，以此作为目的，而制定关税税率之提高是也。余（吉冈）以此视为国民政府对日方针之一小转变期，关税税率之发表，完全属于开拳就打之样势，当时我国（日）驻外官宪，特别驻华公使馆之状态，以属任何等狼狈，在于当时之公使馆，恰值停战协定甫经成立之后，正系期待国民政府对日政策缓和之时，皆曾抱有理当并无陡然发生排日之关税提高之见解故也。此项以日本货物为目标，关税之提高，实系对于日本长江贸易之致命伤，民众及商人之排斥日货，只要感情一经平静，任何时皆可恢复常态，既往之排斥日货，日期之最长者，仅有三个月，但关税之提高，即使对日感情恢复常态，倘若关税不予低减，则为永久之排日。长期抵抗之第一步，由于关税之提高，今已具体的前进矣。兹观关税提高后之第一月（本年六月），中国全部日本输出之海关统计，表示五成七分之减少，此事固属由于日本之抗议，即日或将税率低减，亦未可知，日本商人对于日本抗议效果之过信与乐观，因而有所顾虑，遂暂缓将货物输出，但五成七分之货物，已被中国拒绝输入之事实，未可掩蔽，中国由于最为有效之手段，已得排日之结果矣。此外对于日本货物倾销税赋课案，及原产地名标记法，此又对于日本长江贸易，拟与以一大痛棒而所计划者，上列两案，现在纵然尚未实行，但以为不就终将实行之也。视作倾销之目标者，乃系煤斤、玻璃制品、电灯头、棉布及棉纱等物，皆系占日本对华输出品之大宗者，因是一经实施，则日本长江贸易，即将完全陷入穷途，再如原产地名标记法，其内质亦系合法的恶性之排日，何则，在于排日运动最为热烈之时期，日本货物在于长江市场，尚可仍有销路者，乃系因为购买者之民众，对于此货究系日货，或属英国货，抑为国货，不易分辨之故，再于售卖者之方面，多少亦可蒙蔽混含设法出售，今由于原产地地名标记法之适用，对于此等排日所有一线光明之路，即被封闭矣。而且原产地之地名，必须明了清楚，以日文之"日本制"字样书写之，以罗马字或英文书写，尚不之许，发案者宋子文之真意，不亦明了乎。宋子文对日长期抵抗之根本政策，无论何处皆有合法的特征，此系宋子文本身既为实际政治家，复为理论家，思想绵密皆极穷理所发生之结论。仔细观之，排日家宋子文得势以来，南京政府排日之倾向，显然有所变化。总而言之，仅由陈果夫等中央党部之首领，以及孙科、戴天仇、张继等所指导之排日运动，属于民众运动，属于感情的，属于小儿病的，属于表面的，但现在宋子文所指导之排日运动，确信属于根本的，经济的，制度的，将日本长江一带之商权，以合法的制度法令，逐渐拟将予以压迫矣。关税税率之提高，倾销税之制定，原产地地名标记法之适用等事，乃系其序曲，与此相似排日的法令，遇事随时将再计划之也。

　　南京政府对于日本之长期抵抗，最为有效之方法，无过于此者。但南京政府对于日本武力之发动，颇极恐惧，故此在于北方则俯首帖耳，在于南京则停止发生似乎小儿病的排日之事端，或使黄郛，或令蒋作宾，巧妙的佯作排日政策之转变，一面另以根本的、合法的、制度的手段,压迫日本之经济力,拟将采取正面不能挑剔之方法。此种事实,日本如何观之欤!庐山会议后之国民政府,果真已将排日态度转变,则其证据在于此等情事上,当然可以见之,是以"警戒"二字,绝为日本之所必要者也。

英美之资本家,只要供给商业上之利益,则无论何事,皆可为中国而为之之自信,宋子文利用之在于美国之棉麦借款,又在于英国之借款业已成功。只要树立日本除外之招牌,以为即可获得为日本竞争国各列强之注意,此处必须加以注意者,乃系宋子文今后之方向,一方面以执拗的长期抵抗之目标,由于列国之援助,而将进行其建设事业。美国棉麦借款之用途,其大部分供作蒋介石军备扩张之用,已无置疑之余地,何则,蒋介石、汪兆铭,特于七月庐山会议之结果特为声明棉麦借款不流用于军费,中国所有之声明皆系前面之招牌,在于其里面则作反对之情事,不过纯属一种烟幕而已。美国虽知蒋介石宋子文之计划,流用于对日军备扩张,但仍承应借款者,在于美国方面,于对日作战上可得二重之利益故也。目下蒋介石计画中之军备扩张三年计划,乃以三年后即一九三六年日美军备之均整为目标而树立之处观之,则美国之胸怀何物,与蒋介石之用意何居,心中似觉已熟知之。如云尚未知之者谎语也。七月末在于庐山所举行以蒋介石为中心之庐山会议,宋子文提议中国之产业开发计画,已被承认。此事日本除外,获得关系各国,特别英美之援助,与上述各国以特殊之权利或开发权,而企图牵制日本之对华政策,已属明了,乃系宋子文胸中,不能消灭长期抵抗之手法。扩大宣传已与联盟之技术合作,岂非第一步业已前进乎。

与联盟之技术合作,设定江苏或浙江为一模范省,关于农工矿各实业之开发,请求联盟之技术援助的,然后将其推广而作为将来中国实业组织之基础的计划,其详细之计划,当然不得而知,余以为绵密之计划或者尚未拟定,岂非有待于不久与宋子文同时前来中国,国联之卫生部长兼联络员之拉西曼氏,然后有所拟定之耶。拉西曼乃系人所共知之排日家,与宋子文颇极友善,国联决定委派拉西曼之背后,宋子文与有力焉。拉西曼与宋子文心契相投甚至尝为人称作南京政府之排日顾问,将作何种排日的建设事业,在于日本方面,须加深甚之注意,殊为必要。中国方面之内部,亦有由于悬念技术合作时或成为中国共同管理之导因。而反对之者,对于日本之猛烈反对,南京政府虽然屡经声辩,技术合作竭力使其仅属技术之援助,不使损害主权,并且不含政治的意义,但实际问题,此举岂能不活用于政治方面而可毕其事乎?其结果,不拘精神的或实际的在于中国则有将日本经济势力陷于孤立,及使各国实业资本之流入,圆滑顺利之效果。此非庐山会议所决定,与各国以利权,而将日本陷于孤立计划之实现化者何耶!一部炯眼之人士,尚有谓之曰,宋子文由于此种国联之援助,设定江苏浙江之为模范省,乃系对于日本武力侵略之预备。宋子文抱有日本之侵略,一时恐尚不止,稍一疏忽则为浙江财阀根据地之江苏浙江,或至竟为日本军队所蹂躏之恐怖病的忧虑——或者宋子文正患一种之恐怖病,亦未可知——因此,在于已往之上海、华北两事变,日本军队对于各国之利权或权益,极端警戒小心,观其因为不侵犯此等利权或权益,甚至忍受战斗上之不便的经验,乃于江苏浙江各处,若使国联关系之权益散在各处,则日本无论如何专横强暴,恐不在于此处用兵,其见解可谓如此。此时虽属过于透彻之观测,但实际上处于万一之际,假若日本势必用兵之时,日本在于国联权益之前,岂不深感至极不便,宋子文之恐怖病,岂可强行戏笑之哉!

蒋介石之所谓对日方针者,似有两种之表现。彼既有恶鬼之面孔,复有丑妇之面具。丑妇之面具即系黄郛,恶鬼之面孔乃为宋子文。此种两副面孔使用之理由,颇称得当,足以完全表示蒋介石之政治家的手腕及力量。若由黄郛观之,蒋介石希望为东洋之和平,为中国之建设,而将对日关系打开,表现其为日人可以欢喜之蒋介石,但其他一方面,若由宋子文观之,则映出"南京政府如与日本妥协,则南京政府将于二十四时间以内即行崩溃",竟至如此程度之彻底的排日。然而蒋介石在于现状之下,极端恐惧日本之武力加于中国乃系事实,盖此事之意义即在于其本身之倾覆故也。故此,为防日本武力之前进,一方面使带有丑妇面具之黄郛,拨云弄雾,同时又在于不使日本武力前进之恐怖或口实之范围内,复使带有恶鬼面孔之宋子文,自由飞跃。南方之合法的排日,即所谓关税之提高,日本除外之技术合作,倾销税原产地标记法实施之威胁等事——与对日军备之扩张,乃系此种之表现。兹由中国今日之财力,及内部之状况观之,蒋介石之军备扩张,属于类似儿戏,并不足以与日本以威胁,有人或以为不能实现,但余(吉冈)则不作如是观,彼以为彼之手下,组织新式军队,而扩张有力空军之一事,乃为统一中国唯一之途径,国民党之主义的统一,完全生有破绽,故确信统一中国之途径,除以武力统一之外,别无他法。彼今日完全正在还元于"吴佩孚",由德国顾问闻之,俾斯麦率领普鲁士之军阀,而与德国新起资本家相结合,国家之统一,方始完成之故智,彼之胸中,昔日之列宁及斯他林,业已消灭,顷正跃动于军国主义之俾斯麦。彼在七月末之庐山会议,爰乃硬强使军备三年计划通过矣。关于此事,与汪兆铭一派之间,论战颇久,蒋介石之首先完成国家统一,然后建设之主义,与汪兆铭之若不将建设作为首要,则难期国家之统一之主义的争论是也。结局妥协家之汪兆铭,为蒋介石所包围,避免正面冲突,遂通过蒋介石之三年计划。汪兆铭之不得不屈服于蒋介石之理论者,缘于蒋介石所主张之军备扩张,并非属于对内的,乃系对外别以日本为假想敌国之军备扩张故也。彼以宋子文在巴黎与法国外交部长所言同样之口吻而言之。"日本不可信,侵略仍将继续,中国若无实力,则不能依靠国联,中国殊有实力的抵抗之必要等语",此乃彼之所言者也。

庐山会议所决议军备扩张之全计划,虽然尚不得知,但综合外间所有断片之言传,总经费为五亿元,特置要点于陆军新式武器之购买,(特别注重于重炮),及空军之建设。至一九三六年为止,飞机则以一千架为目标,第一年之计划约以二千万元,拟自棉麦借款流用,用作养成飞行人材,及建设飞机场等事。然而彼深悉以中国单独之力量不能对抗日本,即于此处,其三年计划之真意何居,想可知之。即属参酌一九三六年日美海军势力之实力的逆转之时,而期空军之完成。关于挟此太平洋之两国,同时遥相呼应而图谋对日军备扩张之事实,或至以为两国之间或有密约欤! 即使并无密约,两国军事当局者,互相暗喜之事,谅可想象而得之。

"一面抵抗,一面交涉"文字之内容,若适用于现代之国交关系,固属实在过于糊涂之文字,但因彼系中国,文字之内容乃不挟疑义而通用之。然而自目下南京政府之对日外交观之,实系如此,与一面丑妇,一面恶鬼颇属相同,一面役使黄郛,一面又用宋子文故也。文字虽由汪兆铭之所作,但其精神则属蒋介石之心意。最近国民政府对日态度之急谋转变,如系诚心诚意完全抛弃其恶鬼之面具,则笔者深悔论断之错误,而为远东之和平,颇深庆贺,兹先附言之于此。

　　二　中国之对日态度与宋氏之归国(东京时事新报八月二十九日)

　　不登岸之宋子文

　　出席世界经济会议中国代表,南京财政部长宋子文氏,其辣腕,业经为人所讴歌,欧美漫游之归途,轮船靠岸于我国(日)之机会,虽经传闻即将与我国(日)要人举行重要之会见,但于二十五日,氏所搭乘"杰佛生总统号",虽停泊于横滨,但宋氏终未登岸,对于新闻记者,亦一切抱守缄默而去。关于反乎豫料,宋氏过而不登岸之理由,乃系由于其对日之反感欤,顾虑本国之对内的关系欤,抑或抱有身边危险之杞忧欤,揣摩臆度以上之真相,未能俄然有以明之,近于数日后该氏之归国,在于南京政府之对外策,终属可与多少刺戟,此则不难想像之处也。

　　所传宋子文氏在于欧美各国,发挥借款运动之辣腕,其实大部分属于宣传,似已明了,但至少使美国棉麦借款之成功,使国际联盟委派拉西曼氏之赴华,业经成功,乃系事实,该氏作为南京政府部内之"联盟派"即排日派之首领之资格,居然存在,该氏之归国,对于南京政府最近对日态度,恐难与以好影响,则属可以推测之理由。而且宋子文归途靠岸之际,豫料当然与我国要人之间,应即举行何等之晤谈,后又背乎两国人士之期待一节,尤令人或认系宋氏归国后可忧之征兆。

五月末,华北停战之结果,军事的方面至于本月上旬为止,我军(日)虽已向长城线撤退,但以停战协定为楔子,当可实行日华间之政治的接近,不仅于丝毫无有值以注意者,经济的疏隔时或反而加甚之局面,非属绝无。此乃系南京政府对于我国(日)力量之认识,尚犹不足,倚靠欧美各国之力,可以牵制日本之迷梦,并未觉醒之故,毕竟中国之要路者,囚困于一时之面目,尚未彻悟,即就趋入日华共存共荣东亚永远和平大道之结果,如彼宋子文氏欧美各国之活动,当然可谓对于此种妄执,颇有影响。

然而中国之指导者诸人,决不信其至于何时皆不能并无自觉而脱却之,同文同种,唇齿辅车形容词实现化之时日,迟早终将来到,可无疑义。最近庐山会议之后,如彼委派排日时代之外交部长罗文幹氏,前赴新疆而以汪兆铭氏兼任之举,再如容纳黄郛氏亲日之意见,而使与有吉氏公使会晤之举,复如浙江财阀之首领、中国银行总裁张公权氏顷正专诚来访我国(日)之举,任何皆系可以认为对日好转之现象,此种亲日的空气果可因宋氏等人之归国,而能无影响地发展之欤,俄然不能安心矣。宋子文一人,虽然不成问题,但反复无常中国之态度,将其启蒙之,与今提携之,刚柔相宜,不焦不挠之努力,至为重要之一事,令更痛感之矣。

引自惜徽:《日本朝野对于我国棉麦借款等措施之态度》,《外交月报》第3卷第5期,1933年

(二)中美棉麦借款

说明:本节资料主要反映中美棉麦借款的签订及其反响。宋子文访美期间同美国政府所属的金融复兴公司达成借款协议,规定美国向中国借款数额为5000万美元,用以购买美国的小麦(包括麦粉)和棉

花。1934 年 2 月中方对借款合同作出修正案,双方同意将美棉借款由 4000 万美元减为 1000 万美元,因此整个借款总额为 2000 万美元。事实上,此次棉麦借款可以视为 1931 年小麦借款的一种延伸,只是赊购货品增加了美棉一项。5000 万美元棉麦借款是南京国民政府成立以来举借外债数目最大的一笔。因此,1933 年 6 月借款消息一经传出即在国内引起巨大反响,赞同和反对的声音并存。日本对中美棉麦借款亦反响强烈,认为此次借款并非单纯的商业行为,而是一项政治借款,是南京国民政府中的亲英美派借以加强与美国的联系,进而排斥日本在华影响的手段。

1. 1931 年中美小麦借款合同的签订及其续借问题[①]

国民党中执委政治会议关于订购美麦案致国民政府函
1931 年 9 月 3 日

　　径启者:九月三日本会议第十九次临时会议准宋委员兼行政院副院长子文提议,本年各省水灾,粮食缺乏,兹拟向美国中央农业委员会订购白麦四十五万吨。其装运及付款条件已接洽就绪,惟关于较优条件之要求,据驻京美总领事声称:奉该国国务卿通知,按照中央农业委员会之组织条例,无权允许更优条件,如国民政府希望更优条件,须俟十二月美国众议院开会时提议决定。惟国民政府如接受上项购麦要约,该国务卿亦愿于众议院开会时提出修改云云。是否可照此条件原则订购白麦,以救灾患之处,请公决等由。并附美国中央农业委员会所提要约及我国对于原条件附加之解释各一件到会。当经详细讨论,并

---

　　① 1933 年中美棉麦借款与 1931 年中美小麦借款有一定的承继关系。1931 年 9 月,为应对长江流域的严重水灾,以宋子文为委员长的救济水灾委员会向美国中央农业委员会赊购白麦 45 万吨。此项小麦借款使美国政府得到了实惠,因此 1932 年美国金融复兴公司曾主动电洽南京政府,欲商讨续贷办法,中国方面亦有意进一步借款。然而,由于担保品无法落实,最终小麦借款的续贷合同并未签订。

经决议解释修正,余照通过,交国民政府。相应录案并检同原附各件,函请政府查照办理。此致

国民政府

　　附美国中央农业委员会要约及我国附加之解释各一件。

　　　　　　　　　　　　　　中央执行委员会政治会议

　　　　　　　　　　　　　　　　二〇、九、三

　　美国中央农业委员会提出要约如左:

　　兹拟将西部二号白麦四十五吨售与国民政府,听凭卖主之意,由美国任何口岸装船,自九月起,每月装运五万吨,其落船价格,按照在美国口岸起运日之市价定之。付款条件如下:

　　国民政府负担价款须以美金在旧金山或纽约付还,自起运日起,按年息百分之四起息。其价款三分之一于一九三四年十二月三十一日到期,又三分之一于一九三五年到期,又三分之一于一九三六年到期。

　　本委员会对于此项白麦全数之半,得以麦粉运给,其价格由委员会依照麦价为标准定之,并保留由美国船装运之权利,但当尽力取得最惠运价。所有运费及保险费,概归国民政府担任。如买主希望比上开装运办法更为迅速者,倘属可能,亦可照办。此次赊卖要约之条件,须国民政府承允对于所有上项白麦及麦粉应完全用于长江灾区之慈善事业。

　　国民政府接受美国中央农业委员会九月一日由美国公使转来之条文,惟加下列之解释:

　　(一)所谓美国任何口岸装船,即系依照中央农业委员会首次来电,以美国太平洋口岸为准;

　　(二)所谓白麦及麦粉应完全用于长江灾区之慈善事业一节,应改为完全用于长江及各地被水灾区之慈善事业;

　　(三)关于船只一层应声明,国民政府对于装用美国船只无异议,但运费须与其他各国船只比较相宜,而船艘之载运数量,须适合国民政府之需要。

上列之解释,希望中央农业委员会表示接受。

南京国民政府档案(一)②310,《民国外债档案史料》(第十卷),第112—114页

汉口五丰面粉公司为举借第二次麦债有利无害致蒋委员长等代电

1932 年 11 月 18 日

快邮代电

蒋委员长、宋部长、陈部长钧鉴:窃读报载,政府拟向美国举借第二次麦债,际此国难民穷上下交困之时,无论其是否事实,要之实为救国安民之无上大计。使果有其事,实宜促其早日签订;或尚无其事,尤宜策其设法成功。而群众或因肤膜浅视,引为谷贱伤农之惧;或则随声附和,辄发并无根据之谈。编氓识见浅陋,窃基国势民情而以历来经验论讨,以为二次举借麦债有利无害,宜速莫迟,有如下述焉。

查我国往者统计,约有粉厂一百四十所,每日出面粉约十五万包。以此为例,即每日需麦七万五千担,以一年计,约共需麦二千七百万担,出面粉五万四千万包。按此项统计,尚合东北在内,东北约有粉厂四十所,其原料就地出产已足敷用,其出品亦就地行销为最多,今日东北虽乱,实际上无关于整个统计,故不除外。上述统计面粉,欧战以后平均每年约输出五十万包,尚在按年递减,然同时仍须向美国购进一千万包、向加拿大购进一百五十万包,以是可知我国每年需要面粉,连东北在内当在五万五千一百万包以上,再就国产小麦计之,丰稔之年,豫、鄂、湘产量集中于汉口者,至多六百万担,其他各省充其量二千一百万担耳。北伐以后,屡向美、澳、加购进小麦以补不足,此已显露麦田改植他种物品,麦产无形减少之情况。如果收获荒歉,则输入小麦之数量亦随之增高,尤为不可掩讳之事实。去年大水为灾,水退之后,播种小麦尚不失时,然今年国麦之由乡间来者不及往年十分之一,而农村之储蓄毫无,迄至目下十室九空,盖藏尽覆,麦种且不可得,遑论麦粉原料,势仍不得不订购巨量外麦以为补充。此种形状,尽可就事实为证明,不能因物价低落遂指为粮食过剩,而归咎于谷贱伤农,今再按全国米谷讨论

之，查我国产米前曾统计约在三万万五千万担，近年颠沛流离，农难安耕，益以改植他种物品，产量已根本减少。而向来立法，对于米谷输出悬为厉禁，而于输入则免税奖励，此其唯一宗旨，曰为维持民食。因是外米之输入逐年递减而不自觉，水灾以前每年平均总在百万吨，约一千七百万担以上，其间国产米谷虽不免丰歉互见，而仓储之积常十倍于今日，然米价总在十五六元以上。今年各省产量表面皆称丰收，而实际则一省、一县之中亦有或丰或歉之别，是所谓丰稔云者，亦只凭臆测而已。若谓外米倾销，则大水时所订购高价安南米外，本年下季实粒未曾定进。而查上海现存之米又不及七十万包，汉口现存之米更不及三万包，芜湖、长沙都不过二十万包。比之往年仅十之一二，产米区之存底不丰，概可想见。

仓储之积甚虚，而米谷低廉无比，可知米谷并未过剩，而跌价实别有原因。此其原因不在米谷过剩，应已显然无他，经济涩滞、举国枯窘有以致之耳。盖一人之所需，百工斯为备，灾匪之后，家室荡然，为欲活动经济，无论何物势非减价求售不可，是故米、粮、布、帛，举凡日用所需莫不自然低削。苟能环顾百业，即可知非仅谷贱，实百物皆廉，又何伤农之有。是可知谷贱伤农实为因循肤浅之见，与往日严禁米谷输出，免税奖励外米输入，失其调剂之矛盾政策，如出一辙。再以将来之危机论之，只以小麦一种言，汉口所存国麦不及万包，不敷一粉厂数日之需，上海尤为寥寥，全国粉厂实岌岌乎有立刻停工之可虞，势非订购外麦无以济用，是可知即使政府不借，商人亦必购买。政府举债则伤农，商人现购又何如，且预算订购数量姑以明年六月新麦上市为止，恐非四十五万吨所能敷用，即就目下言，已定若干，尤可按查。以枯涩已极之经济，再流出数千万现金，窃料经济恐怖益将不堪设想。入冬以来，亢旱已久，产麦之区方愁不能播种，此又最近之事实。不幸而麦秋无收，不几于举国束手待毙耶。不仅唯是，刻方收复之匪区农村，只见荒芜满目，无能种植，小麦产量尤有减少之可虑。最近米粮固极低廉，而树皮裹腹、稻草蔽体者，所在皆有。是谷贱并末伤农，而因经济艰难，以致民食缺乏之危机,实已暴露于目下。国人徒以谷贱伤农之成语,闭目默测,以为米、麦已经过剩,而不察经济之困穷。今试问究竟全国米、麦过剩若干,足敷若干月、日之消耗,亦能指困以示否。若谓过剩系在国外,而国麦之价向较外麦低廉也。若谓国麦之低廉,正因外麦倾销之所致,然安南米今无购进,而且市价悬殊,国产米谷又不丰厚,何以亦在暴跌无已。窃料说者亦将瞠目无对也。须知百物跌价,非仅米麦为廉,米麦之廉,实由经济枯涩,国麦不敷,即使政府不借,国外并不倾销,商人亦必设法购买,情势使然,固无关于借不借。此第二次举借麦债确无碍乎谷贱伤农,而有益于接济民食、调剂金融者至为重要,诚可谓有百利而无一害。矧所借者乃小麦,绝无助长内乱之嫌,而有救国安民之实。果有其事,促其早日签订,或无其事,策其设法成功,诚以斯意。

至于麦债既成,首宜杜绝少数人之把持,包买包卖。盖恐多数粉厂,将被挤轧而破产,民未蒙利而工先失业;其次,不必派委官吏,盖徒耗开支多启弊窦;其三,切忌偏轻偏重,以断钻竞之路。盖能严格规定,即难上下其手;其四,只能借麦,切弗借粉。盖粉乃已成功之物,各厂失其调剂,试将扰乱粉市。只须就全国设有粉厂地点,将借麦分别集中,而令各粉厂按其能磨若干,由各地统税处发给借麦饬令代磨,即以各该厂原有商标按市出售,每包扣除代磨工缴几分之几,所得售价即责由统税处代收解部。如是,市面不致发生变态,而收解均有责任,再将售得之款,或资整理农村,或辟其他实业,因事制宜,权操政府,惟期切合于补救经济之穷困也。窃念经济将濒危险,而国人犹(纽)〔狃〕成见,对于政府借麦,呼号反对,曷胜遗憾,非敢力排众议,徒以心愧盲从。为特根据实际情形,胪列国计民生之重要,谨电奉陈,伏祈垂察采纳,促其早成实现,国家之幸,实即民众之幸焉。临电惶悚,不胜企祷。汉口五丰面粉公司经理姚维章暨全体职工同叩愿。

南京国民政府财政部档案(三)②288②,《民国外债档案史料》(第十卷),第117—120页

文官处为西南各省国民对外协会请撤销
续借美麦案等致行政院公函
1932 年 12 月 6 日

国民政府文官处公函　宁字第二九号

　　径启者:奉主席发下西南各省对外协会总部宥电,恳中央政府体会民艰,将续借美麦及提高洋米入口税之案迅予撤销,以维民食,而遏乱源一案。奉谕交行政院等因。相应抄同原电,函达查照。此致
行政院

　　计抄送原电一件

中华民国二十一年十二月六日

文官长　魏　怀

　　抄原电

　　南京中央党部、国民政府、广州中央执行委员会西南执行部、西南政务委员会钧鉴:报载中央续借美麦五千万元,不日在沪签字等语。属会披阅之下,深为悚惧。窃以本年各省粮食多丰收,在政府应设法调剂,以维持农村经济。乃不此之图,反借入大量美麦倾销国内,复提高洋米入口税率,为推销美麦之张本。此种措施,不惟民食发生恐慌,而社会金融当受极大之影响,为害之烈,何可言喻。值兹国事多难,外患日亟,安内攘外,力有未遑,何忍再启乱源,自成纷扰。用特披沥电陈,伏恳我中央政府体会民艰,将续借美麦及提高洋米入口税之案迅予撤销,以维民食而遏乱源。迫切陈词,伏为垂鉴。西南各省国民对外协会总部叩。宥。印。

　　　　南京国民政府行政院档案(二)②1022,《民国外债档案史料》(第十卷),第
　　　　120—121 页

财政部赋税司为各单位请取消续借美麦等案签呈
1932 年 12 月 31 日

　　敬呈者:案奉发下行政院令,准豫鄂皖三省剿匪总司令部蒋总司令

删代电:据湘建设厅长谭常恺真电,请实行洋米加税并停止续借美麦,令仰核办等因。又行政院秘书处叠函,奉代院长谕交浙江宣平县公民周功崇、新浦镇朱幼岑及安徽旅沪同乡会、上海市政府、长沙市农会、市商会、湖南全省商联会、北平市商会等呈电,请取销续借美麦,免伤农民经济各一件。又湖南何主席东代电,据长沙市商会电请取销美麦续约;中国国民党广西省党务整理委员会庚电,请取销美麦借贷;广州市商会主席邹殿邦虞代电,请将续借美麦及洋米入口增税一并取销,以培国脉各案。又行政院秘书处函,奉代院长谕交河南省赈务会代电,请力排众议,迅予续借美麦,以救灾黎一案,先后发下到司。查以前关于续借美麦电呈各件,叠经以可否暂存,签请核示在案。所有续到各文件,事同前由,应否仍予暂存之处,理合检同各原件,一并签请鉴核示遵。谨呈部长

次长

　　附院令一件、公函五件、电一件、代电二件

　　　　　　　　赋税司谨签　二一、一二、三一

【原批】存。宋子文章

附件一:浙江宣平县公民周功崇等联呈

　　呈为谷贱已成恐慌,美麦不宜再借,谨联名环恳,仰祈鉴核迅赐取消续借美麦合同,以挽农村经济而纾民困事。窃以社会物产,供求一失其调剂,险象即随而环生,此固经济学上不易之原则。我国以农立国,除少数省份外,均为丰于产粮之区,苟得交通便利,酌盈剂虚,则以全国所产粮食供应全国需要,即稍有偏灾,亦必有盈而无绌。只以交通梗阻,又无关于粮食供求上严密之统计,去岁因各省被灾,沪商竞购洋米,政府大借洋麦,今年各处又遇丰年,以致东南各省米价均因而惨跌。宣邑为富于产谷县份,每年谷类输出甚多,兹因环宣各县米谷拥剂,密迩之武义、金华等县,米价已跌至每担三元有奇,宣谷亦因而滞销,农村经济已濒破产,百业均有停顿之恐慌。乃阅报载,中政会有续借美麦之决议,且有续借合同已签字之说,宣民闻之,大为惊异。窃谓现今米价惨

跌之现象,实由于去岁竞购洋米、大借洋麦,社会已受害不浅。政府诚欲为备荒储粮计,尽可从事于改良农业及国产粮食之积储,以策万全。而不宜出此重蹈覆辙,等于自杀之途。倘续借果成事实,则将来之米价惨跌,经济恐慌必倍蓰于今日,社会惨象尚堪问乎。在政府为得款计,故不惜为此作茧自缚之计,独不为社会留一线生机乎。公民等心所谓危,难安缄默,为此联名环恳,仰祈鉴核迅赐取消续借美麦合同,以挽农村经济,而纾民困,实为公便。

　　谨呈
行政院院长宋

浙江省宣平县公民

周功崇　　陈有仁　　许有为

钱寿壬　　王振昌　　沈　汶

曾厚甫　　杜乾道　　王继棠

吴　璠　　邹峄封　　陈呈祥

陶子澄　　郑慕兰　　陈厥修

周功象　　涂云峰　　涂兴洛

周锡圻　　曾学诚　　陈增馨

林桂清　　温子恭　　陈异常

潘　瑾

中华民国二十一年十一月十三日

附件二:安徽旅沪同乡会代电

　　南京行政院长兼财政部长宋钧鉴:报载政府续借美麦四十五万吨一案,忽而喧称已在庐山签立草约,忽而福特公司声明谣传,忽而美国当局尚未批准,忽而变更用途、与荣宗敬私人订立合同。惝恍迷离,人心不安。证以最近华盛顿电讯,中国实业专使孔祥熙在美洽商赊购棉麦之事则无疑义。昨年洪水为灾,政府饥溺在抱,借美国剩余之麦,救千万待死之民,急不暇择,犹曰不得已之举。然其时金贵银贱,暗中折蚀,已感饮鸩止渴之痛。当时,奥麦、美麦竞争沪市,经手人员投机串舞，以致酿成皖北赈务大讼案，其他各地发现弊窦，不遑列举。徒供宵小中饱，灾民所得无几，肥大颗粒之美麦流入民间，甚至列有市价，言之不胜余愤。今岁我国大熟，谷价奇跌，只知社会有积谷之议，未闻政府筹备荒之策，已违人民之望。我政府明知国内经济状况，而徇美国财政善后公司之请，有续订赊购美麦之约，又以避免政府名义之故，而委托上海所谓面粉花纱大王私人出面之说。此议若成，无论取何方式，按照本国现在三两二、三钱之麦价而赊购约合华银四两三、四钱之美麦，均折蚀至一两以上，人民惶虑，莫能理解。去年所购麦粉逐批高涨，无异于高利贷之外债，已可引为殷鉴；今则货尚未到门，荣某已大做抛盘，引起市面恐慌，将来果加一层外债，贻祸至于胡底。而阻遏本国粮食之销畅，倾轧排挤，又极其显然，流弊所至，为一、二人造成垄断之地位，其失犹小，而使市面衰落，农村破产，全国粮价永无恢复之日，其责谁属。谷贱伤农，今已实验，再加以买办式之压榨，穷民将无噍类，上年花纱业之覆辙，不过其见端耳。藉云借麦为河工经费，然大丰之年需要或不若是之殷，而江淮堤工呈报所余之麦，何妨尽量移用。敝会悚于皖省粮食过剩，对于违法之米照捐正在亟谋打消，以期粮食流通，为灾后人民求一线生机；即苏、浙、鄂、赣、豫、鲁以及边远诸省，亦何莫感于粮食停滞为患，各谋出路。政府疏之引之，已为目前第一要务，何能以矛盾政策，施之吾民。万祈钧院、部顾恤民艰，迅予正式宣布取消赊购美麦草约，以慰民众而弭祸患。一面通令各省筹备积谷，防备凶荒；一面通令海关禁阻洋米进口，保持我国市场常态。各国之各种过剩物品，已跻于坚甲利兵之林，耽耽环视，惟我是逐，外瞻内顾，心所谓危，不能安于缄默。惟我政府诸公熟察而图利之，国家幸甚。人民幸甚。安徽旅沪同乡会叩。陷。

南京国民政府财政部档案(三)②288①,《民国外债档案史料》(第十卷),

第121—125页

财政部赋税司为奉发续借美麦案三件可否仍予暂存签呈

1933 年 2 月 28 日

敬签呈者:窃本司于本月二十日奉发下湘灾救济会号代电、湖北省政府支代电、安徽省政府来咨各一件,均系关于续借美麦之案。查此案前据各处呈请前来,业经签奉批存等因。此次奉发三件,事同一律,且时效已过,可否仍予一并暂存之处,理合签请鉴核示遵。谨呈
部长
次长

　　附代电二件、咨文一件(代电略)

　　　　　　　　　　　赋税司谨签　　二二、二、二八

【原批】暂存。宋子文章

附:安徽省政府咨　秘字第 505 号

为咨请事:案准湘灾救济会号代电开:顷报载四月十一日朱子桥将军通启及上海红万字会万副委员长致朱将军电,敝会极表同情,已寄电国民政府暨行政院、财政部、国府救济委员会。文曰:去岁江淮流域洪水成灾,一载以来,上下交困,虽承钧府筹借巨额麦款,竭力拯济,然灾重区广,至今环顾,仍属满目疮痍。若论根本要图,如疏江、浚湖、导淮、治河犹未暇顾及,一旦洪水复泛,昏垫何堪,此诚钧府所深用轸忧,抑亦本会所不胜恫惧者也。故疏江、浚湖、导淮、治河实为目下刻不容缓之急务,而灾民救济以工代赈,亦属目前救济之要图,失此不图,悔将何及。查中、美邦交素称辑睦,前贷美麦毫无艰阻,救灾恤邻,谅美必顾。伏恳钧府为一劳永逸之计,续借美麦四十万吨,既可以竟疏江、浚湖、导淮、治河之全功,亦可消弭灾害之复发。本会立于拯济灾祸之机关,既有所见,用敢吁请。除分电外,特电奉恳,可否即乞鉴核立与施行,并祈赐复,无任屏营待命之至等情。于号日寄发,兹特录电,即乞察鉴,如荷赞同,务祈一致吁请,俾得早期实现,共挽沉灾,而弭隐患。特电奉达,即希查鉴赐复,无任企祷等因。准此。查江淮淤塞,每遇洪水辄泛滥成灾,去年灾情较重,刻犹满目疮痍。该会所陈续借美麦办理

工赈,以竟疏浚全功一节,实属切要之图。准电前因,除分呈国民政
府、行政院并分别咨、函暨代电复外,相应咨请贵部查核办理为荷。
此咨
财政部

主席　吴忠信

中华民国二十一年六月六日

南京国民政府财政部档案(三)②288②,《民国外债档案史料》(第十卷),
第 125—126 页

2. 1933 年中美棉麦借款合同的签订

财政部税务署陈复遵办美棉麦及面粉借款合同各点密呈

1933 年 7 月 11 日

　　呈为密呈事:现奉钧部阳代电开:密。现准行政院秘书处函开,奉
院长谕:查前据财政部宋子文支电报告,与美国政府建设公司签订购买
棉、麦及面粉美金五千万元借款合同之经过情形一案到院,经本院长于
本年六月七日提出中央政治会议第三六零次会议决议:借款准予成立,
交立法院秘密审议。旋于本年六月十六日经立法院第三届第二十二次
会议决议:照案通过。应由秘书处抄录宋部长原案来电,函知外交、财
政两部等因,相应抄同原电函达查照等由到部。查原电所列借款合同
内重要各点如下:利息长年五厘,棉花还本,货到国时一成,三月后一成
五,第二年之下六个月一成,第三年一成五,第四年二成,第五年三成。
麦及面粉还本,第四年二成五,第五年七成五。担保品:(一)统税各收
入。除统税内之烟酒已经有旧合同借款担保,只可作第二担保品;
(二)海关收入。有赈灾附加百分之五,本已担保美国赈灾面麦借款,
可作本借款之第二担保品。基于上述办法,俟赈灾附加还清美麦借款
后,可继续征收,作此合同担保品。又此后统税有任何改组时,不得使

收入短少,俾免担保品无著。除分电外,合亟密电该署长即便遵照,切实办理具报。等因。奉此。除遵照办理外,理合具文呈复,伏乞鉴核备案。谨呈

财政部部长　宋

次长　　邹
　　　　李

税务署署长　谢　祺

中华民国二十二年七月十一日

南京国民政府财政部档案(三)②2550,《民国外债档案史料》(第十卷),第129—130页

财政部公债司抄送美麦及棉麦借款文件复会计司函

1935 年 8 月 6 日

　　案准贵司来函,以美麦借款及美棉麦借款应付本息,历年均未列入国家债务费预算,亟应分别年度补编概算,专案提请核定,函请查明各该项借款截至二十四年度止,历年本息已付未付各数,折成国币,注明原币数目,分别开列清单,并抄录各该项借款核准原案及合同原文,迅赐见复等由。查前两项借款均非本司经借,所有核准原案及原合同亦未奉发下。现在本司所存者,仅有该两项借款合同或条件及有关系文件抄本。至该两项借款截至二十四年度止已付未付本息数目,除因棉麦借款民国二十五年起还本数目,前据中央银行美贷棉麦经理处报告应加更改,以致二十四年度应付各数无从核算,应俟该行更改完毕,查明应付本息,连同美麦借款该年度应付本息一并补送外,其二十三年度以前该两项借款已付本息各数,业经本司分别查明,相应列表并抄录该两项借款合同或条件暨有关系文件,连同借款经过说明,送请贵司查核办理。此致

会计司

　　附表及说明各二件、抄借款合同、借款条件、外交部照会、施公使函

及金融复兴公司函各一件。

公债司　八月六日

附件一：民国二十年美麦借款说明

民国二十年九月,国民政府因救济水灾,向美国粮市平价委员会购买美麦四十五万吨,先由本部与美国农部议定条件,后由外交部照会驻华公使正式承认,并未订立合同。此项美麦,由二十年九月起,至二十一年三月止分批起运,每次收到美麦时,即以该美麦在起运口岸签发提单日之市价作为借款,计共美金九百二十一万二千八百二十六元五角六分。按年四厘计息,每年六月及十二月末日各付息一次,本金分三期偿还,于民国二十三年至二十五年每年十二月末日各还总额三分之一。截至二十四年六月底,已还本一次,计美金三百零七万零九百四十二元一角八分。已付息八次,计共美金一百二十二万五千八百四十五元九角八分,除第一、第二两期利息由救济水灾委员会拨付外,其余各期利息及第一次本金,均由总税务司在水灾附加税项下按期照拨,并无积欠。

附件二：国民政府因救济水灾与美国农部订定购买美麦条件

译文如下：

（一）美国粮市平价委员会经农部核准,愿售美麦(二号西白麦 NO.2 Western White Wheat)四十五万吨(Short Ton,2,000 ibs)于中华民国国民政府,国民政府愿承购此项麦粮,其装运上项麦粮至美国沿太平洋口岸上船之费用由美国负之。

（二）上述麦粮卖主有代以麦粉之权,但麦粉数量至多不得逾总数之半。麦粉价格以比价定之。

（三）起运美麦之美国沿太平洋口岸由卖主择之。每次运麦数量如左：

九月底及十月全月　九万吨

十一月
十二月
一月　　　每月七万五千吨
二月

三月　六万吨

每月起运之日期由买主定之,但须在五日前先行知照卖主。

(四)每次麦价以起运口岸签发提单日之市价为准。

(五)买主每次收到美麦及(或)麦粉后,应备就国民政府购麦欠据交付卖主指定之代表,欠据所填日期应与提单上所填日期相同。前项欠款之本利,应以美金在纽约交付。麦款利息以长年四厘计算,每年六月三十日及十二月三十一日为付息日期。

麦款分三期偿还,每期付三分之一,第一期一九三四年(民国二十三年)十二月三十一日付清;第二期一九三五年十二月三十一日付清;第三期一九三六年十二月三十一日付清。

(六)买主收到美麦一批时,应委代表将签就之临时欠据交卖主收执为凭。是项临时收据,应于短期内依照第五条规定合并为确定的总欠据三份。

(七)上项麦及(或)粉专供中国水灾区域慈善赈济之用。

(八)装运美麦及(或)粉应尽先雇用美籍商船。但如装运时有他国商船舶于起运口岸,能依照第三条规定条件装载该项麦粮,而其运价低于美船,则买主有另雇是项船只之权。

附件三:译王前外交部长致美国驻华詹公使照会抄件

查国民政府前因国内水灾赈济之用,曾向农业联合委员会订立条件购买美麦,兹特加以证实如后:

一、谷粮稳定公司经农业联合委员会之核准售卖美麦与国民政府,而国民政府亦愿向该公司购买西白二号美麦四十五万短吨(按短吨系美衡,每吨二千磅。长吨则系英衡,每顿二千二百四十磅。原译者谨注),订明在美境太平洋口岸用船散舱装运,所有运费、保险等均归买主自理。

二、售主保留得以堪相比较之价格美粉替代美麦之权,惟其数量不得超过上述数量之半。

三、交货一节,由售主择在美境太平洋口岸照下列时期交货:

九月间至十月　九万吨

十一月起至下年二月止　每月七万五千吨

三月　六万吨

上开每月交货之日期得由买主择定,惟买主应于每次订船前五日知照售主。

四、每批货品价值,应照该项货品在出口埠装船所发提单上日期之通行市价计算。

五、每次麦或粉之货价,应由买主照提单日期签署国民政府借票送交售主指派之代表。该项借票本息归还时,应以美金在纽约拨付之。借票利息按年息四厘计算,每年六月底及十二月底支付一次。借票分为三次到期,每期三分之一。第一次一九三四年十二月三十一日到期;第二次一九三五年十二月三十一日到期;第三次一九三六年十二月三十一日到期。

六、买主应指派代表于每次装运之日签署临时借票,是项临时借票应于事实可能时,即照上第五条之规定订成定期借票三张。

七、美麦、美粉只能由买主在水灾区域内专作赈济之用。

八、装运美麦、美粉应尽先交由美国船只装运,惟在第三条所定装运时期,如出口埠中适有他国合宜船只,其运价等项对于买主较美船为有利者,亦得酌交装运。装运办法,应由买主指派代表以公开投标或其他方法酌定,并应由美国驻沪商务参赞代售主核定之。此致

大美国驻华公使詹

外交部长　王〇〇

二十、九、二十五

附件四：民国二十年美麦借款已付本息数目表

截至二十四年六月底止

日　期	还　本		付　息		
	实还美币数	折合国币数	美方帐单应付美币数	实付美币数	折合国币数
20.12.31			19,620.17	19,887.96	89,776.97
21.6.30			162,108.29	162,668.88	734,309.54
12.31			185,263.38	184,256.53	876,639.52
22.6.30			182,742.09	184,256.53	725,368.23
12.31			185,770.95	184,256.53	578,517.63
23.6.30			182,742.09	184,256.53	532,284.39
12.31	3,070,942.18	8,828,613.84	185,770.95	184,256.53	529,716.83
24.6.30			121,828.06	122,006.49	350,754.36
合　计	3,070,942.18	8,828,613.84	1,225,845.98	1,225,845.98	4,417,367.47

附注：查该项借款美方利息算法与我方不同，以致历次已付利息数目，比较美方帐单所列应付数目互有增减。本部前为划一起见，业经核准改照美方算法计算，所有二十四年六月以前少付利息共美金一百七十八元四角三分，已于拨付二十四年六月底到期利息美金十二万一千八百二十八元零六分时随同补拨。本表所列二十四年六月拨付利息十二万零零六元四角九分，即此两项利息之总数。以后应付各期利息数目，双方已趋一致，不致再有增减，合并注明。

附件五：民国二十二年棉麦借款说明

民国二十二年五月，国民政府向美国金融复兴公司商借美金五千万元，双方订立合同，规定以借款约美金四千万元购买美棉，其余美金一千万元，以百之六十购买美麦，百之四十购买美粉。中国指定之代表每次购买上项棉、麦及粉时，须于十日前知照公司，公司即凭货单付款，中国同时签署期票交与公司。此项期票，自公司支付款项起至三年或三年内付还，若三年期满尚有余数未清，中国得商请展缓二年。惟期票付款办法，棉与麦、粉不同。购买美棉之期票，其百分之二十五应于商请公司发给货单时即时付还百分之十，迟期九十日或出给期票十二个月内付还百分之十五。其余百分之七十五，应于第二年下六个月内还百分之十、第三年还百分之十五、第四年还百分之二十、第五年还百分之三十。至购买美麦及粉之期票,应于第四年还百分之二十五,第五年还百分之七十五。以上期票,除美棉、麦部分百分之二十五外,其余均照上列付还成数,每年分四次,于当年之六、九、十二及次年三月之一日交付。借款利率定为年息五厘,每半年付息一次,至付清为止。本息指定统税为第一担保,水灾五厘附加税为第二担保。嗣因国内棉类市场情形变动,当经本部商准该公司将棉类借款减至美金一千万元,麦及粉借款仍旧。现查该项借款实用数目,计棉类美金九十八万零八百九十六元六角八分,麦类美金六百万元,粉类美金一百十万零五千三百八十五元八角,统共美金一千七百零八万六千二百八十二元四角八分。除棉类借款本金百分之二十五业由中央银行美贷棉麦经理处陆续付清外,其余百分之七十五并借款全部利息(麦类、粉类本金未到期),历经中央银行通知总税务司在水灾五厘附加税项下按期拨付。截至二十四年六月底,计已还本二次,共美金十二万一千四百五十二元六角二分;付息四次,共美金九十六万零六百七十七元九角五分。

附件六:译中华民国国民政府与美国金融复兴公司合同

立合同美国金融复兴公司(下称公司)、中华民国国民政府(下称中国),今因公司允照下列条件借给中国美金五千万元,爰于民国二十二年五月　日经双方同意订立合同如左:

一、借款中一部份约美金四千万元,由中国用为购买美大陆所产棉花。

二、其余约一千万元由中国用为购买美大陆所产之麦。

中国愿将不得少过百分之四十购麦款项购买美厂出产面粉。中国同意在每五个月内所购麦与粉之数量,应照购麦部份借款比例不得相差太远。中国并同意棉款用至半数时,麦款至少须用四分之三。但在民国二十三年三月一日或按照第十四条规定之期间以前,将贷麦全数用完。所谓麦款系包括面粉而言。

三、中国欲免除世界棉麦市场受任何影响,愿将此项棉麦只在中国销售,使人民尽量购买,以便救济社会经济,故中国同意不以大宗原料或已经制造之棉、麦直接或间接向国外销售。惟棉织品除菲律宾群岛外，输出至南亚洲及南洋各国不在此例。

四、中国之指定代表若在十天前知照公司，公司即凭货单交付款项与中国，同时签署期票交与公司，期票之数目须照公司认可之购价。所谓货单者，即所付之保险费及由美国出口埠至中国进口埠之运费一切单据均包括在内。如有中国国内货栈所出之记名栈单(即不能抵押之栈单)经公司认可者，连同应有之保险，亦可代替轮船提单。

五、中国所用款项，应由中国代表签具期票交付公司。此项期票，必须经公司认可，期票上应书明公司代付之款项自其支付日期起至三年或三年内照数付还，若至三年期满尚有余数未清者，中国或得商请展缓二年。借款利息为年息五厘，每半年付一次至付清为止。所有本息均交由纽约联邦准备银行经理，该项借款本息归还时，须以美国国债合法货币归还之。为使借款易于归还，并防止妨碍履行本合同条件及中国期票起见，承中国同意，特为设计如下：

甲、购买美棉所出之期票之百分之二十五连同利息，须于自出票日起十二个月内归还，若于十二个月以内中国商请公司发给货单，则应即时付还货价百分之十，其余百分之十五迟期九十天或出给期票十二个月内还讫，但须视十二个月或九十天期之先到期者即为还款之期。至第二年下六个月内再还百分之十；第三年再还百分之十五；第四年再还百分之二十；第五年再还百分之三十。

乙、购麦借款在第四年归还百分之二十五，第五年归还百分之七十五。但上列第四、第五年期须视期限展缓与否而定，苟期限不能展缓，则各项期票到期即须照付。惟对于美麦须由中国证明该麦已经售出或将销售，再由公司交付提单。

上列各项归还借款办法，其美棉借款之二十五付还后，其余须照上列付还成数，每年分为四次于当年之六、九、十二月及次年三月之一日交付之。

中国得提前归偿公司全部或一部份债款连同到期之利息。

六、中国同意以统税为公司所借款项之第一担保品。统税项目为：卷烟、麦粉、棉纱、火柴、水泥、烟酒及印花税。上列各项税收，上年度收入共约美金二千二百万元（内烟酒税占上年全年税收百分之七，只可作为预备担保品），连同海关水灾五厘附加税作为借款之第二担保品。上项海关附加税，须俟归还粮食稳定会之全数欠款后方可移用。公司得要求中国证明，上项担保品已作本借款担保品，并须担保统税继续征收，所举税收数目准确，税收不得再行增减及变更而使收入减少，与前载数目不相符合。并须证明本合同及担保品为合法有效之合约及担保品。

七、中国须付采办员（公司认可者）或其他代表，及公司所付检验货色及备缮货单暨调查或收款等等之一切费用。

八、中国同意担负货物上船后所有一切运轮、储藏、保险及起卸等费。

九、中国同意在此合同有效期间内，不得禁止美国棉、麦及其他制造品输入中国。

十、中国如因棉、麦之销售、装运、储藏等事与其他机关有订立合约之必要，中国得徇公司之请抄送副本。

十一、棉、麦装运来华所用船只，美籍商船之装载吨量至少应占半数，即百分之五十。中国并同意在每四个月内所定船只，他国船舶装载吨量不得超过美船之数。

关于棉、麦保险，中国须交给在美之美国保险公司承办，其保额至少亦应占半数，即百分之五十，分配办法与船舶同。

保险及装运取决法，须由中国投标或其他方式征得公司代表同意而定之。

十二、中国得请求公司允许遵照本合同各条，委托美国行号代办本合同内所载事务。惟公司因顾全合同内一切权利起见，得建议中国与该美国行号订立代办合同。

十三、遇有下列问题发生，公司得停止付款：

甲、如中国不遵守合同内任何一条条件时；

乙、假使中国与其他国家发生战争或有战争之威胁,公司支付展限已展至民国二十三年一月二十三日以后,而中国不能在同年八月一日以前全数支用时;

若中国不遵照本合同负责办理,则所出期票即全作到期论,受期票人得向中国照数索偿。

十四、本合同于民国二十三年一月二十三日满期,若美国国会特许,可展期至同年八月一日止。中国得随时请求公司考虑不在本合同内订明之展期或取销之办法。

本合同由中华民国国民政府财政部长宋子文代表中华民国国民政府及其人民,会同美国金融复兴公司董事长琼斯签订。

附件七:译施公使致金融复兴公司函

敬启者:关于中华民国国民政府与贵公司所订五千万美金购买棉、麦借款合同一事,顷孔部长来电谓,下列办法均系双方意见交换之结果,而敝国政府亦所赞同者:

一、麦类借款期限延长至一九三四年七月三十一日止,俾便履行敝国政府一九三三年十月三十一日与美国农商部所订合同起见,故购买麦与粉期限展延至一九三四年七月三十一日止。

二、粉类借款期限延长至一九三四年十二月三十一日止,惟该借款之半数须在七月三十一日以前动用,即等于履行原借款合约中第二条之办法。敝国政府为应付敝国粉类不景气市场起见,故建议延长此项借款之期限。

三、因国内棉类市场需要情形变动,故棉类借款请减至美金一千万元。

兹敝人代政府提议,将原合同中棉类借款内分提五百万元至一九三四年十二月三十一日止改为购麦之用。上列各条办法,如荷同意,请即见复为荷。此致

金融复兴公司

　　　　　　　　　　　　施肇基　一九三四、二、二三

附件八：译金融复兴公司泰莱君致施公使函

　　敬启者：二月二十六日来函敬悉。关于前魏博士手交敝公司董事长贵国孔、宋两部长来电一节，除第二条内关于粉类借款，敝公司保留得先期知照中国随时将一部或全部借款取消外，其第一、第二、第三各条，敝公司大致同意。惟美棉借款项下分提五百万美金，在本年十二月三十一日以前作为购麦之用，不得赞成，至歉。专复。此致

施公使

复兴公司理事会帮办　泰莱

一九三四年二月二十三日

附件九：民国二十三年棉麦借款已付本息数目表

截至二十四年六月底止

甲、棉类借款本金百分之二十五

日　　期	实付美币数	折合国币数
22 年 9 月 14 日至 12 月 31 日	269,298.72	788,511.19
23 年 1 月 1 日至 6 月 30 日	379,982.01	1,112,593.73
23 年 7 月 1 日至 12 月 31 日	1,331,582.18	3,898,895.08
24 年 1 月 1 日至 6 月 30 日	514,361.26	1,543,083.78
共　　计	2,495,224.17	7,343,083.78

乙、棉类借款本金百分之七十五及借款全部利息

日　　期	还　本		付　息	
	实付美币数	折合国币数	实付美币数	折合国币数
22.12.31			24,448.00	75,199.93
23.6.30			200,570.10	580,512.00
23.12.31			364,971.78	1,058,311.82
24.3.1	36,139.66	104,416.31		
24.6.1	85,312.96	240,029.92		
24.6.30			370,688.07	1,022,303.50
共　　计	121,452.62	344,446.23	960,677.95	2,736,327.25

附注:棉类借款本金百分之二十五,系由中央银行美贷棉麦经理处陆续拨付。其二十二年九月至二十三年十二月所付美金,据该行报告共折合国币五百八十万元。本表所列二十二年九月至二十三年十二月各项折合国币数,即系根据该行所报国币数目比例计算。至二十四年一月至六月所付美金折合国币数目,未据报告,兹姑照美金一元折合国币三元计算。又棉类借款本金百分之七十五及借款全部利息,系由总税务司拨付。所有美金折合国币数目,均据总税务司呈报开列,合并注明。

南京国民政府财政部档案(三)②314,《民国外债档案史料》(第十卷),第131—142 页

3. 国内各界对中美棉麦借款的反响

孙科谈中美棉麦借款经过
1933 年 6 月 18 日

中央电令宋子文进行,胡汉民误会覆电解释　立法院长孙科,昨晨在哥伦比亚路寓次,接见各报社记者,述及中美借款,及用途等各项问题。孙氏首谓,此次中美借款,宋子文系根据中央意旨进行。盖宋氏出国后,国防委员会乃召集会议,讨论我国对于华府会议之具体方案。众意咸觉中国之农林经济,已濒破产,影响于国计民生,及世界经济者至巨,应急予设法救济,故决议训令宋氏,希望美国在物质上帮助中国,复兴经济,经宋氏奉令,在美再三磋商,棉麦借款,始告成立。

棉麦用途　孙氏继谓,此次美棉麦借款,原为一种短期信用借款,与普通之外债性质,完全不同。美棉规定货到中国,三月之内,先付货价十分之一,余则分期偿还。将来之用途,先将棉麦廉价售于商人,再将所得货款,用以开发西北及建设交通与水利。立法院昨日(十六日)已将中美借款合同提出通过,并议决组织一借款管理委员会,以免浪费,惟如何组织与人选之支配,均须待中央政治会议决定。

胡氏误会　留居香港之胡展堂先生,对于中美借款,颇多误会,曾致电本人,表示反对。胡氏所持之理由:第一点,为此次借款,系宋部长个人之行动,未经立法院通过;第二点,为过去之内债,均消耗于内战,此次中美借款成立,恐内战又将爆发,立法院应予否认。本人现已电复胡氏,详为解释。首述此次借款,系根据中央所定原则,并非宋氏个人之行动,立法院系对中央负责,此次借款既系中央意旨,当然并非违法。继述此次借款,用于建设及生产,绝对不消耗于内战,如能保管严密,当然不致浪费,立法院业已议决组织借款管理委员会,防止浪费,现已呈请中政会采纳矣。

经济会议　伦敦经济会议,以英、美、法三国为重心,中国之关系较少。美国近以农产过剩,货价低落,农工购买力薄弱,失业者已达一千余万人,此为资本主义之矛盾,故美国采取通货膨胀政策,以谋救济。法国则主张恢复金本位,英国则主张先行订定呆板汇兑价格,将来再行恢复金本位。各国均因利害冲突,主张各异,我国主张提高银价,并使银价稳定。稳定银价与各国均有利益,可望通过。宋部长大约于七月底或八月初归国。

宪草审查　孙氏最后谓宪法初稿草案现已脱稿,正在审查之中,吾方贡献之意见甚多,现决将初稿草案先交小组会议审查,再交宪法草案委员会讨论,然后提付立法院通过后,呈请中央政治会议核定,将来再以中央执行委员会之名义,提交国民大会通过,宪法始告正式成立云。

《申报》1933 年 6 月 18 日

五千万美金棉麦借款问题

当一八二八年代,海涅(Henie)旅居伦敦,有一天在理发店里刮脸,就是那位理发师,都同他谈到公债问题。后来海涅写出他的印像,里边便有这类的句子:"一切祸害中的最大的便是债……英兰全土,已经变成一个很大的监狱踏车,在这里,不分昼夜,人们都要不断的工作,为的是供养他们的债主……负债不仅要毁灭个人,且要毁灭全民族。

今日在这民族的悲剧中,公债即隐操运命之柄。英兰亦难逃此数。彼之政治当局,眼看着这个怪物的袭来。"①我们今天讨论到棉麦借款问题,也不过如百年前伦敦的理发匠,但是我们的政治当局,却与百年前的英国执政不同,棉麦借款一成,看他们那样交口称赞,并未曾把公债看成"怪物"!

关于此次五千万美金棉麦借款,我们不过从报纸上得到一些片段的消息,在政府未将借款全文及办理经过正式公布以前,雅不愿有所论列,遽下断语。但是因为这个问题,关系太大,凡属国民,都不应该忽略!同时我们觉着:今日的社会,纵然是充满矛盾,也不该过于离奇。抗日战争正在吃紧的时候,应该是怎样的盼款;然而两万万元的外债,却成于停战协定签字之后,"复兴农村"的口号,叫的正响,应该如何挽救"谷贱伤农"的颓势;然而九十万包的美棉与一千二百万斛的美麦,却将如潮水般,冲入远东农业国的市场!美国的棉花麦子,因为生产过剩,久矣夫当作放火投海的资料;然而一转移间,却要善价而沽,还要课取年息五厘的厚利!没落的资本主义经济,虽金元王国的优势,都感已着救济的棘手;然而凭我们"油尽灯残榨取垂毙"的中国民众,却能如实业部长所说"于恢复世界繁荣,关系尤巨"!如此离奇,如此矛盾,真令一般民众,大惑不解。究竟此次五千万美金棉麦大借款,为什么发生?

一 起因

近五六年来的国家财政,大体上始终未脱离"战时财政"(War Finance),因而在实质上,天天在"变态财政"之下讨生活而不自觉。以经常收入应付经常支出,尚嫌不足,再加以继续不已的非常军事支出,势必于非常收入中找出路。我们看去年发表的财政报告,在过去数年中,支出总额,仰仗于举债收入者,最高曾达百分之三十以上,几占总额三分之一。

---

① H. Dalton, *The Capital Levy Explained*, pp. 23–24——原注。

年度	支出总额(单位元)	举债总额(单位元)	百分率
十七年度	四三四.〇〇〇.〇〇〇	八十.〇〇〇.〇〇〇	一八.四
十八年度	五三九.〇〇〇.〇〇〇	一〇一.〇〇〇.〇〇〇	一八.七
十九年度	七一四.〇〇〇.〇〇〇	二一七.〇〇〇.〇〇〇	三〇.四
二十年度	六八三.〇〇〇.〇〇〇	一三〇.〇〇〇.〇〇〇	一九.〇

事情是摆的很清楚,"在任何大规模的战争里,举债总要占一个重要的角色"[1]。

但自去年一二八上海金融市场破坏以后,国家收入奇绌,政府对于旧债的还本付息,都感觉着没办法。这才有去年二月延期减息的新整理案的实行。实行的结果,固然是延长了期限,减轻了利息,统一了担保,使政府渡过这一次的财政难关。因而财政当局在财政报告里边,居然自诩"此次整理计画,颇与近来英法两国整债计画相似"。但是我们财政当局,不要忘了:变更公债契约与公债"借换"(Conversion)根本不同。举行借换,要有一定的前提条件,稍习财政者皆知之,而变更公债契约,则等于一部的"破弃"(Repudiation)债票持有人眼看着政府要破产,与其本息无着,何如承认延期减息的新办法。这不是普通所谓"借换",这是变更债约,以政府的强求,使债权人不得不承认。"强制的力量,从门口进来,公家的信用,便从窗口飞走。"[2]如此整理,焉得与英法整债近例,相提并论。果然在新计画实行后,内债便无从发行。

收支不敷,何国蔑有?但是收支适合的办法,不见得专靠借债。或则整理收入,或则撙节支出,或则对于公共职务与管理,施行有效率的改组,实不获已,始以举债为最后之一着。我们政府对于增加收入,也曾努过力。但是对于贪污中饱,不能从根本上施行整个的有效的解决,只知增加税率,结果自不免如财政报告所称:"走私漏税之风,近且变本加厉。"为防缉之故,海关当局不得不添造巡舰,增用员丁,收税费用,当然随之加重。加以四省失陷之后,东北关监,非复我有。他处所

---

① Mallet and George, *British Budget*, 3rd Series, p. 525——原注。

② H. L. Lutz, *Public Finance*, 2nd Ed., p. 612——原注。

增,不抵东北所失,故增税一途,收效甚微。

其次再看减费。节省经费本有两种办法:第一,削减经费的数额,第二,改善行政的组织,尤以后者为最关重要,拉丁成语有之:"节省的习惯本身,便是一种收入。"(The habit of economy is a revenue in itself.)吾国财政,本以军费支出为大宗,在岁出总额中,最高曾达百分之四十八以上。政府亦尝有逐期减支军费计划,但在今日的政治基础之上,如何能够实行? 二十一年度国家总概算,岁入总数仅六万万二千万元。岁出总数,各机关原列概算,达十二万万四千余万元之巨额,超过岁入总数之一倍。其中军费一类,已超过岁入总数。经主计处第一次核减为七万万八千余万元。复因收支不敷,又参照国难期间减成发放军政各费之事实,再行减成核算后,已与岁入总数相差不远。惟二十一年度因"剿匪军费"关系,遂使军务费自百分之三十二.二三增至百分之四十七以上,约增一万万元。是军费一项,不但不能减少,反而加多。此外债务支出,因减息之故,虽较上年为少,然以今日行政机团之重叠,行政人员之充斥,减费一项,实难收显著之功效。

增税有限,减费无多,而发行内债,又因变更债约之故,不得不在四年以内,暂行休息。财政状况如此,应该是如何的困难。所以财政当局在财政报告上,尽管说:"吾国年来,不举一债,而能收支相抵",而在实际上,则靠着短期借款与银行透支一类的收入,以弥缝一时,同时即竭力进行对外借款。

本来在二十年长江水灾之际,政府曾向美国贷购赈麦四十五万吨,价款总额美金九百二十余万元,周息四厘,自二十三年年底以至二十五年年底分三期偿还。此次借麦,名为赈灾,政府已得通融之便。有此先例,于是去年下半年遂有续借美麦四十五万吨之议。由财政部美顾问与美国财政改造公司驻沪代表会商,金额约合华币五千万元。此消息一传出,当时曾惹起很热烈的讨论。上海市长并于一月五日通电反对。上海市食粮委员会特别呈行政院,请停止进行。汉口商会亦电请政府打销此项成议。西南政委会及湘主席均有电表示反对。此事所以卒归停顿,愚以为国内反对的原因尚属次要,停顿主因当在美国方面。

　　但是今年的形势,与去年大不相同。第一,没落的胡佛下野,而新兴的罗斯福上台,对于美国的银行恐慌,即予以应时的解决,因而树立罗斯福的权威。第二,自罗氏对世界的和平申请书发出之后,美国的外交政策,表示一种划时代的转变,对于远东的投资,自然要积极进行。第三,此种投资,并非拿出现款,不过以美国多年待焚的棉麦,倾销远东,而以放款的形式行之。第四,日本压迫中国,适已告一段落,此时成立放款,既不虞债务者之立时塌台,又予日本以过问中国的暗示。第五,银的问题有解决的希望,银价自有提高的可能,因而增加中国的购买力,一切关税消费税,可望增收,则将来的还债不难。第六,美国的卖主与美国政府搭伙,中国的买主与中国政府搭伙,统制的,以倾销美货于远东,自非他国所能竞争,所以美国代表道威斯建议:此次经济会议,不但应请中国参加,并应请参加筹备,其鹬鸟搏击之情,业已灼然立见。吾国之需要借债,如饥如渴,美国之攫夺市场,争先恐后,加以环境的凑泊,于是此五千万美金的棉麦借款,遂告成功。然则其内容如何?

二　内容

　　此次棉麦借款之内容,就报纸所载的片段消息,可归纳为七项:第一,当事人,一方为中国政府,他方为美国联邦财政改造公司。第二,总额,为美金五千万元,约合华币两万万元以上。第三,实质,以总额五分之四购买棉花,五分之一购买小麦及面粉。棉花约购九十万包,小麦约购一千二百万斛。第四,利息,年息五厘。第五,担保,指定以若干种统税为担保,如卷烟,麦粉,棉纱,火柴等皆在内。查千九百三十二年此项税收共达美金二千二百万元(民国二十年度统税共收八千八百万元)。第六,偿还期限,三年。货物自栈房起运时即从借款内偿付货价百分之十。其后于九十日内再付百分之十五。余额于三年内分偿。第七,附件,合同中有一条,载明运往中国之棉麦及面粉,均须由美船运载。

　　根据上列消息,对于此次借款,所得的印象,可归纳为十点。第一,此次借款开举债形式的特例。从前之参战借款,其中一部分,虽用以购买军火,总可从外国债主,得到大部分的现金,以供应用,不似此次借款总额,举用以购买外货。又如欧战期间,英法各国,亦曾在美国举债,即用以购买食粮。但是借款购料,全出于借主之自动的需要,与美国今日对我,非棉麦不借者不同。即如前年贷购赈麦,似可为此次借款的前驱,但前年购麦,系先有赈灾的前提,此次举债,则纯按借款而签字,此征诸中央社上海十二日电所传中央银行行长所称"美京签订,仅系借贷形式,如何支配,尚未决定"等语,可以证明。中国名虽借款,事实上须俟运到国内,转售厂商,方能享受举债的实惠,实开举债形式的特例。第二,集借款关系人之大观。如许大宗棉麦,由美国最初之生产者,以达于吾国最后之消费者,其经过层次,乃指不胜屈。约言之,从棉麦生产者算起,中经收集者、经纪人、联邦财政改造公司(代表美联邦政府)美金融业者、美运输业者,以运至中国。然后经由中政府主管各部会、中央银行,其他有关之金融业者,以分配于各处之纱厂与面粉厂,而后中政府始能得到借款现金之利用!第三,表现很滑稽的"统制经济"。此次交易,表面上为美国的统制售出与我国的统制购入。但是美国于统制售出之外,还要藉投资的形式,剥取厚利。吾国于统制购入之余,却不顾本国的农产,愈难推销。人之统制获益如彼,我之统制吃亏如此!统制,统制,安用此"统制经济"为!第四,以农业国而仰仗大宗农产品的输入。已往的事实,曷尝不如此。但是已往如此,乃是亟应矫正的危机,而不是应该助长的正轨!政府过去,不能推销国产,防止输入,已属有亏职守。今之助桀为虐,以侵夺国产的销路,则中国今日之生产者,真成无告之人矣!第五,以非工业国而采用工业国的经济政策。一八四六年英相罗伯特弼尔(Robert Peel)所以废止谷物条例以奖励谷物之输入者,乃因彼时英国,正是旭日方昇的工业国家,利于廉价食料的输入,而本国有限的耕地,远不足以供给之,始有彼时的经济政策。今吾国之工业,卑不足数,所赖以稍补历年巨额之入超者,实赖此奄奄一息之农产物,今并此而摧残之,不知油尽灯残之后,更将如何?第六,在美国,系产主与政府搭伙,以实行倾销。第七,在吾国,系厂主与政府搭伙,以实行匮买。吾国对于倾销货品,方设倾销税以限制之,何以独厚于棉麦,而必以政府之力,为之销行? 第八,在美国政府,系用对外投资的形式,解决生产过剩。第九,在吾国政府,系以买卖居间的资格,获得实际借款。在彼则名为放款,实系卖货;在我则举债为主,购货为从;商品与货币之转换的微妙,一至于此,真有观止之叹! 第十,没落的资本经济与破产的农村社会作密切的提携。道威斯有言:"此次经济会议,币制问题为重要议题之一。中国为世界最大用银国,且以其土地广袤,人口繁庶,中国经济之安定,实无疑的,必于世界经济之繁荣,有伟大贡献"。不仅美国的资本家,有此炯眼。英兰银行总裁芒泰谷,诺曼,在一九三一年十二月十四日出版的金融新闻(Financial News)银问题特刊,早已经说过:"行使银本位仍然存留的惟一大邦,只有中国……中国是最大的,或者就是惟一最大的,未开发的国家,留待英国工业的发展。"(…it is the greatest, perhaps the only great, undeveloped country left for the expansion of British industry)我们看:帝国主义者的发言人,对于中国,是如何的处心积虑,是如何的虎视眈眈,惟恐我们发展,惟恐我们不作他们的尾闾,不惜用种种甘饵以诱陷之,此次棉麦借款,便是帝国主义者榨取中国的最大枷锁之一!

以上十点,都是事实的反映。事实摆在那里,言论摆在那里,叫人们去认识。认识了事实的内容,则其可以发生的影响,已不俟烦言而解。

三　影响

此次借款所发生的影响,应分美国与中国两方面去观察。中国方面更应分有利与有害两方面去观察。先看美国方面。第一是政治上的成功,有华盛顿六月五日合众社电讯,可以证明。据称"五千万借款公布后,美国棉业界均表欢迎,坚信此为二年来解决过剩出产问题之最切实的办法"! 从前胡佛费了许多力气,竟不敌罗斯福之一纸借据,当然是罗氏政治上的胜利。第二是经济上的成功。这些准备焚烧投海的棉麦,居然找到这样一个本利兼收的出路,其为成功,当不俟言。一方减少美国的过剩商品,提高一般物价,使资本家可以多获利润。他方可以开拓海外销路,侵入远东市场,加强美帝国主义者的力量。第三是金融上的成功。此次交易,除货物起栈即行偿付货价百分之十以外,大部分均系期卖,但是美国售主需款,随时可向美银行界贴现,是美国屯积的存款,可得利用之途。其远东方面的美国银行,不免参加此次借款之经手事项,增加许多生意。第四是运输业及有关各业的成功。美货对外滞销,则美国的运输业者,生意必少,空舱太多,赔累不堪。一旦有大宗货品,运输远东,而且有合同上的保障,"均须由美船运载",为消沉的海运,辟一出路。同时保险等业,连带受益,自不待言。由此观之,在美国方面,完全有利,完全成功,中央社纽约六月九日路透电曾谓:"美国舆论,对中国借款事,以致热烈赞许",如此成功,当然赞许,当然要热烈赞许!

反观吾国方面,利害殊不易言,先看有利的方面,第一,财政的难关冲过,第二,政治的现局稳定,第三,社会有关各方,"交易而退,各得其所"。实业部当局在京发表谈话,所谓"此项借款,双方均有重大利益",自有所见而云然,不过要认清:站在什么立场而已。又据六月十日北平《世界日报》登载上海华商纱布交易所理事谈话,曾谓:"在政府赊购此项原料,欠款须待三年后偿清,而商人等付款,最多二三个月。在政府则可立得巨款,虽售价已折八折,较之发行公债,究属合算。"此真一语道破。

至于有害的方面,则当局绝口不谈。此可分财政的与经济的两方面观察。关于财政的为经费与租税;关于经济的为生产与分配。先看财政,第一个影响为促成政府滥费。财政上的通例,从来是得的容易,花着方便,况在吾国,既无人民代表的统制,又无独立审计的监督,促成滥费,更属方便。从前英国最有名的财政家格兰斯顿,平生最反对公债,以为公债可以诱致浪费(lead to extravagance)、鼓励战争(encourage resort to war),可称远识!第二个影响为加重租税负担。财政当局以为,棉麦大宗入口,早已成为事实,与其商人零买,何如政府趸批?但是

自由零卖与政府觇购,所发生的影响,绝不相同。前者的关系,为此仅国际间通常买卖行为

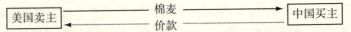

美国卖主 ←──── 棉麦 ────→ 中国买主
　　　　　　　　价款

假使政府能发展交通免除苛税,商人何乐而不买本国贱价的棉麦?至于此次棉麦借款则不然。纵令购入的棉麦数量,与既往零散输入的数量相等,所发生的影响,亦与前者,大不相同,兹用简单的图表,表示其主要的关系:

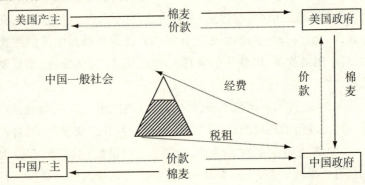

简言之,棉麦由美国的产主,经由美政府与中政府,以达于中国厂主之手。价款先由中国厂主,交与中政府,而中政府,并不立时交与美政府以转付产主,而是以借款的主旨,不交与美政府,而充自己的政费。其经费的归宿,按照以往的经验,大抵仅及于一般社会的上层,到期还债,主要做的乃取给于社会下层负担最多的租税!借款条文分明规定以若干种统税为担保,统税中之麦粉棉纱火柴卷烟之类,概属人生所必需。中政府以此租税收入,支付对美负债,则他种支出仰仗于此类收入者,因借款之容易滥费,必致无着。此后财政,非靠以债还债,必将加重租税之负担!

其次再看经济上的影响。以生产言之,一方高唱复兴农村,同时赊购大宗棉麦,此乃绝大的矛盾现象。微论政府得款,未必有许多余裕,

放在社会下层;纵令作到一点,然以去年之丰收,方苦无法销纳,今其销
路,更为九十万袋的美棉与一千二百万斛的美麦所侵夺,试问农民还有
什么生路? 中国内地所产棉麦,因交通之不便,捐税之苛杂,战争之破
坏,其待焚霉毁的现象,适与美国东西辉映。然而美国产主,方欢欣于
中国的觊觎,而吾国农民,已惊骇于美货之袭来! (参阅六月十三日
《大公报》载沪市农会电实业部原文)以此而奖励生产、复兴农村,岂非
南辕北辙? 再就分配言之,本来公债的影响,可以延长且加重不平等的
分配,(to perpetuate and aggravate unequal distribution)国内如是,国际
亦然。恰在百年以前,英国的考伯特(Wm. Cobbett)在一八三三年七月
六日出版的《政治纪事》(Political Register)曾经说过:"一个民族,借了
钱,把他浪费了去,而其子孙,则从摇篮的时代,已经注定他们的命运,
终身工作如奴隶,以清付借款的利息——这简直是世界上未之前闻的
不公正的行为"[1]再早的休谟(D. Hume)也说过:"等到财富的种种来
源,都押给债权人,则债权人对于这个国家的权威,可以至高无上。"[2]
而且拿破仑第一也说过:"国债是不道德的,而且是破坏的;漠漠之中
已经摧毁国家的基础,使现世永为后人所诅咒。"(National debt is
immoral and destructive; silently undermining the basis of the State, it
delivers the present generation to the execration of posterity)[3]此次借款,
以横的言之,加重美国之富,加重中国之穷,以竖的言之,引起现代的浪
费,加重子孙的负担。流弊之多,不遑卒数!

四 结语

社会上发现某桩事体,都有它必然促成的原因,当局如此办理,亦
自有其不得已的理由。但是"政治家不仅是现代的受托人,而且是将
来的受托人。个人皆有死,而个人凑成的社会,则永远生存,所以政治

① H. Dalton, ibid. ,p. 23——原注。

② E. L. Hargreaves, *The National Debt*, p. 75——原注。

③ L. V. Birck, *Public Debt*, 1926, p. iii——原注。

家应该牺牲眼前的小利,以为将来较大的社会利益"①。因此之故,纵令举债,可以得到暂时的利益,而负责的政治家,总是不轻于举办。不过社会的福利,是不能专靠政治家的。无论是中央财政或是地方财政,在现在社会制度之下,所最需要的,诚如巴什帖布所说②:"还是人民的智识与活动。纳税的民众,要时时注意当政者的行为。如果民众对于切身的财政,先自漠不关心,则一切财政上不幸的结果,至少一部分,在民众方面,亦不能辞其责,所以财政的最高标准,惟有健全公民的勤敏的监督,才可以得到。"(六·一五于北平)

《国闻周报》第 10 卷第 25 期

文官处为转上海棉花号业同业公会电
请收回棉麦借款成命致行政院公函
1933 年 6 月 27 日

国民政府文官处公函　字第二八六〇号

径启者:奉主席交下上海市棉花号业同业公会代电称:宋部长在美签订棉麦借款五千万巨款合同,影响我国全民生计,仰乞俯顺舆情收回成命,万一以国际信誉未便变更,务求缜密计划,俾无妨于国产。特贡管见,请念农村衰落,棉商艰困,设法兼顾等情一案,奉谕交行政院等因。相应抄同原件,函达查照。此致

行政院

计抄送原代电一件

中华民国二十二年六月廿七日
文官长　魏怀

附:抄原代电

国民政府钧鉴:宋部长在美签借棉麦五千万巨款合同,消息传来,

---

① H. Dalton,*Public Finance*,1929,p. 12——原注。

② C. P. Bastable,*Public Finance*,1903,p. 769——原注。

举国震骇。连日奉读报载汪院长之谈话，借款合同业已成立，并经实〔业〕部长拟具支配办法呈送行政院，俱见兼筹并顾，钦仰无似。但查借款总额为五千万美金，规定以五之四购采购棉，五之一购麦与粉。至合同内容：如价格、采购、装运及支配等问题，宋部长自有权衡，高深莫测。顾兹事体大，关系全民生计，属会经营棉业，熟悉情形，有不能已于言者数端，谨为钧府陈之：我国以农立国，农产之富为世界冠，徒以内争不息，水旱兼灾，以致耕种不时，饥馑洊至。欲救其弊，亟应化除私见，精诚团结，以平内乱；整顿农产，改良种植，以裕民生。借债度日，终非久计。此其一。农村破产，影响社会安宁，比年以还，谷价趋落，农民弃田散之四方，甚者沟渎自经，报端记载，时有所闻。通都大埠，游民激增，社会隐患，莫此为甚，复兴农村，当今急务。若以外人过剩之农产，压迫垂毙之农民，复兴之期终归乌有。此其二。外货倾销，现金枯竭。列强提倡国货，大抵限止输入，美国禁止棉类入口，此为明证。乃倾销之不已，益之以巨额借贷，不啻以政府而为外商承销机关，造友邦之出品机缘，贻强邻以入输口实，漏卮既巨，国体攸关。此其三。国棉产额，丰歉平均约在八百万担左右，如能竭力提倡，加意改良，以我国土宜收量必增。照过去产量，以供我国自营纱厂之消耗，绰绰有余，即遇荒歉，所差亦属无多，厂商自能采购。矧年来纱销滞濡已臻极点，自闻大借款之传说，一周之内，花纱市价益复直下，如再以巨数外棉源源输入，转瞬国棉登场，价值之惨落必更甚于今日。流弊所至，不特棉值愈贱，棉农直蒙其害，抑且纱积愈厚，纱商势难支持。此其四。曩者，纱厂商荣宗敬氏曾传向美借棉之说，群情惶惑，呈经钧院制止。自奉实业部指令，群疑始释，煌煌批示，墨瀋未干。以个人之小借款，影响社会已极重大，况倍于此者，此中利害，不言可知。此其五。综上所述，证以我国之农村，衡以今日之情势，无论棉与麦粉，似无接受美国此项借款之必要。仰乞俯顺舆情，收回成命。万一以国际信誉未便变更，则正式合同之签订，务求缜密计划，以不妨国产为前提，再贡管见，并乞准行。一、棉价之均平。棉为国产，大宗生计所关，约占全民十之五六。美棉价格，应以历年中美棉价推算。二、采购者之识见,关系原料之优劣。必须熟悉中美两国棉类之产地、产额,国内纱厂之用品、出品与夫社会需要,取其所长,补我所短,始能物尽其用,用尽其量。三、物稀则贵,剩余则废,则装运又宜注意。如能划分长期,以他邦之有余,补我国之不足,供求相应,庶几无弊。若于短时期内整批运来,则供过于求,国棉价格势被压跌。必须预计缺乏之实在,分批装运,方无积压。四、支配问题更极重要。载实部长谈话:支配不得其法,则匪特于我无补,即国内固有之棉业、纱业,亦将蒙其绝大恶劣影响。旨哉斯言,诚切握要。我国自营纱厂全数八十四家,每年用棉不过六百万担左右,除应用国棉外,所缺有限。近因纱销惨落,实行减工,则所需原料益形减少。故欲支配此巨量美棉,必须罗致精熟花纱商人组织委员会,先事查明国棉存数、各厂所缺确数及日用数量,斟酌并用,分期接济,既无搁压之累,可免缺乏之虞。属会经营各地棉花,深知农村生命系于棉产者至重,为特不揣冒昧,谨献刍荛。伏乞钧府鉴念农村衰落,棉商艰困,设法兼顾,无任拜祷。除分呈外,谨呈。上海市棉花号业同业公会刘屏孙叩。筱。

南京国民政府行政院档案(二)②1020,《民国外债档案史料》(第十卷),第126—129页

上海市面粉厂业同业公会为贷借美麦请勿附带美粉呈

1933年11月26日

呈为贷借美麦请勿附带美粉,以免影响粉销,而维厂商营业事:窃查我国小麦近年产额日减,采用洋麦制生成熟,藉以维持工人生活,原出于不得已。自九一八以后,东北四省以及平、津等处多被日粉侵销,本年我国麦产丰收,因而粉销额锐减,连带小麦滞销,粉麦市价之惨跌,为近十余年来所未有。上海各厂制成面粉,无处推销,前此数月,成货堆积,无地容纳,方议减少生产,停止开机,藉以疏通积货,而侧闻宋前财政部长贷借美麦,其中附有美粉若干。如果确实,将来美粉运华,供过于求,粉麦市价之锐跌,必更甚于今日,将不知伊于胡底。从前采用

洋麦开机,仅仅维持工人生命,保持未被侵占之销路者,因美粉来华之压迫,势将不能继续其营业。事关粉业全体切肤之痛,为此披沥具呈,伏乞钧部等核,俯念粉厂营业异常艰困,将贷借美麦中附带美粉设法向前途婉商取消。倘因订约未能全数取消,务恳少数量,至多勿逾美麦全额一成,俾留余地,以免影响粉销,而维厂商营业,不胜迫切企祷之至。

谨呈

财政部

中华民国二十二年十一月二十六日

上海市面粉厂业同业公会主席　顾馨一

南京国民政府财政部档案(三)②2550,《民国外债档案史料》(第十卷),第130—131页

4. 日本对中美棉麦借款的强烈反应

国务卿备忘录

华盛顿,1933 年 8 月 10 日

日本大使来电时,明确而郑重其事地针对美国对华出售棉麦事宜,称中国计划减价出售大部分棉麦,所得款项可能有各种各样的用途,这可能会严重地影响日本的利益。他认真地表示,希望我们政府能留意这些问题,并在采取任何将会或可能会有损其利益的举措之前能够与日本一同商量。他还表明坚决反对国联和最近在巴黎启动的类似帮助中国重建经济的行动。他反复地说,对于托马斯·拉蒙特先生(Mr. Thomas Lamont)和其他中国银行团的成员拒绝了中国参加此运动的邀请,感到非常满意。这是大使在隐晦地指责我们的政府没有执行相同路线。他进一步表示,日本极为关心远东事务,而我们有充足的商贸空间,他十分希望,我们能在事前同他们协商。

我向大使表明,此项棉麦交易,即便中国没有如此地坚持,我们的政府也会采取这一行动;棉麦交易的目的是挽救国内已令人无法忍受

的物价局面,而从未想过对日本事务造成不利影响。他表示自己认同这个说法。我没有提到重建中国经济的运动,也没有回应他的相关评论。事实上,我们的政府已命一名观察员去参加会议。

科德尔·赫尔(Cordell　Hull)

FRUS,1933,Vol.3,Far East,p.508

日本朝野对于我国棉麦借款等措施之态度(节选)

一、内田前外相致驻外使臣之训电

前外相内田,曾于七月十七日,对于驻美出渊、驻英松平、驻法长冈、驻德永井各大使,及国际联盟帝国事务局代理局长伊藤,业经发出要旨如下之训电:

一,日本政府对于宋子文氏,顷在欧美各国之借款运动,虽以为并不必何等介意,但各该国政府、政党、实业界或其他之财团,若将宋子文氏拟即提出借款之请求,置于纯然商务交易前提之下,予以商议之际,盼即采取必要适宜之处置,俾资指摘是乃属于重大之过失。

二,顷以购买武器或财政的援助为目的,宋氏之借款契约,显系可以助长在于中国之特殊势力,可以激成反满抗日之运动,势必至于重行诱发日华间之新祸根,乃属显而易见之事,结局终属可以用作搅乱远东之工具,可断言之。各使臣对于各该国与其有关之各方面,为此可说明其情势,若仍不首肯,则将来中国藉此关系国之经济的援助,而敢为反满抗日方策之际,我方(日)则有继续行使,前于满洲上海两事变,曾经表示毅然的自卫行动之意向,关于为此所引起日华纷争之再发,其责任应由援助国分担之一节,盼于事前先行提醒对手国各自之注意为要。

二、驻外各使臣复命报告之大意

内田前外相,前因鉴于国民政府财政部长宋子文氏,顷在英美义法德诸国,借款契约及购买武器契约之成立,暨十八日在巴黎所举行国际联盟理事会特别委员会,关于对华技术援助之决议,曾即发出训电,分致驻各该国各使臣,令其分途各自折冲之后,兹据二十一日,上列关系国各大使致外务省之复命报告,则谓关系国当局之意向,概系依然未能认清在于中国,情事重大之动向,认为经济援助与政治援助,自然可以区别而考虑之,对于我方(日)所提示,终局势将供作搅乱远东之工具一节,皆出以婉然拒绝,违背友谊之态度,已略明了矣。

三、日本外务省之反对声明

日本外交当局,对于宋子文氏顷在美国五千万美金之棉麦借款,在伦敦五百万金镑之借款,在罗马一万美金之借款,以及在柏林二千万元之借款,业经先后成立之报告,日本虽经提醒此等诸国之注意,但各关系国方面,仍然一律采取上列借款,不过纯然属于经济问题之无责任的态度,因此,日本外交当局为坚持其所信,曾于七月二十四日正午,以谈话之形式,特为声明如下:

"兹对于日前所传闻,美国及欧洲主要国,对华之借款及购买武器之契约,我国(日)具有最大之关心,而且此等对华积极之援助,当然结局可以助长在于中国之内乱,及反满抗日政治的目的之实行,并将至于发生维持东洋恒久和平之障碍,事极明显,我国(日)对于此种对华援助政策之推移,始终加以注意湛深之关心,且对之公开表明绝对反对之意思。"

四、日本主要报纸之论调

(一)宋氏之借款运动(大阪《每日新闻》七月十九日)

列国之冒险,其戒之哉!

前于美国与金融复兴公司之间,业经缔结成立五千万美金棉麦借款,国民政府财政部长宋子文氏,复于伦敦订妥五百万金镑之借款契约,更与法德两国政府之间,亦正进行与此相同借款契约之商议。宋氏之财政手腕,久为内外之所承认,今于短促时间之内,成立如许之借款,舍非宋氏,曷克臻此,恐任何人皆所不能也。但吾人以为稍觉奇异者,乃系无论英美,不拘德法,仅以对于宋氏个人之信用,而竟业经承应如许之借款,或者即将承应之一事。所谓中国者,实系并无统制,殆与无政府国家相近之处,前于国联会议,曾经有所暴露之矣。容或实不如此,但凡对于远东具有关心之人士,无论如何,应已知之甚悉。若既已知之而仍承应其借款之商议,则不敢问,否则果属茫然而承应之,则列国对于中国认识之不足,可谓甚矣。

宋氏所经手此项之借款,其使用之目的终将如何,如系既知中国之已往,复知中国现状之人士,则不需任何解说,立即可以知之。如彼西原借款,痛苦之经验,固然于兹勿庸赘述,大凡中国之对外借款,一如契约所规而使用之前例,可谓绝无者也。

前于胡汉民氏充任南京政府行政院长之时代,曾经一度与美国之间,成立与今日相同之小麦借款,但南京政府即将所借之小麦出售,易成现金,完全移充军费而使用之矣。此次棉麦借款,究将循何经纬,观此先例,岂非略予想像即可知之耶。尚不止此,此次棉麦借款之中,据云一千万美元作为武器借款,大部分充当购买飞机之用。英国之五百万金镑借款,德国之二千万元借款,再如义国之借款,悉皆以武器为主,而以用作购买飞机为目的。此举在于远东之将来,发生何种结果,不问可知矣。

列国对于中国,藉财政援助为名,若系仅将武器出售而期获得权利,其事或属尚佳。然而此举可以助长在于中国之特殊势力,可以激起反满抗日之运动,而于日华之间,其结果将致重行开始新争端一事,颇属过于明显。同时宋子文氏,借助于中国与列国之经济提携,竭力吸引外资,且于新外交方针之下,当然其真意可以视为拟将华北日本之地位,而有所抵抗之。今日列国之对华财政援助,既已熟悉其内容始敢为之者欤,抑或因为对于中国认识之不足,真心试将有所救济之欤,或系处于自己利益之前,无暇顾及他人之不便欤,无论其属于其中之任何一项,此举既系可以酿成远东之新祸根,故在于日本方面,对于列国之重大行动,殊有即为普及的警告之必要。

对于棉麦借款,即使在于中国之内部,业已有人反对,广东政府谓此乃系损害国家权益之举,因而声明反对,国内之实业家尚且亦有认为此项借款之缔结,只有滥行压迫本国之实业。结局不过徒供军费,以作国内争乱之原因而已等事为理由而反对之者,国民政府之一部人士,闻亦有人扬言弹劾宋子文之声浪。此等情事,固属于嫌恶蒋介石势力之膨胀,反蒋派之所言传,但蒋派嫡系之中,亦有颇以宋子文氏财政势力过于增大为虑而悬念之者。宋氏欧美派势力之增大,即使直接的不为反满抗日运动之促进,但将属于国民政府招致分裂及国内骚乱之原因,殆属毫无疑义矣。

对于并未统一之中国,滥行财政援助,除却确系纯然商务交易之外,绝对不可为之。投资多次,终皆归于失败,惨痛之历史,美国本身当然久已体验之矣。今对之无所惩惧,仍然一意为之,其胸襟之广大,令人惊异,同时对于其他各国竟亦追随其后,敢冒危险之举,殊应已言,以资提醒其注意也。

(二)欧美对华借款与我反对声明(东京时事新报七月二十六日)

宋子文氏之策动

五月杪,华北停战协定成立之际,虽已略可认为南京政府,已自恒久反日之迷梦,豁然觉醒,而有还归日华两国本来之宿命,亲善与共存共荣之势,但其后该政府财政部长宋子文氏,出席世界经济会议之旅次,在于欧美各国所发挥之辣腕,甚至表示南京政府复有势将后退以夷制夷迷梦之危险。美国业经成立棉麦借款,开端之后,继之在于英国之种种借款,以及购买英、义、德各国之飞机,及其他武器之交涉,据传亦皆成立,与此同时,国际联盟据宋子文氏之请求,已令久有定评之排日家,事务局卫生部长拉希曼氏,作为国际联盟之代表,而常期派往中国,以当技术援助之大任。

由于宋氏之辣腕,所成立之借款,结局颇有流用弹压反蒋运动的军费之可能性,再如希拉曼氏之派往中国,认为终将由技术援助,进而陷于政治援助之危险,总而言之,宋氏此次活动之结果,乃系将中国委之于一种国际管理之开端,即在中国之内,亦颇有种种反对之论调。而且若将此举由日华关系观之,则属于引入欧美之资本,俾使日本陷于经济孤立之新经济政策,至少由于欧美对华援助之表明,亦属可使中国,将反日态度复萌之策动,颇极明显。关于南京政府之新关税及倾销税之变动等事,抗日气运再燃之征兆,皆系承受其所刺激,是乃不待争论者也。

只为本身一人之政治欲望,即将一国之运命,时或牺牲不稍顾,是乃中国政治家数千年来之恒久的传统,如彼宋氏之活动,当然亦由于其内政的利害之处甚多,对于似此有害之策动,中国将其制止之力量,若不发达,则其祸灾应为极可惧怕者,此点务须知之。但关于此问题,吾人(日)最以为殊深遗憾者,乃系欧美各国对于中国认识之不足及诚意之缺乏,今尚不渝昔日之一事。最近两月之间,逐渐认有曙光东洋之和平,今以业经承应不确实之借款,显然可以将其搅乱,国际联盟之目的,拟将日华之间有所疏隔蒙蔽,而派如彼代表前往中国,较之宋氏之辣腕,更可怕者,当系欧美各国及国际联盟之此种心理也。

我(日)外交部为欧美各国之对华借款及出售武器,业经由所声明者,乃系表示欧美各国若不顾及我国(日)之此项声明而仍援助中国,且将远东和平搅乱之妄动,则断然决意并不与以容忍,此项声明之效果,在于我国(日)方面,必须有以所确实保持之。中国问题究极属于欧美问题,我国(日)虽云业已退出国联,但为维东亚之和平,时常对于欧美各国之行动,务须加以至为周详之注意,颇属必要一节,征之此次之变化,尤深痛感,故此我国(日)之外交,决不可仅偏于东亚,实为至要者也。

《外交月报》第3卷第5期,1933年

(三)"天羽声明"与各国的反应

说明:1934年4月17日、20日日本方面发表"天羽声明",声称日本反对可能扰乱东亚局势的各国援华行为,强调日本在中国的特殊利益。欧美各国官方对"天羽声明"的态度则显得十分谨慎。美国要求其驻外机构暂不就此事发表公开言论,同时注意搜集各国官方及舆论的反应。苏联亦对声明极为关注,但其外交当局并未直接表态,而是利用其官方舆论中呼吁英美等国对日本独占中国的计划采取行动。国联对声明的反响较为沉寂。日本外交当局鉴于此声明在国际上产生的巨大反响,不得不声称"天羽声明"并非官方正式立场。美国4月29日就"天羽声明"向日本发出外交备忘录,重申"门户开放"政策,告诫日本尊重其在华利益。4月30日英外相在接受议会下院的质询时,表示广田的解释已表明日本仍遵守《九国公约》、承认"门户开放"政策,英国对此表示满意。除档案、日记外,本节还收录了美国驻日大使格鲁的回忆录,以期更加全面地反映美国对"天羽声明"的应对。

1. 美英等国对"天羽声明"作出的谨慎反应

格鲁致国务卿

东京,1934年4月18日

71.

1. 弗莱谢尔①告诉我,他已将昨夜外务省发言人发表的"非官方"声明全文译出,并用电报发给《纽约先驱论坛报》,声明内容是日本对其他国家援助中国的态度。使馆已将此译文与日本文本进行过核对,认为他大体上是准确的。今天或明天外务省将会发表官方的英译本,如果官方译文在任何关键细节上与发给《先驱论坛报》的版本有出入,我将会给国务院发电报指出。

2. 尽管外务省发言人一开始把这个声明说成是"非正式的",但是他对美联社的记者却说,事前已得到外务省长的批准。今天早晨他告诉记者,这份声明"可以视为官方声明",它将被发往日本各驻外使馆,以便传送给各国政府。

---

① 威尔弗雷德·费莱谢尔(Wilfrid Fleisher),《日本广告报》总编辑,《纽约先驱论坛报》驻日通讯员——原注。

3.今天早晨,外务省发言人进一步声明,如果国联采取任何影响中国政治的一致行动,日本人将表示反对。他同时表示,如果需要的话,日本将采用武力来维护这一政策。他回答一个问题时表示,此政策无意于与任何包括《九国公约》在内的现存条约发生抵触。

4.尽管国内对此事的意见尚不明确,一些观察家认为,这是自"二十一条"提出以来日本在对华政策上最重要的一份声明。

复件发送至北平。

格鲁

FRUS,1934,Vol.3,Far East,pp.112–113

格鲁致国务卿

东京,1934 年 4 月 20 日

72.有关我 4 月 18 日下午 5 时发出的第 71 号电文

1.今天,我收到许多关于天羽发表日本对于外国"干涉"中国的政策宣言一事的原因的说法,这些解读相互矛盾,以致于我认为自己还无法向国务院说明情况。有人"据可靠权威"报告说,广田对于这项声明既不知情也未授权,据说他对天羽的行动既生气又苦恼,而天羽此举是为了取悦军方,他正努力效法白鸟①为他们做事。我确信币原和其他自由派已拜会广田并表达了他们对声明的强烈不满,这项声明与广田增进日本与中国和其他国家的关系的调和政策背道而驰。另一方面,副外相今天则告诉弗莱谢尔,声明准确地反映了政府的政策。

2.这项宣言当然有待更广泛的理解,鉴于目前所有的情况,我和我的大部分同事们认为,至少就目前而言,它不会被付诸足以挑起与他国摩擦的行动。在我看来,这个声明的发表很有可能是着眼于在即将到来的海军会议最终谈判上确立日本的地位。

3.要想获得这个声明的正确解读,唯一确定的办法便是从广田本

---

① 白鸟敏夫(Toshio Shiratori),前日本外务省发言人。

人那里寻求解释。如果我寻求与外务省举行一次会面,将引起广泛的关注。不过,广田已提议,如果我需要,他可以随时在他的寓所与我私下会面。在得到国务院的指令前,我不会采取任何行动。

附件邮寄至北平。

格鲁

FRUS,1934,Vol. 3,Far East,pp. 115–116

国务卿致格鲁

华盛顿,1934 年 4 月 20 日

54. 关于你 4 月 20 日下午 8 点发出的第 72 号及之前的第 71 号电文。国务院已看到《纽约先驱论坛报》上登载的文本,并且一位新闻记者报称,驻日大使表示他有一份官方文本,个别文字与《先驱论坛报》上的有出入,他正在组织翻译该文,译好后将及时致电国务院。记者询问国务院对此事的意见,但是国务院拒绝回应,日本政府那边没有任何消息。国务院同意你 72 号电文中的倒数第二句话,认为现阶段你和国务院都不应有任何表示感兴趣或者关心的举动①。

赫尔

FRUS,1934,Vol. 3,Far East,p. 117

宾厄姆②致国务卿

伦敦,1934 年 4 月 21 日

187. 本周四、周五的报纸以头版头条报道了日本外务省对中国(形势)的声明,但是声明原版直到昨天才彻底披露,所有报纸都在首页上刊登了此声明,以及东京方面昨天发表的试图更正的声明。大体

---

① 国务院向驻苏联使馆(国务院第 47 号)、驻华使团(国务院第 123 号)发文,要求报告这些国家官方与民间对此声明的反应(793.94/6589)——原注。

② 宾厄姆(Bingham),时任美国驻英大使。

说来,英国舆论将日本的举动理解为,在西方世界普遍处于混乱状态之时发起"东方门罗主义"("Monroe Doctrine for the East")。在舆论界看来,第一个声明之后,日本企图作出解释和放弃原声明的行为反而使其本质欲盖弥彰。

尽管外交部新闻办公室让记者们注意英国所涉条约,尤其是《九国公约》以及1920年签订的《四国银行团合约》,但是,19日西蒙在威斯敏斯特宫表示他必须待了解更进一步的信息之后,才能正式发表意见,而官方发言人也是这个态度。预计,下周早些时候下议院会发表官方声明以作答。

新闻界和公众的意见明确地推断,除中国自身以外,日本的这个声明将引起英国和苏联政府的重视,而美国更将严正对待,因为它威胁到了美国"门户开放"的传统政策。新闻界推测,美国将会主动与其它国家磋商。新闻报道和人们的交谈中,普遍流露出希望英美密切合作的希望。塞西尔勋爵(Lord Cecil)①在一个采访中表示,日本之举是国际联盟未能阻止日本占领满洲的必然结果。

外交部称,英国大使与美国政府尚未交流过此问题。

宾厄姆

FRUS,1934,Vol. 3,Far East,pp. 121–122

宾厄姆致国务卿

伦敦,1934年4月21日

188.有关我4月21日上午10时发出的第187号电报。昨晚与西蒙谈话时,他给我念了刚刚从东京的英国使馆发来的电报,内容是英国大使拿到的日本外务省发言人关于中国的声明。西蒙表示自己对日本的这一举动感到极为不安,并说他认为要顺利应对此事需要英美双方

---

①　即第一代切尔伍德的塞西尔子爵(Viscount Cecil of Chelwood),英国律师、政治家及外交家,国联创始人。

的密切磋商和合作,从他自己的角度,他希望待事情证实后,英美双方能尽快交换看法。他没有提到国联,我认为这点也很重要。

我告诉西蒙,我会把他的话报告给我的政府。

宾厄姆

FRUS,1934,Vol.3,Far East,pp.122-123

格鲁致国务卿

北平,1934年4月21日

73. 有关我4月20日晚8时发出的第72号电文,及国务院4月20日下午6时发出的第54号电文。

外国观察家们的意见目前倾向于相信,外务省此时发表政策声明,是出于对中国外交活动日增之迹象的担忧。拉西曼正在返回日内瓦的途中,他将向国联报告技术援助问题。据我的法国同事报告,同样是国联人士的莫内正在上海积极筹建一个国际财团,其目的是为一项公共工程提供资金,据称美国资本的参与在其中颇为突出。据说,在筹划的金融活动中,中国政府坚持将日本排除在外。据报,一方面,德国冯·塞克特将军(von Seeckt)已抵达中国,他带去了大批军官将开展军事训练,另一方面美、意、法正在积极售卖飞机。比起使馆来说,北平外交使团无疑更有资格出面承认或否认上述报道。总而言之,这些活动和计划的综合作用,导致日本惧怕中国日益强大,相信正是这个缘故促发了最近政策的确立。尽管我的同仁们还未与广田讨论过此事,但是现在观察家们相信,声明是在他的完全首肯之下发表的。

2. 当昨日被问到日本如何限制战争物资的运输和其它外国对华援助的问题时,外务省副大臣告诉弗莱谢尔,日本将会向中国自身施压,而不是物资及援助的提供国。

复件抄送至北平。

格鲁

FRUS,1934,Vol.3,Far East,pp.123-124

布里特①致国务卿

莫斯科,1934 年 4 月 22 日

60. 关于 4 月 20 日下午 6 时的第 47 号电文。苏联对日本所作有关中国的宣言显得着实高兴。他们认为,苏联的地位大有改善,因为据推测美国和英国很可能不得不公开反对日本,而苏联就能谨慎地置身幕后,原先曾被视为必然的对日战争也因而得以避免。

今日,李维诺夫(Litvinov)眉开眼笑地对我说:

"也许您的政府会发现日本是何等的肆无忌惮。任何让步只可能使其更加贪婪。这等于声称自己为中国的保护国。

我知道,日本驻北平的公使曾事先将此事告知英国和德国公使。英国公使表示反对。德国公使则表示同意。你能发现,日本宣言并未将矛头指向中国军队里的德国教官,在我看来这意味着那些教官是日本政府而非中国政府的代言人(agent)。宣言针对的是美国和国联,后者由拉西曼领衔的委员会即将向其作出汇报。

当今阻止日本的唯一办法是号召所有在太平洋地区有利益牵涉的国家发表共同抗议。应当邀请美国、苏联、英国、法国、荷兰和意大利参与抗议。"

我问李维诺夫他为何没将德国算在内。他说,他相信德国目前与日本过从甚密,德国不能起任何作用,只会带来麻烦。我问他是否认为国联不应采取任何行动。他回答,国联不会采取行动,这是太平洋地区各国的事。我问他,如果我们准备以行动作为支持,言辞反对是否能起任何作用,只是我们中没有谁要急于采取行动。他回答道,日本迄今仅以言辞表态,所以目前口头回答是合适的。

李维诺夫说:"如果您对日本外务省声明不予评论,日本将来将会坚称此乃既定政策,您已经默许了它。"

我对上述意见未作评论,而是向李维诺夫询问中东铁路谈判的进

---

① 布里特(Bullitt),时任美国驻苏联大使。

展。他说,他已向日本开出新的条件,尽管日本人已允诺将商议此事,却还没有这么做。

苏联新闻界受命不得对日本声明作出评论。

布列特

FRUS,1934,Vol.3,Far East,pp.124-125

日本声明与世界反响(节选)

自本月十七日日外务省发表关于垄断中国之非正式声明以来,世界震动。二十三日英政府对日照会,作拥护九国公约之表示。此为国际对日本开口质问之第一国,今后之发展,尤堪注意。兹将最近一周之经过记述如次。

一、日本声明之全文(略)

二、中国政府之态度(略)

三、英国政府之表示

英下院之两度质问 伦敦十九日哈瓦斯电,日本外务省发言人日昨声明国际对华襄助,无论何种形式,日本必积极反对之。认此不啻日本欲干涉中国内政之表示,此间人士闻此消息,颇为震惊。本日下午自由党下议员约翰斯通询问政府对于此事能否有所说明。西门答称:予目下所能言者,仅为此种声明系日本外务省某官员之口头陈述,外间传说各异,其词是否为负责者之宣言,此时未敢断定,予须等待较详细之报告后始能再向诸君报告云云。此间正待东京英国大使之补充消息,其报告书不久可以寄到,但伦敦方面之日本人士,则谓外传日本外务省之声明,确与日本政府之政策及见地相符云。

伦敦二十三日日本新联电,本日午后英下院开会作质问战时,有议员某氏曾就日本外务省之声明提出质问,英外相西门答称:"关于日政府声明对华政策一事,本人并未接到日政府任何通告,惟驻日英大使林德列曾接受由日外务省发言人向日本记者团以口头声明之译文书件:

日本此次所声明之性质及细目,例如列强对华予以财政的援助,而日本表示反对等项,本人以为有对日政府阐明英政府态度之必要。"

又同日哈瓦斯电,关于日本发表对华政策以警告各国一事,国会人士宣称,英国境内现有一种强烈运动,渐具轮廓,主张英国出而干涉,或采直接方式,或则与九国公约各签约国,尤其是与义国共同行动。

英国政府对日照会　伦敦二十三日哈瓦斯电,本日傍晚,西门以致日本之照会用电报拍交驻日大使转递。一般人相信,英政府在照会中重新声明英国对于九国公约极为关切,任何国家对于自愿签订之公约,若单独宣告废止,不论出于何种形式,皆为英国所反对。英国又承认按照一九二零年四国银团协定,在以任何借款贷于中国政府之前,日本有被咨询之权,正与该协定其他签字国相同。

东京二十五日路透电,英大使林德莱,今日午后三时访日外相广田,面致西门对日本对华政策之见解,并请广田对十七日宣言之目的,再加阐明。两人晤商历四十分钟,并同意不将谈话结果发表云。

伦敦二十四日哈瓦斯电,西门曾电令驻日大使,以照会送达日本政府,重新声明英国对于九国公约及一九二零年四国银团协定均当加以尊重,同时口头通知郭泰祺,谓四国银团协定曾规定,凡属借款,均须经由银团专为此项所创设之银行,此项条款望予以遵守。

伦敦二十五日路透社电,据每日电报外交访员探悉,西门致日本之照会,乃以可能的极友好之状态,询问四月十七日日本所发表对华政策声明之实在权威,目的与范围,并说明英国因国际条约,连九国公约与四国银行团协定在内,对远东所应处之立场。继言此种立场仍不得为日本宣言任何解释所摇动。

广田准备另作说明　东京二十四日日本电通电,英政府之对日照会,截至本午止,尚未送达外务省。广田因鉴于日方之声明引起英美各国误解,拟于接到英美照会时,即作恳切的说明,其所持简介如次:一、日前所发之声明,虽因属非公式的,致在用语或字句上不免有欠妥之点,但其主旨则在毅然表明日对华政策之根干,而足视为系属反映国民之总意者。二、该项声明之主旨,在使各国认识其属于东亚唯一安定力之日本特殊立场,并指摘最近各国之对华政治借款乃至军事的援助,适足破坏中国之统一,而与订立九国公约之精神相反情形。三、日本匪特毫未违反九国公约,且其未违反门户开放与机会均等之国际原则,亦可依沈、沪两事变中公正的行动而证明之。又电,广田外相以欲使下届海军军缩会议克获圆满成立,则务须将其讨论范围限定为海军军缩,而将远东问题除外,藉免再踏华盛顿会议之覆辙,故刻正考虑对美外交进行办法,以图将依满洲问题所生参加国间感情暌离情形消灭于会议举行以前。又美方对日外务当局,于十七日所发关于对华政策之非公式声明,(虽)〔显〕已发生误解,而有使今后对美外交感受困难之象。但广田则认为此属日方向各国表示其最终的最小限度之希望者,故纵即因之发生困难,亦有促英美及其他各国理解日方立场之必要,因即决意不顾一切情感的反对,而声明日方之根本信念。

里资商会之决议案　伦敦二十四日哈瓦斯电,今晨日本内阁对于日前外务省发言人所作宣言予以认可后,里资城商会顷通过决议案,请求政府保护英国在华商务。决议案略称,日本在满洲境内所行之垄断手段,如亦施诸中国,则英国在华商务将告破产云。

伦敦二十四日路透电,里资商会今日通过决议案,请英政府竭其能力保护英国在华之利益,此可证明英国商家对日本所宣布之对华新政策至为惶虑。该案之动议人谓,今日应取有力的方针,维持中国门户之开放,以供贸易。盖如日本以施于满洲之原则施诸中国全部,则吾人对中国贸易只能告别而已。

下议院将开辩论　伦敦二十六日哈瓦斯电,英驻日大使林德莱,昨访问广田,又驻美大使林德赛,访问白宫,两使各将访问之报告,电告伦敦,今晨均已收到。现在政府一方对于日本干涉中国究竟是何见解,已有正式报告,可资研究,一方对于日本宣言,使美国政府发生之初步印象,亦可了然矣。本日下午下院将有人对西门重行询问政府对此事拟采之政策,大约星期一下院将开始辩论,届时西门将说明政府对远东问题拟采之态度。在星期以前,官场方面对于两大使报告内容及政府对此事印象,均严守秘密。惟在确定判断以前,有一专为此间人士所急欲了然者,即美驻日大使葛罗,二十六日晨访问广田,究竟得到如何结果。

英报界严责日本　伦敦二十日电,今晨《每日快报》评称:"日本为拥有一崭新帝国之古国,其在远东之张牙舞爪,与战前庞然之奥匈帝国,对欧洲各政府之状态无异。"日本称:"西方列强包括美国在内,不得予中国以任何政治或军事的协助,除去尊崇的日本以外,无人得为中国建筑飞机场,或供给中国以飞机。日本将维持中国之和平,并得决定何者为扰乱和平之举","夜郎自大,坐愈高则跌愈重矣"。又《晨邮报》之外交访员称,日本宣言自密切观察日本政策者视之,并不以为异,盖此系遵照日方逐渐增长的一种倾向,视中国为其特殊势力范围。外间传称,日方决心将提出一更大之要求云云,观此或可证实。工党《每日先锋报》本日社评称,其他列强之过于纷忙,过于漠视或过于和平者,对日政府最近之挑战,将不予以接受。日本最近之要求,为令中国沦于日本保护国地位之最重大步骤。此项要求严重的打击《九国公约》所担保以及其他国联会员国所信誓遵守之政治的独立。但列强将无所行动,国联法规又将有一次横被抹煞矣。《每日电讯报》驻罗马访员称,义官方表示,莫索里尼拟组成一欧洲对日本外交政策之联合战线,某兴奋报纸指摘欧洲各国对日本宣言之漠视。据《罗马观察报》称,日方之宣言或将引起严重的国际纠纷云。

伦敦二十日哈瓦斯电,英国舆论对于日本外务省日前发表非正式声明书所造成之局势,仍多所顾虑,但各晨报中仅有工党机关报《每日民声报》一家对于日本态度予以极严重之评判,其言曰,直至目前为止,日本从未公开宣布其志愿欲置中华民国于日本保护之地位有如此次之甚者。中国政治上之独立权,固为华盛顿《九国公约》签字国所保障,及由国联各会员国所宣誓加以尊重者,乃由日本公开加以侵犯矣,而日内瓦之大法,又一度成为具文矣。此外,保守党机关报《晨邮报》则以不相同之论调从客观方面,分析日本政策之动机,而说明其见解。

一方面以为此际东京之视线，正集中于内蒙古，一方面又以为日本之用意，盖在指责德义两国供给军火，以助长中国内乱，而于苏俄与江西共党之勾结，则不置一词。复次帝国孤立派《每日捷电》则专从不列颠帝国之利益立论，以为日本在远东霸权之急速扩大，足使帝国商务感受日益严重之威胁。

伦敦二十五日哈瓦斯电，英国舆论对日本宣言颇为震惊，兹将《新闻纪事报》及《每日快报》之意见分志如下。自由党机关报《新闻纪事报》称，论者谓吾人今日关心欧洲之事，较甚于一九三一年满洲事件发生之时，此诚不诬。故吾人对于日本如仅空言威胁，而无意于必要时实行动作，则不独无益，而反有害。《新闻纪事报》又谓日本在远东军事上称霸之威胁，仅有一事可以减少其最严重性，即最近事变之结果，使英美两国外交略趋接近是也。帝国孤立派机关报《每日快报》对远东问题之态度，与对欧洲问题相同，该报谓为英国计，不如放弃中国市场，但求英国之繁荣。其言曰：日本之警告重在对美，因美国为供给中国之主要国家，其次则为英国。日本警告固将予英国商务以重大之打击，第吾人对于中国市场绝无必须经营之理由，因英国大部份地方，尚待开发也云云。

英政治家主张联美 伦敦二十日哈瓦斯电，日本外务省本月十七日发表非正式声明，断然反对国际襄助中国，十八日又对记者作更强硬之表示，谓国际合作襄助中国，日本将取积极行动反对之，即诉诸武力，亦所不惜。此两次宣言发表之后，各国舆论大为震惊，日本外务省发言人鉴于两次宣言惹起若大反响，乃又于今晨发表第三次宣言，加以解释。其最后一段谓，日本无意违反开放门户与机会均等政策，对于现行条约亦无侵略之意云云。伦敦官场方面谓日本第一次声明，似为对列强之一种警告，但其第三次宣言，又声明日本无意违反门户开放政策，似此，则将第一次宣言之分量为之削减矣。伦敦与华盛顿间对于此事，尚未交换意见，此间人士以为日本第一次宣言，似系反对美国对华之棉麦借款及国联之技术合作计划，但政府亦有人谓，第三次宣言并未将第一次宣言之分量减轻,一般确信下院必将讨论此事。有人询问国联前英国代表薛西尔勋爵意见。薛氏答称:日本攘夺满洲,国联无力制止之,日本今日政策之所以如此强硬者,国联之无能实有以促之,此乃不可避免之结果。日本政治久已为军阀所控制,此辈之意在征服中国,甚或欲征服全亚,亦未可知。使予掌握政权,则必立即与美政府接洽,以便采取一致行动,此为唯一办法。伦敦二十一日路透社电,《孟却斯德指导报》今日社论,赞助薛西尔所发国联应明白警告日本勿迫中国,否则国联将有以对付日本之言论。该报称一九三一年与一九三二年之覆辙不堪再蹈,吾人在一九三二年已错过与美国竭诚合作之机会,英美所欲者仅为中国享有独立繁荣与强盛,合作机会不欲一再错过。

英美情调日益接近　华盛顿二十日合众社电,今日美国官方对日本警告列强退出在华活动之声明,第一次承认其极堪关切。美国官员表示,愿与英国合作,以抵制日本独占中国市场及左右中国外交政策。据此间暗示,关于远东,英美或可成立同盟,以代替前此之英日同盟。但官方称,英美合作事,须出于两国自动之民意,或须由英方着手应付此项情势,俾英美远东事件之情调,能以团结。官方认英美情调较已往任何时均为接近一节,极有意义,许多方面希望英国首先向美接洽,或示意与美合作,以冀能遏制日本在远东之横行。据信目下英美双方政策之接近,为自日本在一九三一年占领东三省以来所未有云。

四、美国之沉默

日本声明之对象,一为国联,一即北美,然自日本声明发表以来,美国官方迄未作任何公式表示,态度可谓沉默。然愈沉默,愈见其愿切之深也。

美政界感觉不快　华盛顿十九日哈瓦斯电,国务院对日外务省反对国际襄助中国之声明,暂未表示正式意见,惟日本声明之内容与其声明之方法,殊使此间人士发生不快之感想,乃显然无疑之事。美国不断致力于美日关系之改进,今日本外务省突有此种宣言,则美日关系似已为所妨害,此固美国所不及料者。且日本宣言具如此重大之性质,而何人负此责任，至今不得而知。日本具体表示，将以武力保障远东之和平，其用心与其口吻，在此间人士视之，深觉日本有意挑衅。政界及外界以为一九一五年日本向中国提出二十一条时所怀之野心，今又大炽矣。但日本此种声明，若以正式外交公文提出，则列强外交政策上必将引起极严重之反应。从前日本提出二十一条时，美国曾坚决反对，此人所共知者。今日之干涉更甚于二十一条，不啻置中国于被保护国地位，则美国之必激烈反对，断无疑义。因任何国家在中国取得特别权利，皆为美国所极端反对者也。日本人自谓美国在美洲实行门罗主义，故日本亦在远东提倡亚洲门罗主义，相与对抗，殊不知美国所行之门罗主义，乃在保护美洲各民族组织之国家，使不受欧洲各国之侵略，固非美国欲称霸于世界也。美国人士对于此点已明白驳斥云。

三位上议员之意见　华盛顿十九日合众社电，报纸及公私方面人物虽均一致批评与反对日本外务省所发表将干涉各国与中国财政及技术合作之宣言，但均觉官方如有任何抗议，即将惹起外交上微妙的复杂问题。参议院外交委员会委员波拉之有力批评，可代表最高官方之意见，彼对华盛顿访员称，"吾人主持中国门户开放者于兹三十年，当然反对任何关闭政策。"共和党参议员骆滨森亦称："日本此项声明，表示日本定将重采侵略政策及对太平洋和平之大胆的威胁。"彼并称日本此举，在法理上及道德上，均无合理根据，而系破坏关于此项问题之一切条约及国际道德者。骆氏以为日本之宣言适在赫尔与广田交换善意书简，及美国舰队对日表示好感离开太平洋之后，尤属不幸及可惊讶之事。罗斯福及赫尔尚无任何表示，但据称，政府负责官员切虑日本之声明，即等于对华财政封锁及造成全亚之霸权。全国报纸一致批评与怀疑日本之声明，近来主张美日亲善之报纸，亦觉日本贸然的宣言与正在转好之趋势相抵触。报纸中甚有怀疑广田致赫尔书简之诚意者，美国海军官员得日本宣言后，咸为之震惊。据称，彼辈以为日本所持之态度，将与一九三五年之海军会议大有妨碍，各方对日本所称欧美各国将近全力供给中国军火等语，表示不满。所称唯有日人得参加中国建设工作等语，更为一般人所反对云。华盛顿二十日路透电，官场仍不愿批评日本关于其远东地位之宣言，但参议员金氏今日已正式表示其意见，谓日本此举为可加谴责，且为公然欲扰乱东方与世界和平之行为，渠对于日本所视为应采之途径，表示失望，渠不久将在参议院发表其意见，渠希望日本及早复入和平途径，而诚挚的与各国合作，以增进世界和谐。

斋藤访问美国务部　华盛顿二十四日新联电，日本驻美大使斋藤本日特访美国务次官费列勃斯，就十七日日外务省所发表之非正式声明予以说明。斋藤于会见后谈称，本日之会见，并非呈递正式文件，不过将刊载日本报纸之日外务省声明全文以及关于此事之社论等递交费氏，并述明该项声明在东京发表之经纬。又本人此次访晤费氏，并非奉本国训令，乃完全出自私意。盖此次声明者，不过将广田前在议会时之对华方针演说，予以反复陈述而已。不意此事影响及世界，实出意外。日本决无意关闭中国"开放的门户"，惟主张凡列国与中国间，如作具有能妨害日本利益事之交涉，则须先与日本协议。

赫尔返京即开会议　华盛顿二十四日合众社电，美京关于远东变动之最近发展，为：一、赫尔自纽约返京，与国务部官员及驻美日使斋藤会见；二、官方坦白表示对日本重申政策方法之不满，因截至现时止，东京宣言全系以报纸谈话式出之；三、华盛顿深信日本最近阻止列强在华活动之宣言，在远东事件中系二十一条要求以来最重要之一幕；四、特别对斋藤大使一面对新闻界自由发表谈话，一面不设法与官方接触之举动，表示不满。赫尔自纽约归后，立即与国务次长费列勃斯密谈多时，两氏复与远东司长洪贝克及其他官员会商。赫氏嗣与斋藤作长时期之会谈，讨论内容未发表。政府官员对日本不直接向各国政府发表政策，而只能间接由各访员口中得知日本外交代表所公布之言论，均表示不满。国务部对斋藤之不满，亦将藉报纸表现之。至现时止，罗斯福之态度，尚无确定表示。但观察家相信，国务部高级官吏重要会议后，必将有确定声明发表。其词句如能代表民众及官方之反应情调，且必为有力的及确凿的。英国对日本之照会，予美京以极深印象。英国之不与其他列强协商，即单独行动，亦成为悬揣之题材。

白宫会议远东问题　华盛顿二十五日合众社电，赫尔今日约定与罗斯福会议于白宫，关于远东问题望有迅速之决定。施肇基奉中国政府命曾与赫尔会谈，国务部官员拒绝发表施赫谈话性质。但自中国传来美国定将维护《九国公约》之消息，亦只有由赫施谈话中递出。此间渐信远东因日本之宣言，将有重要事变发生。美京正详细研究日本外交家在东京以及中国、伦敦、华盛顿及日内瓦等处所发表之言论。日本在日内瓦所称将与菲律宾、印度及荷属东印度等地"共同维持远东和平"一节，亦系研究题目。国会议员多有表示希望美国派员赴东京，以求得到日本野心之真象，并提醒日本在《九国公约》下之责任云。

东京二十六日路透电，驻东京美大使葛罗，今晨曾谒广田。闻此次访问，乃请广田解释四月十七日日外务省发言人所发表对华不许染指声明中所举之日本对华政策云。

美报主张积极行动　南京二十四日电，《华盛顿驿报》二十三日社评：此次各国反对东京声明，日本当不以为异矣。日本不顾所订条约，各国应采取共同行为，使彼觉悟。此项声明牵及文化，固不仅系对中国独立之威胁而已。故此事不仅涉及中国，凡与日本签约之国，无论该约性质如何，皆有关系，美国则尤重要。因太平洋上安全，美国全赖日本之忠实，现日本欲一手将所有之国际条约撕毁，其足以为如此次声明之佐证极多，而对于《九国公约》尤属显明。日本从前曾主张满洲非中国之一部，今竟将此项论调亦复废弃不用。日本政府以厚颜无耻之程度，竟进而将神圣之国际约章视同废纸。此种一方面废弃条约之事，如不能及时充分明了其意义，则行见国际之秩序将为一单独之跋扈国家自由败坏。究将如何防阻此种不可容忍之结果，殆成为罗斯福总统第一次之重要外交的试验。此实应采取积极行动，以唤起日本注意，即日本声明之文字与精神，实危及各国间友谊所系之条约神圣也。

纽约二十五日电，《每日新闻》今日在《倒行逆施之日本》之大标题下对日本政策肆加攻击。并称"吾人当为之事,即为与英国取一致行动"。《前锋论坛报》则称,日本所采手腕,纯为一东方的诡谋,以虚诈态度,儿戏方法,对世界作无理的挑战。又电,《纽约导评》之华盛顿记者著称,美国官方对日本之声明,极不满意,尤其对于声明书中所谓日本为"维持东亚和平有运用武力之准备"一语,《纽约时报》谓,美国务院显然认为日本声明书为一试验性之轻汽球,该报称,"政府负责人员预料日本不久将更发表某种宣言,彼等认为目前形势非常严重"云。

纽约二十六日哈瓦斯电,《纽约时报》就日本对华态度评论《九国公约》,略谓英美两国政府与其他关系国政府,若坐视日本公然破坏《九国公约》,而不共商应付之法,则各该国政府本身即有违反《九国公约》之罪。该报此种见解,系以《九国公约》之第七条为根据,按该条规定各缔约国协定,凡有一种时局发生,缔约国中任何一国,认为有碍本约规定之适用问题,且此项适用问题有讨论之必要者,各缔约国间应为充分而无隔阂之交换意见,是日本绝无任意解释该条约之权也云。

五、国际联盟如何

国联方面对日本声明之反响,尤为沉寂,盖此维持世界和平之机械,经日本之一再摧残,已大失权威,今后将如何振奋,亦正一谜也。

缘何反对技术合作 日内瓦二十日哈瓦斯电,日本外务省最近所以一再发表惊人宣言反对国际襄助中国者,其原因或当于此间国联会所中求之。缘国联行政院于一九三三年二月通过莱顿调查团报告书后,曾任命一种委员会,担任国际与中国技术合作问题,此项委员会本年五月初将在日内瓦开会,采取重要决定。观于此层,则日本对华所以采如此态度者,吾人当可恍然大悟矣。本日下午此间有人晤军缩会议日本代表日内瓦总干事横山氏,询问东京宣言,究系反对某一国家单独扶助中国建设,抑系反对国联所拟国际技术上襄助中国之计划。横山氏答称:东京宣言,当然系反对国联所拟之计划云云。国联某负责当局对记者宣称:日本之反对国联襄助中国从事建设,原不足异,因莱顿报告书中固曾说明日本在中国拟造成一种局势,俾日本得独占其利也。

近数月以来,国联所派技术联络专员拉西曼与中国政府关于技术合作之接洽以后,中国政府与国际财政界代表之接洽,日本政府均知之。而国联行政院之中国技术合作委员会不久又将开会,有所决定。有此数者,则吾人于日本之所以突发宣言,声明反对,不难部分了解矣。按国联援助中国建设之计划,为发展卫生设备,改良教育,推广公共工程,振兴茶业,预防水灾,并考虑筹措经费,从事各种大规模之改革,俾中国内政外交之地位得以巩固。此皆和平建设事业,而日本声明反对者,即阻挠此种事业之成功。其用心如何,举世之人自有公论也云云。又按五月十五日行将开会之国联行政院中国技术合作委员会,除欧洲各大国及西班牙挪威以外,将有美国在内。

五月十四开行委会　日内瓦二十日合众社电,国联方面对日本最近独霸远东之声明,认为极为严重,尤恐日本或将作强迫中国承认"满洲国"之企图。此间官员陈指,国联行政院会委员会将于五月十四日开会,届时对整个远东问题,当可作一普遍讨论,并对日本最近所公布之政策,予以特别考虑。

六、苏联等国之舆〔论〕

苏俄感觉严重威胁　莫斯科二十日合众社电,苏俄官方与报纸方面对日本外务省之宣言,表示特别关切,因此事不唯威胁所有列强在华之利益,且系对苏俄自身在远东地位之最后挑战。虽外委会尚无正式批评发表,但此间政府机关报均以大字发表此项新闻。中执委会机关报《消息报》将日本声明载于特别明显地位,并称:"日本之宣言已明白暴露其武力政策,而思藉以剥削中国之帝国主义独占权。"其他报纸表示:相信日本之声明,系表示日本在远东欲为世纪的狄克推多之坚决的企图,此项行动如非对苏俄在远东地位之挑战,亦将为一直接威胁。俄报甚至有称东京最近之举动,系以"满洲国"为新根据地,发动一新军事侵略时期之先兆云。

伦敦二十四日路透电,《泰晤士报》今日载里加访电称,据苏俄政府消息:日本对华政策之非正式宣言,极引起苏俄各领袖之重视,据各报最近评论，日本此乃向大陆侵略之先声。评论者显认为可以转移俄日两国在远东之决斗。苏联官方最近表示意见，谓日美两国间之关系，必将因以复趋紧张，意中颇觉自得。

莫斯科二十五日路透电，苏俄视日本对列强所发之警告，已使日美间之关系益见紧张，及使东京军阀统治国政。各报以为日本之警告，具有两种理由：（一）企图打破中国与国际银团刻在南京之谈判，日本军阀视此为欧洲列强与美国谋成共同阵线以抗日本泛亚政策计划之一部分。（二）日本图逼南京停止与美方关于飞机建造等之谈判。至苏俄自己对于日本军阀之得势，当然侧目，盖以彼辈有侵占苏俄土地之谋也。众意俄日两国间之紧张，近方微入睡态，今我将因此醒觉。俄京视日本最近之行动，与一九一五年提出二十一条要求、一九三一年攫取满洲，同一伎俩。盖当此之时，西方列强皆以国内多故，无暇外顾也。俄当局之意见，以为中国之治安及进步，与夫远东之和平，皆与其它诸国至有关系，今漠视日本在远东之特殊地步，殊属愚昧。总之，西方各国今断不能卸其在远东之责任云。

德法义三国之舆论　柏林二十三日哈瓦斯电，半官式《外交政治通信报》撰文评论日本外务省关于对华政策之宣言，措辞颇慎重，不偏袒何方。谓日本反对外国军火售予中国，盖恐中国扩充军备，不仅用以剿伐共产党，或将促进对日战事。远东时局具有特殊性质，吾人不宜援引硬性方式，加以判断云云。

巴黎二十四日电，《巴黎时报》二十三日社论，略谓东京宣言，意欲中国为日本之保护国，在东亚维持一种门罗主义。嗣后中国或他国在远东任何措施，须由日本判断其是否有裨东亚和平。换言之，即欲完全约束中国之外交。至此项主义，系根据日本地位，并非基于条约一节，尤属跋扈。又据罗马电，义政府及报界对日外务省之宣言，亦均加以抨击。

2.《天羽声明》事件告一段落

格鲁致国务卿

东京,1934 年 4 月 25 日

75. 我今天早晨与外务省大臣做了一次会谈。广田先生主动地提到天羽声明中有关日本对外国对华援助态度的问题,并说他希望秘密地对我说明这份声明。他告诉我,在新闻记者的询问之下,天羽在未告知他且未得到他同意的情况下,发布了这份声明,可能使世界对日本产生了完全错误的印象。他表示,日本没有任何在中国谋求特殊利益、侵害中国领土与行政之完整的企图,也未试图阻挠其他国家与中国之间真正的贸易往来。具有扰乱中国和平状态之趋向的外国活动有很多,而日本由于是中国的近邻,自然更关心中国的和平。但是,这并不意味着,日本方面要确立自己的特权地位,从而损害《九国公约》签字国所享有的权利和责任。日本的政策是全面遵守及支持《九国公约》。

广田先生说,军国主义者坚持施行更具侵略性的对外政策,这使得他处境艰难。从他的角度而言,他试图遵循天皇的政策,并时常与天皇联络,他努力与所有国家尤其是美国结成友好关系。他打算尽最大的努力,使购买中东铁路的谈判取得成功。若此争议得以解决,俄日关系将得到改善,并将带动中日关系的好转。如果日本此时寻求在华特殊利益,显然将阻碍天皇及政府的整个建设性政策。广田先生说,到目前为止,由于有天皇的支持,他勉强可以满足开明派(the Liberals)和军国主义者(the Chauvinists)双方的要求,他将坚定地继续如此行事,即便一死也在所不惜。他还补充道,陆军大臣也全力支持他。

广田先生接着说,某些外国势力不断试图通过舆论或其他手段,给日本制造麻烦。他诚挚地希望,美国政府可以完全理解他对天羽声明的态度,但是鉴于他处境困难,他请求我不要泄露他对我所说的话。最后,外相请我们的政府放心,日本不会在中国蓄意采取任何针对其他国家或有悖《九国公约》条款与精神的挑衅行动。

对于外相上述言论的诚恳态度,我并不怀疑。但是我认为,比起政策声明来说,美国政府和人民更相信的是更加具体的证据。

外相告诉我,斋藤将向您做出类似的解释、外相将在 3 时接见英国大使。

据我接到的国内传言,国务院将指派我,出面要求天羽澄清声明。在尚未接到补充的命令之前,我将此电文作为对国务院询问的回答。

格鲁

FRUS,Japan,1931–1941,Vol. 1,pp. 227–228

国务卿致格鲁

华盛顿,1934 年 4 月 28 日

59.(1)请您依据政府指令,尽快拜访外相,将如下备忘录转达他:

"最近日本政府方面就日本和其他国家在华或涉华权利与利益的表态,来源如此具有权威性,以致我们无法对其置之不理。鉴于这些表态产生之环境及其内容实质,美国政府有必要秉承它与日本国政府交往中一贯的坦诚传统,重申美国在所涉权利和利益中所处的地位。

正如我们同日本及其它国家的关系一样,支配美国与中国关系的是普遍认可的国际法原则以及美国作为缔约方所签订的条约。在国际法、公平本身以及条约效力上,美国在中国有着某些权利和某些义务。此外,根据远东地区规定权利与义务的多边条约,以及一个宏大的包括世界上所有国家在内的多边条约,它要么与中国有关、要么与日本有关、要么同时与这两个国家有关,同时也与其它某些国家有关。

为规范国家间的关系,可以依法修改或终止条约——但是必须经由缔约各方规定、认可或同意的程序,这是载于协定中的。

在美国参与的国际组织和国际关系中,美国政府寻求适当地考虑权利、义务以及其他国家的合法利益,而它希望其他政府亦能如此。

美国人民和美国政府认为,在涉及权利、义务及他国合法利益的情况下,没有其它国家的许可,任何一个国家都不能擅自按自己的意志行事。

美国政府致力于奉行"好邻居"的政策。为了将这个原则付诸实践,它将联合其他政府作出最大的努力。

(2)文件一经递出立即发电报告。

(3)而后,我们将适时地在国内公开此文。

赫尔

FRUS,Japan,1931–1941,Vol. 1,pp. 231–232

"天羽声明"期间与格鲁的外交活动

局势又突转紧张

1934 年 4 月 28 日

这几日是政局紧张的时候。的确,在我们这一行,有趣的形势和任务总是周期性地出现;过几段比较平静的时期,办点大体上属于例行的公事,突然之间又出事了,又要忙得不亦乐乎。自 4 月 17 日外务省发言人天羽英二发表声明以来,政局一直在动荡;长电来来往往;大使、公使、代办、新闻记者川流不息来打听消息或探问对时事作何判断;几无片刻休息。天羽至少已使新闻记者有得忙的,外交官则在花成千的美元付电报费。在不久前的一次晚宴上,我告诉天羽,我们大家都想把电报账单交给他,由他付账,他答道,好,没关系,他既照顾了电报生意,就自然从递信省那里得到佣金。公众是把天羽视为一个说话不负责任的人呢,还是当作一个英雄,目前实难下断语;这倒要看你是去请教稳健派,还是去问沙文主义者。

对天羽原来的声明,日本报刊最初的反应是无条件赞同,但当国外反应不妙的消息传来时,有些报纸便一面绝对赞成惟独日本有责任"维护远东和平"之说,一面却同意声明的措辞有点毛病。值得注意的是,广田 26 日给我的声明和天羽的声明不同。据 17 日声明的非正式译文,天羽是这样说的:

"……维护东亚的和平与秩序,日本必须单独行事,自行负责,这在我国看来,是理所当然的。为了能够履行此项义务,日本必须属望其邻国分担维持东亚和平的责任,但日本认为,除中国以外,任何其他国家都不能够和日本分担这个责任。"

26 日的官方译文,措词却有了改动:

"不过,无论谁,无论用什么借口,若采取不利于维持东亚法律和秩序的行动,日本都不能漠不关心;对维持东亚的法律和秩序,日本有最切身的利害关系,只消看它的地理位置,即可想见。因此,它不能让任何第三者不考虑上述情况而利用中国问题以实行自私的政策。"

据报道,天羽在十七日声明中还说:

"中国若有利用别国势力来排斥日本的任何企图,日本都要反对,因为这将危及东亚和平;中国采取任何意在"以夷制夷"的手段,日本同样反对。日本期望外国考虑到最近满洲事变和上海事变造成的特殊形势,期望它们认识到,对中国采取共同行动,纵令只涉及技术援助或财政援助,最后亦必将对中国具有政治上的意义。会产生此种意义的行动计划,如果贯彻到底,必定会引起纠纷,这又可能会迫使列强讨论划分势力范围、甚至讨论国际共管中国或瓜分中国等问题,这将是中国可能遭遇到的最大的不幸,同时也将对东亚,最后对日本,产生最严重的影响。

"因此,作为原则问题,日本非反对这些计划不可,虽然它无须乎干涉任何外国单独和中国商谈财政或贸易事项,只要这些事项有益于中国而又无害于维持东亚秩序。倘若这类谈判具有可能扰乱东亚和平与秩序的性质,日本就不得不反对。

"例如,向中国提供军用飞机,在中国修建飞机场,派军事教官或军事顾问到中国,贷款供政治上的费用等,显然都会促使日本及其他国家同中国不睦,终将证明是有害于东亚和平。日本将反对此类计划。

"上述态度,在日本过去奉行的政策中,应已显示得很清楚。但由于外国要共同援助中国,要提供其他侵略性援助,其态度表现正越来越明显,太过于露骨,故上述政策仍宜于予以公布。"

何以要发表 4 月 17 日的天羽声明,已有许多揣测。我在致国务院的各次电报及最近的快信中,亦力求讲清此中缘故,主要是根据这样的推测:外国在中国的活动,迹象正日益增多,所以日本也日益倔强。另外我还说,倘若赞成惟独日本才应维护远东和平的责任之说,就会使它在即将召开的海军会议上更有权要求拥有与英美同等的海军实力,还会使它能够独霸中国。天羽曾被日本新闻记者追逼,要他对此类问题表示意见,他终于得到重光的同意,披露已经发给驻华公使有吉的训令的内容。

广田批准发表此项声明与否,无关紧要,因为声明恰好准确地表达了日本正想推行的政策。声明的措词,虽受到了一点批评,声明的内容,却似已得到几乎所有日本人的无条件赞同,舆论的现状如此,广田要是否定这个声明,就不能保其职位。声明最后很可能会产生这样的结果:(1)加深满洲战役以来即已普遍存在的孤立感;(2)推进陆海军为对付 1935—1936 年"危机"而作准备的活动;(3)使爱国激情发展到能够箝制政府的程度,遇到在对华政策上或海军比率问题上与列强发生明显的意见分歧时,无论何人当政,都不敢与列强妥协。

到车站给弗朗西斯·林德利爵士送行,广田和大多数外交界同僚都到场了。

看见林德利走了,心里很难过。三十年前在开罗,我们已有同行之雅,艾丽斯和我同他夫妇俩始终保持着诚笃的友情。他一向是个好同事,非常直爽,连机密消息亦不吝见告。

还有个同行,最近把送呈他政府的一封急件念给我听,后来经我请求,又私下送了我一份。其中有这么一段话:

"诚如某人(在柏林与多德大使谈话后)对我说,到目前为止,美国对满洲国的态度没有改变。我曾向你表示过我的意见,那就是,一旦美国认为改变态度有利,它就会毫不犹豫地放弃史汀生主义①,它并未对任何人负有必须坚持这个主义的义务。尽管《国际联盟盟约》是它的总统的作品,它在 1920 年还是不顾这一事实而抛弃了国联。"

这样类比,表明他完全不熟悉我国的政府制度。所谓史汀生主义,乃是行政部门的一项政策,承认不承认外国,也是一种行政特权。譬如派大使,国会可以作决议,但却不能够不经最高行政长官的同意和命令而自行派遣。可是国会又有权拒绝批准包含《国联盟约》的《凡尔赛和约》。

这位外交官接着又说,他仍旧认为,本来就不应该认为《凯洛格公约》亦适用于满洲事变,他提出如下论点:

"根据 1901 年 9 月 1 日的北京议定书,美国(还有法、英、意、比等国)有权在中国——在北京、天津、山海关及其他地点——驻兵。假定至今还驻在天津的拥有现代优良装备的大批美军,为情势所迫,不得不使用武力以执行其正常的、条约所设想到的任务,比如说,到离城二十公里或者甚至一百公里的地方去制止屠杀美国传教士,史汀生先生会坚持说这一事件是侵犯了中国边界或违反了《凯洛格公约》吗? 不会的,因为那是讲不通的。然而论到与此全然相似的日本在满洲的军事行动,他却正是坚持这种说法。固执法理,引伸解释,推演到一定程度,就有违反基本常识的危险。"

这话论据薄弱,比喻不伦。一是当地外国驻军出击,保护侨民生命;一是数十万大军涌进外国境内,从事大规模军事行动,其目的和结果都是使那个地区和它的所有者永久分离:二者岂能相提并论。我对他这样说了,他却不同意。他在他的信件中仍旧写道,只要美国和国际联盟坚持目前的态度,东亚局势就仍将存在着战争的危险。

---

　　①　1932 年 1 月,美国国务卿史汀生发表声明,表示美国"不承认"因日本占领中国所造成的变化。这就是所谓"不承认主义",亦称"史汀生主义",是用来掩饰美国的妥协态度的——原译者。

对于《九国公约》,这位同行的态度是,他既然不肯承认日本违反了第一条的规定,因此也就不承认它违反了第二条的规定。可是,缔约各国在第一条中同意"尊重中国之主权与独立暨领土与行政之完整以后,又进而在第二条中同意各国不得相互地、单独地或集体地与任何一国或多国订立条约或协定或协议或谅解足以侵犯或妨害第一条所称之各项原则者"。即使是那些能接受显属虚构的满洲"自决"论、因而能相信日本没有违反第一条的人,也很难理直气壮地认为日本没有违反第二条。它既然和满洲国订了条约,当然就违反了第二条。情况变了即可废弃法律上的义务,这话我们听得多了,但是,明目张胆的违约行为假如可以宽恕和承认,那还不如干脆把一切条约都视为"废纸",对个别国家不方便时,就可以撕毁,就象 1914 年德国侵犯比利时那样。赫尔先生在他最近的备忘录中讲得很清楚,公认的修改或终止条约义务的办法是有的,但只能按照缔约各国所规定或承认或同意的程序办理。我希望我不会看到有一天美国承认满洲国。

赫尔国务卿立场坚定
1934 年 4 月 29 日

赫尔先生关于外国援华问题的备忘录发到时,幸好我在家。5 时译出电文,5 时半左右用打字机打好。虽系星期日,又值天皇寿辰,我仍立即写一私函致广田,问他能否即刻见我。他以电话答复,订 6 时半会晤,因此我可以毫无延误地将文件送去。他慢慢地、仔细地看了,问我认为哪一部分或哪几部分最重要。我答道,我不认为我应该对它试作解释,我觉得电文本身已经很清楚了。他只下了一句评语,谓天羽声明已引起"很大误会",并说,备忘录一俟研究之后,即予答复。他极为友好,一点也没有表示诧异或不以为然。在我看来,备忘录实堪赞佩,它完全符合形势的需要,行文巧妙,主旨鲜明,而语气委婉。

我看事情总算是过去了。广田保证日本仍愿尊重《九国公约》,约翰·西蒙爵士似即欣然接受,未免太快了一点,他向下议院报告说,对此种保证他感到满意,这又可能会使英国公众中某些人觉得有人还有更多的要求和希望。不管怎么样,反正我们已经透澈地表明了我们自己的立场。我想,国务院之所以"紧急"指示我尽早送交备忘录,大概是要阻止再发表此种虚伪的声明,据说外务省明天就要向报界发表这个声明了。很明显,这份备忘录果已止住了它,因为第二天天羽便向报界宣称,目下将不再有任何声明。不管别国有什么想法或做法,反正我们将会得到日本人的(也许是勉强的)尊重。此亦一大快事。

《使日十年》,第134—140页

日本声明与世界反响(二)

上月十七日日外务省之非正式声明发表,已引起世界之极大反响。除上周所记外,本周又续有发展。日本鉴于反响之严重,又于二十八日声明"十七日声明"正式不存在。意似取消,又似修正,而又不似取消或修正,极尽模糊影响之能事。美国于二十九日对日致送备忘录,声明美国在国际条约上之立场,辞义极为严正。英国方面以为此事已告一段落,而美国方面则似视为问题之方开始也。

一、日本谓十七日声明不存在

日本对美文书说明　东京二十八日新联电,美国驻日大使格罗,于二十六日曾访晤日外相广田,索取前外务省所发表之对华政策声明之英文译文,广田乃与外务省首脑部协议结果,因该项声明之内容,为使美国免致发生误解,乃作制下记说明之文书,于当日午后六时派遣外务省事务官携带赴美大使馆,递交格罗氏。该文书内容如下:(一)日本以东亚和平基础,担负在东亚维持和平完全责任,盖前次之声明,总之不过为期将日政府之政策阐明于世界。(二)中国如达成统一与繁荣,则日政府对于中国之独立,决无意干与,惟中国之统一,应依中国自身之觉醒与努力,始能达成,非依外国之利己的榨取。(三)日政府决无意图干涉在中国之第三国权益,如第三国以中国人利益为主眼,与中国从事于通商贸易,则日政府对该第三国之活动,决予欢迎。(四)日政府对中国之机会均等门户解放之主义,乃至现存条约,决无予以违反之意图。(五)日政府不问其是何形式或作何巧辩,凡第三国对于东亚和平与秩序,如出以搅乱的行动时,则决断然予以反对。(六)他国乃至国际联盟,以榨取中国为目的,运用其政策之时代已过。(七)至对于满洲国,要望列强承认该国之公正自由行动,日政府对于满洲,决无具有领土野心。(八)总之,日政府要与其他之亚洲各国,尤其是与中国,分担维持东亚和平之责任。

日取消十七日声明　东京二十八日路透电,日本现取销四月十七日对华政策声明中所处之立场。日本之出此,是否因此惊人之声明,引起全世界之反动之故,今犹未悉。广田现以为四月十七日之声明,并未正式存在。此项声明乃由外务省发表,而具非正式性质。广田已以此通告外交界,并声明日本关于远东之政策可概括于四月二十日外务省发言人所发之第二次声明,该声明称"吾人愿中国之统一与繁荣,盖知日本在舆地上所处地位,设中国统一而繁荣,则日本可获贸易增加之利益也。惟中国之统一与繁荣,必由中国之觉悟与中国自己之努力得之"云云。闻日政府依此意旨,于星期四晚以书面答覆驻日英美大使,至于四月二十日外务省发言人第二次声明中所称,非其他列强自私的开拓所能得之,要知其他列强或国际运用其势力,略取中国以自利之时代,今已过去矣之数言,未列入星期四晚书面答覆中,殆已不复概括日本政策云。

广田英使晤谈内容　东京二十八日电通社电,广田于二十五日与驻日英大使林德赛会见时,曾互约俟英外长西门向英议会报告晤谈内容时,始同时在东京公布,因之日方遂定于三十日公布,以资释却英美及其他各国对于日方对华声明之误解。其晤谈内容如次:(甲)英使质问:一、日本对于《九国公约》适用问题之见解如何? 二、日本是否仍支持中国之门户开放与机会均等主义? 三、日本是否有阻碍各国对华通商之意? 四、日本认为对华供给武器足扰乱东亚和平,不识究何所指?(乙)广田答覆:一、日外务省方面之谈话,系属非公式的,殊未料其即引起英政府之注意,惟日本现固仍支持《九国公约》,且毫无违反该约之意。二、关于门户开放问题亦然，盖日本实属希望中国门户开放最切之国家也。三、决无阻挠他国对华之公正的通商交易之意。四、关于对华武器供给，殊难认定为谁系扰乱东亚秩序者，且此事亦只有问诸对华供给武器者之良心而已。惟日本对此，实碍难采取旁观态度云。

二、美国对日之严正表示

美国对日发出文告　华盛顿一日路透电，国务总理赫尔今日发表正式文告，谓驻日美大使葛罗奉国务院之训令，于四月二十九日往见日外相广田，并提出一文，其要旨如下：日政府近曾表示其对于日本与他国在华权利之态度，此种表示，出自负责方面，故不能忽略视之。而使美政府遵守美日两国政府间关系中之坦然习惯者，有重行说明美国对于所涉及权益问题的地位之必要。美国对华关系亦犹美国对日及对他国关系，受一般公认的国际公法原则及美国所签条约规定之支配。美国对华有若干权益与义务，且于中国或日本或中日两国及若干他国缔结关于远东权益与义务之多边条约义务，又参加世界各国几皆加入之一个大的多边条约，此项条约须用载明的与承认的或签约国所议定的手续，始可合法修正之，或废止之，美政府在其国际交际与关系中，欲适当顾虑他国之权利与义务，及合法利益，而不企望他国政府对于美国之权利与义务及合法利益不加以适当之顾虑。美国人民与美国政府之意以为，任何一国苟未得有关系的他国之同意，不能动作，希图在牵涉其他主权国的权利与义务及合法利益之时局中，任意武断。美政府已置美国于善邻政策及此政策之实施中，将继续自己并会同他国政府专致其最好努力于此政策云。

日外务省之态度　东京一日新联电，关于四月十七日之日外务省声明，日政府因美政府之质问，于二十六日曾派事务官携带该项声明之说明文书，赴美大使馆递交葛罗，美政府以此事复于二十九日训令葛罗，葛罗乃于当日赴外务省，访晤广田，提出美政府对该项声明表示见解之备忘录，并称美国内亦同时发表该备忘录之内容。日外务省以为此乃美政府之意解，作一方的表明，故认为无何等加以批评之必要。

东京三日新联电,日外务省之对华声明问题,因依外相广田于一日对中外阐明日本之方针结果,问题乃告一段落。惟鉴于详细检讨三十日美国务总理赫尔所发之声明,其中尚有未释明之处,日外务省当局对此,颇予以甚深的考虑。此际是否再发出正式声明,或以何种有效形式,使其得以谅解日本之立场与方针,现正由外务首脑部,就此事作慎重协议中。目下对下记意见,颇为有力,即四月十七日日外务省所发之对华声明,乃成为世界舆论中心。日外务省当局以此事曾经驻日英美大使向英美两政府传达日政府之见解,努力一扫其误解,同时并就日本确固的对华方针,有所表明。又一日亦曾向英美传达广田与林德赛、葛罗二氏会见之内容,结果英美两国政府对此亦得谅解,于是问题乃告一段落。美政府对广田之说明,于二十六日曾训令葛罗,令其向日政府提出备忘录。该项备忘录,不过陈述美政府之一方的见解,并无要求日政府作答。日政府以为对美方以下记一言答之则足矣:"关于遵守中国友好的诸条约,固不待言,惟不过由其地理环境言之,日本与中国有重大关系。"又对美方之见解,日本认为无意外之处,故无一一加以反驳必要。日本无论如何,决依照既定方针,作为东亚之安定力,与中国担当维持东亚和平。一面有与美国作深切谅解必要,将本问题圆满解决,乃在此一九三五年非常时之前最有意义。今后广田将采何种步骤,极堪注目。

波拉赞成对日照会 华盛顿一日路透电,参议员波拉,批评国务总理赫尔之言论,谓渠与赫尔完全同意,此番言论,目前可为关于中国门户开放的美国政策之充分说明,将来容有他种发展,视日本有何行动而定,故希望日本可以美国发此言论之精神接受之,而尊重美国权利云。驻美日大使斋藤,与中国公使施博士,皆未作批评云。

最初表示远东政策 华盛顿一日新联电,与日本对华声明问题关联,三十日美国务总理赫尔所发之声明,此地美官方虽认为并无与美国从来之友好的对日政策抵触。惟该项声明乃系罗斯福政府最初之表示对远东政策,故极予以重视。又关于该项声明之意义,美官方大体具有以下见解,该项声明不仅包括对日本之美国政策乃含有对中国菲律宾"满洲国"等之政策。该项声明中虽未言及"满洲国",然可解为对条约之诸原则再予以确言,即成为前国务总理斯蒂生所发各种通牒之根底,乃表坚持遵守条约义务。又菲岛如完全获得独立成一独立国时,就其地位如何之论议,亦以此次赫尔之声明为基调,基于条约上之权利而行。美政府由外交的手段,对中国亦通告美政府有主张充分遵守条约之决意。

三、西门之演说及其反响

英外相西门于四月三十日在下院演说对日问题,谓因日本对十七日声明之声明不存在,问题已告结束,同时演说中有"日本有为他国所公认而未他国所未享有之特殊利益",引起各方面之反响,中国与美国皆不能承认此语之价值也。

西门报告对日态度　伦敦三十日路透电,今日西门在下院发表,关于四月十七日东京所发表宣言之言论时,下院议席皆满,旁听席亦为一般主要外交家及留心时局者所占满。英国人士对于远东问题之大注意,可由此见之。外相首先声称,四月二十五日驻日英大使向日外相广田作友好的询问,告以在华均等权利及原则,《九国公约》以极明白词句担保之,而日本亦为签订此约者之一,英政府必须继续享受各签字国所共有之在华权利。不过协定所限制之权利,如银行团协定者,或日本所有之特殊权利为他国所承认者均除外。日方声明中所表示之对华忧虑,不能适用于英国。英国政策既以避免碍及中国和平与完整之危险为目的,故英政府不能承认日本有权单独决定任何特殊举动,如技术上与金融上襄助,可酿成此种危险云云。西门续称,按照《九国公约》第一条与第七条日本有权请其他签字国注意中国境内危及日本安全之任何行为,此种权利已以保障给予日本,故英政府以为日本之宣言,非志在侵略他国在华之共同权利,或破坏日本自己的条约义务。今观日外务省广田之答覆,可见英政府假定之不误。日外相曾确告英大使,日本愿遵守《九国公约》之条文,日英两国政府政策相同。日外相结语,声

明日本继续对于中国门户开放之维持,予以极大之注意云。西门继答
覆问话,谓日外相广田之声明,尚属明了,英政将即此而止。英政府决
计就最大之范围,并以国际合作之精神襄之进步云。

　　英报纷论西门报告　　伦敦五月一日电,今晨各报对西门昨日在下
院发表之宣言,论调不一。《晨邮报》称,外长不但对英国即对其他有
关系列强,有显明的劳绩。《每日前锋报》指陈,广田对华之要求,并未
取消,且亦未修正。《新闻纪事报》更进一步,注重远东和平之第一要
素,在需要一强盛的中国。该报敦促西方列强,强烈赞助中国政府。伦
敦五月一日哈瓦斯电,关于日本对华政策,经英国驻日大使林德莱向日
外务省提出质询,又经西门在下院宣布英国态度后,伦敦报纸大半认为
满意,惟舆论对于此事,犹有不安之象。《每日电闻报》载称,四月十七
日日本外务省所发表之非正式宣言,紧绕于其四周者为一神秘莫测之
谜,日昨西门致宣言亦未能廓清此谜也。非徒未廓清,且因日本无形
撤回其宣言,而东京政府所允许发表之正式解释,又无形延缓,于是而
此谜亦且愈益奥秘,令人堕入五里云雾中矣。且撤回云者,并非纠正之
谓,而其官方非正式之所声言者,亦不能谓为无所存在也,此所以一部
份人心犹感多少不安也。《新闻纪事报》之言曰,日政府所给予之保
证,吾人自有加以接受之必要,但如各国不乘此犹(预)〔豫〕期间,商定
一种共同政策,藉使此种危险警耗,不致再度发生,即令二次发生,而可
以予以迅速有效之答覆,则直等于不堪教谕耳。《每日民声报》载称,
日本所给予之保证,世人虽欲加以信任,其如该国政府两年以来言行素
不相符何云云。伦敦一日哈瓦斯电,关于日本对华政策,经英国驻东京
大使林德莱向日政府提出质问,并经西门对下院宣言以后,伦敦报纸纷
纷评论,《泰晤士报》以为列强于此次危险避免之后,必能获得一种教
训。其言曰:日本外务省发言人与日本驻美大使斋藤驻德大使永井,前
后发表之宣言,足以表示日政府之意见,但未足为正式政策之意义。自
日本对英国质问提出答复之后,英政府宁愿将此案宣告结束,其最小结
果,可以使人满意者,则日本政策一般趋势,已为世界舆论所了然者是

也。就日本外务省发表对华政策之宣言后,各方发生激烈恶感,日政府当知世界舆论,对于该国在中国东北区域所为,已觉难于容受。今更欲在中国本部有所举动,自不见容于世界。因中国政府在其本部之利益,较之东北将受害更烈,即列强在中国本部之利益,亦莫不如是。该报继称,英国所当为者,乃以一切可能方法,奖励和平保障安全,并谋经济之发展,中国市场如能发展,则不惟中国国内受其益,即日本经济上之困难,亦可减少,而西方各国之繁荣,亦因以增进也。总之,日本政策与列强政策,再度表示相同之后,如能由此恢复信用,并使远东各国将其预防外来威胁之力量,转移于建设之途,则此次所受纷扰,亦未始无益矣云云。

中美两国之不满　当局对西门在下院所称,日本有为他国所公认而为他国所未享之特殊利益,认为意义欠明了,故训电郭泰祺公使,向英方要求予以解释。纽约一日路透电,《纽约通报》今日社论,对于西门昨在下院所发为他国所公认而为他国所未有之日本特殊权益一句,表示不满,谓美国并未承认日本特殊权益。一九三二年美国务总理许士与驻美日大使埴原,曾换文取销不幸言及此种特殊权益之蓝辛石井协定,日本今后恐将觉美国为不能坐视日本进行其新政策之唯一国家云。

英下院之两点质问　伦敦二日哈瓦斯电,下午下院中有议员二人,以日本对华政策问题,询问政府,一为自由党议员曼德,一为保守党议员史密斯,曼德问政府,对于日本驻日内瓦领事横山发表之宣言,是否着重。史密斯则问政府目下日本政府是否已向英国表示,不愿使军械运往中国。西门答覆曼德,谓横山之宣言,不过为对报界发表之谈话。对史密斯则答称,政府尚未接得任何消息,足以证明日本政府系与史氏之解释相符云。

四、中国方面之应付

汪外长谈外交情势　南京四月二十七日电,二十七日晨十时,汪精卫氏于政务殷繁中,在官邸接见记者,纵谈外交情势,略谓日本所发表之非正式声明,政府已加密切注意,曾两度由外部发表声明书,阐明我国立场。中国之主权与独立国格,断不容任何国家稍加损害,或以任何藉口而加以干预,政府无论如何,不能受列国间之共同束缚势力,亦不能忍受任何单独束缚势力。故凡中国政府对日声明所需要之说明,咸尽情披露于外部之两次声明书中。政府觉除此严正之声明而外,暂无需取何更强硬措置之必要。各国舆论对远东事,久置淡漠,兹因日本声明,复形热烈,但各国政策中,除英国外,其余犹未置喙。中国外交,正如普法战后之法国,欧洲大战后之德国,须历尽艰难困苦之境。华北外交,自来秉承中央办理,如各省之设有外交视察专员者然。遇有交涉,胥由专员请示外部办理,故与外部直接办理无异。平政务委员会职权,则高于外交视察专员,但黄(郭)在平时所办对日交涉各事,咸随时向中央请示及报告。外传不向部报告,实非真相。黄氏经敦挽后,辞意已打消,短时期内必可仍回北平。日方对通车通邮事,通车较紧于通邮,但迄尚未有何决定。最后复称,赣剿匪甚顺利,短期内可结束云。

西南政务会又发电　香港二十七日电,西南政务会二十七日用常委名义,致电国联及《九国公约》签字国,对日外务省声明书,作严重表示,谓该书用意,不仅威胁中国,而在破坏远东国际条约保证之秩序,应声明两点:(一)该书内容,不特侮辱中国独立,蔑视国际条约信义,(二)其用意实施一种对华之门罗主义。末希望国联及九国签字国,负起条约之义务与职权,不使任何一国有干涉中国内政破坏中国领土主权完整之行为。

五、有吉将携归新方针欤

有吉归日途中谈话　长崎二十七日电通社电,驻华日使有吉明,已于昨日下午二时,由当地乘列车东上,该公使在车中向记者谈话云:"予因自广田外相就职后,尚未曾一度晤面,故此次特乘报告各事之便,归国面谒,在报告毕后,自当作种种接洽,中国对日感情,似已逐渐缓和,故本人认为当不至依外务省之非公式证明,而使中日感情复遭阻害。中国一部人士中,虽或有谋利用此事以遂其他策画者,亦未可知。但我方声明之真意,若获明了,当克使中国对日感情,速返常态也。又广田外相之对华工作,虽有谓将遭华方一部人士之嫉视者,然其予中日两国之利益,殊非浅鲜,故可谓为维持东亚和平上之一大佳事。现中日间悬案,多未解决,且无论谁当交涉之冲,亦殊难望使之迎刃而解。惟各方情势,确已逐渐好转。而日清轮船公司长江沿岸航路经营之良好化,亦足视为中日关系好转之一证云。

东京二十八新联电,日本驻华公使有吉,在车中对出迎记者发表谈话如下:"中国对日本在东亚之根本精神,最近似已谅解,观中日关系较去年尤为好转。原产地表记条例问题(按即领事对货物签证问题),现已圆满解决,故料中日悬案亦可望逐渐解决。惟对其具体的交涉内容,现尚非发表之时。本人此次归国,并无特别可告之事。惟南昌会议,日本方面颇视为问题,但此不过黄郛南下与蒋、汪等会见,乃例行之事。又依停战协定,对解决华北悬案,目下亦在进行中。通车者乃换乘火车之谓。至于通邮,则系与'满洲国'联络,因其不承认'满洲国',由东三省之邮件,不过被征收不足税。日外务省之发表对华政策,颇起冲动。观立法院方面,如孙科等对日表示强硬意见。顾无论何等机关,均有反对派,例如行政院与立法院关系,宛如内阁与议会关系,对汪等在行政院所行之事,当予以为难。中国国内现有欧美信赖派,但一方面亦有悉知东亚大势,以自己独得之见地,谋得以遂行国策者。因此种空气渐见浓厚,于是必能谅解日本之在东亚立场。广东之排日,总之系与南京政府为难。又国联对华技术援助,现已实行者,并无一件。观外国之对华援助,乃任意进行,如稍一失误,则将成为诱致中国之国际共管,对于合法的一切开发,乃依国别进行,此亦非得已。至于军械输入问题,观蒋现在江西,统有四十万雄兵,此谅亦为国民政府之死活问题。传称军械由外国输入,确有根据,但亦不必神经过敏。总之,因鉴于中日关系,现双方颇有理解,希望使其具体化,促进中日直接交涉"云。

日新方针直接交涉　东京二十九日电通社,日外相广田,拟以驻华公使有吉明氏之报告及重要建议为基础,而与陆军及其他各方面协议,以期克于三星期后,即命有吉携带关于对华新政策之训令回任。据最近华方对日态度观察,大体如下,(一)关于华北悬案,刻正改持作个别的解决之态度。(二)对于日方就其在东亚所负特殊责任之根本主张，依日前中国政府对于日方对华政策声明之声明，即不难知其在实际上已相谅解。(三)惟华方所最疑惧者，在日方是否将更进而采取侵略中国领土或独占中国市场之政策，因之，广田拟乘此机，恳切说明日方对华政策之真意所在，且确信若能充分信赖日本，当就东亚共同问题与日本合作。故各方面均认为广田之新对华策逐渐实现时，中日关系即可恢复常态，而使东亚全局之前途，转入于光明之境。东京三十日路透电，闻日本外相广田外次重光葵与有吉会商对华政策，已获完全同意。其中要点，为作徐步稳健的工作以增进中日两国间之关系，国联或第三国如参预中日间之问题，应予拒绝，因日本无意侵犯中国之独立，而日本且愿中国之统一也。并决议第三方面之一切计划，似足妨碍中日关系恢复常态者，应予反对。中日间各种争案之解决，应由中日直接谈判以成之，此节适用于两国间政治经济文化关系之厘定云。东京五月一日新联电，日本驻华公使有吉，于二十八日返抵东京，即于当日午后三时，赴外务省与外相广田次官重光会见，以有吉之报告为中心，就对华政策有所协议，会谈约达二小时之久。对下记各点，因三者间意见已完全趋于一致，故今后拟依此方针，发挥中日提携之真髓，以确立中日外交之复归常道基础，然后对解决中日悬案一路迈进：(一)凡中日间之诸问题，依两国直接交涉以解决之，不许国联或第三国容喙。(二)日本对中国之独立，决无侵略之意图，此与从来无何等变更，乃不动之宗旨，由衷心切望中国之统一。(三)对阻害中日关系复归常道之一切手段，决断然予以排击。(四)为解决中日两国之悬案以及调整政治经济文化等各关系，惟有依中日之直接交涉，舍此无别法。

须磨晤汪传达意见　南京三日新联电，南京日总领事须磨根据日外务省训令，特于二日访晤汪兼外长，传达前对华声明之日政府立场，及日使有吉归朝后日政府所决定之态度。又须磨氏力说下记两点：(一)日政府为确保东亚和平，拟急速进行解决中日两国间之诸悬案，(二)解决中日两国问题悬案，须依中日之直接交涉，不许第三国加入。

南京方面之感觉　南京三日电，最近盛传中日悬案，将分两种步骤解决，一就地解决，二双方当局直接交涉，记者询外部负责人，据称中日问题纯属地方性质者，未始不可由地方当局解决，但日方必须接受我方不割让领土不损害主权之原则，至直接交涉，亦属解决中日悬案之一法。以上系就原则而言，但目下事实上，政府并无任何决定。

《国闻周报》第 11 卷第 18 期

日本立场何尝取消？

1934 年 4 月 29 日

昨日路透社东京电讯，谓"日本现取销四月十七日对华政策声明中所处之立场"，"外相广田现以为四月十七日之声明，并未正式存在"云云，骤视之，一若日本果因世界舆论力强度之鞭挞而表示软化，实则在军阀势力把持下之东京政府在未受严重的物质打击之前，安敢直接爽快自认屈服。

且证诸既往日本外交之老谋深算及十七日声明书涵义之重大，该项声明书之提出，决非为操切将事之举动，自可断言。由是而类推国际反响之来，实早在日人洞鉴中，而其预谋应付之方针亦必经擘划周详无疑，故取消立场之说，(于)〔与〕其谓出乎日人之软化，毋宁以日人既定之一步骤目之。如是则知吾人对之不仅不能据以自喜，且当引为深戒。盖日人处心积虑协以谋我者，数十年如一日，每当其对华政策形似宽弛之会，即为其侵略方案积极准备之时，欲擒故纵，以退为进，彼固优为之也。

今试询诸任何稍知远东时局之人曰，日本果肯幡然觉悟，改弦更张，一本真正友谊之精神，而与中国相往还乎？其答语将必曰否，故谓以最近广田"取消立场"之声明即能抹去此十余日来在世人心目中刻划宛然之痕迹，其谁信之？且正惟此痕迹之不能轻轻抹去，彼方发表声明书之初步使命，便算达到。良以该项声明书之对象，在反对国际援助中国之技术或金融合作，其树敌形式固为多方面的，然必谓日人将仗其现有之力量，更进一步而向各方施以直接压迫之行动，则亦未必。人非丧心病狂决不愿到处肉搏挑战,而自处于必败地位。而况以日人之狡猾,安肯出此? 由此推论乃知国联纵与中国继续进行技术合作,日人能直接以压力加诸国联者,当有限度。以毫无武力之国联犹然,拥有强大军备之英美更不待论。今姑举一事为例:日本反对美国飞机输入中国,胜诸口说,尚无不可;但若径以军舰封锁中国港岸勿使进口,甚至半途截留、强硬提取,则势非酿成战争不止,此岂日人所愿贸然从事者? 故十七日之声明无非欲使国联与英美等国多加一层慎重将事之顾虑,同时对于我国,则为一异常严重之警告。国联与英美等国,固不必畏惧日本之直接压迫。惟因此而增益之顾虑,则决不能因广田"取消立场"之声明,而涣然冰释。至于我国所受之威胁,则有随时实现之可能。日本仅须出以旁敲侧击之手段强我关闭门户,勿与国联英美来往,而自居于第三者不负责任之地位。欧美列强苟有烦言,当惟中国是问,与彼无涉。此为日本实行其声明之必采方针,将使列强不能藉条约以阻止,我国无从假外援而反抗。

　　由此分析,可知日本外务省十七日声明书中所取之立场,固有其维持与推进之方法,必不至有所取消,其存在之为正式或非正式,又何尝有所分别? 我国诚欲贯彻反抗强权之宗旨,自当抱热烈牺牲之决心,咬牙切齿,以图最后之一拼,终不能因广田今日一言而兴奋,明日一言而沮丧。至聪明如英美各国,自亦不应徒受广田烟幕弹之蒙蔽,而抱得过且过之态度也。

《申报》1934 年 4 月 29 日

(四)英国与币制改革

　　说明:1934 年下半年到 1935 年,由于白银大量外流,国内通货紧缩,经济濒临崩溃。南京政府决定实施币制改革,废除银本位制。英、美、日三国出于自身利益的考虑,都希望中国的货币跟其国家的货币挂钩。而在新旧通货的过渡时期,中国亦不得不与其他稳定的货币挂钩,以保障新通货不受汇率变化及支付逆差的影响。1935年2月,南京政府首先向美国发出非正式备忘录,明确提出币制改革计划,遭到美国拒绝。中国向美国求援的同时,亦通过银行家与英国方面进行接洽。眼见美国借款无望,南京政府将希望投向英国。3月,财政部长孔祥熙密电驻英公使郭泰祺,命其告知英方中国币制改革的计划。英国政府提出希望联合日、美、法共同协助中国解决货币问题,并建议各国派遣专家赴中国考察经济、磋商合作细节。此建议得到南京政府的同意,但美、日拒绝响应。9月起,英国派遣首席经济顾问李滋罗斯来中国考察经济,他在中国期间与南京政府官员举行多次会晤,币改方案的基本框架逐步形成,但英国财政部由于担心单独贷款会激怒日本人,故而迟迟未能同意对华贷款。10月下旬,中国金融形势进一步恶化,南京政府无法再等待英国政府批准贷款。11月3日晚,南京政府财政部颁布紧急法令,宣布法币为流通货币,白银国有,本节资料主要反映币制改革从酝酿到实施,中国与美、英接洽的过程。

1. 美国白银政策与中国的金融危机①

伦敦白银协定节略

1933年7月

兹因货币经济会议中币制财政委员会之第二小组委员会(即永久

---

① 1933年7月23日世界经济会议期间,中国政府签订了《伦敦白银协定》。该协定主旨是调节世界白银供给,稳定银价。但是,该协定实质上人为地限制了白银市场的流通,使得中国作为银本位国家而不得不受制于美国这样的产银大国。为了摆脱经济危机和通货膨胀,加上国会内部白银利益集团的压力,美国政府在1933年12月和次年6月分别颁布《银购入法》及《白银法案》,实行金银复本位制,收购白银、禁止白银出口。美国的白银政策实施后,世界银价腾贵,对中国造成了严重影响:白银大量外流、银根紧缩、金融恐慌。鉴于这种情况,南京政府在立法院批准《白银协定》时附加保留声明:"倘遇金银比价发生变动至中国政府认为足以妨害中国国民经济而与本协定安定银价之精神不合时,得自由采取适当之行动。"

办法委员会),在 1933 年 7 月 20 日星期四举行会议时,曾一致通过下列决议:

兹决议向参加货币经济会议之各国政府建议:

(1)应于主要产银国及最大储银或用银国之间获取协定,以冀减少银价之变动,其未为此项协定当事国之其他各国,对于一切办法,足使银之市场产生显著之影响者应即避而不为。

(2)参与货币经济会议各国之政府,对于立法上之新办法,足使其银币成色益形贬落至千分之八百以下者,亦应避而弗为。

(3)各该国政府应分别于其预算及当地情形所允许之范围内,以银币替代低值之纸币。

(4)本决议之一切规定,应遵守下列之例外及限制:如(1)段所建议之协定,至 1934 年 4 月 1 日尚未生效,则本决议所规定之各需要,亦即消失。且无论如何,此种规定之各需要,决不能延展至 1938 年 1 月 1 日以外。

各政府可采取关于其银货之任何必要的行动,以阻止其银货因生银价昂,各该银货中所含银量高过于各该银货名义的或标准的价值,以致向外流出,或私被销毁。又因印度及西班牙政府或愿意出售其所储存之银之一部分,并因产银大国如按照协定所规定,吸收生银以与此项之出售相抵系与印度及西班牙有益。又因由货币所得之银之出售量,按照协定所规定之限制,系与第二条中所指名各产银大国有益。复因出售由货币所得之银,按照协定所规定,以购买相抵,冀使银价得切实之稳定,系与中国有益。兹爰由各当事国订立协定如下:

第二条　澳大利亚、加拿大、美利坚合众国、墨西哥、秘鲁各政府,于本协定之存在期内,不再售银。并应自 1934 年起,每年自各该国矿产之生银以内,统合购买,或以其他之布置,由市面收回,三千五百万纯盎斯。至各该国在该三千五百万纯盎斯中,各应购买或收回若干,应另由协定规定之。

第四条　中国政府,自 1934 年 1 月 1 日起,四年之内,应不将其由熔毁货币所得之生银出售。

第六条　各关系国政府对于履行本协定节略之各办法,所有一切必需的消息,应彼此互相通知。

第七条　于受第八条规定之限制下,各当事国在本协定节略上所允认之义务,系以其他各当事国实行其允认之义务为条件。

第八条　本协定节略,须经各关系国政府批准。批准文件,应于1934年4月1日以前,交由美国政府保存。如一切批准均系于1934年4月1日以前收到,则本协定节略应即自一切关系国之批准均经收到之日起生效。

任何政府,如通知已采取必须之积极的行动,以实行本协定之目的,则此项通知,应即视为批准文件,但若第二条中所列举之各国政府中有一国或一国以上之政府,在1934年4月1日尚未批准本协定,而该第二条中所列举之其他国家的政府之已经批准本协定者,通知其他批准本协定之各国政府,谓彼等对于第二条中所规定之银之总量,已准备统合购买,或以其他之方法收回者,则本协定仍应于该日生效。

又美国政府,应请其采取必须步骤,以为完成本协定之计。为资信守起见,下列签名者,已将本协定节略签字,1933年7月22日订于伦敦。正本一份,应即收存于美国政府之档库。

澳大利亚代表	布鲁斯（S. M. Bruce）
加拿大代表	罗兹（Edgar N. Rhades）
中国代表	颜惠庆
美利坚合众国代表	毕德门（Key Pittmann）
印度代表	涉斯德（George Schuster）
墨西哥代表	梭利兹（Eduardo SuareG）
秘鲁代表	吐迭拿（F. Tudela）
西班牙代表	尼古拉·达利裴（Nicolau D'Oliver）

实业部银价物价讨论委员会编:《中国银价物价问题》,第100—104页,1935年
引自《中华民国货币史资料》(第二辑),第112—114页

我国批准白银协定的经过和保留声明

1934 年 4 月 17 日

上述协定节略业于去年（1933 年）七月二十三日由颜代表惠庆暨其他缔约国代表正式签订。但按照协定略第八条的规定，须经批准手续，方能生效。首先批准的为美国和澳大利亚，并由美国政府通知我国外交部，旋由行政院呈送中央政治会议，经交财政组审查。据报告审查结果，认为该协定可如期批准，但为慎重起见，主张于批准时再为下列的保留声明："国民政府批准此约时，声明本政府依据伦敦经济会议钱币及财政委员会第二小组之议决案，对于本国银币之保障，得采取视为必要之行动，以避免银币所含纯银价格腾贵后所发生之流出或销毁，并以缓和银价之涨落。"原案后经政治会议议决，照审查报告原则通过，交立法院从速审议。立法院奉到中央政治会议公函后，孙院长遂将全案交财政、经济、外交三委员会会同审查。审查结果，金谓协定节略既经我国代表签订，并经政治会议原则通过，似应予批准。惟对于政治会议财政组原拟的保留声明，认为该协定（4）款已有类似的明文规定，颇嫌重复；况近来银价已日见上涨，比去年各国签订协定的情形已大有不同。因为美国罗斯福总统去年十二月二十一日所颁批准白银协定布告文内，曾正式声明美国政府当于四年期间内，每年至少要购进白银二千四百四十二万一千四百盎斯，并规定很高购进价格，即政府每购白银一盎斯应付金币银一元二角九分，铸币者对于这样的重价得扣除百分之五十的铸币税及其他手续费，但售银人每售银一盎斯，仍可得等于金币四角的净价。按当时市面的金银比价为六十五与一之比，而美国政府购进的价格则约等于五十一与一之比，所以各银矿所有人可获很厚的利益。且新近报纸传来，美国国会方面，更想通过议案向国际市场购买若干万万盎斯以上的巨量白银，欲利用货币政策使美国一般物价达到1926 年的水平线为止，即所谓货币回涨政策。这种议案如果成为事实，将使国际的金银比价发生激烈的变动，而达到所谓十六与一之比，亦未可定。美国代表白银利益者的这种狂妄主张，不啻根本违反白银协定开宗明义第一段所谓"应设法协定减少银价之涨落"的精神。所以立法院方面认为我国批准该协定时,应为进一步的保留声明,以防我国将来独受片面的束缚,而他国则可以自由行动。所以大会讨论结果,曾通过一保留声明如下:"中国政府批准此约时,声明因银币为中国本位币,倘遇金银比价或物价发生变动至中国政府认为足以妨害中国国民经济而与本协定安定银价之精神不合时,得自由采取适当之行动,'不受本协定之限制'。"后来政治会议接到立法院的呈复,又经过一番讨论,才议决采用立法院议决的保留声明,但主张删去"或物价"及"不受本协定之限制"等字句,一面送国民政府批准该协定,一面将删除的字句交立法院复议。立法院复议的结果,对于删去的字句认为无关宏旨,已表示同意。这就是白银协定批准经过的大概情形。

陈长蘅:《白银协定之由来及其与中国之关系》,上海《银行周报》1934 年 4 月 17 日

引自《中华民国货币史资料》(第二辑),第 114—116 页

宋子文致布里特电[①]
——希美国政府对于中国即将提出要求借款的提议予以善意考虑

上海,1935 年 1 月 1 日

我之所以插手参与货币及财政问题,实由于这方面情况过于严重。我认为,经济尤其是货币情况所面临的不可避免的危机,可能在 3 月或者 4 月,肯定在 6 月以前,就要发生。当危机到来时,银行制度将被破坏,国家将被迫流通不兑现纸币,政府财政将完全瓦解,从而对中央政府的权力带来灾难性的后果。

在其他国家和在其他情况下,货币的崩溃虽然不幸,但不致如此严重,但在一个组织不健全的国家里,而又当日本为了要控制中国,目前正逼着摊牌的时候(这些事实你一定充分了解),届时中国政府就只能

---

① 此电系当时宋子文拍给回国述职的美国驻苏大使布里特的,其副本已由布里特转送罗斯福总统和国务院远东司司长——原注。

进行选择,要么在苛刻的政治经济条件下接受日本的借款,要么就面临着事实上在日人庇护下各省政府使用各种不同货币的情况出现。既然我已预测到这一不幸事件,自然我对即将来临的危机深感不安。

鉴于对中国和世界的迫切危险,希望要求美国给予借款的提议(正由驻美公使施转交),首先让中国将其货币联系美元,来避免即将到来的危机;其次,将节余的一部分存银用来满足美国的需要。希望能得到对中国现政府的命运或其经济福利有更大同情的考虑。

FRUS,1935,Vol.3,Far East,pp.532-533

引自《中华民国货币史资料》(第二辑),第132—133 页

中国驻美公使馆致美国国务院非正式备忘录
——由于美国抬高银价,中国面临严重的财政金融危机
1935 年 2 月 1 日

中国政府原认为已将此间情况说明,但是由于 1 月 26 日的询问,将截至现在止的一些资料综合起来,作为以前供给的补充。

中国政府由于美国白银政策对中国经济和财政情况所发生的影响,在去年一年内感到极大的烦扰。2 月 16 日关于批准为了稳定银价的伦敦白银协定,中国政府曾通过美国驻上海总领事将以下的意见非正式地通知了。

中国完全同情伦敦白银协定对稳定银价的意图,孔部长个人极力主张批准,但尚待决定中。因为中国的通货是白银,中国对有关白银的价格和国际汇率一切办法,当然感到极大的关切,但自然无意干涉纯粹属于美国内政问题。根据此间的报道,可以看出,任何使中国币值上涨的行动,使与其他货币脱离关系,尤其是与世界商品脱离关系,必然导致中国的通货紧缩,进一步减少它已经下降的出口贸易,从而损害了它的购买力,造成大量白银出口的趋势,作为清算支付逆差的必要手段。因此,为了中国的重大利益,我们希望在拟议一切有关白银办法之前,而这些办法可能严重地影响中国的通货和汇价,应先与中国政府进行

磋商。

再者，紧接着在 8 月间，美国公布白银国有后，中国政府就提出了下面的通知：

中国代表们在 1933 年 7 月的伦敦白银协定上签了字，中华民国国民政府又在最近批准了这个协定，但附一谅解，即这个协定主要是为了保证银价的稳定，因为大家都想到银价将受到印度和西班牙两国政府大量存银的威胁。在协定序言中并曾提到，为了达到有效的稳定，根据本协定购进的白银，可以抵销从货币存量中售出的白银，这对于中国是有利的。

在 1934 年收购白银法案下，现在的情形好像白银价格的稳定和中国的利益所受的威胁，比以前潜在的抛售者的威胁并未减少，为了使中国适当的保护它的通货，这些通货近来大量流出国外已到了惊人的程度，中国对美国将来购银的大概政策，极希望能得到一种指示。

这些观感并附以事实证明，已在 10 月 5 日递交美国公使的备忘录中详细说明了。而且全部消息已供给了此间的罗杰斯（Rogers），并以后随时供给了美国财部代表、商务参赞和驻沪领事等，相信美国国务院和财政部都可加以利用，不过仍应提出下面的声明：

（1）1934 年白银净出口量，不包括走私，为二亿五千七百万元。其中六分之五是从收购白银法案通过后至 10 月 15 日止不到四个月的时间运出的。当时中国被迫实施限制，来从非常的外流中保护通货的准备。1934 年的白银出口量为以往最高纪录 1907 年的五倍。

（2）上海白银存量由 1934 年 6 月底的五亿四千四百万元降到现在的三亿一千二百万元。其他主要集中点的存银也比例下降。

（3）在去年 7 月以前，银根颇松，供应充足，但是随着白银外流，银根乃极度紧张。自 1934 年上半年以来，利率由一般钱庄向顾客所索取相当于年息六厘，上升到 1 月 1 日的二分六厘。为了供应新年清算，国家示范开了较低的利率行情，但这并不代表真实的好转，因为不管用什么抵押品，按任何利率，借款几乎是不可能的。银根奇紧的结果，便导致出售外汇以期得到现金,远期的还须贴水。这样,便造成了昨天一月期借款的年利到达了二分七厘四毫。

（4）尽管世界一般的趋势是走向复兴,中国的局势在过去六个月中,更惊人地恶化。现在的情况是萧条开始后的最低点。1934 年下半期的对外贸易总额,比上半期下降了百分之十六。虽然贸易逆差已经减弱,但过去三年来黄金和白银的外流,使得这里的局势非常不安,除非对造成非支付逆差的条件能够加以抵制。自去年 7 月以来,政府和实业债券下降了百分之十,上海中心地价下降了百分之十五,工业证券下降了百分之七,商业倒闭在各处蔓延,包括许多重要工商行家。

近来政府通过中央银行、中国银行和交通银行来支援一些银行和企业,防止事业再增加而全部崩溃。新年决算只及平时的一半,因为银行深恐如压迫过甚将导致更多的倒闭,在这个时期可能造成广泛的崩溃。其结果是,尽管他们有自己的困难,银行不得不允许借款转期,即令有些是濒于破产的。为了使银根松动和维持新年结算的信用,政府不得已宁受百分之十九的损失,和财务情况许可下由香港运进小量的白银。但是这个受了伤害的信贷结构,以及由于白银外流所造成的过分利率,将对商业起破坏作用。

（5）银根紧,损害了政府财政收支,使得银行放款几乎不可能。税收,特别是关税,感受到目前趋势的严重的威胁,建设计划也受到阻碍,例如接通杭州和宁波的铁路重要桥梁的债票就不能发行,虽然工程是包出去了。

（6）种种迹像证实,上涨的通货价值,就中国来说,实为灾难,因为它带来了通货紧缩。关于带有统计数字的详细论点,请参看实业部委员会的新近报告。卜凯有一初本,但只包含着到 1934 年左右的数字,自彼时情形更加恶化了。

《中央银行英文档》,引自《中华民国货币史资料》(第二辑)第 116—118 页

2. 中国向美国寻求援助以实施币制改革

中国驻美公使馆致美国国务院非正式备忘录
——向美国提出要求售银和给予贷款
以便实行不兑现纸币的货币体制
1935 年 2 月 5 日

　　中国对美国因执行收购白银计划在中国所引起的困难,正加以考虑,非常感谢。但是中国政府感到在目前状况下,任何公开的白银市场的现价或较高价,都不可避免地要导致极大部份的中国通货准备,将通过合法的和非法的出口而丧失掉,其结果将导致通货混乱,以及国际范围的社会和政治上的纠纷。中国不可能提高汇率与国外银价平衡,而同时又不能防止灾难性的通货紧缩,并保持白银准备在目前的基础上。由于银价的不稳定和受美国购银的影响所造成的中国白银外流,使人民对通货丧失信心,而发生疑虑,使得对外、对内贸易都遭到毁灭,严重地损害了政府的税收,尤其是当政府想用尽力量排除南方各省的共党威胁而统一全国的时候。

　　因此,中国曾经考虑如何才能调整它的通货和财政政策与计划,使其适应美国的政策与计划,从而调和两国的利益。因此,中国觉得除寻求可能的办法,放弃它单独保持白银本位,而采用金银合用的新币制体系外,别无选择余地,而企图将这种新币与美元发生联系,以期从目前的由于白银本位所产生的汇率不稳定情况中摆脱出来。

　　如果中国想逃避这个极端困难的局势,而平安地向新币制体系过渡,以期无需经过一个可能相当长的时期,发行不兑换纸币,从而严重威胁了对内经济稳定(暂时抛开对外一面不谈),则美国的合作实属不可少的。中国政府希望美国政府在与中国进一步协议以前,能先按照1月21日所提出的备忘录采取行动。这样,中国可以帮助美国政府获得它所需要的白银,而另一方面可以从美国得到对通货改革的支持。

为此,中国简要地提出下面的计划:

(1)在目前的情况下,假定关于收购程度、交货年限及出售价格等项,双方能取得同意,中国愿意供应美国在收购白银法案下所需要的白银。如能予以时间和便利来收集充分的白银到政府手中,中国可以从全国贮藏中供应美国的全部需要。拟建议第一年中国出售二亿盎斯,中国保留五千万盎斯伸缩之权。以后的供应可视美国政府对它的需要程度再行安排。价格或按逐步上升的标准决定,或按高于现价的标准一次决定,这要取决于美国收购的速度和其所预期的提高银价的数字。

(2)将全国通货在短期内由银本位变到与美元联系新通货,需要立时可以利用的资金,以便在过渡时期可以建立信心和打下新通货的基础,以保障新通货不受因中国白银汇率对世界商品和主要外币的水平失调所引起的支付逆差的影响,这些资金可以进一步弥补中国经济的严重损失。去年损失了二亿六千万银元的准备,加上走私,使得中国金融市场极度紧张。

通货专家估计所需的资金最低数是一亿美元的借款或长期基金,此外还需要一笔同数的备用贷款,以将来交货的白银作抵押品,需要时随时支用。这样,才可毫无问题地保证了通货改革的健全。我们希望这笔信贷资金可以完全不必动用,因为我们的改革是以美国合作为基础的,而白银困难的解决,本身就获得了一般的信心。

(3)必须指出,上述的计划是以一可行的通货计划达到最后协议为条件的。

中国政府诚恳地希望,上述各点得到赞同的考虑,以利于白银困难的解决和贸易的发展。

《中央银行英文档》,引自《中华民国货币史资料》(第二辑),第133—134页

赫尔致施肇基照会
——答复中国所提白银计划纲要，并建议与对中国币制有兴趣的国家接触，共同解决

1935 年 2 月 19 日

国务卿谨向中国公使致意，并表示荣幸地收到了 2 月 5 日贵公使的两件照会。其中的一件，贵公使转达了南京财政部长孔祥熙博士有关白银计划纲要的来电内容；在另一件里，贵公使对此表达了某些观感。

在计划纲要里，中国财政部长建议：成立一项协议，由中国供应美国政府在白银购买法案下的需求，其数量、交货年限和白银的售价可由中、美两国共同协商。鉴于中国正在考虑有必要放弃中国单独保持的专用银本位，而采用一种包括金银并用的新币制，并拟把中国的通货与美国的通货联系起来，建议：（一）美国借给中国一亿美元；（二）并以将来提交的白银作抵给与中国一亿美元的信贷，以备需要时随时动用。上述的计划以对一个切实可行的通货计划达成最后的协议为条件。

兹议复如下：美国政府考虑到过去四十年内所制订过的各项计划，所提出过的各项提议，所讨论过的各项可能的安排，和所缔结过的各项试验性协定的这些历史过程，并考虑到当前国际关系中的各种因素，美国政府感到尚不可能与中国达成一项如上述计划纲要中所提出的协定。但是，如果在进一步考虑之下，中国财政部长认为，适当而将上述扼要提出过的计划同时向对中国财政问题，特别是对中国的币制改革表现极大兴趣的几个外国政府提出来的话，则美国政府准备与这些接触过的其他政府和中国政府合作，来探索共同给予中国所企求的援助的可能性。

FRUS,1935,Vol.3,Far East,p.539

引自《中华民国货币史资料》(第二辑)，第 135—136 页

孔祥熙致施肇基电
——向美表示中国白银外流更加严重
1935 年 2 月 23 日

在静候美方答复之前,拟不说明固定时期,但如果你认为适当,你可声明我们愿供给由改革币制所剩余的白银,不过这需要五六年的时间来收集和交付。同时声明,为了顺利过渡,借款是有必要的。美国是否清楚地了解白银收购造成了我们现在的困难,而这些困难在一年前我们申诉之后更为发展,以致白银外流情形更加严重。但我们在听候美方答覆中,仍然克制自己。在 10 月 14 日以前,约有两个月的时间,对出口未加限制。如果美国政府考虑到有和邻邦发生纠纷的可能,我们相信,解决方案是可以找到的。

《中央银行英文档》,引自《中华民国货币史资料》(第二辑),第 136 页

孔祥熙致施肇基电
——希美国原则上赞成中美间大量金银交换,
收购白银不要影响中国币制
1935 年 3 月 4 日

如你完全同意,请陈递下面的文件,否则暂留,并电告意见。

中国公使很荣幸地收到了美国政府 2 月 19 日的照会,征询中国政府是否考虑过同时对有关中国金融问题的计划感到兴趣的各国政府,包括美国在内,提出这一问题。

中国政府冒昧地指出:美国对中国现在财政和经济的困难问题,由于它对白银的利益和行动,产生了特殊关系;它保持了大量黄金,现又寻求更多的白银;别国政府已经非正式地表示,他们认为先与美国取得有关白银的某些谅解,是解决中国金融问题的先决条件。因此,中国政府为了应付面临的问题,在寻求切实可行办法上采取进一步的步骤时,极想确知美国政府——为了使中国顺利地安全过渡到新币制基础——在原则上是:(1)赞成在中美两国间的大量黄金与白银的交换

计划;(2)准备在合理的过渡时期指导白银收购,不致进一步使中国的货币制度趋于紧张。有了这样确实的保证,其他的协商才有成功的希望。

《中央银行英文档》,引自《中华民国货币史资料》(第二辑),第 136—137 页

孔祥熙致施肇基电

——鉴于美国实行白银政策,应先寻求美合作

1935 年 3 月 5 日

供你的参考。政府认为,由于美国政府白银计划对我们的困难有特殊联系,我们应先寻求美国的协助。我们希望能找到一个彼此有利的共同立场,同时又可避免国际政治纠纷。如果先去求诸别国,则相抵触的经济和政治利益,不但将使急需的解决方法推迟,还将招来一些别的意见,而对这些意见也就不得不加以考虑。这将有可能带来要求采用某一个特殊建议而排除其他建议的压力,并为之开辟道路。

《中央银行英文档》,转引自《中华民国货币史资料》(第二辑),第 137 页

3. 中国向英国求援及英国关于各国共同协助中国币制改革的建议

贾德干①致西蒙

南京,1934 年 12 月 3 日

银出口税。

我在香港期间,汇丰银行及渣打银行的人曾来找过我,他们向我反映中国政府采取的措施不但引起了外国银行的反感,还未能奏效(限制

---

① 贾德干(Cadogao),时任英国驻华公使。

白银出口），这也是一流的中国银行家们的看法。

今天早晨，我看到了汇丰银行上海办事处发来的电报，电报中称贝（中国银行总经理兼白银出口税管理委员会主席，Committee administering silver export duty）建议，汇丰银行和渣打银行帮助该委员会向伦敦借贷以控制外汇，这个计划很有可能是代表中国政府提出的。他们希望通过这个方法，逐步废止（白银——译者注）平衡税，乃至最终取消（白银）出口税。他们认为可能需要三百万到一千万英镑的贷款——所有细节自然可以由伦敦的银行定夺。

除非确信此计划得到外交支持，否则汇丰银行是不愿往下细致地考察这项计划的。我表示，鉴于此计划可认作是由中国政府放出的讯息，如果两家银行认为其可行的话，我会建议您授权我将外交部的支持转告他们。

我于 12 月 3 日晨到达上海，盼示复①。

贾德干致西蒙

上海，1934 年 12 月 12 日

有关我的第 66 号电文。

第一部分

汇丰银行的各位经理、中国银行张嘉璈及贝祖贻先生的秘书，以及浙江兴业银行（National Commercial Bank）的徐新六，都曾为了国内的

---

①　在 12 月 4 日的一个记录中，哈里森先生（Mr. Harrison）同意贾德干爵士的意见，认为从财政部的角度看汇丰银行应当获得充分的外交支持："事实上，如果我们以技术以外的理由否决这个计划的话，可能使中国人反感。"奥德先生（Mr. Orde）同意将这份电文发给财政部以便他们加以考量，但是他们 12 月 6 日复文表示，这个贷款计划因需"慎重考虑"而"无法立即回复"。12 月 8 日贾德干得悉，指令将尽快发出——原注。

参见本书译出的"贾德干（上海）致西蒙（1934 年 12 月 12 日）"及"外交部致 A. 贾德干（北平）（1934 年 12 月 27 日）"两份文件。

金融状况前来找我。他们都认为,现在的事态给货币的稳定带来严重的焦虑。中国银行家们认为灵活税收制度并未见效,并且由于人为维持国内汇率与国外银价的差异鼓励了白银外流。在白银走私国外的问题上,大家意见不一。中国银行家承认,尽管白银外流比起十月份新税收制度实施以前的规模要小,但除了合法纳税的白银外,每月还是有三千万美元的白银流出,而新税制就是从抵制走私着手来解决收支平衡问题的结果。上个月,也有大量白银被从上海运往内地。一定程度上说,这是与购买农作物相关联的季节性行为,但是关于这些白银被囤积起来的担心也是有道理的。也有大量白银被运往中国南方,尽管署理海关总税务司认为这些白银中的大部分是用于其它更加合乎法规的用途的,但毫无疑问,运往香港的走私仍大范围存在,而大量白银从这个殖民地流向国外。中国政府对这个问题的焦虑可以从其请求香港对出口实施禁运的举动中看出。中国国内的银行最近将年利率提高至14.6%,在流通及信贷领域白银普遍缺乏。尽管中国银行家们声称,他们的纸币发行仍有充分保障,但中国和英国的银行家都担心此事态将迫使中国实施不兑现纸币制,这将给经济、政治带来严重后果。此外,大家还担心财政部长着手实施通货管理政策后,可能会采取诸如贬抑货币等更加严厉的手段。

2. 上文提到的中国银行代表向我解释了他们与汇丰银行的亨奇曼和渣打银行制订的计划(我得知后一家银行的总部并未明确其意见),尽管大家已充分认识到根本的解决办法只能是恢复合理的国际收支,但这是临时性地解决现状的唯一有效办法。具体计划详后。银行家希望,陛下在中国的代表可以拿到一份官方的担保,保证无论是以税赋还是禁运的形式限制(白银——译者注)出口,他们在上海收取的偿还伦敦英镑信贷的白银能不受规定的影响。

3. 汇丰银行的经理告诉我,这种操作的性质与那种要求将收益运出英格兰的对外贷款不同。他们将伦敦的资金交由中国政府处置,这是普通的银行交易的结果,并且严格来说这些资金需要重新兑成负债方的货币。它们不能被作为用于在英国投资的资本,并且绝对不能充当这类资金,除非能让制造商通过出口商品在短时间内收回资金。此计划旨在调节贸易平衡,目前而言无需将白银运至英国,也是对英国有利的。如果这个举措被验证是不成功的,那么就有必要将白银运走,但是无论如何不能从伦敦支钱。

4. 当我 12 月 3 日在此第一次见到财政部长时,他提到白银的状况,并故意表现得不在乎某些方面表示的忧惧。他表示有人大造反对政府举措的舆论,但是正像我所做的那样,他建议我见见中国的银行家们。12 月 7 日在其家中晚餐时,他询问我他们说了些什么,我回答说,对于目前状况及其最终结果,他们似乎与英国银行家有着同样的担心,并且他们将为了解决问题而与后者制订的计划告诉了我。英国银行家询问我这些计划是否能获得英皇陛下政府的充分外交支持。我回答他们,我必须询问英皇陛下政府对此的意见,而除非我可以表明这个计划的确是中国政府发出的,否则这个支持的允诺似乎不大可能出现。我告诉他,英皇陛下政府的态度一向是,若中国政府现行政策是依据美国政府而设定的,则完全由中国自己做主,而英皇陛下政府不会加以干涉;而在我直接对这些建议表示支持时,我必须知道它们的背后推动者是不是中国政府。

5. 财政部长不肯就此明确表态,只是表示他非常希望中国和英国的银行可以合作,并且他已指示自己的银行尽力而为,并且根据英国银行的意见改进方案。他请我也这样推动英国的银行。我再次表示,除非我向他们保证获得英皇陛下政府在外交上的充分支持,否则英国银行可能不会认为值得将这些讨论进行下去,并且在决定配合此计划之前英国政府想要知道中国政府的态度。但是他仍不肯放弃,并表示他只是要求我推动英国银行家协商出一个满意的议案,就像他对本国银行家所说的那样。一旦他们制定出更加明确的议案并提交给他,他将即刻通知我,(中国政府)批准议案,我也可以通知他(英国政府的意见——译者)。

6. 我建议英国银行家们进一步与中国同仁们磋商,以便财政部长批准具体的方案,但是如果你们能提前告诉我对此项动议的看法,以及在推动中国政府接受议案方面我应该使多大力量,我将会非常感激。尽管我没有资格对此计划的施行前景发表意见,我已表明有关计划的细节及……①全权由银行家们负责,我确信,它代表了英国方面为解决令人焦虑万分的现状、避免可能严重威胁英国在华贸易与投资的后果,深思熟虑后作出的努力。财政部长显然完全清楚计划的附带条件,我猜想他只是在拖延时间。这个计划一旦公布,他可能会觉得有些丢脸,因为这等于承认其政策的失败,他也许会制造假象,表明是中国银行家们迫使其这么做的。他可能仍然认为能够得到一大笔贷款,而这些建议会降低这个可能。正如你所知道的那样,在所有金融问题上,他几乎都被他的(外国?)顾问牵着鼻子走。这可能对这个问题没有直接影响,但是有理由相信如果这种援助不能从英国银行获得,也能从美国银行业得到。也很有可能是日本人已听说了这个计划,并提出反对意见②。

同时送至北平。留香港存照,香港商会,使团,上海。

DBFP, Second Series, Vol. 20, pp. 366–369

---

① 此处文字不清——原注。

② 外交部认为,所提交的贷款计划的价值只能由财政部来评估,在 12 月 14 日致北京的电文中,贺武先生(Mr. Howe)被要求"要避免给人这样的印象,使人完全相信任何有关这些问题的计划都能得到英皇陛下政府的批准"。同时,张伯伦先生也在考虑此事,12 月 12 日外交部收到了财政部发来的信件,由于意识到英皇陛下政府可能紧急要求就中国白银危机做出建议,财务大臣提议设立一个跨部门的委员会来考量这个问题。要求外交部也指派一名代表参加:事实上,艾什顿-格沃特金先生和 J. 普拉特爵士都参加了于 12 月 9 日举行的这个委员会的第一次会议——原注。

贾德干致西蒙

北平,1934 年 12 月 27 日,12 月 28 日上午 11 时收

下文由商务参赞发来:

1. 我已与亨奇曼和穆里(Murray)就此交谈过。

2. 我了解到,尽管人们也设想过各种其它的提议,例如在保证英国银行能够从香港银行自由地向中国银行借款,或者由后者以实体白银的各种形式作为担保,但是黄金借贷的计划还没有任何达成协议的可能。据闻,中国银行家亦向美国银行家提出黄金借贷计划,几乎未作改动。

3. 亨奇曼在过去的两天里分别见过财政部长和宋子文,他极为秘密地告诉我,前者已表明他已将全权授予宋子文,他可以采取任何缓解现状所需的措施。为了复原货币,宋子文提出了一项两千万英镑的借款提议,其担保是退回的庚款和包括英美烟草公司所支付的卷烟综合税在内的其他收入,据称这些收入可达到每年三千万英镑。亨奇曼已将建议发报给正在香港的格拉汉姆(Graham)。宋子文告诉亨奇曼,如果没有其他的来源,他们可能被迫接受来自日本的援助。这与财政部长 12 月 17 日所说的话一样。亨奇曼认为这是个好现象,说明财政部长已放手让宋子文做事,并且中国银行家们似乎也不再认为后者的复职在政治上是不可能的。

4. 这里的情况十分紧急,商业萧条,进出口皆有所减少。据说,由于白银短缺,中国的银行的地位不稳,除非有外国帮助或其他重树信心的手段,它们可能会被迫宣布延期偿付。12 月 19 日财政部长在新闻采访中否认了有关通货膨胀及中国元贬值的传言,称其毫无根据,尽管如此,声明的措辞(至少在英文译文中)却试图显得这样的事情是预期之中的。

(发至北平,第 138 号,12 月 31 日。复件发给使团,存档。)

外交部①致贾德干

1934 年 12 月 27 日②

关于你的 66 号③、74 号④、772 号电文。⑤

据悉,中国政府目前还没有具体的提议,我们一致认为你现在不能采取实质性的行动。请继续将事情的最新进展完整地告诉我。

需要告诉你的是,我们觉得很难准确地掌握各家银行制定的这个计划,但是在我们看来他们的态度似乎深受一些中国银行的影响,其中包括中国银行,它在 10 月 15 日政府突然征收白银出口税、降低汇率之前处于白银过度外流的状态。

中国政府通过中国银行的代言人提出英镑借贷方案,显然是为了使外汇平市委员会(the Equalization Committee)能够控制银行过度售银的状况,并进一步通过自由地出售外汇的方式,逐步抬高汇率,降低出口税。

如果我们理解得正确的话,这个计划除将中国银行从白银大量外流的局面中解救出来,唯一的可能就是意味着中国将回归完全的银本位制,中国货币将在美国购银政策之下重新升值。这与我们构想的新政策大为不同——在我们看来这也与中国的利益相悖——中国银行家们提出这样的建议着实令人吃惊,他们显然是指望着他们的财政部的安排。

你应当知晓,万一有任何关于英镑借款或信贷的进一步建议提出,

---

① 西蒙爵士于 12 月 23 日到达巴黎,在当晚前往法国南部的戛纳度圣诞之前,他在巴黎与拉瓦尔先生(M. Laval)作了一次谈话——原注。

② 根据已归档的文件,这封电报是在 12 月 22 日下午 6 点 5 分发出的,但是在远东司三秘 J. 查普林先生(Mr. J. Chaplin)的记录显示事实上电报直到 12 月 27 日才发出。这封电报在中国白银委员会(the Chinese Silver Committee)开会后,由财政部草拟的,是在 12 月 21 日随一份概要发至外交部的。

③ 第 198 号。即上文所录"贾德干致西蒙(1934 年 12 月 3 日)"

④ 第 203 号。即上文所录"贾德干(上海)致西蒙(1934 年 12 月 12 日)"

⑤ 第 204 号。

我们目前既不能把中国提出的外债计划当做实际的政治运作,也不能指望着获得财政部的同意。我们认为,短期以输出的白银作为担保的银行信贷涉及资本输出,也同样需要经财政部同意。日后,中国或许会提出将借款或信贷作为全面而理性的货币改革方案的一部分内容提出来,我们并不排除这种可能,那样的话财政部或许无需顾虑其价值,但是显然这种可能性还很渺茫。此外,任何借款或者信贷的动议在实施过程中,都可能会引出棘手的问题,诸如日本、美国或者整个银行团的地位问题。这些困难目前还未加以斟酌。

DBFP, Second Series, Vol. 20, pp. 372–373

孔祥熙致施肇基电
——中国向英洽商借款经过
1935 年 2 月 9 日

下面是供你个人秘密参考的消息,并为你在美国当局得到消息,提出质问时秘密斟酌使用。

关于对借款的试探,是由海关总税务司在我的指示下,在伦敦开始接洽的。后来的谈判,则由贝祖诒和李铭在上海与汇丰银行继续进行,而现在则由宋子文接办,摩列特可供给有关的消息。汇丰银行经理本星期由香港来此,彼极盼望借款成功,而且为他自己银行着想,也想使中国保持自由银本位。另一方面,英国财政部虽也知道这些谈判的经过,但对这个计划不抱信心,理由是在银本位基础上要求得到根本解决是不可能的。谈判暂时停顿,等候与美国达成谅解的努力,而且谈判还在初步阶段,如果继续进行,英国最后或将提交国际银团。相信美国会重视中国愿意继续谈判的观点,因为这有助于渡过难关,或有助于今后整理内债,并取得供重建用的信贷。

《中央银行英文档》,引自《中华民国货币史资料》(第二辑),第 135 页

英国驻美大使馆致美国国务院照会
——外国对华贷款均不能消除中国当前的货币危机
华盛顿,1935年2月25日

1. 中国的货币困难,显然是首先由于面对着目前银价高涨,中国元能否维持白银兑现一事,缺乏信心,和随之而来的资金外逃;其次就是中国国际收支的逆差。这两个原因引起了运出白银的欲望,继之以走私和窖藏,从而发展到向银行挤兑。外国借款并不能永久地消除这些困难,一俟借款用罄,目前的困难将会重演,而又加上了外债的新负担,可资利用的担保品又将为此无长远利益的借款而抵押掉。

2. 有人认为,借款可使中国回到自由银本位,但这意味着中国元的价值在目前至少得提高到相当于一先令八辨士(合四十美分)的水平,而且尚不能保证其不再继续上涨。英王陛下政府不能不感到,中国随之而来的内部通货紧缩和其出口的停滞,在世界物价没有相应上升的情况下,必将产生严重的后果。

3. 英王陛下政府担心的是,一笔外国借款在其用罄之前,将被白银投机者和出售者,当作是一个赶快运银出口的机会,这样将使本想避免的不幸更会加速到来。

英国的经验是:除非首先消除造成外汇危机的这一根本原因,否则,任何只图通过外国借款来维持岌岌可危的外汇状况经常总是要落空的,1931年英国的情况就是如此。

FRUS,1935,Vol.3,Far East,p.542

引自《中华民国货币史资料》(第二辑),第161—162页

贾德干致中国外交部备忘录
——英国期望与美日法等国协商共同解决中国财经问题
1935年3月8日

由于银价上涨所引起的中国的困难,在伦敦对解决这个问题的许多建议的方法,经过长时间考虑的结果,联合王国英王陛下政府觉得与

最有关的国家全部地和坦率地交换意见应当不宜再推迟了。英王陛下政府已通知中国政府，他们对上述的这些补救方法，不得不加以劝阻，因为他们相信，这些方法并非真正的或持久的良药。但是这个异议，并不意味着英王陛下政府对中国的经济和财政困难漠不关心。相反的，这些困难使英王陛下政府感到深切忧虑。他们的强烈愿望，就是如何与主要有关国家合作来帮助中国。

因此，英王陛下政府，如上面所述，说明了他们的态度，并已采取行动，将最近的建议提交日本、美国与法国。在与这些国家的政府讨论之前，英王陛下政府将乐于知道中国对此有何意见或建议。

英王陛下政府在远东的一般政策常为一个愿望所影响，即中、日两国之间的一切纠纷，应用和平解决方式，保持两国间的和睦关系。英王陛下政府相信，从主要有关国家一般利益的广大观点来说，这是唯一可能使远东局势趋于缓和的基础。这是极为重要的，无此，就没有可能使这些国家面临的任何重要问题得到圆满解决。举例来说，除非对中国的计划能对这种缓和有所贡献或成为其一个组成部分，否则，任何解决中国财政困难的计划，都不会是满意的。因此，英王陛下政府的观点是，任何帮助中国的计划，除了技术完美外，还必须在实施时能得到其他国家友好的同意。英王陛下政府为此急于想知道中国政府有关对处理此事的最好方法的意见。

《中央银行英文档》，引自《中华民国货币史资料》（第二辑），第 162—163 页

孔祥熙致郭泰祺电[①]
——我国向英美商洽借款情形
1935 年 3 月 25 日

密。

由于对中国财政协助的国际合作谈判正在进行，我简略地把白银

---

① 原电无收件人，但从语气推测，可能是发致当时驻英公使郭泰祺的——原注。

和借债谈判情况告知你,供你斟酌应用,以便澄清可能产生的混乱。

(1)中国政府对由于美国白银的动荡所导致的财政整顿仍继续予以密切注意,又当批准伦敦白银协定时,中国曾在 1934 年 2 月提出照会,表示应避免由可能实施的美国白银政策对中国利益的危害。

(2)我趁总税务司在伦敦之机会,请其探听大借款之可能性,以便彻底整理公债,偿还延付之债券和改革币制。这个计划预计得到国际财团的合作,因之,总税务司后来又在巴黎和纽约进行磋商。这个计划,在伦敦未被接受,因为一则规模太大,二则与英国财部的规章也有抵触,而在纽约也没有得到支持。

(3)随着美国白银固有的政策,中国曾向美国郑重地指出,这一政策带来的将不是银价稳定而是银价提高的危险。随后又建议以白银交换黄金和美国的信贷,以便进行币制改革,而以双方关于可实行的改革计划能取得最后协定为条件。

(4)去秋上海危机发展后,私营银行方面曾与汇丰银行进行磋商,期望得到借款或信贷来支持银本位的市场。汇丰银行愿得到政府对此计划的保证。虽然我怀疑这对银本位有永久解救的可能,但是由于局势的严重和对美谈判的可能拖延,我请宋子文先生继续与汇丰磋商,不过任何建议的计划必须得到政府的批准才能执行。这些磋商,直到英国财部也认为这对银本位不可能有持久的改善时,也就停顿了。

上电已抄致华盛顿,副本亦送交沙尔德(A. Salter)①先生。

《中央银行英文档》,引自《中华民国货币史资料》(第二辑),第 137—138 页

孔祥熙致施肇基电

——币制和借款计划须俟各国专家到此后拟具细节,促美速派专家来华

1935 年 5 月 3 日

密。具体的币制和借款计划已准备多时,但尚未提出,因为拟先与

---

① 沙尔德是当时全国经济委员会美籍专家——原注。

英国私下秘密商议,以取得他们的支持。由英国公使处得知,他们不愿单独商议,觉得有必要将我们任何通知的东西转告其他政府,所以,不能将整个计划全盘托出。因为泄露机密的危险,将导致金融市场的灾难和其他可能的障碍。因此,最好的程序似为先与有关政府派遣的专家将细节拟出,尽管这些政府不完全满意。请探明美国态度,并盼复。英国公使私下说明,英国政府拟派遣专家至英国公使馆,并建议别国也照如此做,英国政府认为由有关政府个别地派遣的专家,可在这里安静地进行讨论,避免正式会议的困难。虽然对这事进行迟缓感到遗憾,但将照此进行。英国政府又表示,要等待专家到此后,再讨论临时借款。

从官方来源透过私人关系得知,日本政府正考虑单独以足够的信贷来解救现在的局势,但也准备参加国际借款,倘款项是用在公认为某项建设性用途的。请照你的判断,利用上面所述的,来表示我们将尽最大的努力取得一般的合作,但是特别希望得到美国的帮助。主要是:(1)从速按照英国的建议派遣专家;(2)美国财政部准备按照我们 38 及 40 电报购头我们的白银。

《中央银行英文档》,引自《中华民国货币史资料》(第二辑),第 164 页

詹森致赫尔电
——对英国派遣李滋罗斯来华的看法
北平,1935 年 6 月 11 日

参阅 6 月 8 日下午 4 时第 155 号来电。

在今日与英国公使会谈中,他提到派遣李滋罗斯的问题。他说派遣象李滋罗斯这样有声望和地位的人来华,正表明英国政府对此事的重视。英国公使说,他曾将此事通知宋子文和南京政府,宋回答说,指派已经为时过晚。然而英国公使感到,如果中国政府只要平稳度过端节结算的话,他们还可以再支持两三个月。因此,他肯定外国顾问的来华总是有帮助的,他们可以对当地情况进行评估,如果需要提供计划,他们还可相互之间商量,并与中国进行商谈。

英国公使说,李滋罗斯在8月以前不能抵达,英国政府希望美国政府也能派遣同样的专家,以备如有机会,为中国政府贡献某种计划时,可以在场共同工作。

英国政府派遣一位象李滋罗斯这样才干的人来华这一事实,使我认识到,英国政府对中国的财政情况,或者它对英国利益的一般影响,感到严重的不安。英国公使说,他从伦敦得到的有关英国财部的消息是很少的。

我现在仍与4月5日下午4时我在第140号密电中所持的意见一样。哈瓦斯(Havas)一则电讯曾提请注意李滋罗斯的派遣,并把此事与银团联系起来,认为这暗示银团各国正准备采取若干金融措施来救助中国。今天,来公使馆采访的记者,对英国行动的意义和我们的态度感到兴趣,但我未发表任何评论。我料想,短期内日本将有反应。

FRUS,1935,Vol.3,Far East,pp.591–592

引自《中华民国货币史资料》(第二辑),第164—165页

施肇基致孔祥熙电
——因怕美国的白银政策在会上遭到批评,并不拟派专家来华
1935年8月8日(或9日)

在一次宴会上,我遇到美国财政部长……我又问,彼为什么反对派遣专家,他答云:(1)这类有关中国的会议除批评美国的白银政策外,不会作出什么。(2)财政部没有基金。(3)没有适当的人选。我问彼将用何种方式帮助中国。彼云,彼不能以修改收购白银法案来帮助,但是用别的方法是可能的。我问,彼和总统是否仍愿宋来。彼答云,彼百分之七十五肯定,总统仍愿宋来,而总统将同意彼今晚所说的话。我继问,彼是否想到宋来华盛顿将太引人注目。彼答云,请我保密,彼正计划于9月15日乘轮离美,22日抵达里斯本,然后在西班牙各处旅行三星期。他想孔或宋可以在西班牙某地与彼相晤,讨论一切,使彼此都感到满意。我告彼,即将电知国内,并再与彼会谈。国务院最反对财政部

与外交人员会谈,因此我所提到的必须小心应用。

《中央银行英文档》,FRUS,1935,Vol. 3,Far East,pp. 591-592

引自《中华民国货币史资料》(第二辑),第 166 页

施肇基致财政部长电
——与美财长就白银问题便谈情形
1935 年 8 月 8 日(或 9 日)

　　财政部长秘鉴:在一宴会上遇到〔美国〕财政部长。在谈话中彼答复我的问题说,美将不派专家来华。我问何故,彼答云,约十日前他得到消息,中国某高级官员不要美国派任何人。我当云,这个消息不会正确。彼云,彼始终不能了解南京的态度。举例来说,约在 7 月 20 日,彼曾透过大通银行表示,如认为必要,彼可同意将四百七十万盎斯白银暂存中国若干时期。截至现在,杳无答复。但是出彼意外,上星期忽将七十万盎斯交付了。我问,他的建议对其余四百万盎斯是否仍然有效。彼云,彼从未拒绝帮助中国,只要是在他的权限之内,比方说,每次中国请求展期交付白银,彼总是同意的。彼云,彼最近收到的关于南京与汇丰银行挂钩的报告,似为一种不吉的预兆。我告彼不要听信谣言或咬耳之谈。我又问,彼是否将稳定银价在现在水平。彼笑云,他已成功地击败了投机者,他们在中国和孟买是既多而且力量雄厚的。

《中央银行英文档》,引自《中华民国货币史资料》(第二辑),第 140 页

孔祥熙致施肇基电
——建议售银余额可交上海大通银行,惟出口须经中国许可
1935 年 8 月 15 日

　　密。请告知财政部长,我对某中国高级官员主张不要美国派遣专家的传说感到惊讶,因为这与我个人和其他负责方官员的看法恰正相反。同时,我关于白银交易的报告也不理解。自 5 月 24 日以来,我们通过大通银行,建议在这里交付并保管,并转托他们协商谅解。以后的

交易,概系通过大通银行,从来没有直接接到过美国政府方面的提议。我对财政部长在 7 月 20 日左右的善意表示他可同意让四百七十五万盎斯白银暂留中国这一点,根本不知道。快到 7 月底时,大通银行告知他们的意见,遇有需要时,应确定许可自中国出口白银。但是我未能同意。因为局势如此微妙,在现在情况下,即令小额出口,也会动摇信心。嗣后,大通建议先交七十五万盎斯,余展期,事实上就是这样做的。请探问美方,是否同意我们现在即把合同中的白银余额交付上海大通银行,条件是美方须谅解,出口必须得到我们的许可,这个许可证,只要这样做不致损害信心,是可以发给的。关于与财长会晤的建议,将于日内电复。

《中央银行英文档》,引自《中华民国货币史资料》(第二辑),第 140—141 页

施肇基致孔祥熙电
——美不拟派专家来华,但又担心中国可能放弃银本位,现正筹商对策
1935 年 8 月 15 日

　　……至于来电的第一句,他希望我向你保证,他未派专家,并非他不愿协助中国,而是由于在他看来,在美国白银政策受到抨击的不良气氛中,开这种会议,是不会有好结果的。彼问,法国专家何时可到中国,彼了解日本暂仍不愿指派专家,彼仍相信与宋子文先生商谈对中国的帮助将比与专家会谈要大得多。我请他告诉我他将与宋谈些什么,并用什么方式来帮助中国。彼云,如果中国要美国不执行白银收购,他将无能为力,其他方面他将尽力而为。我进一步逼他要他说得明白一些。彼答云,例如 8 月 14 日第 66 号来电末句所请求的。最后彼云,将对此事重加考虑,下星期一或能表示更多意见。他又云,目前白银局势对任何人来说都很糟,他得到很多报告,香港已签发明日出口一千万盎斯白银的许可证。我答彼的问语云,中国对白银的态度已为众所周知的,我们是不愿看到银价剧烈波动的。

　　从可靠方面得到的消息,财政部长召集六位纽约重要人物,今早在

华盛顿开会,其中一位来自纽约花旗银行(National City Bank of New York),另一位来自纽约金属交易所(New York Metal Exchange)。我又获悉,财政部已闻知香港将脱离银本位,而与英镑相联系。财政部唯恐中国仿效,此为彼昨日突然召我会谈的真正原因,想证实我所有的消息。据我所了解,国务院当财政部与之商量后,认为中国内阁行将改组,对中国财政局势不会有重大影响,因为这个局势是在蒋委员长、你自己和宋的掌握之中。

《中央银行英文档》,引自《中华民国货币史资料》(第二辑),第 166—167 页

4. 李滋罗斯来华的使命和活动

英国人论李滋罗斯来华的使命和活动

1935 年夏,英国对华政策处于一种新政策的开端。由于当时已经看出,英国在华的地位非但要依赖于一个独立的南京政府,而且还因为得不到日本的合作,却已跟着南京政府不断地屈从于日本,因此,有必要单独帮助中国,以挽救其经济危机,从而加强中国对日本的抵抗。中国经济困难,对于这样一种政策的贯彻,既是其直接的理由,也是一个最良好的机缘。李滋罗斯使团来华,也就是在这种外交危机开始趋向缓慢,但又必然会扩大战争的时刻,标志着英国政策的这种改变的。

李滋罗斯使团

英国政府首席经济顾问李滋罗斯爵士(Sir Frederick Leith-Ross)被派来远东,是在 1935 年 7 月 10 日宣布的。李访问中国是"为了与中国政府,以及其他有关政府,研讨当前发生的局势,并对英王陛下政府提供其专家意见的"①。这次拟议中的访问,曾收到许多意见。例如,1935 年 9 月的《圆桌》(Round Table)杂志,在一篇调查的文章中,就曾表示过这次访问所考虑的理由究竟是什么。中国的领土完整已完蛋

---

① 见 1935 年 7 月 10 日伦敦《泰晤士报》的外交部通告——原注。

了,而且"华盛顿的理论体系——太平洋均势也已随之完蛋","必须找到新的理论和政策,以适应 1935 年的变化情况……新的远东形势说成是日本的局面最为恰当"。日本正在控制中国,并处于一种"以无法抵抗的压力加诸蒋介石"的地位。中国的财政危机,已使问题再次突出起来,并引起了英国要主动给予中国外币贷款的议论。"就这点来说,李滋罗斯爵士正是代表英国政府去远东进行调查访问而离开英国的。"即使"日本的政策与其在华的新地位,今天对英国在华贸易与投资的利害关系,已变成了危险的根源"①,但日本人的合作是要去寻找的,而且由于日本需要英国的资本,这种合作最终也是可以得到的。……

英国政府请求过美国、日本和法国政府采取和它相似的行动,但并未获得答复。虽然有迹象表明,英国使团曾受到接近美国国务院的一些人们的善意看待,但就官方来说,该使团与美国的关系却是冷淡的。美国国务卿赫尔曾公开邀请李滋罗斯爵士在华盛顿停留,但李却选择了经由加拿大去东方的途径。该使团并未去美国,倒在东京作了逗留,并在那里会见了日本政府的代表。但日本拒绝了李的联合行动的建议。李这次对日本的访问,以及关于一项建议贷款的谣传,还遭到日本报纸公开的谴责。日本《朝日新闻》说:"日本抱着不在同等地位上和英、美在华进行合作的观点。日本只有在其领导地位被承认时才考虑合作……"②

1935 年 9 月 21 日李滋罗斯爵士抵达上海,并偕同英国财政部的帕奇先生(Mr. E. Hall Patch)和英兰银行的罗杰士先生(Mr. Rogers),与中国的银行家们讨论了当时的局势。中国政府就是在此时刻宣布了

---

① 见 1935 年 9 月《圆桌杂志》(*Round Table*)第 695 页上"日本在中国、远东问题"一文——原编者注。

② 见 1935 年 9 月《圆桌杂志》(*Round Table*)第 695 页上"日本在中国、远东问题"一文——原编者注。

货币稳定和白银国有化命令的①。

据所获得之证明显示,这项货币计划,早在李滋罗斯爵士抵达之前,就已经草拟好了,但保证其成功,乃是英国政府所给予的支持,这点也是明显的。

摘译自弗雷德曼著:《1931 年至 1939 年的中英关系》,第 64—68 页
引自《中华民国货币史资料》(第二辑),第 170—172 页

李滋罗斯来华的国际背景和企图

1935 年 10 月 1 日

李滋罗斯爵士为英国第一流财政专家……自一九三二年起,任英政府首席经济顾问。此次爵士奉命来华,足觇英政府对华经济之重视。

尤可注意者,即爵士于来华之前,取道日本,先与东京作一度之接洽。爵士于八月六日抵日,于十日正式会见日广田外相及日本银行总裁深井。爵士于抵日时,曾对新闻记者中述其使命(路透社六日东京电)为"调查中国目前之经济财政问题,而以其意见报告于英政府"。至其过日目的,则为"欲与日当局及财政家交换英、日在华关系之意见"。于此可见,爵士在启行之前,于国内早已有相当之计划与准备;而抵华之前,于途中复有种种之接洽与布置。态度如此之审慎,则爵士此行意义之重大,及其使命之非同寻常,更可意想而得。

……

自世界经济恐慌以来,国际市场之争夺,颇有日趋尖刻化之势。在各国竞谋发展国外市场之潮流中,吾国市场,遂成为英、日、美三国积极争霸之地域。美国既实行白银政策于前,日本又盛倡经济提携于后,于

---

①　所有各银行库存和市面流通的白银铸币都收归国有,凡由中央银行、中国银行和交通银行发行的钞票都是唯一的法币。一切包括以前欠款还有税款在内的各种债务可用此新币清偿。外汇汇价稳定于 1 先令 2 便士半的基价(过去五年的平均价),三家政府银行受命,按 1 先令 2 便士半基价的上下 1/8 便士之差,无限制地买卖外汇。白银出口税从 14.5% 提高到 65%——原编者注。

是英国在华之固有势力,不无日见穷蹙之感。盖白银政策之推行,为美国侵略中国市场企图之暴露;而经济提携之实现,更为日本独占中国市场企图之肇端。于是罗斯爵士遂不得不有来华之行。证以爵士于来华之前,先有赴美之风传,而终成为访日之事实,更可见其于行前之踌躇考虑。而从其最后去舍之决定,益可以觇英国意志之向背。

一、罗斯来华与美国立场(略)

二、罗斯来华与日本立场(略)

三、英国对华经济上之企图

据上所述,爵士此行,实以谋巩固英国在华经济地位为其中心目的。盖在日、美之积极推进下,英国在华势力,已有日趋衰落之势。……故近年英国对华贸易衰落之成因,不在中国经济之不振,而由于新兴势力之竞争。英国对于此种由新兴势力所造成对华贸易之衰落,自必极为关怀。而此种新兴势力,又实以日本为其重心。此英国于经济上对华有所企图时,不得不深加注意者一。

更从投资方面言之……日本对华投资过去之成绩如此,而其未来之可能,更似未可限量。以日本与中国相距之密迩,以日本在中国势力发展之迅速,在"中日经济提携"口号掩护之下,英国对华投资之首席,转瞬终必为日人攘夺以去。此种英国对华投资退落之成因,不在对华之不能继续投资,而又在于新兴势力之侵蚀。英国对于此种由新兴势力所造成对华投资之退落,自必更为关怀。而此种新兴势力,又实以日本为唯一之对敌。此英国于经济上对华有所企图时,不得不深加注意者二。

尤有进者,英国对华关系,于通常直接贸易及投资外,尚有其特殊之情形在。其一,英国对华贸易,其实际势力,并不仅限于英国本部。其殖民地之对华贸易,亦多在英人之手,如加拿大之面粉、印度之棉花等,多数由英商输入中国。其二,英国对华无形项目之收入,关系仍巨。如英国在华之航业,势力极大。此外如保险、银行等,亦颇不弱。在新兴势力日渐膨胀之情况下,此种固有之特殊势力,自亦将受其影响。此英国于经济上对华有企图时，不得不深加注意者三。

　　加以日本近年在华政治势力之进展，如入无人之境，自非处于欧洲局势紧张下自顾不暇之英国所能过问。惟英国目睹日本在华经济势力紧随其政治势力而进展，强制既为势所不能，放任又非心所甘服。则由此以为推论，英国在现状下，企图保持并巩固其在华经济上——贸易上及投资上——之地位，其策略必以避免与日本有正面冲突为前提。换言之，即应取与日妥洽之策略。更申言之，英国向日提出之对华政策，必为英国于某种让步下，可获得日本同意之条件。在另一方面言之，此种可获得日本同意之条件，自必同时给予中国以相当之引诱力，俾易获中国方面之赞助，以谋计划之实现。

　　在现状下，合于上述条件之英国对华政策，从吾人分析之结论观之，似莫善于由夺取吾国货币权入手。

　　英国希冀吾国货币之加入"英镑集团"，已非一朝一夕之事。本年春间，上海英资本家沙逊氏之英镑借款建议，可视为英国此种企图之试探。沙逊氏建议内容之主要点为：（一）以英镑借款，救济中国金融恐慌，发行与英镑等值之"上海镑券"，其数量等于借款之数额。（二）"上海镑券"，与国币共同通行于市面，视为一种"代币"，可在伦敦兑付英镑，或在上海依照当日英镑汇价兑换银元。（三）"上海镑券"，对于关税之偿付、进口货物之购买、英国债券之支付及一般储存，皆可使用。沙逊氏此项建议，申言之，即企图于中国币制内，加入一与英镑等值之纸币。此项纸币，即以借款全额为之准备。自后，中、英两国间之债务，即可以此共同之货币单位为收付。在此项计划下，名义上中国虽似仍以银币为本位，而实际上则实已成为英镑之附庸。盖推行后，对外以"上海英镑"为收付单位，将为自然之趋势。自此，对外用英镑，对内用银币，中国币制将成为变相之虚金本位——与英镑相联之虚金本位。沙逊氏此项建议，当时虽未为政府所接受，然视为英国对中英货币发生联系企图之初步试探，似尚不为远离事实之估量。

　　类似此种之中英货币联系计划，于英国在华之经济势力，固有绝大之利益；同时在中国方面，处今日金融危机日迫之情况下，似不无一加考虑之可能；而在日本方面，在英国于他方而相当之让步下，亦不无获得谅解之机会。请得而申其说。

从中、英货币之联系，可获得中、英汇价之稳定。汇价稳定之结果，一方固足以刺激英国对华贸易之活动，他方更可以便利英国对华投资之参加。在共同之货币单位下，英国于对华贸易上，至少对美竞争可较占优势，即对日竞争，亦不无进展。至于英国对华投资上，更可因货币联系所获得之便利，以完成其连结印度与中国西南各省之大铁道建设计划，以整个纳中国西南各省于英国经济势力支配之下。过去所传川汉铁路改定路线问题，经吾国政府铁道顾问英人哈门特少将之计划，必已有相当决定。当罗斯爵士留东京接洽之时，正哈门特少将调查竣事过日之日（九月十一日，日联东京电，哈门特过日晤爵士）。英国对于此项大规模铁路投资计划之实现，自希冀其在中、英货币发生联系之后，则英国对于中、英货币发生联系之企图，在现状下，自必极为热望。此为英国方面之态度，吾人不难根据事实，悬揣而得。

二十四年十月一日，上海浙江兴业银行

《罗斯爵士来华使命之分析》，《东方杂志》第 32 卷第 20 号

李滋罗斯到达中国，并宣布活动计划
1935 年 10 月 1 日

英国特派来华经济使节李滋罗斯爵士夫妇，业于九月廿一日下午三时搭日邮上海丸抵沪。……据罗氏谈话，他本人此次奉派来华，系因英政府对中国经济情形及财政状况颇为注意，特来作实际调查。其调查情形可分三点：一、研究英国对华经济合作有关系之问题。二、年来英国在华市场，因种种关系，趋于衰落，此事对英国在华商人亦拟研究救济办法以便复兴。三、欲明了中国近年来各种经济组织现状及建设进行生产事业等情形。至如何与中国作可能的磋商办法，以及如何进行，则待调查完竣草成报告书，携归英国向政府报告后，方能取决。……

　　罗氏预定调查工作,将来即由沪启程,先赴华北天津、北平一带,转往华中汉口、长沙一带,再赴华南广州、梧州一带……此项行程,如临时无特殊情形,当无甚更改。大致留华时间当为四个月,届时我国方面便于沿途谘询及调查时便利起见,决由财部、外部、铁部各派代表一人,经济会代表二人,偕同爵士分赴华北、华中、华南一带调查。……

上海《银行周报》第 19 卷第 38 期,1935 年 10 月 1 日

引自《中华民国货币史资料》(第二辑),第 175—176 页

克莱武①致外交部电

东京,1935 年 9 月 11 日

　　以下是李滋罗斯爵士致财政部电。开始:

　　上星期到达此地时,我便私下把我们在伦敦所达成的关于中国的一般立场告知了津岛②。昨天上午我再次访问了他并详尽地讨论了这些问题。在币制问题上,津岛原则上表示赞同。他强调了改组中央银行的必要性,但对聘请英籍顾问持保留态度。他预计,如果有可能解决"承认"问题的话,"满洲国"与中国合理地达成财政方面的协议就不会有什么太大的困难。然而他对此前景十分悲观,认为中国不会承认"满洲国"。可他仍建议我可以与外务省的官员们讨论这个问题。即使中国承认了"满洲国",要想使日本为对华贷款提供担保也是十分困难的。除非有严格的财政监督,任何外国贷款都会被浪费掉,而中国是不会接受这种监督的。日本人的观点是:中国必须依靠自己的资源和学会自助。会谈始终非常坦率和友好。

　　下午大使和我一起访晤了外务大臣和次官③,他们重复了津岛的观点,即认为外国援华是不可取的。这种看法并非出于恶意,而是认为

---

① 克莱武时任英国驻日大使。

② 李滋罗斯于 9 月 6 日抵达日本,会见了日本大藏次官津岛寿一——原注。

③ 即日本外务大臣广田弘毅和外务省次官重光葵。

不可能人为地扭转中国的局势。中国必须学会处理自己的问题。财政困境在加剧,中国或许已是一团糟了。对中国工业投资也许是有益的,日本工业界正在考虑这点。外务次官说银价上涨是主要的困难,但他怀疑中国是否会接受别的货币本位。对"满洲国"的承认不再是什么重大问题,但承认"满洲国"对中国本身有利,也会找到保住面子的办法。起初谈话难以进行下去,但日方仔细听取了我的观点,我要求他们认真考虑我提出的建议,同时要绝对保密。

广田要我和在上海的有吉①保持联系。

吴景平译:《李滋罗斯远东之行和1935—1936年的中英日关系——英国外交档案选译》(上),《民国档案》1989年第3期

贾德干致外交大臣霍尔电

上海,1935年9月27日

以下是李滋罗斯爵士致财政部电。(五部分)

第一部分。我于9月21日见到了宋子文,然后去南京,在那里会见了孔祥熙、汪精卫和其他一些部长。今天又见到了宋。以下是各次会谈概要。问题的序号均指问题单上所列②。

第二部分。9月21日,我请宋谈谈对货币和银行局势的看法。他说情况没有恶化但也没有改观,禁止白银出口只是权宜之计,必须考虑某种更为久远的措施。他提出了自己的看法。

他认为解决第三个问题的办法③并不可行,但赞成有关第四个问

---

① 即日本驻华大使有吉明。
② 7月2日李滋罗斯爵士向英格兰银行的总裁M.诺曼爵士提出了十三个"关于中国的问题",就涉及中国货币和贷款方案的技术难题征求意见。这张问题单子连同7月17日诺曼爵士的答复建议收入于F6479/6/10号档案,本文件集没有刊印,但其要点见于李滋罗斯爵士的电文及注释——原注。
③ 第三个问题系指中国可否减小货币中的含银量,以及贬值到什么样的水准是安全的——原注。

题的方案①,他也在考虑这一问题。他认识到国际合作的必要性,但怀疑能否在不作出任何政策上的明确宣布的情况下实现国际合作。我想这一困难来自关于外国借款的疑虑。我指出,根本问题在于改组中央银行,使之更为独立于政府之外,并能处理预算赤字。对此他极为赞同。他没有提起借款问题,因而我也就没有和他谈起更多的问题。

在南京,孔对货币问题的看法和宋完全一致,但强调了为维持局势必须获得外国援助。

我还见到了财政部的美籍顾问阿瑟·扬格先生,他的基本看法和我一致,但在货币问题上有保留。我在南京见到美国大使,他认为中国政府对于困难谈得太多而没有在行动上有所作为。看来,基本情况和我在伦敦时所考虑的大致相同。

第三部分。我和汪精卫谈了更多的问题。我解释说贷款的可能性取决于三个条件:(一)方案在技术上可行而且中国准备接受为此所需要的改革与保证,(二)应向投资者提供足够的担保,这涉及清理现有债务,(三)与有关大国能够进行最广泛的合作。

这就提到了关于日本的问题。我向汪精卫谈到了7月30日给阁下的备忘录中述及的建议②,汪仔细地倾听,但他说这个方法实行起来非常困难。他承认日本政府中的某些要员是理智的,但他怀疑他们是否具有向中国提供好处的力量。他担心中国的让步不会导致期待的结果,中国会因此在国际上失去声誉和重要地位;此外,中国公众舆论已经把李顿报告书作为其北方领土方针的基础,任何从这一方针的倒退都会导致新的革命并使中国崩溃。

第二天我发现他已把我的谈话告知了孔,我与孔讨论了同一问题。汪和孔都要我向宋去提出这个建议。

第四部分。今天我再次见到了宋。会谈的前半部分是关于技术性

---

① 第四个问题系指中国如果放弃银本位,其货币将与何种币制相联——原注。

② 指中国承认伪满洲国、英日联合对华贷款——原译者注。

问题。考虑到这里的情况,宋主张继续由三大银行发行纸币,联合控制发行和准备。他认为,由于市场流通不畅,在目前的情况下不能出售中央银行的股份。许多小银行可能倒闭,但这也是无可避免的。他认为在没有外国援助的情况下,推行货币计划并非毫无可能,但在那种情况下内外债务的偿还不得不重新考虑,他希望避免因此而引起动摇信用。在他看来,没有必要把汇率保持在现有水平上,而宁可增加外汇储备。但他等待我来华而推迟了行动,希望方案在具有最充分的成功可能性之下提出,其中包括外国借款。他承认海关担保十分有限,希望使用部分外国借款来支付内债。他意识到获得借款的困难。

这就引出了"满洲国"问题。在更充分地考察贷款可能性之前,我并不打算向宋提起这一问题。但日本新闻界把问题捅了出来。《朝日新闻》报道说,我建议日本与英国共同向中国贷款200,000,000元,英国和中国承认"满洲国"。据报道,官方发言人已经否认我曾向广田提出过有关这个问题的任何明确建议,但人们不会相信这一否认。

基于上述情况以及考虑到宋明天会见到孔,我便向宋提出了这个问题。宋的反映和汪相同。中国公众将无法接受从日内瓦决议案倒退。此外,很难确定日本方面为此会提出什么样的财政与政治解决条件。我告诉他,我不能强迫他做任何不可能的事情,但从财政角度看,中国正从目前的僵局中失去一切;如果通过贷款有利于达到远东缓和,英国政府将能在这方面更多地作为。宋最后答应对此加以仔细考虑,并与孔进行商议。

第五部分。以下是我的看法。尽管表示了反对,但我的印象是部长们并未完全放弃这一建议。(孔的)谈话使我产生了这种看法。困难在于日本政府没有允诺如果中国政府采取行动日方将给予回报;而中国的部长们在甘愿冒国内政治风险之前,需要在这点上有明确的保证。

此电(部分)另致东京。

《李滋罗斯远东之行和1935—1936年的中英日关系——英国外交档案选译》(上),《民国档案》1989年第3期

李滋罗斯致霍尔电

上海,1935 年 10 月 9 日

密,亲拆。以下是李滋罗斯爵士致财政部沃伦·费希爵士的第 1
号电文,共 5 部分。

1. 上星期我同孔博士和宋先生从技术角度对金融问题举行了一系
列的会谈。他们在给我的 4 份机密备忘录中提出了一些建议,经过讨
论他们同意作出各点修改。会谈纪要和备忘录的副本已于 10 月 6 日
发出。以下是要点概述。孔和宋同意根据解决第四个问题的原则①,
采取措施来改革币制;但从政治缘故考虑应加一些补充,使之看起来与
日本的政策不至于相悖。他们提出根据解决第五个问题的原则②,由
中央银行集中纸币发行和准备;中国银行和交通银行在过渡时期里作
为中央银行的助手继续发行纸币。应随着外币的收入和售出,来进行
纸币的投放和回笼,中央银行针对纸币和存款至少应保持 50% 的准
备。他们原则上同意中央银行应尽可能地独立,但强调,中央银行如完
全独立不会增强在中国的信誉,反而会减少吸引力;在目前局势吃紧的
情况下中央银行的股份不能出售。但他们同意尽可能快地出售一部分
股份,并据此由股东们选举除了总裁和副总裁之外的董事会成员。他
们不会接受任何外国银行的控制,但可能需要纯顾问职能的外籍中央
银行专家。他们承认预算的状况不妙,同意把预算改革作为整个方案
的基本部分;主要的困难在于军费开支和沉重的内债负担,他们希望缩
减 50,000,000 元的军费开支并延长国内债券的偿还期。他们希望用
外国借款来弥补内债,但我告诉他们这是不可能的。他们将继续征收
银出口税或禁止出口,使国内存银全部国有化,也许以后会向献银者提
供贴水。他们赞成采取限制商品投机的措施,并在初期保持信贷紧缩,
采取包括建立专门的抵押品机构在内的各种措施,来处理银行业的困

---

① 即将中国币制与英镑相联——原译者注。
② 即各银行和公众以现银兑换新的纸币——原译者注。

难。这些建议涉及范围很广,虽然不尽缜实但看来是合理的。他们希望在 18 个月内达到预算平衡,认为有 20,000,000 英镑就能弥补国内赤字。孔和宋准备在本月内根据上述原则宣布方案,如果他们能够得到 10,000,000 镑现金借款的话;他们更希望名义上能有 15,000,000 镑,实际到手 12,000,000 镑至 13,000,000 镑。我知道他们目前有 2,500,000镑的外汇储备。他们为获得 30,000,000 镑,打算立即开始售银,其总量为 200,000,000 盎斯。他们已和美国财政部达成谅解,后者将按市价购入大量的白银,但还未谈成确定的协定。上述款额看来是充足的,借款更多的是为了粉饰门面及保证预算,而并非出于汇兑的需要。我就贷款问题征求亨奇曼的意见,但未透露各项打算。他认为,只要英国政府批准并同意在伦敦报价,而且以关税担保次序上优先于内债,那么在上海就能筹到 10,000,000 镑。他还认为,几笔小额债款可以待到经济局势改善后再来解决。孔和宋告诉我,关税担保的次序要列在善后借款后面的话,需要得到国内持券人委员会的同意,但他们认为这可以做到。他们同意,作为借款的一项条件,在整个偿还期间,海关保持现行管理体制。各项建议在技术上看来是合理和可行的,只要能实行有关的保证,尤其是预算上的。他们也意识到非技术方面的困难,认为方案会由于国内和国外两方面的原因而失败。国内的困难在于建立信心。许多人(尤其是外籍人士)怀疑,不能兑现为白银的纸币是否会获得中国民众特别是农民的信任。但中国部长们相信他们会接受纸币;对于他们这种从纸币实际流通中所得出的结论,我难以表示怀疑。此外,这里普遍存在的松懈也会使方案的实施归于失败,我怀疑独立的中央银行会否有大的不同。真正的金融管理通常须有外国的监督,对此中国人是决不会接受的;但是如果让像宋那样的人来负责,管理会合理有效。

2. 来自国外的困难更严重。我仍然坚持在伦敦讨论时的观点,即与日本达成良好谅解是中国真正振兴不可缺少的前提,但我几乎看不出这方面的前景,除非日本能向中国保证停止接连不断的军事扩张。

任何一个中国政府都不会接受日本所提出的军事方面的要求,这些要求将导致日本全面的统治,并给我们的贸易带来灾难性的后果。在我看来,日本财政部也许还有外交部可能愿意和我们合作,但因害怕军方而无所事事。如果在此地达成明确的协议,我准备再赴东京寻求日本的合作,但达成我们期望的广泛解决的机会也是微乎其微的。在这样的情况下,任何货币方案都必将遭到日本军方的敌视。可能随时发生事变,导致信心下降。如果在华北建立独立政府,南京政府会面临更大的军事威胁,同时因收入减少将导致预算混乱。

3.不管怎样,我倾向于把币制改革方案付诸实施,即使涉及到1000万镑的风险,这远胜于无所事事。我们在长江流域的利益及在这一地区的任何发展,都将加强南京政府在国内的地位。通过制止通货紧缩和允许某种程度的扩大信用,拟议中的方案将会有助于经济和银行局势。为解决政府债务而出售白银的收入,将使对预算影响甚大的国内债务问题大为改观,我认为没有其他的更保险的调剂办法了。如果发生最坏的事态,日本进一步扩张,南京政府也会同意在不增加军费开支的情况下,进行守势抵抗。即使方案失败,只要中央政府还存在,我就不相信币制就必然会彻底崩溃,其后果也未必比现在的"任其所为"更坏些。亨奇曼认为,银行团①的其他银行会准备加入英国政府批准的任何贷款,而不会旁观。如果亨奇曼是正确的,并且日本银行也参加的话,就会有助于建立较好的关系,增强排除外来干扰的信心。

4.已经告知中国政府,现在需要解决以下各点:(1)与美国财政部达成售银200,000,000盎斯的具体协定;(2)正式宣布海关收入担保列在善后借款之后以及国内债务之前;(3)由官方宣布将进行货币、预算以及银行的改革,特别是:(a)中央银行独立,(b)集中纸币发行,(c)聘任中央银行问题的专家为技术顾问,(d)明确商业银行的地位,(e)

---

① 即1920年成立的中国国际银行团(The China Consortium),由英美日法的64家银行参加——原译者注。

改革预算,(f)积欠借款的数字。孔今天在南京,但是星期五将回来,希望那时能有明确的答复。

5.在进一步行动之前,我想知道您是否同意第3段的意见;如果海关担保确定,您是否批准发行贷款并在伦敦报价;您是否希望我们坚持把第4段的(a),(c),(e)和(f)作为基本条件;您对于我们所能从上述各点中得到的东西是否感到满意。

《李滋罗斯远东之行和1935—1936年的中英日关系——英国外交档案选译》(上),《民国档案》1989年第3期

李滋罗斯致霍尔电

上海,1935年10月12日

重要,机密,亲拆。以下是李滋罗斯爵士致财政部费希爵士第4号电文,开始:

昨天晚上孔博士又给了我一份备忘录,代表了他和宋对我10月9日致财政部第1号电文第4部分各点的明确观点,即:1.谈判①正在进行;2.肯定能够安排②;3.(a)中央银行的大部分股份将逐渐公开发售,并在董事会里安排相应的代表。孔表示将在六个月内做到这点。(b)集中纸币发行于中央银行,但两年之内中国交通银行作为中央银行的助手,有限制地发行纸币,这对我们来说是满意的,(c)未写入备忘录③,孔解释说,中国政府不希望把这点当作政治问题来处理,但中央银行肯定会向英格兰银行或国际汇划银行要求派来一位中央银行问题的专家。这点看来也能满足我们的要求,但我强调无论如何应该首先考虑英格兰银行。(d)建议设立如国家抵押银行这样的专门机构,接管清理所冻结的各商业银行的资产。这一建议尚未拟定,需要进一步

---

①　即中美之间关于中国向美国出售白银的谈判——原译者注。

②　即这笔借款在海关收入担保的次序上,列在善后借款之后和内债之前——原译者注。

③　即中国方面聘请英籍人士担任中央银行的顾问——原译者注。

考虑。(e)新提出的建议是:发行为期 90 天的国库券,并使各银行把目前的债券换成较长期的债券。

2. 孔要求我把上述各点转告伦敦,并希望尽早得知关于债款可能性的答复。我答应这样去做,但指出,除了技术性问题之外,伦敦可能会坚持以某些条件为贷款的前提。一、保持现有的海关管理体制,对此孔表示同意;二、对积欠借款作某些安排。孔说他们正在尽最大的努力,但首先必须振兴经济。我说我认为伦敦将要求对诸如津浦路借款等债务作出实际的安排,并保证对其他积欠债款的清理进行谈判。孔对此未表态。三、我说来华后听到许多关于商业歧视的抱怨,孙科先生曾建议成立中国政府和外商代表组成的联合委员会,讨论这方面的意见和寻求解决的办法。孔认为可以做到这点,我想这是一个有益的步骤。

3. 孔问我汇丰银行是否参加贷款,我说,我认为如果英国政府批准贷款的话,他们肯定会参加。他又问我银行团的其他银行是否会参加,我回答说他们会参加,我也希望他们参加。孔说中国政府也同样希望。他随即问我日本的态度。我说,我希望他们同意参加,如有必要,我准备去日本。孔认为可能有此必要。他最后问我,如果别的银行拒绝参加,我们是否会单独进行下去。我说如果发生这种情况,我将向伦敦请示。显然,如果能使别国也参加当然更好,但我自己的观点是:我们不能让别人来否定我们认为是合理的方案。孔再次说他需要 15,000,000 镑,我则表示 10,000,000 镑也许是所能提供的最大数额了。

4. 我答应得到您的答复后尽快告知孔。方案已经提交给包括孔、宋在内的五人内阁委员会,宋估计,获得同僚们的同意不会有什么困难。他们希望在四五周后实施方案。

　　《李滋罗斯远东之行和 1935—1936 年的中英日关系——英国外交档案选译》(上),《民国档案》1989 年第 3 期

霍尔致白利南爵士①电

外交部,1935 年 10 月 24 日

急。密。亲拆。以下致李滋罗斯爵士。

以下是沃伦·费希爵士对您致财政部第 1 至 12 号电文的答复,共 5 部分。

第 1 部分。币制改革方案基本上使我们满意,它辅之以一项与美国财政部的协议,即在相当期限内出售 200,000,000 盎斯白银;并而与美国达成提供一笔信贷的安排,用在美国交付的白银作抵押。没有这新加的补充,我们认为 10,000,000 镑的贷款是不够的,因而会被徒然花费。我们还认为,您本人将对 10,000,000 镑至 12,000,000 镑的长期贷款感到满意,这笔将能在上海筹得的贷款是根据适当的条件及条款提议的。在第 4 部分里有我们从各技术角度所作的评论。

和您的观点一样,我们认为与日本人的合作是基本的。我们认为,在您所提议的访日之前,暂不作出任何最后决定。我们知道,您是同意这一观点的,即能够得到日本充分的真正的合作以及中日关系的改善,这是基本的前提。您所指出的这些要求得不到满足,任何新贷款都将受到日本军事扩张的摆布。如果我们在继您赴华后同意发行贷款并在伦敦报价,这就意味着我们相信这笔贷款是有保障和适当的,整个方案是可行的。另一方面,我们也意识到不采取行动和拒绝提供新贷款会遇到的各种困难。确实,如果各种障碍导致撤回英国的使者而无任何进展,英国在远东的威望就会遭到严重挫折。我们对于您意识到这点感到高兴。在此进退维谷的困境中,我们认为,只有在得知您访日的结果和收到贾德干爵士对我第 28 号电文②的答复后,我们才能作出最后的决定。

---

①　时为英国驻上海总领事。

②　10 月 21 日发出的这份电报,要求贾德干就对华贷款问题尽早提出自己的看法——原注。

第 2 部分。在本部分和下一部分里,我们对上述问题作如下评论。

1. 我们也认为,重要的是:在采取英镑本位问题上得到美国政府的谅解,在购银问题上得到美国财政部技术上的合作。对此,我们提出两个问题:(1)中国是否已经讲明售银的目的是为了采取英镑本位? (2)您打算通过美国在华的使节来通知美国政府,还是希望我们通过我们的驻美大使馆来做到这点? 在什么时候?

2. 我们估计,得到法国的谅解并不太难。如果您希望的话,我们能和伦敦的法国大使馆保持密切联系。您是否认为这是最好的途径?

第 3 部分。至于中国积欠的债款,我们同意您在致财政部第 7 号电文第 6 段的意见。我们将立即采取步骤建立一个持券人代表委员会。如果该委员会认为挑出两次津浦路债款和湖广路债款是公平的,我们同意,作为新贷款的先决条件,我们应得到一项保证,即这些贷款的利息以后应从铁路收入中支付。在那样的情况下,可能要求持券人同意,把建议中的新贷款在海关担保中的次序,排在这三笔铁路债款的前面。

至于其他几笔债款,我们希望该委员会能够明智地对如下允诺表示满意,即有关的谈判将尽快举行。

但是您会认识到,我们无论如何不能事先指望该委员会的意见和决定。

至于致财政部第 7 号电文的第 7 段,莫奈①的方案似乎要以已经抵押给各笔债款持券人的铁路收入来作为担保。我们希望您阻止采纳该方案,至少要待到有关的持券人同意这一担保之后。

第 4 部分。我们的具体意见如下:

1. 对新贷款的收益应有某种监督,以确保这些英镑只用于币制改革。

2. 我们认为在新的贷款期间,现行的海关管理体制应当维持下去,

---

① 国民政府的法籍顾问。

总税务司应继续由英籍人士担任,并增聘足够的外籍人员。

3. 如您所建议的,应达成向英格兰银行要求一名英籍中央银行顾问的谅解。

4. 我们同意,成立解决商业歧视问题的联合委员会是十分重要的。

5. 至于您致财政部第 1 号电文第 4 段中列出的其他各点,我们希望根据您最近的意见处理。

第 5 部分。关于您致财政部第 3 号电(b)点,我们认为安排外汇平衡结算不会有什么困难,或者购买黄金,如果这比借给英镑与中国收到的黄金抵付更容易。

《李滋罗斯远东之行和 1935—1936 年的中英日关系——英国外交档案选
译》(上),《民国档案》1989 年第 3 期

英国皇家国际事务研究所
对英美法日在中国币改前后对华态度的分析

(前略)这时,中国所遭受到的通货困难的后果,正在引起对中国有利益关系各国的严重关切。1935 年二、三月间,英政府感到中国经济有濒临崩溃的迹象,与华盛顿、巴黎和东京各政府进行商谈,以期商得一个对中国的国际援助办法,来改善它的通货困难。最初,这三国的反应,令人抱有希望,以为如果从国际贸易的利益出发,则对保护中国通货的整个建议,或可予以考虑。英政府心中所拟的对中国的援助,性质如何,并未公开宣布,一般人推测它是企图组织一个国际借款。美国副国务卿在记者招待会上曾说过,如果中国需要或希望得到国外的经济援助,他的政府将和英政府一道,对联合有关各国共同行动来给与这种援助的可能性予以同情的考虑。因此,英外交部的行动就很自然地被解释为给予国际财政援助,包括贷款与信用,而这正是在一年以前,日本宣称它反对的一种外国对中国事务的活动方式。日本报纸根据华盛顿来的消息报道,英、美政府企图组织国际借款来将中日协商的军。在这种情况下,日本急于重新表示,它不赞成对中国财政援助的国际计

划,就不足为奇了。它让人周知,他们认为国际借款既非必要,也不相宜。

　　……

　　不管英国提议的国际合作的真意如何,很明显,它没有得到即时的有效反应。由于没有取得共同行动,英王陛下政府决计先行就地调查实际情况。6月10日,外交部公布,政府决意派遣首席经济顾问弗·李滋罗斯爵士赴华,调查中国的经济情况并提出报告,以便使专家的意见可供英王陛下政府的参考,来与中国及其他有关各国讨论因目前情势而发生的一些问题。随后又公布,他们并邀请美国、日本、法国和意大利各政府采取同样行动,但是这个邀请没有得到反应。

　　在8月的第二星期,李滋罗斯爵士离伦敦赴远东,他在东京停留,在那里他与日本政府的代表进行商谈。正如预料,他的联合行动建议,遇到了冷淡的对待。事实上,日本报纸把这位英国专家的访问作为公开反对的评论的题材。报纸反映了真实的日本看法,即把款项借给一个没有改善过的中国政府,是只会有害处的。……在这年的后期,当中国政府未与日本磋商,即实施它的币制改革计划,日人的愤怒更爆发成为公开的攻击,主要是从军人方面,来反对中国和英国。这也是很自然的推论,以为英国财政专家的意见,对中国币制计划的形成,起过极其重要的作用。在这个信念之上,再加上上面所述的得到英国的协助的大借款谣传所引起的疑虑。因此,11月9日日本陆军部公报说:"如果这是确实的,南京政府领袖们不能逃避为了壮大他们自己而出卖他们国家与外国人的责难。日本,作为远东的一种稳定势力,不能忽视大不列颠企图把一个半殖民地的中国置于英国资本统制下的任何尝试。"……同时李滋罗斯爵士自己也否认,他对南京使用过任何影响,并宣称亦无借款的计划。他说:中国政府是新政策的唯一负责者,这一新政策如果成功,英国和日本的贸易将同受其益。他并称:中国白银资源应当充足,使它度过难关,直到贸易逆差以稳定的汇价得到纠正。他相信,这个稳定汇价是不需要任何借款就可维持下去的。但是,他对当时事情经过的责任的否认,在减轻日人对大不列颠的恶感方面,收效不大,其潜在的原因,可能是由于一种错误的信念,以为英国的政策,根本上是在政治和经济两方面,针对着阻碍日本而来的。这样,英国为中国利益拟采用国际协作的企图所得的结果,至少表面上适得其反,一方面引起了日本的坚决的仇恨;另一方面,从其他各国又遇到了现实的或故意的冷淡。反之,毫无疑问,英国政府派遣了他们的卓越财政专家来到中国,他的经验和判断,在这个危急时期,正好为中国当权者所充分利用。这一行动的本身,对中国已是一极大的物质援助,它还证实了英国对中国的实际关怀,这在很大程度上,抵销了中国人心中隐藏的被西方国家弃置不顾的感觉,至少对大不列颠说来是如此。中国人心中这种感觉,是在最近数年内,由于西方国家对中国反抗日本侵略缺乏支持所培植起来的。……

英国皇家国际事务研究所:《1935 年国际事务的回顾》,第 320—322 页

引自《中华民国货币史资料》(第二辑),第 158—160 页

5. 币制改革的实施

李滋罗斯致霍尔电

上海,1935 年 10 月 29 日

急。以下是李滋罗斯爵士致财政部费希爵士第 18 号电文。

孔预计说,在今后几天内他将不得不宣布统一纸币发行、集中准备和停止兑现①。他意识到对汇率所带来的风险,但希望通过下列措施加以抵销,即宣布不会实行通货膨胀,政府只是要保护国家的白银资源;他将用政府的储备暂时维持汇率。我强烈要求他拖延行动,以便使您有时间来决定贷款的原则。他同意了,说如果有可能同时宣布贷款,

---

① 在 10 月 29 日从上海出发的第 20 号电文中,李滋罗斯爵士报告说,据宋子文称,币制改革方案将"几乎肯定在下星期一"(11 月 4 日)宣布——原注。

延迟宣布当然更好些;但他问这需要多长时间,前景如何。我提醒他,我还没有得到有关铁路债款的任何答复。他回答说他将再次催促铁道部长。

我的意见如下。

我认为您不必轻率决定。从政治角度而言,中国政府单独采取行动是有道理的。我认为,一旦同意了贷款,就难以坚持条件了。但是,在确定新的货币本位和有充分的保证之前宣布方案,就会严重损害整个方案。因此,我将尽可能地使行动推迟,只是希望很快得到您的明确答复。

《李滋罗斯远东之行和 1935—1936 年的中英日关系——英国外交档案选译》(上),《民国档案》1989 年第 3 期

霍尔致贾德干电

外交部,1935 年 10 月 30 日

急。以下致李滋罗斯爵士。

已收阅您致财政部第 15 至 20 号电文。

1. 我和财政大臣考虑了您的电文。虽然完全理解您的困难,但我们恐怕不能同意这一建议:即您和中国政府在未同日本、美国商议的情况下便确定币制改革方案;或者只是在方案最终决定后,才通知日、美政府和寻求他们的合作。您的使命原先是作为各主要有关国家政府联合调查方案的一个部分,其目的是寻找一项能为各国和中国共同接受的解决方法。您应当记得,我们在 2 月份告知过四国政府:我们认为任何援华计划,除了技术缘故之外,应当在该四国与我们的友好合作下予以施行。尽管从那时之后情况有了许多变化,我们仍有义务把所提议的方案直接告知日本和美国。

2. 我们得知,您目前已经把方案概要告知了日本大使,并请他确定日本银行是否加入贷款。但是我们必须指出,您没有向他谈到将采用英镑本位。即使没有我们在 2 月份的允诺,在日本政府事先不知道的

情况下采纳英国提议的英镑本位方案,就有在东京引起严重不满的危险,并且恶化中日关系。这将同本政府的基本方针完全相抵——即不管困难多大,也要致力保持和增强同日本的友好关系与合作,尤其是在远东事务上。

3. 我们同样认为,设想美国会购买所提供的不管多大数目的白银,这也是危险的。将方案建立在这一设想的基础上也是失当的,即使这一设想是有根据的。我们认为,与美国财政部达成确定、坦率以及谨慎的协定是十分重要的;协定还必须是在美国方面得知将采用英镑本位的情况下达成的。

4. 因此概而言之,我们认为如果中国需要我们的帮助,他们应该避免过早泄露的危险,以此维护同日本、美国、法国进行协调的基本原则。

5. 您在致财政部第 18 号和 20 号电文中所提到的步骤,尽管显然会涉及风险,但看来会缓解您在提前泄露英镑本位方案上的处境,而中国人也不再把获得贷款作为共同的目标了。

(毫无疑问,应当表明您不对这一步骤承担责任)。

6. 至于下一步安排,我们准备同意您目前不急于去东京,而应留在上海与汇丰银行一起完成贷款方案。然而我们认为重要的是:在英镑本位方案和贷款建议宣布之前,中国政府应秘密地通知日本政府(可能通过日本驻华大使),中国正考虑将其币制与英镑相联,并在上海通过外国银行获得借款;并应授权贾德干爵士与您同日本大使秘密地讨论局势。我们认为同日本大使的讨论不应仅限于日本银行加入贷款问题,而在于通过他获得日本对方案的充分赞同。如果不能获得这一赞同,我们认为仍应考虑尽早访问东京的可能性。

7. 我们还认为,中国政府应该把同样的情况告知美国政府(可能是国务卿或总统本人)并应授权我们同在伦敦的美国大使进行秘密讨论,除非您倾向于由您同美国驻华大使进行会谈。

8. 我们认为,我们能使莫尼克①在这里同我们密谈,而不会有泄密的危险。

9. 我们将尽一切努力阻止持券人提出不合理的要求,但目前我们还不能预计到他们会持什么态度。

10. 我们尤其将尽一切努力,尽早获得将新贷款在海关担保中列于三笔铁路债款之前的允诺,这也是正在洽谈中的任何新贷款的基本前提。

11. 我们建议:贷款的英镑收益和售银的英镑收益应由一个专门基金会掌握,只能在中央银行顾问的同意下,用于维持汇率,同时应该规定,中央银行如果售出英镑,其收入也应归这一专门基金会,而不能由中央银行交给中国政府。我们同意,新贷款的这一部分可用于维持预算,但希望在您的同意下,拟订出一项预算改革的专门方案;这一明确规定用途的部分,应在中央银行顾问的监督下用于上述方案。在这点上,我们很高兴得知您的意见。

12. 在投资者们看来,继续由英籍人士担任海关总税务司,应是新贷款最重要的条件。我们相信,日本肯定会同意这一点。

13. 我们同意,通过交换备忘录的方法,来处理建立关于商业歧视委员会的问题。

14. 您在致财政部第 19 号电文中,提到贷款额为 12,000,000 镑。您是否仍主张贷款的现金额为 10,000,000 镑?

《李滋罗斯远东之行和 1935—1936 年的中英日关系——英国外交档案选译》(上),《民国档案》1989 年第 3 期

李滋罗斯致外交部电

上海,1935 年 11 月 1 日

急。密。以下是李滋罗斯爵士致财政部第 23 号电文,并转英格兰

---

① 莫尼克,法国驻伦敦大使馆财政顾问——原注。

银行。开始：

今天上午宋前来访晤了大使和我。他告诉我们即将宣布白银国有，所有持银者将被要求用现银兑换政府银行的纸币即法币，这将立即适用于中国的银行。宋要求我对英商银行施加影响，接受这些要求。中国政府正在向美国政府就美商银行提出同样的要求，他有理由相信美国方面会同意的。如果美国和英国银行接受，那么除日本之外的其他外商银行可能都会同意。银出口税将会提高，以使各银行不能从出口白银获利。如果他们不接受，他们就有支付白银的义务。因此，接受是符合他们的利益的。我说，如果其他银行同意，英国政府也将表示同意，但我要他同汇丰银行及有利银行商议。

《李滋罗斯远东之行和 1935—1936 年的中英日关系——英国外交档案选译》(上)，《民国档案》1989 年第 3 期

孔祥熙致施肇基电
——秘密通知美财长，中国即将实行法币政策
1935 年 11 月 1 日

请非常秘密地口头通知财政部长如下：政府已采取了如今日英文电所示的计划，并立即实施。可能在周末开始行动，因此极盼对抛售白银的答复。拟稳定汇价在三十美分和十四个半便士左右，并以三家政府银行所发行的钞票为法币。英国代表团表示赞成在上海发行债券，由英国银行及其他感到兴趣者参加，并谅解债券可去伦敦市场开拍，目的是为了币制改革和加强中央银行。如举债成功，就包含着与英镑发生联系，否则，政府对其他外币或黄金的联系将不受任何约束。

《中央银行英文档》，引自《中华民国货币史资料》(第二辑)，第 168 页

财政部布告
1935 年 11 月 3 日

自近年世界经济恐慌，各重要国家相率改定货币政策，不许流通硬

币。我国以银为币,白银价格剧烈变动以来,遂致大受影响,国内通货紧缩之现象,至为显著。因之,工商凋敝,百业不振。又而资金源源外流,国际收支大蒙不利,国民经济日就萎败,种种不良状况,纷然并起。计自上年七月至十月中旬三个半月之间,白银流出几达二万万元以上。设当时不采有效措施,则国内现银存底必有外流罄尽之虞,此为国人所昭见者。本部特于上年十月十五日,施行征收银出口税,兼课平衡税,借以制止资源外溢,保存国家经济命脉,紧急危机,得以挽救。顾成效虽已著于一时,而究非根本挽救办法。一年以来,各界人士纷纷呈请政府设法挽救。近来国内通货益加紧缩,人心恐慌,市面更形萧条,长此以往,经济崩溃必有不堪设想者。政府为努力自救,复兴经济,必须保全国家命脉所系之通货准备金,以谋货币金融之永久安定。兹参照近今各国之先例,规定办法,即日施行:

一、自本年十一月四日起,以中央、中国、交通三银行所发行之钞票定为法币。所有完粮纳税及一切公私款项之收付,概以法币为限,不得行使现金,违者全数没收,以防白银之偷漏;如有故存隐匿,意图偷漏者,应准照违害民国紧急治罪法处治。

二、中央、中国、交通三银行以外,曾经财政部核准发行之银行钞票,现在流通者,准其照常行使;其发行数额,即以截至十一月三日止流通之总额为限,不得增发;由财政部酌定限期,逐渐以中央钞票换回,并将流通总额之法定准备金,连同已印未发之新钞,及已收回之旧钞,悉数交由发行准备管理委员会保管;其核准印制中之新钞,并俟印就时,一并照交保管。

三、法币准备金之保管,及其发行收换事宜,设发行准备管理委员会办理,以昭确实而固信用。其委员会章程另案公布。

四、凡银钱行号商店及其他公私机关或个人,持有银本位币或其他银币、生银等类者,应自十一月四日起,交由发行准备管理委员会或其指定之银行,兑换法币。除银本位币按照面额兑换法币外,其余银类,各依其实含纯银数量兑换。

五、旧有以银币单位订立之契约,应各照原定数额,于到期日,概以法币结算收付之。

六、为使法币对外汇价按照日前价格稳定起见,应由中央、中国、交通三银行,无限制买卖外汇。

以上办法,实为复兴经济之要图,并非以运用财政为目的。即中央银行之组织,亦将力求改善,以尽银行之职务。其一般银行制度,更须改革健全,于稳妥条件之下,设法增加其流动性,俾其资金充裕后,得以供应正当工商企业之需要。并将增设不动产抵押放款银行,修正不动产抵押法令,以谋地产之活泼。现经本部切实筹划,不日呈请次第施行。国家财政整理之措施,亦已筹有办法,可期收支之适合。且自此发行统一法币之准备确实,监督严密,信用益臻巩固。所望全国人民,咸体斯旨,一致遵行,共跻国家于繁荣。事关救国要政,如有故意阻挠,造谣生事,或希图投机,高抬物价者,定即执法严绳,不稍宽贷。除分行外,合即布告周知。此布。

《财政部档》,引自《中华民国货币史资料》(第二辑),第180—182页

贾德干致艾登[①]

南京,1936年1月17日

1. 我和F.李滋罗斯爵士讨论了目前的形势,以下是我们共同的看法:

2. F.李滋罗斯爵士的到来距今已将近四个月,货币改革的计划也已推出两月有余。F.李滋罗斯爵士一直在与中国政府就改革的执行及个别问题上进行讨论,比如英国银行交出存银及铁路欠款的处置等问题。交银问题现已安排妥当,有关津浦铁路的谈判亦进展顺利。

3. 由中国政府负责的改革实施进度则不那么令人满意。在纸币发行与白银回收的溶兑问题的细节上,中国政府不得不作出适当的让步。

---

① 安东尼·艾登(Anthony Edon),1935年12月起任英外交大臣。

但是,他们在推动财政预算和中央银行的根本改革上,措施则显得不够有力,而要建立起对改革计划的长期信心,多半需依赖这些改革。

4. 阻挠中国政府的因素,首先是日本在政治和军事上采取行动反对币制计划,其次是美国的白银政策。这对财政形势带来了负面的影响,因为(中国政府——译者)更难于减少军费支出、释放白银储备。各因素综合,必然放慢金融复苏的进程。

5. 从这些情况看来,尽管当前的兑换情形尚属满意,但我们对于长远的前景则不大有信心。如果能有一笔外国借款,将在纯粹的技术层面上对金融问题大有裨益。但是日本对借款的反对程度并未减轻,而日本默许纯粹的金融借款的可能性很小。如果它们的反对是限制这样的可能,即我们帮助中国完成改革并因战胜不满而偶然获得的满意(原文如此)。

6. 中国外交部部长向日本驻华大使提议,在中日政府之间举行谈判,从而谋求对当前突出问题的大体解决方案,但无论是在中国方面还是日本方面几乎都不看好这场谈判会成功。任何协议都几乎肯定会涉及中国在有关中国北方、军事控制和联合反对苏俄等问题上,对日本的让步,而这是南京政府不会同意的。它实质上意味着,中国同意摒除其它国家的利益,成为日本事实上的保护国。

7. 因此,很可能无法达成明确的协议,但是我相信如果中国政府打好他们手中的牌,不让北方的官员与日本军方谈判关乎国事根本的问题,迫使东京方面以正式途径处理日本的不满和要求,日本可能至少不会在短期内侵吞华北。只怕粤军因其军事力量和他们对东京政府的影响,而拒绝接受如此推翻他们原来的计划,即使日本无法通过谈判达到目的,她将继续以武力夺取。那时候,中国要么是不得不放弃抵抗,让日本逐渐地扩大其对中国北方的控制;要么最终不得不诉诸武力,倒不指望赢得军事胜利,而是迫使日本公开实施侵略,而使中国能够向国联上诉请求制裁日本。无论中国采取哪种办法,都将严重威胁英国的在华利益,而诉诸武力将可能引发极为严重的政治事件,包括日本占领上海和南京的可能性。

9.（原文如此）这些政治因素决定了现在的局势：虽然有可能达成的借款协议，也许对缓和①局势有点帮助，在我们看来……②如果不能使日本和美国参与到这个借款中来，也要尽可能地得到默许。

10. 至于美国，F.李滋罗斯爵士建议，应当向美国表明他在 1935 年 11 月 11 日第 49 号电文中所说的最后一部分的基本内容。即便这不能促使美国与我们合作，至少也能让美国财政部直接和中国作一些交涉，以便加强中国的金融局势，这有可能减轻我们的责任。

11. 日本的问题则更复杂一些。有些消息称日本的财界对中国币制改革的态度更为积极。看看去年 12 月的《东方经济学家》（*Oriental Economist*）上的文章即可知道。但是粤军仍持敌对态度，无法与他们建立联系，也无法减轻他们对我们在华举动的无理由怀疑。只要这种状况持续下去，日本政府就不大可能被金融或经济的主张左右，而曾在这方面做的尝试都是徒劳。如果要为催生一个更合理的思想框架，就必须用更广泛的政治考量强化金融上的意见。这些想法可能有助于向粤军重新宣示东京的民间因素的权威作用，粤军的敌意妨碍了外交部和财政部与我们的合作。

12. 至于财界支持有利于贸易和稳定的借款的观点，我们可以在 F.李滋罗斯撰写的报告草案的基础上被加以重新申述，这则报告已于 12 月 29 日作为附件转呈给 W. 费希尔爵士③，而日本政府可能会正式

① 奥德（Orde）先生在旁批注："我们几个月前就是从这儿开始的。"——原注。

② 此处电文不明——原注。

③ 根据此文件上的一个便签，这个报告当时尚未到达伦敦。这份报告草案的附件，连同李滋罗斯爵士的信，藏于公共档案处（Public Record Office）的李滋罗斯档案中（文件号 T188/122）。F.李滋罗斯爵士告诉沃伦·费希尔爵士，他"依据大使的第 1092 号电文（第 421 号文件）中建议的要点"起草了报告。他不认为日本会合作参与对话借款，但也不认为日本人会公开地反对它，"但是将在幕后使我们的介入没有任何作用，另一方面如果不可能有借款，英王陛下派我来这儿的事实也能为我们带来别人的善意，这将使我们的合理要求得到满足"。他下结论说："除非您认为借款仍是有可能的，否则似乎没有必要再让我留在这里。"——原注。

地提出：

（a）参与这项计划，或者

（b）表示他们不反对英国借款。

在后一种情况中，尤其要注意指出，中国北方的局势已危及借款的担保，并要求日本政府作出保证，将训令其军界头目避免任何可能破坏海关治下的担保品①。如果日本政府不打算给出这个保证，我们应当可以断定日本政府并不希望促进中国的稳定②，因而我们应该警告他们，他们的此种态度将给日本在伦敦的信誉带来严重影响③。如果日本需要财政援助，就不要指望能从伦敦方面得到。尽管不知道我国政府对日本采取此种强硬态度是否可行，但日本的金融并不那么强劲，而本着这些要点所作的有力表示，可能会使民间权威从军方手中拿回他们在对华政策问题上的控制权④。

13. 我们建议同时向日本政府表示，我国政府将很快发布一份有关F.李滋罗斯所得结论的报告，并告诉他们报告的大致内容，即我们即将着手借款一事，并在结尾表明，只要有以下条件，中国将能够控制其货币的观点：

（a）银价不回落；

（b）中国政府成功实施此前以热情和决心宣告国际的改革；

（c）中国的统治不被外界干扰所破坏。

14. 我们认为，警告日本不要强行干预，以及追究其阻碍借款的责任，可能有一定意义。

15. 也许，这无法有效地缓和日本的态度，如果不能，平准借款就不

---

① 范西塔特爵士（Sir R. Vansittart）在旁批注："破坏已为事实。"——原注。

② 范西塔特爵士在旁批注："我们已知道他们不想这样。"——原注。

③ 范西塔特爵士在旁批注："这是威胁（尽管是徒然的），而我们在欧洲并没有威胁别人的资格。"——原注。

④ 范西塔特爵士在旁批注："如果我们能对日本强硬，我们早就这样做了，因为就像德国人一样，这是他们唯一的路线。但是我们自己不够强大，无法走强硬路线。"——原注。

可能实现。如果这样,尽管 F. 李滋罗斯爵士在中国本身就能表明我国政府的在华利益,但是他似乎没有多少继续呆下去的正当理由。因此,一旦他在谈判中,特别是在津浦、湖广铁路的问题上,达成一个明确的结论,最好将他召回国内。我们建议,届时在伦敦发布报告,再授权他在这里同时发布一个同样要旨的声明。

16. 霍尔·帕奇(Hall Patch)将继续留在这里观察事态发展,如果罗杰斯(Rogers)也能再呆上一段时间,将很有用处,哪怕是较短的时间①。

复件发送至东京,转北平存档。

(五)中美白银协定

说明:早在币制改革实施前,南京政府就多次向美国政府出售白

---

①　这份电文得到了广泛的回应,议会外交事务副大臣克兰伯恩勋爵(Lord Cranborne)总结1月29日的讨论如下:"在远东的专家和伦敦的意见之间,似乎有着截然不同的分歧——A. 贾德干爵士和 F. 李滋罗斯爵士相信我们还能威吓或劝诱日本默许借款。这里的普遍观点则是,在接近日本当权者时,我们只能准备受令人蒙羞的冷遇。"在回应中,V. 韦尔斯利(Sir V. Wellesley)在1月22日作了如下评论:"我一直都很同情 F. 李滋罗斯爵士,他被派去办一件徒劳无益的事。现在是他回国的时候了,如果这只公牛还继续呆在中国的店铺里,不知道会打碎多少政治陶器。"R. 范西塔特爵士认为,外交部一直以来都是正确的(1月23日):"几个月前,在不同的场合下,我曾向前任国务大臣指出,积极促成或容许这项对华借款政策,是与他们自己反复要求的尽力与日本友好的政策背道而驰。事实上,在我看来,他们完全地卷入了矛盾当中,我一直觉得……财政部的第一个主意是正确的。我至今仍这么认为。我们没有条件惹恼日本。欧洲的局势太脆弱了,而危险可能就迫在眉睫。无论怎样都不值得继续这个办法,它对我们来说根本不牢靠。"

张伯伦(Chaplin)先生、奥德先生和 J. 普拉特爵士都撰写了长长的意见书反对借款计划,他们的主张构成了一封致张伯伦先生的信件草稿的基础,这封信需有艾登(Eden)先生签署。1月19日至1月24日,艾登先生人在日内瓦参加国联行政院的会议,但是他回国后便对信件作了基础修改,并在2月7日将其发给首相:见第461号文件——原注。

银,但由于不愿将法币与美元挂钩而未获成功。币制改革实施后,国内外的不利因素使币改陷入困境。1936 年 1 月 21 日,孔祥熙电告美财政部长摩根索中国拟派代表团赴美谈判,表明南京政府愿意在此前美国提出的"中国元钉住美元"上作出让步。1936 年 3 月 26 日,由上海商业储蓄银行总经理陈光甫领衔的"中国银行调查团"一行抵达旧金山后即与摩根索展开会谈。中美双方经过 40 多天的秘密谈判,于 5 月 15 日以双方签署备忘录及换文的方式签订了《中美白银协定》。《中美白银协定》签订后,美国十分重视其在中国内外的反响。国务卿赫尔致电驻华大使詹森,要求其收集中国各地对中美财长声明的反应。日本对《中美白银协定》最为反对,甚至不惜捏造美国是在为中国提供购买军火所需贷款的说法,造成中日之间的紧张空气。本节资料除反映《中美白银协定》的签订及其反响外,还追溯了币制改革酝酿阶段中中国寻求美国帮助的过程。

1. 币制改革前后中美间就售银问题的交涉

孔祥熙致施肇基电
——中央银行拟向美售银一亿盎司的条件
1935 年 10 月 26 日

极密。请对美方作下列提议:

中国中央银行作为中国政府的财务代理人并由其担保,兹作出售白银一亿盎斯的发盘价,其条件如下:

1. 交货时付款,附免税出口许可证,货交与美国指定代理人;上海离岸价格每盎斯美金六十五分,成色九九九;

2. 订立合同后,两个月内交五千万盎斯,其余在以后四个月交齐,中央银行有早交权利;

3. 中央银行有权在成立合同后六个月内再售一亿盎斯,其条件相同。

你应与财政部长和总统直接交涉,这是很重要的,并请对他们作下面的表示:

通货情形非常严重,外汇空虚而呈恐慌,近几个月来的情况极度地令人不满,对内、对外贸易均遭到破坏。美国对中国的出口,今年头七个月下降百分之四十四,投资者也受到摧毁,一些重要的美国企业失败了或受到威胁。政府被迫采取建设性的措施来管制外汇,避免崩溃。通货稳定就能阻止紧缩,并逐渐恢复信心,尤其是能与影响政府财政的其他政策同时施行。管制汇价必须在国外集存大量基金,而这些基金在开始阶段只能从出售一部份白银获货得到。中国愿意直接售与美国政府,因为在公开市场抛售,必将刺激白银市场,而那是双方政府都想避免的。而且从中国的观点来看,直接交易尤为所愿,因为这在积累大量外汇基金上,比零星的私人交易来得有效。因此,诚恳地请求对此作出赞同的决定。

1935 年 10 月 28 日中文密码附电:现在的计划是经过一年的长期考虑而成的,所谓中、英、日集团的说法是没有根据的。

《中央银行英文档》,引自《中华民国货币史资料》(第二辑),第 240—241 页

孔祥熙致施肇基电
——要求美国总统支持中国售银计划
1935 年 10 月 28 日

绝密。请设法将下面文件亲交总统。

"美国政府 2 月 26 日对中国有关金融改革的照会的答复,建议如果我们也探询其他主要有关的国家,成功的希望可能大些。我们随即非正式地与其他国家进行了商量。

虽然情势已明显地使得美国不可能指派金融专家来此与我们交换意见,我们相信,美国对我们解决经济危机的关怀仍然未减。

过去八个月的事实,已令人信服地显示出我们原来所设想的通货管制,仍然是唯一可行的完善途径,我们的政府已最后决定在短期内实

行。我们正通过我们的大使正式照会美国，愿售给一部份存银，以便积累外汇基金。我们诚恳地希望，总统将对这个纯商业行为的建议予以赞助的考虑。"

《中央银行英文档》，引自《中华民国货币史资料》（第二辑），第 241 页

施肇基致孔祥熙电
——美财长亟欲了解中国的财政货币计划并要求控制基金的用途
1935 年 10 月 28 日

第一号。今夜二时（原电如此）谒见财政部长于其私邸。首先根据第一号来电所指示的，叙述了一般情况，并加述了水灾造成的严重损失必须救济。彼允明晨将我的消息状告总统。总统正忙于明年的预算，财长今天费了一整天的时间和他在一起，总统将到他的乡村别墅消磨这一星期的一部份。我首先建议，按通行价格成交两批，各五千万盎斯，按他说的价是 65 3/8 美分，在纽约或旧金山交货。他说：如果我们能坦率地把我们的财政和货币计划告他，他将考虑我们的建议。他说：墨西哥和法国来求助时，他提出过若干问题，他们都坦率地回答了，而他也就予以帮助。他希望中国也能坦率地告知他。又说：如果基金是用于稳定汇价，他希望通过一个美国银行，也就是说不要通过汇丰银行。他拟调卜凯回华盛顿，并要他在 12 月 1 日报到。但是如果建议被接受了，他可将卜凯以非官方的身份留在中国。他希望我们可通过卜凯向美国报告基金的用途。我当即说：如果这样，他就应给予我们以巨额贷款。他说：还是让我们先谈一亿盎斯吧。售额的大小是次要的，因为他不会被第二批一亿盎斯所吓倒。他主要的是想知道我们的财政和货币计划，以及基金的用途。

《中央银行英文档》，引自《中华民国货币史资料》（第二辑），第 241—242 页

孔祥熙致施肇基电
——请通知美财长我金融改革计划

1935 年 11 月 1 日

请秘密通知财政部长,计划如下:

1. 稳定外汇价格在一定的水平。

2. 改组中央银行为中央准备银行,性质上为各银行和一般公众所公有,它将是一个独立机构。改组后的银行将掌握银行系统的准备金,代理国库,为银行之银行,享有发行特权。其他银行发行的钞票将在两年内收回。

3. 成立特别质押银行来帮助商业银行的周转,并采取措施来加强对商业银行的管理。

4. 商借一千万英镑外债,作为控制汇价的基金。另外的外汇则将从出售一部份白银中得到。由于商借外债需要时间,管制汇价的是否成功,将取决于能否立即出售大量的白银。

5. 在今后十八个月内实现预算平衡的办法:(1)在情况许可下节省开支;(2)延长内债的偿还期限,因为一半以上的内债将在五年内到期;(3)使用出售中央银行股票所得的款项;(4)计划中的改革将导致迅速的经济进展,这将使政府收入增加。

6. 出售白银所得的款项,将用作改革币制和加强中央银行的外汇基金。愿同意用款时通过美国银行,并将关于基金的用途随时通知美财政部代表。白银几乎可以立即交货。

当你无须呈交第 4 号电予总统时,请找机会通知他,我们对他历次对中国表示好感的感谢;并请说明目前需要美国合作的事项即如上面向财政部长所叙述的各点,以及我们对总统关于此事的友谊关切的感激。建议把这一动议告知财长,通过他约定谒见时间,或请其转呈。总之,不要使他对我们有越过他去见总统的反感,因为由于总统的地位和以往的关切,我只是想对他表示礼貌而已。

《中央银行英文档》,引自《中华民国货币史资料》(第二辑),第 242—243 页

施肇基致孔祥熙电
——美财长同意向中国购银一亿盎斯
1935 年 11 月 3 日

经过了七小时的途程,于星期六下午六时半抵达财政部长乡村私邸。在我到达之前,总统已与财长通过电话。财长对我说:总统对日本关于华北各省的要求的报告,感到极大的不安。财长问我中国将打算如何办,接受乎? 拒绝乎? 我答,直到现在,尚未收到指示。

会谈时,还有财部白银专家和法律顾问多人。财政部长不止一次地问,我们的新货币是否与任何金本位相联系。我遵照你的 11 月 1 日中文来电所指示的答复了。他又问及英国借款,我答,有可能性。他又不止一次地说,出售白银所得的款项,必须全部用于稳定通货。对于收购的数量,我们一次又一次地经过长时间的讨论,他坚持只收购五千万盎斯,如果协定执行圆满,可考虑第二批五千万盎斯。我坚持,这个数目对这一用途是不够的;我并建议商量借款。晚餐后,我最后对变更五千万盎斯为一亿盎斯获得成功,并加上了一句:美国政府将考虑进一步收购,等等。

关于第一项,请注意价格为 65 5/8 美分,比纽约的价高 2/8。财政部长说:这是他第一次在购银之前同意预定价格。

关于第三项,我告诉他,你肯定地不会同意成立有两个美国人的三人委员会。他认为,这对中国是适宜的,因为这将加强信心,从而帮助稳定一般的金融情况。根据他所得的报告,海外华侨由于对通货稳定缺乏信心,暂时停止侨汇。这个委员会将帮助恢复信心。总统曾向财长提议,加"建议"字样在第三项。据我了解,他没有作过其他提议。

关于第四项,他要求把款项除存在纽约的美国银行外,勿存其他银行,因为这里没有中国银行。

我相信,我经过纽约时所发给你的电报应已到达。财长建议签订合同。我现正使用宋子文的密码以便有两个人可同时在两个文件上工作。

《中央银行英文档》，引自《中华民国货币史资料》（第二辑），第 243—244 页

李滋罗斯致霍尔电

上海，1935 年 11 月 5 日

急，亲拆，绝密。以下是李滋罗斯爵士致财政大臣电。

继我 11 月 4 日的第 36 号电文。

以下消息来自秘密渠道，其条件是不以任何形式公布。美国已同意，以每盎斯 65 美分的价格购入第一批现银 100,000,000 盎斯，在旧金山交付，但要求中国政府将其币制同黄金或美元相联。中国的答复是：他们打算把货币汇率稳定在目前的水平上，但不附于其他货币；他们已经表示过打算与英镑相联，如果能得到一笔借款的话。我应该让您来决定是否要通知林德赛爵士[1]。

吴景平译：《李滋罗斯远东之行和 1935—1936 年的中英日关系——英国外交档案选译》（上），《民国档案》1989 年第 3 期

孔祥熙致施肇基电
——可向美保证售银款项只作稳定汇价之用

1935 年 11 月 6 日

准昨日来电。你可给予确定的保证，款项将只用于稳定通货，他的驻华代表将得到全部消息。关于稳定办法，政府 11 月 3 日的命令规定了："第六条，为了保持中国元的兑换价稳定在其现在水平，中央银行、中国银行和交通银行将无限制地买卖外汇。"这从星期一起已生效，执行得还较顺利。我们当然依靠售银的款项来充实外币基金，这对坚定一般信心甚为重要，我希望他将同意我的 11 月 4 日的答复。

《中央银行英文档》，引自《中华民国货币史资料》（第二辑），第 244 页

---

①　R.林德赛，时为英国驻美国大使。

施肇基致孔祥熙电
——美财长坚持第五点建议，要求中国元必须钉住美元
1935 年 11 月 6 日

　　第 10 号。今早十一时谒见财政部长，副国务卿亦在座，财长说：你的答复不……（电文显明脱漏）。我告他，有了美国人在顾问委员会，再加上你答应给他的驻华代表关于售银款项用途全盘消息，我认为他的目的已完全达到了。我拒绝了他，关于所有发行准备管理委员会一切行动应先取得顾问委员会同意的建议。经过长时间讨论，他实际上同意了不再提出他的建议第三点。

　　关于第五点，他很坚持。他的专家们建议，把"由中国政府选择"改为"由钞币持有者选择"。我拒绝考虑，并提醒他们，在星期六向我所陈述的，关于他们建议兑现的三项办法，皆为保障中国政府的。专家们然后建议，（1）和（2）由政府选择，（3）由持票人选择。这一点最后作为悬案，因为财长和我对专家的解释都不甚懂。专家解释的要点是：如果由政府选择，银价可能落到十二分，而这是过份贬值的。财长说：社会上相信，中国已由售银与美国得到一笔稳定基金，但一旦他们发现中国是在玩扑克投机，事实上计划后面并无基金，则计划必将失败。他又说：中国约两月前运出大批白银到伦敦，这批白银是否已被吸收，他尚未得报告（此处原文不明）而中国是居于空头地位，等等。我回答他，不要把空谈当作真实消息。然后我向他解释，并恳求副国务卿为我的言词作证，中国局势实非简单，即令它尽其一切来迎合美国政府的心愿，它也不能完全忽视政治方面。我们将尽力满足他的希望；事实上，我们早在去冬就把我们建议提交与他，因此，他不能说他没有及时地得到消息。我再度提到第五点中国是不可能接受的。我请求他考虑中国的地位，中国如何能够忽然改变，宣布中国元将与美国通货联系。单就中国刚刚在上星期日公布命令这一点来说，这样一来就足以导致整个计划的失败。他仍然坚持中国元应与美元联系。最后我提议，副国务卿附议，关于第五点，由他提出一新方案，使中国有可能加以接受。他

允许照办,并约定今晚或明日交与我。

我又问财长,假定中国接受了他的建议把中国元与美元联系,他是否将予中国以巨额借款。他答云,他不鼓励由美国单独来干,美国将考虑与其他政府共同来做。

《中央银行英文档》,引自《中华民国货币史资料》(第二辑),第 244—245 页

施肇基致孔祥熙电
——美财长提出的第五点新草案
1935 年 11 月 7 日

下面是:财长的第五点新方案:"由中国政府确定中国元与美元的固定比率,它的通货应可兑换若干格来因(Grain)①黄金或白银(由持有人选择),而这些金或银按照兑换时美国通货对他们的价值计算,应与按照中国元与美元的比率折成的中国元等值"。这是财长送至大使馆代替上星期日我电告的第五点。我已告知财长,你肯定是不能接受这个新方案,并建议他再加修改。请电告你的意见,是否你将提反建议。

《中央银行英文档》,引自《中华民国货币史资料》(第二辑),第 245—246 页

孔祥熙致施肇基电
——不便宣布法币与任何外币有着联系
1935 年 11 月 8 日

请告财长,按照他自己的愿望,供售的白银是纯粹的财务交易,不包含任何意义可解释为这是对我们内部安排的限制,或美国的某种约束。日本对币制改革命令已感到极大冲动,怀疑我们与英国有所协议并与英镑联系,虽然都是莫须有的。币制改革令谨慎地措辞,不确切地说出与任何特种通货联系,其中一部份理由,也就是为了避免遭人反

---

① 格令,1 格令等于 64.8 毫克。

对。若我们同意与美元或黄金联系,我们不禁要问:美国是否准备协助向日本解释。全国对命令出乎意外地拥护接受,外商对于现在新币可兑换任何外币的安排也感到满意。为了我们自己的利益,我们必须保持现在的水平,因为任何破裂,将意味着对新币全部信心的丧失。相信财长当能了解我们的困难,而立即签订购银协定。

　　附带一句,你可以讲,我们维持现在代价的水平决非玩扑克和虚张声势的欺骗行为,因为即使到最坏的情况下,我们总可去公开市场抛售白银,不过这对两国都不利而已。

《中央银行英文档》,引自《中华民国货币史资料》(第二辑),第 246 页

施肇基致孔祥熙电
——美财长仍强调钉住美元是建议中最重要之点
1935 年 11 月 9 日

　　今日午后四时半谒见财长,我说:关于他的方案我现在奉命转达:我们的条例是经过慎重考虑制定的,中国元不附属于任何其他通货。因此,你对于不能满足他的期望,感到非常抱歉。他指出:对美国说来,使中国元与美元联系是最重要的一点。他问:是否这意味着你暂时不能采纳他的建议。我答道:你的条例已于上星期日公布了。他然后说:只好把整个问题暂时悬起。我说,不,因为你已同意他的五点中的四点。关于第五点,你还没有找到适合他意愿的方法。他承认,他知道你的困难。我请求勿再拖延签订交易合同。他回答说:需要时间考虑后才能作复。当我进去之前,见专家于邻室。他问:休战日[①]上海各银行是否放假? 我答:不。当财长说需要时间考虑时,他对专家说:星期一所有的银行都放假,在这个期间将无事可做。专家说:伦敦、上海均不放假,香港是放假的。

　　我又请财长注意《纽约先驱论坛报》昨天报道,你在星期三晚宣布

---

　　① 指十一月十一日——原注。

新政策的实施是"防止资金逃避最有效的措施",而且"保障了中国的经济福利"。报道又说:你说过新政策"既非停止银行纸币兑现,也非放弃银本位,这不过是停止银币在市场上的流通而已"。

《中央银行英文档》,引自《中华民国货币史资料》(第二辑),第 246—247 页

孔祥熙致施肇基电
——可再向美供售白银二千万盎斯
1935 年 11 月 12 日

请告知财长,如议接受二千万盎斯的交易。我们的领会是,美国船舶的水脚按照货物的数量应与现行的一般的运费不相上下。

再者,我们现有外汇基金,包括二千万盎斯的收入在内,约为五千万美元。这是不够的。例如日本银行今天就大量秘密买进美汇。为了维持汇价,我们必须扩大基金,因此迫切要求收购其余的八千万盎斯,使外汇基金能达到一亿美元。如他们愿意,可再供售二千万盎斯,条件相同,短期内还可供售。

《中央银行英文档》,引自《中华民国货币史资料》(第二辑),第 247 页

施肇基致孔祥熙电
——美总统同意购银数量增至五千万盎斯
1935 年 11 月 13 日

11 月 13 日第 18 号电。已告知财长,你已接受我的 11 月 12 日电所述(1)、(2)、(3)、(4)各点,但(3)点要有时间限制。经我解释后,他同意以十二个月为期。至于第(4)点,我要求将数量增至一亿盎斯。我遵照你的 11 月 12 日中文电所指示的予以说明。他告我说,刚收到卜凯一电,使他非常烦恼,因为我们一方面按(1)、(2)、(3)、(4)条件售与他白银,但同时又考虑在伦敦抛售。他要求明白谅解,出售白银并非如卜凯报告中所指的意图,而是按照四点协定成立交易的。他要我予以信义的承诺,我毫不犹豫地答应了。他又要求,如果中国出售白

银,应给彼以优先取舍之权。我看给予这种权利于我无损,因为我们可以从彼处得到比公开市场较好的价格,而且我渴望完成这笔交易。如是,他告便暂趋邻室。因为他要商之于总统。我请求他恳请总统增加数量至一亿盎斯。打电话后,彼说:总统同意收购五千万盎斯。又说:如我们需款甚殷,总统极愿帮助我们,因为总统说过,我们可利用美国船只运银至马尼拉,然后由彼处转载军用船只舰艇至太平洋海岸。我表示了深切的感谢。

《中央银行英文档》,引自《中华民国货币史资料》(第二辑),第247—248页

孔祥熙致施肇基电
——拟对外公布向美售银事以安人心
1935 年 11 月 15 日

11 月 15 日,第 15 号电。

来电第 18 号至 22 号,我批准你对售银所采取的行动,并祝你成功。请转告财长,并通过他转告总统,我们对他的援助态度表示衷心的感谢和重视。前电中所指的,银行在星期二(系中国银行休假日)购进相当于一百廿五万美元的各种外币,所幸其他外国银行给予支持,防止了汇价突破官价水平。

两银行①今日投进标单,上海船面交货,我们已接受了。由于现在的外汇基金只有三千万美元,我们急需增加基金。我们想尽快运出,而这是无法保密的。请询财长能否同意,由我们公告,已从发行准备管理委员会所积存的白银中,售出五千万盎斯予代美国政府收购的银行,并解释此种行动是为了积累外汇基金专作为稳定在管理委员会管理之下的外汇汇价之用。请告财长,我们将重视他的建议,并保守秘密。如可能,请今日电复。如你认为时机成熟,可增述我们无意乘机急进,但有可能,我们愿意再售五千万盎斯。如此,当消息透露时群众对通货的信

---

① 指大通和花旗银行——原注。

心必将增长。

《中央银行英文档》,引自《中华民国货币史资料》(第二辑),第 248—249 页

孔祥熙致施肇基电
——再向美建议售银一亿盎斯
1935 年 12 月 10 日

第 21 号,想再售一亿盎斯。请向财长提议,除价格低 5/8(美分)外,条件照旧,5 月 1 日以前交货。并请申述,这是同意 11 月 13 日你第 18 号来电,先尽他收购,并极愿先售与他。但是如果他不愿收购,我们将考虑在伦敦抛售。

据银行①告知,他们上级宁愿在船面交货,而不愿在保险库接收,装船的迟早,在议定时间内无关紧要。因此,第一批拟在 12 月 21 日开始。

《中央银行英文档》,引自《中华民国货币史资料》(第二辑),第 249 页

孔祥熙致施肇基电
——订货已快交清,希再向美供售五千万盎斯
1935 年 12 月 30 日

请告财长,我们已交运,包括今天装运的,共计四千万盎斯,余数定 1 月 7 日装运。由于定货已快交完,请再供售五千万盎斯,除价格由他投标外,一切条件如前,合同签订后三个月内交货。如果你得到消息,行情看涨,你可推迟去看他。请声明,为了稳定通货,还需要更多的基金。关于在纽约清算一节,可以不提。

《中央银行英文档》,引自《中华民国货币史资料》(第二辑),第 249 页

---

① 指大通和花旗银行——原注。

2. 美国停购白银后中国让步并派员访美

孔祥熙致施肇基电

——由施与美商谈并提出商谈的三个要点

1936 年 1 月 21 日

请告知摩根索,对总统、国务卿和他的邀请,深为感谢,政府极愿就对双方互利的通货问题,与美国政府尽早达成谅解。这对于在目前远东局势下,中国应有一个稳定坚强的政府,以便应付一切困难尤其重要。如果没有稳定的通货和财政,这是不能实现的。我们相信,美国政府和人民对此一定非常关怀。

政府认识到,私人会谈是达到谅解最好的方式。不过,我和宋先生在现在这个当口都不能离开,最快也得要几个星期才能到达华盛顿,而局势又如此紧急,拖延实不相宜。因此,考虑到你对此事的发展深为熟悉,我拟建议通过你用电报磋商。

银价下落的直接结果,已到了白银输入有利可图的关头,从而可能破坏新币制。最初由于银价上涨使通货紧缩和白银准备外流日趋严重,经过一年的剧烈烦扰,我们才建立了新制度,而现在银价跌落,又导致新的不安,大大贬低了中国通货的白银准备的价值,伤害了人民的信心。

以下要点可作为谈判的基础:(1)关于一般白银和通货问题,中国极愿在各个方面尽可能与美国政府合作;(2)中国将同意保持以白银和黄金作准备的制度。因此,中国将保留它的部份白银,并为了避免损害世界白银市场的稳定,中国如不先向美国政府提供出售,则决不倾销或抛售白银。但是由于中国已承担维持稳定的汇价,我们必须有足够作准备的黄金和外币,以便保障我们的地位;(3)中国希望美国政府防止白银对中国说来已接近危险点的价格继续下落,以便避免对中国的严厉损害。如可能的话,我们乐意看到价格提升到六十五分的水平,因为这将加强通货的地位。

　　密。关于第三点,你可口头暗示,如双方同意保持高价水平,可能消弥外界的评论,说提升价格之后又复落价,显示着白银计划之无效。

　　　　《中央银行英文档》,引自《中华民国货币史资料》(第二辑),第250—251页

施肇基致孔祥熙电
——根据来电指示汇报与美财长商谈后的情况
1936年1月22日

　　今日中午访问财长,我首先转述了你的第34号来电第一部份。他说:通常对任何信息,总要一个星期才能得到答复,他不相信用电报磋商能够成功。于是我问他,我猜想他还是希望中国能派一特使前来。他说:他没有别的可以建议。中国自己应当知道,哪个国家能给予她帮助,尤其是中国现在正站在十字路口的时候。除了李滋罗斯现在中国的还有基卜(Kiep),中国从他们那里究竟能得到什么帮助。然后我谈到来电第二部份的(1)、(2)两点和第二部份的第一段(原电如此)。他问,你是否意味着中国不愿意白银输入也不愿意看到走私的绝迹。我答,中国纸币的准备主要是白银,当然不愿意看到准备的价值不断地低落。我问他的意见究竟如何,因为我是奉命来商量几点的。他说:他所知道的,关于我们的通货计划只有铸模的定货和从第三者得来的一些消息。他想知道我们的币制计划,我们有些什么困难,以及我们希望他以什么方式来帮助。他说:我们一直想打听白银价格将如何,而他可推想到那是什么意思。财长今天的态度是不愉快的,因此,我想此时如谈到第三点将使情况恶化。

　　我建议,你立即派一有权力的特使到这里来。

　　　　《中央银行英文档》,引自《中华民国货币史资料》(第二辑),第251页

孔祥熙致施肇基电
——向美财长当面反映中国财政面临的主要困难
1936 年 1 月 26 日

币制计划已于 11 月 1 日我的电报中举出纲要,嗣又于 11 月 3 日我发表了声明和命令。我们正努力维持汇价在现在的水平上,并通过改善银行和铸币制度来提供通行全国的健全统一的通货。

关于他所询问的主要困难,兹答复于下:

1.我们采取计划,准备在十八个月内平衡预算,防止通货膨胀,但是由于收入减少和在目前情况下无法大量裁减支出,正遇到极严重的困难。过去六个月初步估计,约亏欠一亿四千六百万元,参看去年年报可以比较。虽然国税还尚能维持,但关税却严重地减少了。这是因为动荡不安的国际局势使进口受到阻碍,加以日人在华北的大量走私和汇价的暂时下跌,也影响了进口。在过去三个月,海关收入几乎不能维持支出,靠直接税来增加很多的收入是不切实际的,靠间接税所增的收入也不多。

大宗的开支是军费和债务。前者不能及时裁减,因为所谓共产主义在某些地区仍是相当严重的威胁;另一方面,我们还必须经常准备保卫我们国家的独立。即令某些地区的防军过于庞大,但是没有经费进行军事改编和改革当地的财政,也就不可能裁军。我们曾经在四川这样做了,结果很好,但是耗费了一亿元,而我们没有这宗财源来在其他地区普遍这样去做。

目前的困难,是国债和赔款的支付一直到 1940 年都极重,虽然自彼时以后将减少不少,到 1948 年以后,将为数不多了。掉换上述可承担的公债或者是难行的,但正在计划将内债还本期限延长,因为将近百分之六十都将于今后五年内到期。如此掉期,每年节省最高可能达到一亿元。尽管这个掉期计划将加强政府的财政地位,但仍然遇到了市场上某些反对。我们希望得到国外信贷来支持币制改革并帮助渡过预算难关,但是信贷是未必可期的。我们并想尽可能向公众借债,而不向银行借款,这样较少可能引起通货膨胀。如果市场情况允许,同时也考虑到发售一部份中央银行的股份来筹集资金。但是目前市场殊难令人满意。我们也希望收入在短期内将有所改善。

上面所述的情况说明了为什么我们建议延期归还农村复兴借款的本金。

2. 由于财政上的赤字和国际局势,通货将处于易受攻击的地位。尽管在改革方案实施时,一般情况,在技术上是有利的。一则因为汇价水平是相对的低,二则市场已购进过多的外国货币。我们的外汇准备并不充分,不足以保证在长期攻击下的汇价稳定。而且准备大部分为白银,即抛开库内的白银不能直接用来维持汇价这一事实不管,当银价在几星期之内贬低三分之一时,这就必将使公众的信心受到损伤。我是极希望与美国政府在白银问题上进行合作。在上述困难之外,银行系统也应加强,即令我们能够继续避免大规模的银行倒闭。我们正在计划改组中央银行,使包括百分之六十的私股,使其更为独立,并增加对它的信心。同时,还考虑对商业行庄更严格的管制,并成立抵押银行与发展农村信贷机构。其他的困难,则为日本坚持白银不准由华北运走,并反对中央银行的纸币在那里流通,这样就阻碍了国家币制系统的全面推行。

如你认为可行,请根据上面所述的,写出一份书面的备忘录,私下交给摩根索。你也可引用我以前电报所供给的材料。

《中央银行英文档》,引自《中华民国货币史资料》(第二辑),第 251—253 页

施肇基致孔祥熙电
——美财政部专家希派陈光甫来美商谈
1936 年 1 月 26 日

密。你的 35、115 电收悉。与专家私下晤谈,他非正式地说,将不必举行外交谈判,但是财长很想知道有关我们的通货计划和将来的企图的一些消息,而这些问题只有财政部高级官员或者银行家能够直接

答复,无须对每个答案都要向上级请示。

专家熟悉上海商业储蓄银行的陈光甫先生,而且对他很尊敬。专家认为,像陈这样的人,辅以财政部的专家或一高级专员,将为应当派遣的一个代表团。他又补充说,必须注意勿使其他国家怀疑有任何重要外交谈判正在进行,如果代表是一个外交人员,就必然要产生这样的猜测。

你或者还记得,我在第42号电中曾报道过,财长极愿保守秘密。对你和宋先生的邀请,赫尔是知道的,此外再无他人,连詹森也不知道。

你对硬币的名称,以及金属含量等,已否作出决定? 如果是银币,它的成色如何? 我已确告专家,中国元与英镑是没有联系的。他问,我们将怎样稳定中国元的价值。

《中央银行英文档》,引自《中华民国货币史资料》(第二辑),第253—254页

施肇基致孔祥熙电
——前后三电已交美财长,他希望全部售银价款存入联邦准备银行
1936年1月29日

今日下午谒见财长,并告知他,你的118号电略去第二节,你的119号电略去最后四字,以及你的115号电,唯在共产主义字样之前加上"所谓"二字,并以"合作"代替"谅解"二字。财长感到很愉快,并云这是他第一次得到有关的全面报告。他的整个意思就是帮助我们,正如他通过卜凯对你的关于外汇问题的答复所表现的那样。他认为,不管其他外国人如何说法,我们的币制改革将得到成功。他说:如果你同意和你认为,这将有助于使公众知道美国已给予中国支持的话,他将告知此间新闻记者,美国已向中国购进五千万盎斯,价六十五分。你在联邦准备银行存款,在他看来,这是向正确方向迈进了一步。如果三千二百五十万美元全部都移存该行,那就更好了。我说明这是有困难的。他说,这仅是建议,并非强迫。

他又说,陈先生是将受到欢迎的。

《中央银行英文档》,引自《中华民国货币史资料》(第二辑),第 254 页

美国国务院远东司司长霍恩倍克的备忘录
——与中国大使商谈陈光甫访美事宜

华盛顿,1936 年 3 月 4 日

今早我召见了中国大使,问及他曾否得到关于陈光甫先生的使命的消息。

大使说,陈先生预定于 3 月 9 日由上海乘轮去檀香山,再由该处转乘露尔莱因(Lurline)号轮于 3 月 26 日抵旧金山。随同他来的将有一银行家兼币制专家顾翊群先生和郭秉文先生(他是此间的知名人士,他是一位教育家和国际公法家,有一个时期他与中国基金发生过关系,他的办公处在纽约)。我问到大使是否对陈氏的使命有新的详细的说明。大使说,陈氏来此,是应财政部长的邀请;摩根索先生原先是请宋子文来,宋氏反建议派遣王正廷来。摩根索先生云,他并不需要一位外交家或政治家,而是一位金融专家。然后,中国提出了陈光甫,并且安排了陈氏一定能来。陈氏将与摩根索先生商讨币制问题。但大使他曾得到消息,此外陈氏还准备讨论贷款余额有关的问题。而且大使曾向他的政府建议,应让陈氏知道一些中国未来的财政义务。大使说,摩根索先生曾告他,他拟将此事告知菲利浦斯①。

我问到陈氏是否有官方身份。大使答,陈氏有官员护照,但无官员头衔,而且经过协议,此事将不公开。我说,这是否意味着陈氏已被他的政府当作一位官员? 大使答,是。

FRUS,1936,Vol. 4,Far East,pp. 446–467

引自《中华民国货币史资料》(第二辑),第 255 页

---

① 菲利浦斯(Philips)为美国助理国务卿——原注。

3. 陈光甫访美及《中美白银协定》的签订

施肇基致孔祥熙电

——陈光甫与美财长首次会谈情况

1936 年 4 月 8 日

4 月 7 日,第 182 号,今日下午进谒国务卿、副国务卿和远东司司长,然后又拜访了财长。陈(光甫)转达了你的信件,并表示了你对他的关切和合作的感谢。

财长说:对(中国)特派代表来美,(美国)唯一关切的就是帮助中国。美国并不想寻求商业利益、铁路或其他让与权。换句话说,美国并无隐藏的动机,也不想借机图利。财长重视私人接触的好处。财长问及我们币制改革的最终目标。陈答道:我们将维持现在的制度,人民对新制度感到满意。最初我们曾担心人民用惯了金属硬币,可能不喜欢纸币。但是,事实证明,这些顾虑是没有根据的,财长又问及逃出国外的资金(? 电码不明)有多少回笼。陈答道:截至目前约有百分之三十已经收回,还有较多的亦要回来。财长问到资金逃避采取何种方式,往何处去。陈说:主要是去伦敦、纽约,贮藏起来和调进外汇。然后,他问及华南、华北对新币制的情势。陈答道:广州已派代表到南京来商讨,华北已开始流通法币。

他又要求给他一份关于四个发行银行的备忘录,说明资金若干、发行数量,等等;并说,为什么要这么多发行银行。陈答道:再过两年就将只有中央银行发行了。他又问到关于农民银行的一些问题。陈解释了它的特殊职能,并指出它的发行额以一亿元为限。陈说明了新币制已使发行统一,发行准备管理委员会正在清理私营银行的发行。

最后,由财长的倡议,讨论了对报纸究应公布多少消息。我们建议,请财长作发言人。财长考虑到将有多次会议,保密是有困难的。他提议,通知新闻界,陈来是应他的邀请,来就双方互利的货币问题交换意见的。在记者招待会上,我们说,陈来美也是为了他自己的银行业务。下次会议定在星期三早晨举行。

《中央银行英文档》,引自《中华民国货币史资料》(第二辑),第 255—256 页

霍恩贝克致国务卿

华盛顿,1936 年 5 月 14 日

国务卿先生:远东事务司认为,根据以下备忘录①所反映的(由泰勒先生②宣读并向您解释),财政部计划与中国银行家达成的安排,或可视为令人满意和高兴的。

关于财政部有关签订一个购买白银的协定的计划——实情和条款都不对外公布,事务司认为,本质上应把它视为财政部的事。

我们的主要关切是,从两个方面说,正如菲利普斯先生向泰勒先生指出的那样,自然是其对远东的政治影响,包括英日政府的反映。我们当前的远东政策的显著特点是:(1)我们不希望注入对形势火上浇油的因素;(2)在远东关乎广泛国际礼仪的事务中,我们不希望承担主动或者领导的责任;(3)我们倾向于与英国合作,并且我们不希望给日本声称她遭到歧视或有意的排挤的依据。我认为,此事目前筹议的安排不会给英国或日本任何批评和反对的口实。但是,国内外的担忧是,考虑到这两国,应当尽可能有技巧地处理此事,尽可能地获得英、日的信任。顺着这个思路,此举或许也有益于中国人。

泰勒先生告诉我,万一本司想要发表任何议论或建议,财政部希望迅速地从我们那里得到消息。根据我以上所列各点,由菲利普斯先生或我向泰勒先生通报本司的观点,是否合适。

斯坦利·K.霍恩贝克

FRUS,1936,Vol.4,Far East,pp.480–481

---

①　未印出;它们涉及"在中国增加用银量"、"对应中国政府的纸币发行,增加现金储备的流通性"以及"中国货币的独立性问题"——原注。

②　韦恩·查特菲尔德·泰勒,财政部主管财务的助理次长——原注。

菲利普斯备忘录

华盛顿，1936 年 5 月 14 日

韦恩·泰勒先生今天给我打电话说，财政部已按照国务院的建议行事，已通知中国的金融代表：最好在正式声明之前先由他们的政府向英国和日本政府通报此事；财政部强调这样做与否完全取决于中国政府的意愿，但是，尽管如此，美国财政部认为，这也许是一个有益的步骤。

据泰勒先生说，中国代表非常乐意地接纳了建议。此外，泰勒先生建议我，财政部和中国最好再下周一交换"记录"（"notes"），但是也可能在下周六交换。

威廉·菲利普斯

FRUS，1936，Vol. 4，Far East，p. 481

财政部长孔祥熙宣言

1936 年 5 月 17 日

自上年十一月三日公布法币政策，经政府积极施行，半年以来，国外汇兑已形稳定，国家经济及人民生活亦臻顺适。兹根据过去经验，并审讨国内外金融现况，规定施行事项如次，以谋金融之安全，而增法币之保障。

一、政府为充分维持法币信用起见，其现金准备部份仍以金银及外汇充之，内白银准备最低限度应占发行总额百分之二十五。

二、政府为便利商民起见，即铸造半元、一元银币，以完成硬币之种类。

三、政府为增进法币地位之巩固起见，其现金准备，业已筹得巨款，将金及外汇充分增加。

依据上项规定，我国币制，自仍保持其独立地位，而不受任何国家币制变动之牵制。法币地位既臻稳固，国民经济当趋繁荣，此堪深信者也。

《金融法规汇编》币制类，《中华民国货币史资料》（第二辑），第 258 页

孔祥熙致摩根索的保证信

1936 年 5 月 18 日

我们的通货和银行制度的改革和近代化，长期引起我们政府的注意，但是直到最近几年才在预期的计划中比较重要的步骤上着手，以期立即付诸实施。这些步骤包括统一发行，稳定我们通货的汇价，集中白银和银元于发行准备管理委员会。1935 年秋，国民政府完全认识到，金银比价的变动，很不利地影响了中国人民的经济情况，而且根据我们对批准伦敦白银协定的保留，已将一部份由熔化银币所得到的白银变成黄金和外汇。中国国民政府自来就以协助完成伦敦白银协定为宗旨，在一切因素中，由于这个原因，国民政府的意图，是将下述各项补充办法付之实行，以促进币制改革计划：

（1）取消美术和工业用银纯度不得超过百分之卅的限制。这个限制，原是为了推行白银国有政策的一项紧急措施。

（2）立即铸造并发行新银币，其面值为一元与半元。一元币将含不得少于 138.24 英喱的纯银，半元币将含不得少于 69.12 英喱的纯银。为了加速铸造新银币，我政府希望美国造币厂能协助供应我们这种新币，直到我中央造币厂能自己执行这个任务为止。

（3）规定各发行银行，除黄金、外汇和其他保证准备外，应再保存至少相当于纸币流通额百分之二十五的白银准备，即以旧银元其生银价值超过其货币价值百分之十充当，直到情势变更许可用其他估价方法时为止。由于三家国家银行发行的法币为七亿九千九百三十一万四千零三十五元（截至 1936 年 5 月 9 日止），至少值一亿九千九百八十二万八千五百零八元七角五分的白银必须留在中国作通货准备。

在我部代表们短期逗留华盛顿进行谈判期中，你和你的同事们对他们的款待和同情的合作精神，我愿趁此机会表示深切的感谢。如果你能赐一复信，说明你将如何与我们合作而达到双方共同目标，正如你对我代表们所表示的，即收购白银和供给美元外汇，我将是非常重视的。

《中央银行英文档》，引自《中华民国货币史资料》（第二辑），第 258—259 页

摩根索声明
——美国将向中国购买巨额白银并供给美元外汇以稳定中国通货
1936 年 5 月 18 日

中国财政部的代表来美国研究我们的通货和银行制度,并对双方利益攸关的通货问题,和我们交换了意见。他们已完成使命,即将回国。

我们和他们的谈判,对彼此都有教益。我确信中国国民政府所采取的通货计划,不仅是循着健全的道路前进,而且是走向稳定世界通货这一目标的一个重要步骤。为了协助他们对这个目标的努力,为了对他们的币制改革和稳定通货的计划与他们合作,并按照我们的购银政策,我们已肯定地表示了,在双方都能接受的条件下,我们愿向中国中央银行收购巨额白银,同时还在两国利益都有保障之下,供该行以美元外汇,作为稳定通货之用。

以陈光甫先生为首的代表团,在促使双方在币制问题上取得进一步的谅解上是有帮助的①。我相信只有通过开诚布公地交换意见,正象中国财政部代表和我们所做的那样,才能增进国币的国内稳定,从而达到最广泛的国际稳定。

《中央银行英文档》,引自《中华民国货币史资料》(第二辑),第 259—260 页

陈光甫、郭秉文、顾翊群致孔祥熙电
——希同意七成二成色,要卜凯立即撤回电报,以免美财部取消协议
1936 年 5 月 21 日

急。紧要。财部官员们由于卜凯来电,转达你对成色的意见等项,完全处于烦恼状态。建议你立即要求卜凯撤回他的电报。否则,此电将递交财长,他将毫无疑问地感到激怒而取消整个协议。

---

① 原电有脱漏,此处是根据 FRUS,1936,Vol.4,Far East,p.483 译出。

卜凯对财长有很大的影响。再次研究你的指示,我们看到你在有关辅币的备忘录第九节里,是准备用七至八成之间的成色铸币,当我们与财部小组同意七成二成色时,你从未表示异议。否则,我们在达成售银和等待决定之前,必会将此问题再提到小组讨论。我们愿在最后关头向你呼吁,以免太晚。我们不愿看到在此间所建立的良好关系被破坏,也不愿看到与美国在币制和其他事务上的合作的可能性遭到损害。

《中央银行英文档》,引自《中华民国货币史资料》(第二辑),第256—257页

孔祥熙致陈光甫电
——同意向美订铸一元、半元币各五百万元,成色七成二
1936年5月22日

关于第225—232号来电。请通知财部,我们4月27日第156号电,虽明确地同意了硬币中最低金银量,但是我们从来没有对成色作任何的许诺。因此,我们对坚持七成二成色一事感到惊奇。我们的理由是:

(1)重量低于十八公分(指一元币)和九公分(指半元币)的硬币,人民是不愿接受的。他们习惯于用较大得多的银币。但是七成二成色的一元、半元硬币,将各含二百与一百英厘的纯银,其熔化点为七角二分美金。这在我们看来,如果银价稍为上涨,将有被熔化的危险。

(2)经过你们造币厂专家七个月的研究,我们相信特殊化合的四合金白银,将会大大消灭伪造。如果美国造币厂专家能建议其他合金具有同等保障效力的话,我们也乐于考虑。

(3)保护花边,在我们看来也增加了防伪的保障。但是用在重量低于九公分的半元币上,就很困难,因为那个币太薄了。请征询他们,是否可建议用其他方法来防止伪造。

(4)如果我们用普通银合金,则华北、华南都有仿造通用币的危险。在日人的影响下,华北已经仿造过我们的硬币。他们不能铸造镍币,因为国际镍公司拒绝出售币胚。含银的四合金加上保护花边也阻

挠了他们。

（5）不可忽视的有关两国的重要关键，是新币必须得到公众的接受。财部的坚持态度将增加失败的危险，因为它的大小不孚众望，而且新币没有特殊合金和保护花边的防伪保障。

依照 5 月 20 日中文来电，并为了协助财部应付其内部问题起见，虽有上述各种理由，但我仍准备与财部合作，向美国造币厂定铸五百万一元币和五百万半元币，其成色均为七成二分，并加上保护花边或其他能使我们满意的图样。关于大小和其他特征，可留待将来再定。第一批运出的白银，将包括足够上述定单所需要的白银在内。

《中央银行英文档》，引自《中华民国货币史资料》（第二辑），第 257—258 页

4. 中外对《中美白银协定》的反应

赫尔致詹森电

——搜集中国各地对中、美财长声明的反应

华盛顿，1936 年 5 月 20 日

121 号。参阅本院 5 月 19 日第 120 号电。财政部请求驻北平和南京的大使馆，以及驻上海、天津、汉口、香港和广州的总领事馆，通过海军无线电，限 5 月 23 日，以不超过 100 字的篇幅，报道指定地区对下列两点的反映：（1）中国政府最近颁布的币制改革措施；（2）5 月 18 日中国财政部长和美国财政部对上述措施所发表的解释声明。

请发出一合适的训令，指示报道必须在限期内直接递交本院[①]。

FRUS,1936,Vol. 4,Far East,p. 483

引自《中华民国货币史资料》（第二辑），第 260 页

---

　　① 中国各领事馆于答复报道中指出，在烟台、汉口、香港和上海均为赞成的反映，而在厦门、广州、福州、汕头、天津、济南府和青岛，则反映混乱。5 月 23 日在广州曾发现少数观察家感到，"中美协定使中日公开冲突的前景增大"。

高斯[①]致赫尔电
——中国的一些人士对中美白银协定和银辅币的反应
上海,1936 年 5 月 20 日

277 号。1. 一位上海有地位的中国银行家在与我讨论报纸所报道的华盛顿白银协定时,对陈光甫使中国人要售出多少白银一事表示关切。这一关切或者是由这一事实引起的,他私自承认,但也可能是轻率的,那就是南京政府对广州存贮的白银无权过问。他说,广州已再三威胁,将不问南京而独立自主地出售白银。如果广州是这样做了,则或多或少独立的北方政权,恐怕也会采取自主的态度。

2. 关于铸造银辅币,另一消息来源表示这样的关切,即这种辅币可能在日本私铸而走私运到中国流通。同一来源又私下告知说,中国已同意铸造一元纪念银币,含银量将不低于 138 格令,但重量和成色则尚未规定。

FRUS,1936,Vol. 4,Far East,pp. 483-484
引自《中华民国货币史资料》(第二辑),第 261 页

裴克[②]致赫尔电
——报告南京对孔祥熙、摩根索声明的反应
南京,1936 年 5 月 23 日

154 号。参阅本院 5 月 20 日下午 1 时致北平的电,我的 5 月 18 日下午 2 时发出的第 144 号电,上海 5 月 18 日下午 4 时发出的第 270 号电。

1. 孔氏(祥熙)18 日发表的公告,略而不提协定。据我了解,这是应国务院的请求而决定的。摩根索的公告则于 20 日发表。

2. 孔的公告:官方的反映,以及受管制的报纸,均表示极端的赞成

---

① 高斯(Gauss),美国驻上海总领事。
② 裴克(Peck),美国驻华大使馆参赞。

和乐观。无其他地方性的反映。

　　3.摩根索的公告:外交次长,以前是一位银行家,说协定并没有促进中国币制问题的解决,而且也没有得到普遍的安慰和感到兴趣,这可能是因为对协定的重要性尚不清楚,报纸的评论板少,有则不热心或者怀疑;只有一种杂志作了专题的评论说,可以看出美国是为了控制中国通货而来帮助中国的。

FRUS,1936,Vol.4,Far East,p.484

引自《中华民国货币史资料》(第二辑),第261页

詹森致赫尔电
——报告北平对孔祥熙、摩根索声明的反应
北平,1936年5月23日

　　254号。关于国务院5月20日下午1时发来第121号电。

　　(1)北平对最近公布的币制改革,尚无任何反映。外汇汇率和公债均平稳如常。

　　(2)银行界的意见是:孔氏5月18日的声明是混乱的,而且是不必要的扰乱,因为中国人民已经对新发的稳定货币感到适应了。不过新铸的辅币是否会被人民接受,则尚值得怀疑。实际上,对孔氏的公告没有什么反映,不过心理上的影响是不好的。北平对美财部的公告尚无反映。

FRUS,1936,Vol.4,Far East,pp.484-485

引自《中华民国货币史资料》(第二辑),第262页

卡尔①致詹森电
——饬令再详细报告中国对孔祥熙和摩根索声明的反应
华盛顿,1936年5月23日

　　125号。关于你处5月23日下午1时来的第254号电。

---

　　①　卡尔(Carr),时任美国代理国务卿。

（1）对币制改革的措施和 5 月 18 日孔氏和美财部发表的声明,有无报刊评论? 若有,请摘要报告。

（2）请对来电所说"孔氏的声明是混乱的,而且是不必要的扰乱"和"心理上影响不好"二段详加叙述。

（3）据汉口和上海的报告,币制改革的措施,在各该处均进行得顺利。

（4）以无线电报速复。

FRUS,1936,Vol.4,Far East,p.485

引自《中华民国货币史资料》(第二辑),第 262 页

詹森致赫尔电
——再次报告北平对孔祥熙声明的反应
北平,1936 年 5 月 24 日

255 号。参阅国务院 5 月 23 日下午 3 时第 125 号电。

（1）北平的中外报纸,对币制改革和 5 月 18 日的两个声明,均无评论。

（2）一位中国银行家曾与本馆一位馆员讨论这个问题时说,孔氏的声明是混乱的,因为从这个声明里,看不出孔氏将如何执行这个改革。他说:这个声明对国民政府的稳定通货的计划已被认为满意的时候,是不必要的扰乱。而这个声明已在某些人的心中(这些人不懂得要保持准备来支持通货),对他们从前认为是安全而接受的和他们现在所通用的通货的稳定性引起了怀疑。他认为,这种在某些人心中不安定的背景是不幸的。本地花旗银行经理,在同一天,曾与同一馆员谈论这些问题也表示了同样的看法。银行家们自己并不显得慌张。

我个人相信,由于此间目前在财政上几乎完全与中国中央分开,上述的情况并不能代表一般的舆论。

FRUS,1936,Vol.4,Far East,pp.485–486

引自《中华民国货币史资料》(第二辑),第 262—263 页

格鲁致赫尔电
——日本报纸报道中美协定的内容
东京,1936 年 7 月 21 日

160 号。1. 今天上午,此地的报纸专门报道了 7 月 20 日《读卖新闻》发自上海的一则通讯,报道说据称由中国银行董事陈某进行的谈判已在美国达成,协议规定美国购买中国白银;美国为统一中国的通货和税收、修改关税及控制贸易等方面提供帮助;中国向美国购买铁路设备、汽车、飞机,等等;在美国政府的担保下由辛迪加售卖给中国;美国政府保证不向与南京对立的地方政权出售军械;本协议相关货物运到中国的许可证由财政部签发。

2. 这个报纸把上文所述消息说成是美国在向中国提供购买军火所需的贷款,并表明外务省的坚决态度,即反对任何国家对中国的经济援助,倾向于向南京政府探询所述此项协议的细节。

复件邮寄至北平。

格鲁

FRUS,1936,Vol.4,Far East,pp.495-496

引自《中华民国货币史资料》(第二辑),第 267 页

赫尔致格鲁电
——否认日报所载中美协定的内容
华盛顿,1936 年 7 月 21 日

96 号。关于你 6 月 21 日下午 1 时发来的第 160 号电报,关于陈氏与财部谈判的结果的全部声明,已有本国和中国在陈氏离开华盛顿之前发表了。

美国对统一中国通货和税收的协助,仅为顾问性质。

至于你报告中的其他各项的所谓美国协助,是没有事实根据的。从陈氏到此的访问以后,是既无谈判,亦无协议。

我们认为,这类编造的情节,是为了政治目的企图诱致情报的。
建议你将你的电报和此电再电致北平。

FRUS,1936,Vol.4,Far East,p.496

引自《中华民国货币史资料》(第二辑),第267—268页